# '경敬'이란 무엇인가

이상정의 『敬齋箴集說』 譯註

안유경(安琉鏡)

明文堂

『경재잠집설敬齋箴集說』은 주자의 「경재잠」에 대한 선유先儒들의 설을 대산大山 이상정李象靖(1711~1781)이 모아 엮은 1책 목판본이다. 이상정은 『경재잠집설』 권두에 자신의 서문과 왕백王柏의 「경재잠도」를 싣고, 본문에는 주자 「경재잠」 전문을 10장으로 나누고, 각 장에는 그 요지와 선유들의 설을 모으고 해설을 덧붙였다. 또한 경과 성誠·공恭·인仁·서恕·의義 등의 관계와 거경居敬과 치지致知의 관계에 대한 내용을 부록으로 싣고 있다.

이 책은 사미헌四未軒 장복추張福樞의 『숙흥야매잠집설夙興夜寐箴集說』과 표리관계를 이룬다. 퇴계退溪가 「경재잠도」와 짝을 맞추기 위해 「숙흥야매잠도」를 그렸듯이, 사미헌 역시 『경재잠집설』과 짝을 이루기 위하여 『숙흥야매잠집설』을 지었다. 사미헌은 "어려서 대산의 『경재잠집설』을 읽고 많은 감흥을 얻어서 그 책의 규정과 용례를 모방하여 『숙흥야매잠집설』을 만들었으니, 둘은 서로 필요로 하는 공부로서 어느 한쪽을 폐기해서는 안 된다"라고 하였다.

「경재잠」이 하루 일상에서 일어나는 여러 상황에 따른 경의 실천방법을 제시한 것이라면, 「숙흥야매잠」은 새벽부터 저녁으로 이어지는 하루 일과에서 시간에 따른 경의 실천방법을 제시한 것이다. 따라서 일상에서 도가 어디라도 있지 않은 곳이 없고 언제라도 있지 않은 때가 없는 것처럼, 경 공부 역시 상황별로 또는 시간별로 번갈아 해나갈 수 있어야 털끝만한 잘못이 없게 된다.

대산의 『경재잠집설』에는 경의 의미를 내외內外와 동정動靜의 두 측면에서 설명하고 있다. 먼저 '내외'의 측면에서는 밖으로 몸가짐을 바르게 하는 것과, 안으로 마음가짐을 바르게 하는 것으로 구분한다. 몸가짐을 바르게 하는 것으로는 의관을 바르게 하고 용모를 단정히 하는 것과 같은 정제엄숙整齊嚴肅이 여기에 포함된다. 마음가짐을 바르게 하는 것으로는 마음을 하나에 집중하여 다른 데로 달아나지 않는 '주일무적主一無適', 마음을 항상 또렷이 깨어있게 하는 '상성성常惺惺', 마음을 거두어들여 헛된 생각을 조금도 용납하지 않는 '기심수렴불용일물其心收斂不容一物' 등이 여기에 포함된다. 밖(용모)을 단정히 하는 것은 안(마음)을 보존하기 위한 것이고, 또한 안을 보존할 수 있으면 밖이 저절로 바르게 되니, 여기에서 몸과 마음, 즉 밖과 안이 하나 되는 경의 특징을 확인할 수 있다.

다음으로 동정動靜의 측면에서 설명하면, 경이란 동과 정을 관통한다는 말로 표현된다. 일이 있을 때에도 경해야 하고 일이 없을 때에도 경해야 한다. 일이 있을 때에는 일처리 속에서 경해야 하고, 일이 없을 때에는 고요함 속에서 경해야 한다. 또한 일이 없는 고요한 때는 사려가 아직 일어나지 않으므로 미발未發이라고 부르고, 일에 응해서는 사려가 일어나서 움직이기 시작하므로 이발已發이라고 부른다. 경이란 동과 정 또는 이발과 미발을 관통하므로, 평소 일이 있을 때에는 일에 응하다가도 일이 없을 때에는 다시 고요함으로 돌아와서 마음을 보존하게 된다. 이렇듯 일이 있을 때나 일이 없을 때에나 또는 고요할 때나 움직일 때에나 한결같이 경을 유지할 수 있어야 한다.

이 간단해 보이는 경의 실천방법이 바로 성인이 되는 학문, 즉 성학聖學을 완성시키는 이론적 근거가 된다. 물론 일상 속에서 언제 어디서나 경을 실천하기란 쉬운 일이 아니다. 이러한 경의 실천에는 지속적인 노력이 요구되는데, 이 때문에 대산은 『경재잠집설』을 지어 경의 실천을 다시 한 번 강조하였다.

책 말미에는 대산 이상정의 『경재잠집설』 내용과 관련된 논문을 추가하였다. 부록 1은 『경재잠집설』에 보이는 경의 이론 구조 내용이고, 부록 2는 대산 이상정의 '경' 사상 내용이며, 부록 3은 대산 이상정의 미발론未發論 내용이다.

끝으로 이 책의 출판을 허락해주신 명문당 사장님께 감사의 인사를 드린다. 또한 몸이 불편한 엄마와 엄마를 지극정성으로 보살피는 아버지께 이 책을 바치며, 항상 바르게 잘 자라주는 두 아들 준우와 민우한테도 이 기회를 빌어서 고마운 마음을 전한다.

2021년 1월 8일

삼정三井 안유경安琉鏡

일러두기

○ 본서는 국립중앙도서관 소장 목판본 李象靖 編, 『敬齋箴集說』(古 1252-22)을 저본으로 삼았다.<간행과 필사한 자는 미상이다.> 본『경 재잠집설』은 誤字와 缺落이 있어 최대한 수정하였다.

○ 번역은 가급적 원문을 직역하였으며, 번역의 일관성을 기하고자 하였다.

○『경재잠집설』에서 인용한 주자, 정자, 퇴계를 비롯한 여러 선현들의 글의 출처를 찾아서 각주로 표시하였다. 선현들의 글 중에서 오탈자가 있는 곳은 바로잡았다.

○ 본문의 이해에 필요한 인명이나 어구 등을 찾아 각주로 처리하였다.

○ 원래는 각 장마다 문단이 나누어져 있지 않으나, 역자가 임의로 적절하게 문단을 나누어 편의를 도모하였다.

○『경재잠집설』의 내용을 이해하는 데 도움이 되는 글을 부록으로 실었다.

# 차 례

# 이상정 연보[1]

· **1711년(1세, 숙종 37)**: 1월 29일 묘시卯時에 안동부安東府 일직현一直縣 소호리蘇湖里 집에서 태어나다.

· **1715년(5세, 숙종 41)**: 글을 익히다. 아우 이광정李光靖과 대나무 막대기를 서로 가지려고 다툰 적이 있었는데, 모친이 "형제끼리 다투면 되겠느냐?"라고 훈계하자, 선생이 그 말씀을 공손히 따라서 그 뒤로 다시 다투는 일이 없었다.

· **1716년(6세, 숙종 42)**: 12월, 모친 이씨가 별세하다. 슬퍼하고 사모하는 마음이 어른 같았다.

· **1717년(7세, 숙종 43)**: 『십구사략十九史略』을 배우다.

· **1722년(12세, 경종 2)**: 사서四書를 모두 읽다. 선생은 어릴 때부터 몸이 여위어 병치레가 많았으나 독서는 매우 부지런히 하였다. 밤이 되면 관솔불을 밝혀 낮을 이어가며 책을 읽었는데, 처사공은 병이 날까 우려하여 밤이 깊어지면 그만 읽게 했다.

· **1724년(14세, 경종 4)**: 겨울, 외조부 이재李栽(1657~1730) 선생에게 나아가 글을 배우다. 『소학』과 『맹자』를 배웠다.

· **1725년(15세, 영조 원년)**: 이해부터 반드시 1년에 한두 번

---

1) 이상정 연보는 『국역 大山先生實紀』(한국국학진흥원, 2012)의 내용을 참조하였다.

은 외조부가 계시는 금양錦陽으로 갔다. 금양은 지금의 안동시 임하면 금소리이다. 갈 때마다 네다섯 달씩 머물면서 『시경』·『서경』·『중용』·「태극도설」·「서명」·『주자가례』 등의 책을 배웠다.

· 1727년(17세, 영조 3) : 12월, 황씨黃氏에게 장가들다. 처사 황혼黃混의 딸이고 황희黃喜의 후손이다.

· 1729년(19세, 영조 5) : 5월, 금양에서 『근사록』을 강독하다. 이때 김익한金翼漢·권정택權正宅·김낙행金樂行·김익명金翼溟 등 여러 학자들이 많이 모여 강론하였는데, 한 달 남짓 강독하니 모두가 선생에게 미칠 수 없다고 여겼다.

_ 11월, 「동지오잠冬至五箴」을 짓다. 오잠은 궁리窮理·주경主敬·근독謹獨·독지篤志·일신日新이다.

_ 『논어』를 읽다. 선생은 이 책을 즐겨 읽었는데, 만년에도 여전히 일과로 삼았다.

· 1730년(20세, 영조 6) : 2월, 「성현유상권서聖賢遺像卷序」를 짓다. 요堯·순舜·주공周公·공자孔子 및 송나라 8군자와 동중서董仲舒·제갈량諸葛亮·도연명陶淵明·한유韓愈·문천상文天祥 등의 초상화 25본本을 직접 본뜨고, 각 본마다 선유들이 지은 찬사를 모으고 서문을 지어 사모하는 마음을 나타냈다.

_ 5월, 이재 선생의 상喪을 당하다.

_ 「병명屛銘」을 짓다. 모두 8첩으로 독서讀書·독지篤志·신사愼思·사고師古·근독謹獨·성신省身·일신日新·역행力行이다.

· 1731(21세, 영조 7) : 봄, 『심경心經』을 읽다.

_ 「자경명自警銘」을 짓다.

· 1732년(22세, 영조 8) : 봄, 『주자서절요朱子書節要』를 읽다. 신임辛壬(1731~1732) 연간에 병을 앓아 조용하고 후미진 시골집

에 우거하였는데, 다른 책은 다 제쳐두고 오직 『주자서절요』에 마음을 집중하였다.

・1733년(23세, 영조 9):『대학』을 읽다.

_ 배우는 이들에게 다음과 같이 말한 적이 있다. "어려서 하는 공부는 한 책으로 반복해서 익숙하게 하여 뒷날 다시 읽는 번거로움이 없도록 해야 한다. 내가 어릴 적에 매일 『대학』과 같은 책을 만 번쯤 읽게 되자 늙어서도 잊지 않았다."

_ 가을, 향시鄕試에 응시하여 진사進士에 합격하다.

・1735년(25세, 영조 11): 3월, 향시에서 생원·진사 두 시험에 합격하고, 동당시東堂試에도 합격하다.

_ 4월, 진사 복시覆試에 합격하다.

_ 윤4월, 대과大科에 급제하다.

_ 5월, 고향에 내려오다. 친구와 친척을 불러 잔치를 베푸는 자리에서 권만權萬이 시를 지어 축하하니 선생이 다음과 같이 차운하였다.

　　어린 나이 급제 기뻐할 필요 있겠나!　　少年高第何須喜
　　험난한 앞길 알 수 없으니.　　　　　　險路前頭未可知

_ 겨울, 귀담龜潭서당에 가서 『강목綱目』을 읽다. 귀담은 집에서 북쪽으로 5리쯤에 있는데, 산수가 그윽하고 한적한 정취가 있다.

・1736년(26세, 영조 12):『역학계몽易學啓蒙』을 읽다.

_ 3월, 권지승문원 부정자權知承文院副正字에 보임되다.

・1737년(27세, 영조 13): 3월, 대산大山서당이 완공되다. 문중의 어른들이 자제들을 위해 지어서 선생이 교육을 주관하게 하였다. 서당은 집의 오른쪽 푸른 절벽 아래에 위치하였다. 선생은 왼쪽 협실을 만완晩玩이라 하고, 오른쪽은 관선觀善이라 하고, 마루

는 영락詠樂이라 이름 짓고, 통칭해서 '대산서당'이라 편액을 걸었다. 서당 이름은 대석산大夕山에서 따온 것이다. 서당에서 독서하고 후진들을 가르쳤는데, 지극한 정성으로 학생들을 이끌어주니 소문을 듣고 찾아온 자들이 있었다.

_ 4월, 조모 신부인申夫人이 별세하다. 신부인은 연세가 여든 남짓이 되어 음식을 먹거나 거동할 때에 다른 사람의 도움이 필요했는데, 선생이 옆에서 모실 때는 '편안하다'고 하였다.

· 1738년(28세, 영조 14) : 7월, 연원 찰방連原察訪에 제수되다.

· 1739년(29세, 영조 15) : 6월, 관직을 버리고 돌아왔으므로 근무평가에서 제일 낮은 성적을 받다.

_ 「과거사의科擧私議」를 짓다. 선생은 일찍이 과거의 폐해가 인재를 망치고 풍속과 교화를 그르치게 한다고 탄식하였다. 병폐의 근원을 두루 서술하고, 소대小戴의 『예기』「왕제王制」편의 내용과 정호程顥가 올린 희녕熙寧 연간의 건의에 의거하고, 당시 시행되고 있는 법을 참작하였다.

_ 『만수록晚修錄』을 저술하다. 일찍이 소동파의 시구 "하사가 늘그막에 도를 깨닫고, 그럭저럭 졸렬함으로 스스로 닦노라(下士晚聞道, 聊以拙自修)"에서 따와 집의 편액을 '만수'라고 했다. 매일 생활하면서 깨달은 것이 있으면 손이 가는 대로 기록하여 성찰하는 자료로 삼았다.

_ 석문정石門亭을 유람하다. 정자는 김성일金誠一 선생이 학업에 전념하던 곳이다. 안동부 서쪽 청성산靑城山의 낙동강 가에 있는데 높은 절벽과 맑은 강물로 경치가 좋다.

· 1740년(30세, 영조 16) : 3월, 여러 생도들과 『대학』을 강론하다. 이즈음 배우러 오는 생도들이 날로 많아졌다.

_ 4월, 주왕산周王山을 유람하다.

_ 5월, 귀담에 가서 「서명西銘」과 「경재잠敬齋箴」을 강론하다. 일찍이 생도들에게 말하였다. "「서명」은 상달上達을 말한 것이니, 먼저 「경재잠」을 읽어라. 이 두 책은 자기에게 절실한 공부이니 함양공부에도 크게 도움이 될 것이다. 이들을 근본으로 삼아 궁리하고 체득하여 실행한다면, 다른 책은 힘들이지 않고도 이해할 수 있을 것이다."

_ 11월, 아들 완塬이 태어나다.

_ 「솔성지위도설率性之謂道說」을 짓다.

• 1741년(31세, 영조 17): 2월, 휘릉 별검徽陵別檢에 제수되다. 휘릉은 동구릉으로 지금의 경기도 구리시에 있다.

_ 6월, 『제양록制養錄』을 편집하다.

_ 『퇴도서절요退陶書節要』의 편차를 완성하다. 『주자서절요』를 모방하여 대략 한 질로 엮어 10권을 만들었다.

_ 11월, 「심동정도心動靜圖」를 짓다.

_ 「중용수장도中庸首章圖」·「옥산강의도玉山講義圖」를 짓다.

• 1742년(32세, 영조 18): 4월, 승문원 부정자承文院副正字에 다시 임명되다.

_ 12월, 정자正字에 오르다. 직무를 보는 여가에 『상서尙書』를 읽었는데, 매일 해야 할 공부를 정해놓았다.

• 1743년(33세, 영조 19): 1월, 「대전춘첩자大殿春帖子」를 지어 올리다.

• 1744년(34세, 영조 20): 1월, 부사과副司果에 승진되다.

_ 3월, 「일성구사덕설一性具四德說」을 짓다.

_ 6월, 귀담에서 『심경』을 강론하다. 선생은 일찍이 말하였다. "『심경』은 심법心法의 연원이 되는 책이니, 퇴계선생이 『심경』을 신봉하고 몸소 실천하였다. 그래서 공부가 정밀한 데 이르렀으

며, 만년에는 대부분 이 책으로 가르쳤다."

_ 7월, 「이기동정설理氣動靜說」·「이기선후설理氣先後說」을 짓다.

_ 「이기휘편理氣彙編」을 완성하다. 이기총론理氣總論·이합離合·선후先後·동이同異·편전偏全·동정動靜·선악善惡·승부勝負·체용體用·유무有無·허실虛實·분합分合·미현微顯·잡론雜論 등 14조로 분류하였다.

• 1745년(35세, 영조 21): 10월, 『경재잠집설敬齋箴集說』을 완성하다. 『경재잠집설』은 주자 「경재잠」의 체계에 따라 여러 선현들의 설을 모아 분류하고, 자신의 필요한 설명을 덧붙여서 편집한 책이다.

_ 11월, 귀담에 가서 『주자서朱子書』를 강독하고 『강록간보講錄刊補』를 교정하다.

• 1747년(37세, 영조 23): 4월, 타양陁陽서당에서 『논어』를 강독하다.

_ 5월, 성균관 전적成均館典籍에 제수되다.

_ 9월, 예조 좌랑禮曹佐郎에 제수되고, 이어 병조 좌랑兵曹佐郎으로 옮기다.

_ 10월, 「응암명凝庵銘」을 짓다. 이후 고산서당에서 거처하던 방의 이름으로 삼았다.

• 1748년(38세, 영조 24): 3월, 처사공의 상을 당하다.

• 1749년(39세, 영조 25): 『사례상변통고四禮常變通攷』를 편집하다. 예서를 보는 틈틈이 상례와 제례 중에서 일상생활에서 절실한 것을 모으고, 후에 또한 관례와 혼례의 예제를 모아 편찬한 것이다.

_ 『약중편約中篇』을 집록하다. 정자의 "그 정情을 제약하여 중에 합치도록 한다"는 뜻을 취한 것이다.

• 1751년(41세, 영조 27): 8월, 예조 정랑禮曹正郎에 제수되다.

_ 12월, 「사단칠정설四端七情說」을 짓다. 선생은 율곡학파에서 오로지 혼륜만을 주장하여 '사단 역시 기가 발한 것이다'고 한 것이나, 퇴계학파에서 오로지 분개만을 주장하여 '칠정은 성이 발한 것이라고 할 수 없다'는 것은 모두 병통이 있다고 지적하였다.

• 1752년(42세, 영조 28): 8월, 사빈泗濱서원에서 『근사록』을 강독하다.

• 1755년(45세, 영조 31): 11월, 직첩職牒을 빼앗기고 고향으로 돌아오다.

• 1757년(47세, 영조 33): 11월, 「심무출입설心無出入說」을 짓다.

_ 귀담에 가서 『논어』를 읽다.

• 1758년(48세, 영조 34): 4월, 『병명발휘屛銘發揮』를 편집하다. 병명은 김성일이 29세에 퇴계선생에게 받은 것이다. 그 내용은 요순 이래로 성현들이 서로 전한 심법을 차례로 적은 것인데, 요흠순공堯欽舜恭부터 연원정맥淵源正脈까지 모두 80자를 손수 써 주었다.

• 1759년(49세, 영조 35): 10월, 고운사孤雲寺에 올라 『대학』과 『대학혹문』을 강론하고, 또 『논어』를 강론하다.

_ 12월, 『주자어절요朱子語節要』를 편차하다. 선생은 주자가 강론하여 전수한 뜻은 대부분 『주자어류』에 있다고 생각하고, 마침내 「위학지방爲學之方」·「지행知行」·「지수持守」·「독서讀書」·「훈문인訓門人」 등 여러 편을 가지고 그 핵심을 추려서 두 책을 만들었다.

• 1760년(50세, 영조 36) : 1월, 『중용』의 「부도불문설不睹不聞說」을 짓다. 『중용』제1장의 "도라는 것은 잠시도 떠날 수 없는 것이니, 떠날 수 있으면 도가 아니다. 그러므로 군자는 보지 않는 곳에서도 경계하며, 듣지 않는 곳에서도 두려워한다.(道也者, 不可須臾離也, 可離非道也. 是故君子, 戒愼乎其所不睹, 恐懼乎其所不聞.)"라는 내용 중의 '부도不睹'와 '불문不聞'에 대해 풀이하였다.

_ 11월, 고운사에 가서 『심경』을 강론하다.

• 1761년(51세, 영조 37) : 6월, 이재 선생의 연보를 편집하다.

_ 10월, 고운사에 가서 『중용혹문』을 강학하다.

• 1762년(52세, 영조 38) : 12월, 사헌부 감찰에 제수되다.

• 1765년(55세, 영조 41) : 윤2월, 호계虎溪서원에서 『대학』을 강론하다. 호계서원은 퇴계선생을 제향하기 위하여 1573년에 건립하고 여강서원이라 하였으나, 1676년에 '호계'라 사액되었다.

• 1767년(57세, 영조 43) : 2월, 고산정사高山精舍를 짓다. 고산은 일직현 하류에 있는데, 푸른 절벽과 맑은 못의 빼어난 경치가 있다. 선생이 젊은 시절부터 그곳 산수를 좋아하여 집을 지을 뜻이 있었는데, 이때에 비로소 강가 비탈 위에 자리를 잡아 세 칸 집을 지었다.

_ 6월, 귀담에 가서 『퇴도선생문집』을 읽다. 일기에 다음과 같이 썼다. "언어는 순수하고 질박하지만 의미는 깊어 사람으로 하여금 한편으로는 기쁘고, 한편으로는 놀랍고 두렵게 하니, 비로소 내가 전날에 학문을 시작도 하지 않았다는 것을 알았다."

_ 『계문제자록溪門諸子錄』을 편집하다. 내용은 퇴계로부터 시작하여 아래로 여러 제자들의 언행을 기록한 것이다.

_ 12월, 부인 황씨가 세상을 떠나다.

• 1769년(59세, 영조 45): 9월, 옥계玉溪를 유람하다.

_ 10월, 고산정사를 옮겨 세우다. 강가는 물이 가깝고 바람이 많아서 언덕 중간으로 옮겼다.

• 1770년(60세, 영조 46): 1월, 『심경강록간보心經講錄刊補』를 짓다. 『심경강록』은 초학자를 위해 『심경』의 난해한 구절을 해설한 책이다. 『심경강록』이 퇴계 문하의 여러 제자들에게서 나왔으나 제대로 교정을 거치지 못하였기 때문에 선생이 번잡한 것은 빼고 빠진 것은 보충하되 『주서간보朱書刊補』 형식을 취하였다.

_ 5월, 고산정사가 완성되다. 모두 세 칸인데, 가운데는 마루로 만들어 정춘헌靜春軒이라 하였고, 방의 남쪽은 응암凝庵, 북쪽은 낙재樂齋라고 하였다.

_ 7월, 『주역』을 읽다. 선생이 어떤 사람에게 준 편지에서 다음과 같이 썼다. "근래 『주역』을 가지고 아침저녁으로 한가롭게 보는데, 성인이 '사물을 열어주고 일을 이루어주는' 뜻을 엿보았다. 10수 년 전부터 이것을 공부하지 않은 것이 한스럽다."

• 1771년(61세, 영조 47): 7월 노림魯林서원에서 「태극도설」을 강론하다.

_ 10월, 강령 현감康翎縣監에 제수되다.

• 1772년(62세, 영조 48): 1월, 석천石川서당에 가서 『홍범연의洪範衍義』를 교정하다. 『홍범연의』는 이휘일李徽逸과 이현일李玄逸 두 선생이 엮은 것이다.

_ 고산에 가서 『대학』을 강론하다.

• 1774년(64세, 영조 50): 12월, 아들 완堍이 과거에 급제하다.

• 1775년(65세, 영조 51): 4월, 『동래집東萊集』을 읽다. 일기에 다음과 같이 썼다. "의론이 공평하고 올바르며 말의 기운이 온

화하여 사람으로 하여금 분하고 사나운 생각을 저절로 멈추게 하니, 참으로 덕이 있는 자의 말이다."

_ 『연평답문속록延平答問續錄』을 편집하다. 『연평답문』은 주자가 편찬한 것과 후록後錄·보록輔錄이 있었는데, 여전히 빠진 것이 많이 있어 선생이 손 가는 대로 모아서 속록을 만들었다.

_ 『염계전서濂溪全書』를 편집하다. 주돈이가 지은 것들은 모아서 내편內篇을 만들고, 또 뒤의 현인들이 진술한 것들은 모아서 외편外篇을 만들었다.

• 1776년(66세, 영조 52): 3월, 영조대왕이 승하하다.

_ 11월, 사헌부 지평에 제수되다.

• 1777년(67세, 정조 원년): 2월, 사간원 정언에 제수되다.

• 1779년(69세, 정조 3): 8월, 대산서당을 중건하다. 배우러 오는 사람들이 날로 많아져서 학사學舍에 수용할 수 없었으므로 규모를 확장하였다.

• 1780년(70세, 정조 4): 2월, 병조 좌랑兵曹佐郎에 임명되다.

_ 9월, 통정대부通政大夫 병조 참지兵曹參知에 승배되다. 임금이 조정의 신하들에게 "이상정은 사람됨이 어떠한지"를 물었다. 도승지 정창성鄭昌聖이 대답하기를 "사람됨이 담박하고 고아하여 영남의 제일입니다"라고 하였고, 영의정 김상철金尙喆은 "이상정은 명성과 덕망이 자자하니 격려하고 등용할 방안을 찾는 것이 합당할 것입니다"라고 하였으며, 좌의정 서명선徐命善은 "신 또한 그의 학행이 뛰어나 제자들이 매우 많다고 들었습니다"라고 하였다. 임금이 말하였다. "여러 의논을 들으니 명성과 덕망이 매우 높도다. 이런 사람은 등용할 방도를 강구하는 것이 마땅하니, 이상정을 병조 참지에 제수하노라."

_ 12월, 예조 참의禮曹參議에 임명되다.

• 1781년(71세, 정조 5): 2월, 『학봉선생속집鶴峯先生續集』 서문을 짓다.

_ 3월, 형조 참의刑曹參議에 임명되다.

_ 6월, 상소하여 사직하다. 겸하여 9조를 진술하고 벼슬을 그만둘 것을 청하다. 9조는 다음과 같다. "임금의 덕에 다섯 가지가 있으니, 뜻을 세우는 것(立志), 이치를 밝히는 것(明理), 경을 유지하는 것(居敬), 천리를 체득하는 것(體天), 간언을 받아들이는 것(納諫)입니다. 정사의 근본에 네 가지가 있으니, 학문을 일으키는 것(興學), 인재를 등용하는 것(用人), 백성을 사랑하는 것(愛民), 검소함을 숭상하는 것(尙儉)입니다."

_ 7월, 임금의 비답을 받다. 비답에서는 다음과 같이 말하였다. "9조의 모든 말은 말마다 참되고 간절하기 때문에 이를 좌우명으로 대체하여 반성하는 자료로 삼으려 한다. 이 한 장의 상소를 통해서 그대의 학문과 식견을 알 수 있도다. 그대는 사양하지 말고 조금 낫기를 기다렸다가 올라와 직무를 수행하라."

_ 10월, 병이 나서 자리에 눕다.

_ 12월 을해乙亥, 여러 생도를 불러서 만나다. 여러 생도들에게 말하였다. "여러분은 착실하게 공부하기를 바란다. 이 일은 다만 평범한 것이다. 그러나 평범한 가운데 오묘한 점이 있다."

_ 12월 9일 정축丁丑, 세상을 마치다.

• 1782년(정조 6): 3월 28일, 안동부 북쪽 학가산鶴駕山 사향巳向의 언덕에 장사지내다.

_ 세상을 떠난 이후 원근 선비들의 조문이 끊이지 않았으며, 이때에 모인 자가 1,200여 명이었다.

• 1802년(순조 2): 8월, 문집이 완성되다. 모두 52권 27책이다.

• 1804년(순조 4): 『경재잠집설』을 간행하다.

• 1816년(순조 16)：8月, 가선대부嘉善大夫 이조 참판吏曹參判 겸동지경연의금부사兼同知經筵義禁府事 홍문관 제학弘文館提學 동지춘추관同知春秋館 성균관사成均館事 세자좌부빈객世子左副賓客 오위도총부五衛都摠府 부총관副摠管에 증되다.

_ 11月, 『경재잠집설』과 문집을 인쇄하여 올리도록 명하다. 이태순李泰淳이 상소하여 『경재잠집설』을 진강進講하고 또 문집을 인쇄하여 임금의 독서에 대비할 것을 청하였다. 임금이 그의 말을 따라서 『경재잠집설』로 진강에 대비하게 하였다.

• 1882년(고종 19)：8月, 자헌대부資憲大夫 이조판서吏曹判書 겸지경연兼知經筵 의금부사義禁府事 홍문관 대제학弘文館大提學 예문관 대제학藝文館大提學 지춘추관知春秋館 성균관사成均館事 오위도총부五衛都摠府 도총관都摠管에 증직되다.

• 1899년(고종 36)：『퇴계선생절요退溪先生節要』를 간행하다. 10권 5책이다.

• 1906년(고종 43)：『주자어절요朱子語節要』를 간행하다. 4권 2책이다.

• 1909년(순종 3)：『약중편約中篇』을 간행하다. 2권 1책이다.

• 1910년(순종 4)：문경文敬을 시호로 내리다. 도덕이 있고 견문이 넓은 것을 '문'이라 하고, 밤낮으로 항상 경계하는 것을 '경'이라 한다.

• 1917년：고산서원에 위판을 봉안하다.

# 敬齋箴集說

## - 이상정李象靖 -

# 敬齋箴集說[1]　序

夫人之一心, 虛靈洞澈, 貫動靜而包外內, 其爲德盛矣. 然
其體本眞而有時而或昏, 其用本善而易流而入於惡. 於是而無
術以持之, 則冥昧放逸, 其不淵溺而焦火也者, 蓋無幾矣. 是
以古昔聖神, 發端啓鍵, 固已致謹於此, 丹書之敬勝, 帝典之
欽明, 皆是物也.

後聖繼作, 其說寢明, 見於詩書語孟之旨者, 無非所以維持
防範, 以毋失其本心, 而其所以爲道, 則不越乎敬之一言而
已. 特以立言多端, 各是發明一義, 顧未易以合衆說而會其歸.
至二程夫子, 始表章而發揮之, 然後問學有綱領而工夫有準
的. 此擴前聖所未發而最有功於聖門者也. 其門人弟子相與
授納, 以及朱夫子出, 則其義悉著, 無復遺蘊矣.

蓋嘗以程子謝氏尹氏之說, 載之大學或問, 以示內外交養之
功, 而又作爲是箴, 揭齋壁以自警焉. 其節目詳而地頭不遺,
精粗該而淺深有序, 蓋合四說而約以著之一篇者也. 特其言
句簡嚴, 義理渾成, 說其目而不及其所以名, 舉其一而以例
其所未言. 學者於此, 不能究其精微之奧而推類以達夫其餘,
則亦何以融貫會通以盡其旨意歸趣之所極哉.

---

1) 1750년(영조 26)경에 이상정이 주자의 「敬齋箴」에 대한 제유들의 설을
   모으고, 경전과 선유들의 학설에서 敬에 관한 내용만을 모아 엮은 책으
   로 1책이다.

朱夫子嘗勸何叔京類集程門言敬, 稱其最爲直截. 象靖竊不
自揆, 分揭箴辭, 鋪敍地頭, 而取夫洛建以下以及退陶之言,
門分彙摭, 隨類附見, 仍略注其所以去取之意. 採輯經年, 僅
成草藁, 每一寓目, 輒有闕誤, 是爲甚可懼焉者. 然其言則
皆羣哲精義之所萃, 誠能專精一意, 研求體認, 有以洞見其
路脈之易險節度之舒疾. 然後眞實操持, 密切提撕, 乾惕之
慮, 不懈於日夕, 徹省之工, 罔間於隱顯, 絶二三而去走作,
戒間斷而謹差繆, 優游漸漬而勿過於拘迫, 篤厚悠遠而毋墜
於怠廢.

如是積累之多, 踐歷之久, 則理定而仁熟, 德成而道凝, 畏
敬根於日用而中和位育之功可致, 篤恭本於修己而體信達順
之效斯應矣. 此吾儒之實學而工夫之準極. 所謂聖學始終之
要者, 至是而詎不信然矣乎.

晚生蔑學, 無所知識, 豈敢以是求多輕犯不韙之罪. 特以私
便覽省, 且密與同志者共勉焉爾. 歲庚午十二月上浣, 韓山
李象靖序.

# 경재잠집설 서문

무릇 사람의 마음은 허령하고 밝아서 동과 정을 관통하고, 안과 밖을 포괄하니, 그 덕이 성대하다. 그러나 그 본체는 본래 진실하지만 간혹 혼미해질 때가 있으며, 그 작용은 본래 선하지만 흘러서 악에 빠지기가 쉽다. 이때에 이것을 잡아 지킬 방법이 없다면 혼매하고 방일하여 연못에 빠지거나 불길에 그을리지 않을 자가 거의 없을 것이다. 그러므로 옛날의 성인과 신인이 실마리를 밝혀서 빗장을 열 때에 진실로 이미 여기에 신중함을 다했으니, 『단서丹書』의 '경이 이긴다(敬勝)'는 말과 「제전帝典」의 '공경하고 밝다(欽明)'는 말이 모두 이것이다.2)

이후로 성인이 계속 나와서 그 학설이 점점 분명해져서 『시경』·『서경』·『논어』·『맹자』에 드러난 요지가 〈악으로 흐르는 것을〉 지키고 막아서 그 본심을 잃지 않게 하는 것이 아님이 없었으니, 그 도를 행하는 방법이 '경'이라는 한마디 말을 벗어나지 않을 뿐이다. 다만 여러 가지로 말하여 사람마다 각각 한 가지 뜻을 밝혔으니, 도리어 여러 설을 합해서 그 귀결처를 모으

---

2) 『丹書』는 고대에 있었다고 하는 책 이름이다. 주나라 武王이 즉위할 때에 姜太公이 올린 경계의 말로 『大戴禮』에 보인다. 『단서』에 "경이 태만함을 이기면 길하고, 태만함이 경을 이기면 망한다(敬勝怠者吉, 怠勝敬者滅)"라는 말이 있다. 「帝典」은 『書經』 「堯典」을 말하는데, 거기서 요임금의 덕을 칭송하여 "공경하고 밝고 문채 나고 사려가 깊어 편안하고 편안하다(欽明文思安安)"라고 하였다.

기가 쉽지 않았다.

두 정부자程夫子(정호와 정이)에 이르러 비로소 현창하고 드러낸 후에 학문에 강령이 있게 되고 공부에 표준이 있게 되었다. 이것은 이전의 성인이 밝히지 못한 것을 확충한 것으로 성인 문하에 가장 공이 큰 것이다. 그 문인과 제자들이 서로 전수하였는데, 주부자朱夫子(주희)가 나오는 데 이르러서 그 뜻이 모두 드러나 더 이상 남은 것이 없게 되었다.

대개 〈주자는〉 일찍이 정자와 사씨(사량좌 謝良佐)와 윤씨(윤돈 尹焞)의 설을 『대학혹문』에 실어서 안과 밖을 함께 기르는 공부를 보여주었으며, 또한 이 잠箴을 지어서 서재의 벽에 걸어 두고 스스로 경계하였다. 그 절목이 상세하고 항목이 빠진 데가 없었으며, 정밀하고 소략함을 갖추었으면서도 얕고 깊음에 차례가 있었으니, 대개 네 분의 학설을 합하여 한 편으로 요약하여 서술한 것이다. 다만 그 말이 간략하고 의리는 온전히 이루어졌으나, 그 조목을 말하면서도 그렇게 이름 지은 까닭을 언급하지 않았으며, 그 하나를 거론하면서도 아직 말하지 않은 것을 예시하였다. 배우는 사람들이 여기에서 그 정밀하고 심오한 곳을 궁구하고 유추하여 그 나머지에 도달하지 못한다면, 또한 어떻게 환하게 꿰뚫고 통달하여 그 의미가 귀결하는 지극한 바를 다할 수 있겠는가?

주부자께서는 일찍이 하숙경(하호何鎬)에게 정씨 문하에서 '경'을 말한 것을 뽑아 종류별로 분류하여 편집할 것을 권하시고, 그것이 가장 적절하다고 하셨다. 내가 삼가 자신의 역량을 헤아리지 않고 잠箴의 말을 나누어 게재하고 항목을 설정하여, 정자와 주자 이하 퇴계에 이르기까지의 말을 취하여 학파별로 나누어 모으고 종류에 따라 견해를 붙이고서, 거기에 취사선택한 이유를 간략히 주석하였다. 해를 넘겨가며 채집하여 겨우 초고를 완성하였는데, 매번 볼 적마다 번번이 빠지거나 잘못된 곳이 있었으니, 이것이 매우 두려웠다. 그러나 그 말은 모두 여러 철인의 정밀한 뜻을 모은 것이니, 진실로 정밀하고 한결같은 마음으로 연구하여 체득하면, 그 맥락의 쉽고 어려움과 절도의 느리고 빠름을 간파할 수 있을 것이다. 그런 다음에 절실하게 잡아 지키고 세심하게 이끌어서 노력하는 마음을 밤낮으로 게을리 하지 않고, 경계하고 반성하는 공부를 은미하거나 드러나는 곳에서도 끊어짐이 없으며, 마음이 두 갈래 세 갈래가 되어 달아나는 것을 끊어 없애며, 마음이 끊어지는 것을 경계하고 잘못되는 것을 조심하며, 편안히 점점 젖어들어 구애되고 다급함에 빠지는 잘못을 하지 않고, 돈후하고 유원한 데까지 미쳐서 게으른 데 떨어지지 않게 한다.

이와 같이 하여 쌓인 것이 많아지고 실행해 나가기를 오래하면, 천리天理가 안정되고 인仁이 성숙되며, 덕德이 완성되고 도道가 확고해져서, 경을 두려워함이 일상생활에 뿌리박아 중화中和와 화육化育의 공효를 이룰 것이고, 공손함을 독실히 함이 자기를 닦는 데 근본하여 진실을 체득하고 순리에 도달하는 효과가 이에 응할 것이다. 이것이 우리 유학의 실학이며 공부의 목표이다. 이른바 성인이 되는 학문의 처음과 끝이 되는 요체이니, 이러한 데도 어찌 믿지 않을 수 있겠는가?

늦게 태어난 보잘것없는 학도가 아는 것이 없으니, 어찌 감히 이것으로써 많은 것을 구하여 경솔하게 옳지 않은 죄를 범하겠는가? 다만 사사로이 열람하는 데에 편리하게 하고, 또한 남몰래 뜻을 같이하는 사람들과 함께 학문에 힘쓰고자 할 따름이다.

경오년(1750, 영조 26) 12월 상완上浣3)에 한산 이상정이 서문을 쓰노라.

---

3) 上浣은 上旬이라고도 하는데, 한 달 가운데 1일에서 10일 사이를 말한 다.

**敬齋箴圖:** 金華(王魯齋柏) 著

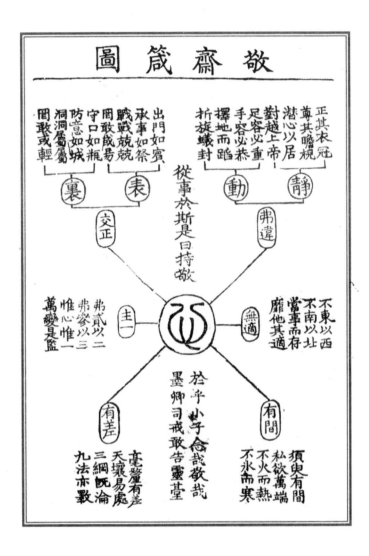

**경재잠도**: 金華4) 출신인 魯齋 王柏5)이 그렸다.

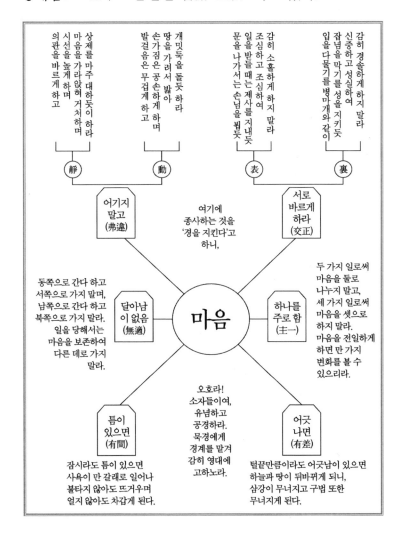

---

4) 중국 浙江省 중부에 있는 도시로, 지금은 金華縣이라고 불린다. 남송 이
　후 주자학이 매우 성행했던 지역이다. 주자의 사위 黃幹이 일으킨 金華
　學派는 元·明 교체기의 사상계를 지배하던 대표적인 유학집단이었다.

5) 王柏(1197~1274)은 자가 會之이고 호는 魯齋이다. 주자의 三傳弟子
　로, 저서에는 『書疑』·『詩疑』·『魯齋集』 등이 있다.

退陶李先生曰, 魯齋排列地頭6), 作此圖, 明白齊整, 皆有下落. 常宜體玩警省於日用之際心目之間, 而有得焉, 則敬爲聖學之始終, 豈不信哉.7) (按)是圖旣明白有下落, 退陶又取而載之聖學十圖. 故揭之篇首, 使開卷瞭然見其地頭去處, 而易於下手用功之地云.

퇴계(이황) 이선생이 말하였다. "노재(왕백)가 상황들을 배열하여 이 그림을 그렸는데, 명백하게 잘 정리되어 모두 낙착이 있었다. 항상 마땅히 일상생활 속에서나 마음속에서 체득하고 완미하며 경계하고 반성하여 마음에 얻음이 있게 되면, 경이 성인이 되는 학문의 시작과 끝이 되니 어찌 믿지 않겠는가?"(안) 이 그림은 이미 낙착이 있음이 명백한데, 퇴계가 또 취하여 『성학십도』에 실었다. 그러므로 책의 첫머리에 실어서 책을 폈을 때에 그 상황을 분명히 보게 하여 쉽게 공부를 시작할 수 있게 하였다.

---

6) 地頭: 공간적 상황이라는 뜻이다.
7) 『聖學十圖』「第九敬齋箴圖」

# 敬齋箴集說(경재잠집설)

朱子自敍曰, 讀張敬夫主一箴, 掇其遺意, 作敬齋箴, 書齋壁以自警云.[1] (按)朱子名堂室記曰, 堂房兩夾室名, 其左曰敬齋卽此也. ○主一箴見第六章.

주자(주희)가 스스로 서문을 지어 말하였다. "장경부張敬夫[2]의 「주일잠主一箴」[3]을 읽고 그가 남긴 뜻을 모아 「경재잠敬齋箴」을 지어 서재의 벽에 써 붙이고 스스로를 경계하였다."(안) 주자의 「명당실기名堂室記」[4]에 말하였다. "대청 곁에 두 개의 좁은 방을 이름한 것인데, 그 왼쪽을 '경재敬齋'라 하였으니 바로 이것이다." ○「주일잠」은 제6장에 보인다.

---

1) 『朱熹集』 卷85, 「敬齋箴」
2) 張栻(1133~1180)을 말한다. 자가 敬夫 또는 欽夫, 호는 南軒이다. 漢州 綿竹(지금의 사천성) 사람이다. 湖湘學派의 대표인물로서, 胡廣을 스승으로 모시고 주희와 벗하였다. 저서에는 『南軒集』·『南軒易說』 등이 있다.
3) 장식의 「主一箴」은 다음과 같다. "人稟天性, 其生也直. 克愼厥彝, 則靡有忒. 事物之感, 紛綸朝夕. 動而無節, 生道或息. 惟學有要, 持敬勿失. 驗厥操捨, 乃知出入. 曷爲其敬, 妙在主一. 曷爲其一, 惟以無適. 居無越思, 事靡他及. 涵泳于中, 匪忘匪亟. 斯須造次, 是保是積. 旣久而精, 乃會于極. 勉哉勿倦, 聖賢可則."(『南軒集』 卷36)
4) 『朱熹集』 卷78, 「名堂室記」, "堂旁兩夾室, 暇日默坐, 讀書其間. 名其左曰敬齋, 右曰義齋."

# 제1장

> 正其衣冠, 尊其瞻視, 潛心以居, 對越上帝.
>
> 의관을 바르게 하고, 시선을 높게 하며, 마음을 가라앉혀 거처하고, 상제를 마주 대하듯이 하라.

程子曰, 儼然正其衣冠, 尊其瞻視, 其中自有箇敬處, 雖曰無狀, 敬自可見.[1] 有從伊川學, 令看敬字. 請益, 伊川整衣冠, 齊容貌而已. 尹子聞之, 於言下有箇省覺處.[2]

정자가 말하였다. "엄숙히 그 의관을 바르게 하고 그 시선을 높게 하면 그 속에 저절로 경이 있으니, 비록 형상이 없다고 할지라도 경을 저절로 볼 수 있다." 이천伊川을 따라 배웠는데 '경'자를 살펴보게 하였다. 더 말씀해주기를 청하였더니, 이천은 '의관을 바르게 하고 용모를 가지런히 할 뿐이다'라고 하였다. 윤자尹子[3]가 그것을 듣고 말에서 바로 반성하여 깨달은 곳이 있었다.

○ 又曰, 敬則自然儼若思.[4] 問, 敬之貌如何. 上蔡謝氏曰, 於儼若思時, 可以見敬之貌.

---

1) 『二程全書』 1, 「河南程氏遺書 第18」
2) 『二程全書』 2, 「河南程氏外書 第12」
3) 정이(이천)의 제자 尹焞을 말한다.
4) 『二程全書』 1, 「河南程氏外書 第2」

○정자가 또 말하였다. "경하면 자연히 무엇을 생각하는 것처럼 엄숙하게 된다." 물었다. "경의 모습은 어떠합니까?" 상채 사씨5)가 말하였다. "무엇을 생각하는 것처럼 엄숙할 때에 경의 모습을 볼 수 있다."

○又曰, 嚴威儼恪, 非敬之道, 但致敬須從此入.6) 朱子曰, 恪是恭敬中朴實緊切處.7) ○葉氏曰, 敬存乎中, 嚴威儼恪, 著於外者. 然未有外貌弛慢, 而心能敬者.

○정자가 또 말하였다. "엄격하고 위엄스럽고 근엄하고 삼가는 것은 경의 도가 아니지만, 다만 경을 이루려면 반드시 이것으로부터 들어가야 한다." 주자가 말하였다. "삼감(恪)은 공손함과 공경함 가운데 진실함이 매우 절실한 곳이다." ○섭씨 葉氏8)가 말하였다. "경이 마음속에 보존되면 엄격하고 위엄스럽고 근엄하고 삼감이 밖으로 드러난다. 외모에 태만함이 있지 않아서 마음이 경할 수 있는 것이다."

○朱子曰, 平居須儼然若思.9) 又曰, 三國朱然, 終日欽欽,

---

5)  謝良佐(1050~1103)를 말한다. 자는 顯道, 호는 上蔡이다. 河南省 上蔡縣 출신이라 사람들이 상채선생이라 불렀다. 游酢·呂大臨·楊時와 더불어 정자 문하의 4대 제자 중의 한 사람이다. 저서에는 『論語說』·『上蔡語錄』이 있다.

6) 『二程全書』1, 「河南程氏遺書 第15」(또는 『心經附註』 卷1, 「敬以直內」)

7) 『朱子語類』 卷105

8)  葉夢得(1077~1148)을 말한다. 자는 少薀, 호는 石林이다. 송나라 蘇州 吳縣 사람으로, 평생 동안 학문을 좋아했으며 특히 詞에 뛰어났다. 저서에는 『建康集』·『石林詞』·『避暑錄話』·『石林燕語』·『石林詩話』 등이 있다.

9) 『朱子語類』 卷12

如在行陳. 學者持此, 則心常不放矣.10)

○주자가 말하였다. "평소에 거처할 때는 반드시 엄숙하기가 생각하는 듯이 해야 한다." 또 말하였다. "삼국시대의 주연 朱然11)은 하루 종일 경건하기를 마치 행진하고 있는 것처럼 하였다. 배우는 사람들이 이런 마음을 유지하면 마음을 항상 잃어버리지 않을 것이다."

●或問, 鷄鳴而起, 若未接物, 如何爲善. 程子曰, 只主於敬, 便是爲善.12)

●혹자가 물었다. "닭이 울면 일어나서 아직 사물에 접하지 않았을 때는 어떻게 하는 것이 선을 행하는 것입니까?" 정자가 대답하였다. "다만 경을 주로 하는 것이 바로 선을 행하는 것이다."

○南軒張氏曰, 李季修問所謂敬之說, 當用力, 誠不可怠惰, 而嚮晦宴息, 亦當隨時. 某以爲嚮晦入宴息, 乃敬也, 知嚮晦宴息之爲非怠惰, 乃可論敬之理矣.13) (按)鷄鳴爲善, 旣寤時敬也, 嚮晦宴息, 方寢時敬也, 君子之無時不用其力, 於此可見矣.

---

10) 『朱子語類』 卷12
11) 朱然(182~249)은 삼국시대 오나라의 무장으로, 자는 義封이다. 양주 단양군 고장현 사람으로, 원래의 성은 施氏였지만, 13세 때 孫策의 중개로 어머니의 친동생인 朱治의 양자가 되어 성을 주씨로 바꾸었다. 朱績의 아버지이다.
12) 『孟子集註』 「盡心(上)」(또는 『心經附註』 卷4, 「鷄鳴而起」)
13) 『南軒集』 卷27, 「李季修」(또는 『心經附註』 卷2, 「禮樂不可斯須去身」)

○남헌장씨(장식)가 말하였다. "이계수李季脩가 '이른바 경의 말을 마땅히 힘을 써서 진실로 게을리 할 수 없지만, 날이 저물어 편안히 쉬는 것도 마땅히 때를 따라야 하는지'를 물었다. 내가 생각하기에, 날이 저물어 집에 들어가서 편안히 쉬는 것이 바로 경이니, 날이 저물어서 편안히 쉬는 것이 태만함이 아니라는 것을 알아야 비로소 경의 이치를 논할 수 있다."(안) 닭이 울어서 선을 하는 것은 이미 깨었을 때의 경이요, 날이 저물어서 편안히 쉬는 것은 바야흐로 잠잘 때의 경이니, 군자가 어느 때든 그 힘을 쓰지 않을 수 없는 것을 여기에서 볼 수 있다.

●朱子曰, 今人皆不肯於根本上理會. 如敬字只是將來說, 更不做將去, 根本不立. 故其他零碎工夫無湊泊處. 明道延平皆敎人靜坐, 看來須是靜坐.14) (按)持敬之功, 雖通貫動靜, 然靜爲主而動爲客, 體立而後用有以行. 故其下工之際, 必以靜爲本. 今摭附凡五條.

●주자가 말하였다. "요즈음 사람들은 모두 근본상에서 이해하려고 하지 않는다. 예컨대 '경'의 글자도 다만 가져다가 말만 할 뿐이고, 더 이상 공부해 나가지 않아 근본이 서지 못한다. 그러므로 기타 자잘한 공부가 머무를 곳이 없는 것이다. 명도(정호)와 연평(이통)은 모두 사람들로 하여금 정좌하게 하였는데, 내가 보기에 반드시 정좌해야 한다."(안) 경을 지키는 공부가 비록 動과 靜을 관통하지만, 靜이 주인이

---

14) 『朱子語類』卷12(또는 『心經附註』卷3, 「牛山之木」)

되고 動이 손님이 되며, 體가 세워진 뒤에 用이 행해진다. 그러므로 공부할 때는 반드시 靜을 근본으로 삼아야 한다. 지금 모두 5조목을 모아서 붙였다.

○又曰, 未發之中, 本體自然, 不須窮索. 但當此之時, 敬以持之, 使此氣象常存而不失, 則自此而發者, 其必中節矣. 此日用之際, 本領工夫. 故程子於此, 每以敬而無失爲言. 以事言之, 則有動有靜, 以心言之, 則周流貫徹, 其功夫初無間斷也, 但以靜爲本耳.15)

○주자가 또 말하였다. "미발의 중은 본체가 저절로 그러하므로 궁구하여 찾을 필요가 없다. 다만 이때에는 경으로 지켜서 이 기상을 항상 보존하고 잃지 않게 하면, 이로부터 발한 것은 반드시 절도에 맞을 것이다. 이것이 날마다 쓰는 일상생활 속의 본령공부이다. 그러므로 정자께서는 여기에서 매번 '경하여 잘못됨이 없다'16)는 것을 말하였다. 일로써 말하면 動이 있고 靜이 있으나, 마음으로써 말하면 두루 관철하여 그 공부가 애초에 끊어짐이 없으니, 다만 靜을 근본으로 삼을 뿐이다."

○又曰, 文義講說得行, 而意味未深者, 正要本原上加功, 須是持敬. 持敬以靜爲主. 此意須要於不做工夫時

15)『朱熹集』卷67,「已發未發說」
16)『二程全書』1,「河南程氏遺書 第2(上)」, "敬而無失, 便是喜怒哀樂未發之謂中也. 敬不可謂之中, 但敬而無失, 卽所以中也."

頻頻體察, 久而自熟. 但是著實自做工夫, 不干別人事,
爲仁由己, 而由人乎哉.17)

○주자가 또 말하였다. "글의 뜻을 강론하고 설명하여 행
할 수 있으나 의미가 아직 깊지 않은 자는 바로 본원상에
서 공부를 더해야 하고 반드시 경을 지켜야 한다. 경을 지
킬 때는 靜(고요함)을 주로 한다. 이 뜻은 모름지기 공부를
하지 않을 때에도 빈번히 몸소 살펴야 하며, 〈이렇게 하는
것이〉 오래되면 저절로 익숙해진다. 다만 착실히 스스로
공부할 뿐이고 다른 사람의 일에 간여하지 않으니, '仁을
행하는 것이 자기에게 말미암지 남에게 말미암겠는가?'"18)

○答張敬夫書曰, 來諭謂靜則溺於虛無, 此一字如佛老
之論, 誠有此患. 若以天理觀之, 則動之不能無靜, 猶
靜之不能無動也, 靜之不能無養, 猶動之不可不察也. 但
見一動一靜互爲其根, 敬義夾持, 不容間斷之意, 則雖
下靜字, 元非死物, 至靜之中, 自有動之端焉. 是乃所
以見天地之心者, 而先王之所以至日閉關. 蓋當此之時,
則安靜以養乎此爾, 固非遠事絶物, 閉目兀坐而偏於靜
之謂. 但未接物時, 便有敬以主乎中, 則事至物來, 善
端昭著, 所以察之者益精明爾. 又謂某言以靜爲本, 不

---

17) 『朱子語類』 卷9
18) 『論語』 「顏淵」, "問仁. 子曰, 克己復禮爲仁. 一日克己復禮, 天下歸仁焉.
　　爲仁由己, 而由人乎哉."

若遂言以敬爲本, 此固然也. 然敬字工夫貫動靜而必以
靜爲本, 今若遂易爲敬, 雖若完全, 却不見敬之所施有
先有後, 亦未得爲諦當也.19)

○주자가 장경부張敬夫20)에게 답한 편지에서 말하였다. "보
내온 편지에서는 '고요하면 허무에 빠진다'라고 하였는데,
이 두 글자21)가 불교와 노자의 말과 같다면 진실로 걱정이
있다. 만약 천리로 본다면 움직일 때에 고요함이 없을 수
없는 것은 고요할 때에 움직임이 없을 수 없는 것과 같으
며, 고요할 때에 기르지 않을 수 없는 것은 움직일 때에 살
피지 않을 수 없는 것과 같다. 다만 한 번 움직이고 한 번
고요한 것이 서로 뿌리가 되고 敬과 義를 함께 지켜서 끊
어짐을 용납하지 않는 뜻을 본다면, 비록 靜자를 놓더라도
원래 죽은 물건이 아니니, 지극히 고요한 가운데 자연히
움직임의 단서가 있다. 이것이 바로 천지의 마음을 본다는
것이요, 선왕이 동지에 관문을 닫은 까닭이다. 대개 이때
에는 편안하고 고요하여 이것을 기를 뿐이니, 진실로 사물
을 멀리 끊어버리고 눈을 감고 꼼짝하지 않고 않아서 고요
함에 치우침을 말하는 것이 아니다. 다만 아직 사물과 접
촉하지 않았을 때에 바로 경으로 마음을 주재하면, 사물이

---

19) 『朱熹集』卷32, 「答張欽夫」(또는 『心經附註』卷3, 「牛山之木」)
20) 『주희집』에는 張敬夫가 아니라 張欽夫로 되어 있다. 欽夫는 張栻의
    자로, 다른 자는 敬夫이다. 호는 樂齋 또는 南軒이다.
21) 『주희집』에는 한 글자(一字)가 아닌 두 글자(二字)로 되어 있으니 虛
    無를 가리킨다.

이르더라도 선한 단서가 밝게 드러나므로 살피는 것이 더욱 정밀하고 분명할 뿐이다." 또 말하였다. "'내가 靜을 근본으로 한다고 말한 것은 마침내 경을 근본으로 한다고 말하는 것만 못하다'라고 하였는데, 이는 참으로 그렇다. 그러나 '경'자 공부는 動과 靜을 관통하면서 반드시 靜을 근본으로 하니, 이제 만약 경으로 바꾼다면 비록 완전한 것 같지만, 도리어 경의 시행에 선후先後가 있다는 것을 보지 못한 것이니 또한 정확하다22)고 할 수 없다."

○退陶靜存齋箴曰, 皇降吾衷, 本眞而靜. 云胡末渝, 斲喪其性. 外物膠擾, 日以心競. 情熾欲蕩, 百慮千歧. 顚冥不止, 老泏堪悲. 不求其本, 曷能存之. 其本伊何, 主靜爲則. 觀天之道, 元自貞發. 察地之勢, 闢是翕力. 反躬艮背, 驗其一理. 外無妄接, 肅如軍壘. 內無妄念, 湛如止水. 靡有將迎, 恒存戒懼. 一體淵微, 萬理森具. 迨其應用, 遊刃庶務. 由定而明, 曲當時措. 各止其止, 動亦靜爾. 非若老佛, 靜耽動鄙. 墮落一偏, 滅常淪法. 嗟惟此義, 聖賢遺躅. 孔云定靜, 孟論夜氣. 周程益闡, 楊羅深味. 至于延平, 以詔考亭. 考亭始入, 由此門庭. 遂大用敬, 集厥大成. 在我後學, 寧不遵式. 靜以立本, 敬貫本末. 交致其功, 久乃有得. 直諒吾友, 力於古學. 有契于此, 揭之齋額. 執此明彼, 匪遺其一. 同我蘭臭,

---

22) 원문의 諦當은 恰當 또는 精確의 뜻이다.

惠我麗澤. 我用作箴, 于胥勗兮.23)

○퇴계가 「정존재잠靜存齋箴」24)에서 말하였다. "하늘이 우리에게 속마음(본성)을 내려주어 근본은 참되고 고요하다네. 어찌 말단에서 변하여 그 본성을 손상시킬까. 외물이 뒤흔들어 날마다 마음이 밖으로 치닫고, 감정이 타오르고 욕심이 방탕하여 온갖 생각이 천 갈래로 갈라진다. 미혹하여 중지하지 않는다면 노혁老洫25)이 되어 슬퍼할 것이다. 그 근본을 구하지 않으면 어찌 보존할 수 있겠는가. 그 근본이란 무엇인가? 靜을 주로 하여 법칙으로 삼아야 하네. 하늘의 도를 보면 元이 貞으로부터 나오고26), 땅의 형세를 살피면 개벽은 수렴하는 힘에서 나오네.27) 자기를 반성하여 욕심이 없는 데 그치면28), 그 한 이치를 징험하게 되리

---

23) 『退溪全書』 卷44, 「靜存齋箴」

24) 이 글은 퇴계가 靜存齋 李湛(1510~1557)을 위하여 지은 것으로, 아마 「靜齋記」를 지은 뒤에 저술한 것으로 보인다.

25) 老洫은 늙어서 물욕에 빠진 것이 마치 구렁텅이에 빠져 헤어나지 못하는 것과 같다는 말이다. 『莊子』「齊物論」에서는 "其厭也如緘, 以言其老洫也."라고 하였다.

26) 『주역』에서는 乾卦의 네 가지 덕이 元亨利貞인데, 그중 元은 계절로 봄에 속하여 發生의 뜻이 있고, 貞은 겨울에 속하여 收藏의 뜻이 있다. 따라서 발생(動)이 수장(靜)에서 나온다는 말이다.

27) 『주역』「계사전(상)」에 "곤은 고요할 때에 닫히고 움직일 때에 열리니, 이 때문에 광대함이 생겨난다.(夫坤, 其靜也翕, 其動也闢, 是以廣生焉.)"라고 하였다. '其靜也翕'은 곤이 고요할 때 수렴한다는 말이다. 천지가 닫히고 천지가 사귀지 않는 것이 '翕'이다. 사계절로 말하면 가을과 겨울이다. '其動也闢'은 움직이면 전개된다는 말이다. 천지가 합치고 천지가 서로 사귀는 것이 '闢'이다. 사계절로 말하면 봄과 여름이다. '其靜也翕, 其動也闢'은 곤의 動·靜이 건의 動·靜을 따르고 받들어서 만물을 낳는다는 말이다.

라. 밖으로 헛되이 응접함이 없기를 마치 군진軍陣처럼 엄숙하게 하고, 안으로 망령된 생각이 없기를 고요한 물과 같이 하라. 보내거나 맞이함이 없이 늘 경계하고 두려워함을 간직하라. 하나의 본체는 심오하고 은미하여 온갖 이치가 빽빽이 갖추어져 있으니, 그 응용함에 이르면 갖가지 일들을 여유있게 처리하리라. 안정으로부터 광명해져서29) 때에 맞게 조치할 수 있으리라. 제각기 지선至善의 경지에 머무르면 動하더라도 靜이 보존되리라. 노불의 무리가 靜에서는 탐닉하고 動에서는 비루하여 한쪽으로 떨어져서 강상과 법도를 무너뜨리는 것과는 같지 않네. 아! 이 뜻은 성현이 남긴 자취이니, 공자는 정정定靜30)을 말하였고, 맹자는 야기夜氣31)를 말하였다. 주염계와 정자가 더욱 분명히 밝혔으며, 양시楊時32)와 나종언羅從彦33)이 깊이 음미하였다. 연

---

28) 『周易』「艮卦」, "艮其背, 不獲其身, 行其庭, 不見其人, 无咎." 등은 사람의 몸 가운데 가장 욕심이 없는 곳인데, 왜냐하면 눈·코·입·귀 등 볼 수 있는 것은 앞에 있으나 등은 가려서 보지 못하기 때문이다. 보지 못하기 때문에 외물과 교접하지 않아서 욕심에 이끌리지 않는다. '艮其背'는 나의 욕심을 버리고 至公無私한 마음으로 고요히 그치는 것이다.

29) 『橫渠易說』에는 "마음이 안정된 뒤에야 비로소 광명해질 수 있으니, 만약 항상 옮기고 바뀌어 안정되지 못한다면, 어떻게 광명하기를 바라겠는가.(定然後始有光明, 若常移易不定, 何求光明.)"라고 하였다.

30) 『大學』에 "至善에 그칠 데를 안 뒤에 정해짐이 있고, 정해진 뒤에 고요할 수 있다.(知止而后有定, 定而后能靜.)"라고 하였다.

31) 밤중에 생기는 깨끗한 기운으로 『孟子』「告子(上)」에 나온다. "낮에 하는 소행이 양심을 속박하여 잃게 하니, 속박하여 잃기를 반복하면 그 야기가 보존될 수 없고, 야기가 보존될 수 없으면 금수와 거리가 멀지 않게 된다.(其旦晝之所爲, 有梏亡之矣. 梏之反覆, 則其夜氣不足以存, 夜氣不足以存, 則其違禽獸不遠矣.)"

32) 楊時(1053~1135)는 자가 中立, 호는 龜山으로 구산선생이라 불렸다.

평연平34)에 이르러서는 고정考亭35)에게 가르쳤고, 고정이
처음 들어갈 때에 이 문정門庭으로 말미암아 마침내 크게
경을 써서 그것을 집대성하였다네. 우리 후학들이 어찌 준
수하여 본받지 않겠는가? 靜으로 근본을 세우고 경으로
본말本末을 관통하여 서로 그 공부를 다하여 오래되면 체
득함이 있으리라. 정직하고 성실한 나의 친구 옛 학문에
힘쓰더니, 이 공부에 뜻이 일치하여 서재에다 편액을 써서
걸고, 이것을 잡고 저것을 밝혀서 하나도 빠뜨림이 없네.
난초 향기를 나와 함께 맡고 학문과 덕을(麗澤)36) 나에게
베풀기에, 내가 이 箴을 지어 서로 힘쓰려고 하노라.”

●程子曰, 敬則自虛靜, 不可把虛靜喚做敬.37) (按)敬是
持養之工, 靜爲虛一之效, 其分固不同. 然此心誠肅然而敬, 則
當下便帖然而靜. 故先儒往往合敬靜爲一. 撫附凡四條.

●정자가 말하였다. “경하면 저절로 텅 비고 고요해지나(虛

---

정호와 정이에게 배우고 洛學의 大宗이 되었다. 저서에는 『二程粹言』·『龜
山集』 등이 있다.
33) 羅從彦(1073~1135)은 자가 仲素, 호는 豫章으로, 예장선생이라 불렀
다. 양시의 제자이며 李侗의 스승이다. 저서에는 『豫章文集』·『遵堯錄』
등이 있다.
34) 李侗(1093~1163)을 말한다. 자는 愿中, 호가 延平으로 사람들이 延
平선생이라 불렀다. 羅從彦에게 수학하고, 程顥·程頤 사상의 정수를 주
희에게 전수하였다.
35) 朱熹(1130~1200)의 별칭이다. 주희가 만년에 建陽의 고정에 滄洲精
舍를 짓고 후학을 가르쳤기 때문에 그렇게 불렀다.
36) 麗澤은 인접한 두 못이 서로 물을 윤택하게 한다는 뜻으로, 벗이 서로
도와서 학문과 덕을 닦음을 비유적으로 이르는 말이다.
37) 『二程全書』 1, 「河南程氏遺書 第15」

靜), 텅 비고 고요한 것을 경이라고 해서는 안 된다."(안) 경은 지키고 기르는 공부이나 靜은 텅 비고 한결같은 효과이니, 그 구분은 진실로 같지 않다. 그러나 이 마음이 진실로 숙연하여 경하면 곧바로 편안히 靜하게 된다. 그러므로 선유들이 항상 敬과 靜을 합하여 하나로 여겼다. 모두 4조목을 모아서 붙였다.

○又曰, 敬而無失, 便是喜怒哀樂未發之謂中. 敬不可謂中, 敬而無失卽所以中也.[38] 朱子曰, 此語至約, 是眞實下功夫處. ○問, 敬而無失, 則斯能中矣. 曰, 說得慢了. 只敬而無失, 便不偏不倚, 只此便是中.[39]

○정자가 또 말하였다. "경하여 잘못됨이 없는 것이 바로 '희로애락이 아직 발하지 않은 것을 中이라 한다'는 것이다. 경을 中이라 해서는 안 되고 '경하여 잘못됨이 없는 것'이 바로 中인 것이다." 주자가 말하였다. "이 말은 지극히 간단하니 이것이 진실로 공부에 착수할 곳이다." ○물었다. "경하여 잘못됨이 없으면 이에 中할 수 있습니까?" 대답하였다. "그렇게 말해서는 안 된다. 다만 경하여 잘못됨이 없으면 치우치지도 않고 기울지도 않을 뿐이니, 다만 이렇게 해야 바로 中이다."

○南軒張氏曰, 程子敎人以敬, 卽周子主靜之意.[40]

○남헌장씨(장식)가 말하였다. "정자가 사람들에게 경으로 가르친 것은 바로 주자(주돈이)의 靜을 주로 한다는 뜻이다."

---

38) 『二程全書』1, 「河南程氏遺書 第2(上)」
39) 『朱子語類』 卷96
40) 『南軒集』 卷25, 「寄呂伯恭」(또는 『心經附註』 卷3, 「牛山之木」)

○又曰, 一二年來, 頗專於敬字上勉力, 愈覺周子主靜
之意爲有味. 程子謂於喜怒哀樂未發之前, 更怎生求. 只
平日涵養便是, 此意當深體之也.[41] 西山眞氏曰, 南軒此
言, 蓋合敬靜爲一, 學者宜深味之.[42]

○남헌장씨(장식)가 또 말하였다. "1~2년 동안 오로지 '경'
자 위에서 노력하면 주자(주돈이)의 靜을 주로 하는 뜻이
맛이 있음을 더욱 깨달을 것이다. 정자가 '희로애락이 아직
발하기 이전에 다시 무엇을 구하겠는가? 다만 평소에 함
양하는 것이 바로 이것이다'라고 하였으니, 이 뜻을 마땅히
깊이 체득해야 한다." 서산진씨[43]가 말하였다. "남헌의 이 말은
敬과 靜을 합하여 하나로 만든 것이니, 배우는 사람들은 마땅히 깊
이 음미해야 한다."

● 程子曰, 言存養於喜怒哀樂未發之前, 則可, 若言求
中於喜怒哀樂未發之前, 則不可. 於喜怒哀樂未發之前,
更怎生求. 只平日涵養便是, 涵養久則喜怒哀樂發自中
節.[44] (按)靜時功夫, 纔涉著意, 則便墮於求中之病, 故先儒於
此, 蓋屢言而深警之. 今摭附凡五條.

---

41) 『南軒集』 卷25, 「寄呂伯恭」(또는 『心經附註』 卷3, 「牛山之木」)
42) 『心經附註』 卷3, 「牛山之木」
43) 眞德秀(1178~1235)를 말한다. 자는 景元 또는 希元, 호는 西山으로
　　송나라 建寧府 浦城 사람이다. 일설에는 원래 성이 愼이었는데, 효종 趙
　　眘의 이름을 피해 고쳤다고 한다. 주희의 재전제자로, 저서에는 『大學衍
　　義』·『讀書記』·『西山文集』 등이 있다.
44) 『二程全書』 1, 「河南程氏遺書 第18」(또는 『心經附註』 卷1, 「天命之謂
　　性」)

●정자가 말하였다. "희로애락이 발하기 전에 존양存養한다고 말하는 것은 옳으나, 만약 희로애락이 발하기 전에 中을 구한다고 말한다면 옳지 않다. 희로애락이 발하기 전에 다시 무엇을 구하겠는가? 다만 평소에 함양하는 것이 바로 이것이니, 함양하기를 오래하면 희로애락이 발하여 저절로 절도에 맞을 것이다." (안) 고요할 때의 공부가 막 뜻을 두는 데 관계하면 바로 中을 구하는 병폐에 떨어지기 때문에 선유들이 여기에서 누차 말하여 깊이 경계하였다. 지금 모두 5조목을 모아서 붙였다.

○有言未感時, 知何45)所寓. 曰, 操則存, 舍則亡, 出入無時, 莫知其鄕, 更怎生尋所寓. 只是有操而已, 操之之道, 敬以直內而已.46)

○"아직 감응하지 않았을 때는 붙여둘 곳을 어떻게 압니까?"라고 말하자, 대답하였다. "마음은 잡으면 보존되고 놓으면 없어져서 나아가고 들어옴에 일정한 때가 없어 그 방향을 알 수 없으니, 다시 어떻게 붙여둘 곳을 찾겠는가? 다만 잡을 뿐이니, 잡는 방도도 경으로써 안을 곧게 할 뿐이다."

○朱子答何叔京書曰, 主敬存養, 雖說必有事焉, 然未有思慮作爲, 亦靜而已. 所謂靜者, 固非枯木死灰之謂,

---

45) 『이정전서』에는 何가 如何로 되어 있다.
46) 『二程全書』 1, 「河南程氏遺書 第15」(또는 『心經附註』 卷1, 「敬以直內」)

而所謂必有事焉者, 亦豈求中之謂哉.47)

○주자가 하숙경何叔京48)에게 답한 편지에서 말하였다. "주
경主敬과 존양存養에 대해서는 비록 '반드시 일삼음이 있다'
고 말하였지만, 사려와 작위가 있지 않으니 또한 고요할
뿐이다. 이른바 '고요하다'는 것은 참으로 마른 나무나 불
기 없는 재를 말하는 것이 아니며, 이른바 '반드시 일삼음
이 있다'는 것도 또한 어찌 中을 구하는 것을 말하겠는가?"

○答呂子約書曰, 操之而存, 則只此便是本體, 不待別
求. 惟其操之久而且熟, 自然安於義理而不妄動, 則所謂
寂然者, 當不待察識而自呈露矣. 然所謂操存者, 亦豈
以此一物操彼一物哉. 亦曰主一無適, 非禮不動, 則中
有主而心自存耳.49)

○주자가 여자약呂子約50)에게 답하는 편지에서 말하였다. "잡
으면 보존되는 것은 다만 이것이 바로 본체이니 따로 구할
필요가 없다. 오직 잡기를 오래하고 또한 익숙히 하면 자
연히 의리에 편안하여 망령된 행동을 하지 않으니, 이른바
'고요하다'는 것은 마땅히 자세히 살펴서 알기를 기다리지

---

47) 『朱熹集』 卷40, 「答何叔京」
48) 何鎬(1128~1175)를 말한다. 자는 叔京, 호는 臺溪로 남송 福建省 邵
    武 사람이다. 주자와 교유하였다. 그가 죽은 뒤 주자가 그의 묘갈명을
    지었다. 저서에는 『潭州善化令』이 있다.
49) 『朱熹集』 卷47, 「答呂子約」
50) 呂祖儉(?~1198)을 말한다. 자는 子約, 호는 大愚로 婺州 사람이다.
    저서에는 『大愚集』이 있다.

않더라도 저절로 드러날 것이다. 그러나 이른바 '잡아서 보존한다'는 것이 또한 어찌 이 하나의 물건으로 저 하나의 물건을 잡는 것이겠는가? 또한 '주일무적主一無適51)이라 하니, 예가 아니면 움직이지 않으면, 안에 주인이 있어서 마음이 저절로 보존될 뿐이다."

○問, 致中是未動之前, 然謂之戒懼, 卻是動了. 曰莫看得戒愼恐懼太重了. 此只是略省一省, 不是恁驚惶震懼, 略是箇敬模樣. 然道著敬字, 已是重了. 只略略收拾來, 便在這裏. 伊川所謂道箇敬字, 也不大段用得力. 孟子曰操則存, 亦不是著力把持, 只是操一操, 便在這裏. 如人之氣, 呼便出, 吸便入.52) 又曰, 這處難言. 大段著意, 又卻生病, 只恁略綽住. 道著戒懼, 已是剩語. 然又不得不如此說.53) ○問, 未發之初, 不知戒懼心, 何處著落. 潛室陳氏曰, 此問最精, 前輩於此境界, 最難下言. 旣是未發, 才著工夫, 便是發了. 蓋雖是未發之初, 體已含具萬用在此, 不比禪家寂如空如. 所以惺惺主人, 常在冥漠中照管, 都不曾放下了, 蓋雖是持守體段, 却不露痕跡.54)

---

51) 主一無適이란 말을 최초로 사용한 이는 程頤이다. "主一無適, 敬以直內, 便有浩然之氣. 浩然須要實識得他剛大直, 不習無不利."(『二程全書』1, 「河南程氏遺書 第15」) 主一이란 하나를 주로 하는 것이고, 無適이란 다른 데로 달아나지 않는 것이다. 즉 마음이 다른 데로 달아나지 않고 오직 하나에 전념한다는 뜻이다.
52) 『朱子語類』卷62
53) 『朱子語類』卷62
54) 『心經附註』卷1, 「天命之謂性」

○물었다. "中을 이루는 것은 아직 움직이기 이전이지만 경계하고 두려워한다고 말한 것은 도리어 움직인 것입니까?" 주자가 대답하였다. "경계하고 두려워하는 것이 매우 중요하다는 것을 알지 못한 것이다. 이것은 대충 한 번 살필 뿐이고 놀라고 당황하거나 떨면서 두려워하는 것이 아니니, 대체로 경의 모양이다. 그러나 경이라는 글자를 말하는 것이 이미 중요하다. 다만 대략 거두어들이면 바로 여기에 있을 뿐이다. 이천이 이른바 '경이라는 글자를 말하는 것은 또한 크게 힘을 쓰지 않아도 된다'라고 말하였다. 맹자가 '잡으면 보존된다'고 말한 것도 힘들여 잡아 지키는 것이 아니라, 다만 한 번 잡으면 바로 여기에 있을 뿐이다. 마치 사람의 기는 내쉬면 나가고 들이쉬면 들어오는 것과 같다." 주자가 또 말하였다. "이곳은 말하기가 어렵다. 대체로 뜻을 부여하면 또 도리어 병통이 생기니, 다만 이렇게 대략 그친다. 경계하고 두려워한다고 말한 것은 이미 군더더기 말이다. 그러나 또한 이렇게 말하지 않을 수 없다." ○물었다. "아직 발하지 않는 미발의 초기에는 경계하고 두려워하는 마음을 어디에 두어야 할지 모르겠습니다." 잠실진씨[55]가 말하였다. "이 질문이 가장 정밀하니 선배들은 이 경지에 대해서 말하는 것을 가장 어려워하였다. 이미 미발이라도 막 공부를 하면 바로 발한 것이 된다. 비록 미발의 초기이나 본체는 이미 만 가지 작용을 여기에 포함하고 있으니 선가禪家의 적여寂如나 공여空如와는 같지 않다. 때문에 성성惺惺하게 깨어 있는

---

55) 陳埴을 말한다. 자는 器之, 호는 木鐘이며, 潛室先生이라 불렀다. 송나라의 학자. 주희의 문인으로 질문의 장점과 효과에 대해 크게 장려하였다. 저서에는 제자들의 질문에 답한 것을 모아 펴낸 『木鐘集』이 있다.

주인(마음)이 항상 고요한 가운데에 관조하여 모두 일찍이 놓아버리지 않으니, 비록 체단體段을 잡아 지키지만 도리어 흔적을 드러내지 않는다."

●問, 敬莫是靜否. 程子曰, 纔說靜便入於釋氏之說也, 不用靜字, 只用敬字. 纔說著靜便是忘也.56) (按)靜時工夫一差, 則易入於釋氏. 故程朱門下皆有慮患之意, 學者誠能用功於敬, 則有以貫本末而具體用, 庶不墮於一偏之弊矣. 撫附凡四條.

●물었다. "경은 靜(고요함)이 아닙니까?" 정자가 대답하였다. "막 靜을 말하면 바로 석씨의 설에 들어가니, 靜자를 쓰지 않고 다만 敬자를 쓸 뿐이다. 막 靜을 말하면 바로 잊어버린다." (안) 고요할 때 공부가 조금이라도 어긋나면 쉽게 석씨의 설로 들어간다. 그러므로 정자와 주자의 문하에서는 모두 걱정하는 뜻이 있었으니, 배우는 사람들이 진실로 경에서 공부할 수 있으면 본말本末을 관통하고 체용體用을 갖출 수 있으니 거의 한쪽으로 치우치는 폐단에 떨어지지 않는다. 모두 4조목을 모아서 붙였다.

○或曰, 喜怒哀樂未發之前, 下動字, 下靜字. 曰, 謂之靜則可. 然靜中須有物始得, 這裏便是難處. 學者莫若先理會得敬, 能敬則自知此矣.57) 朱子曰, 靜中有物者, 只是敬, 則常惺惺在這裏.58)

---

56) 『二程全書』1, 「河南程氏遺書 第2」
57) 『心經附註』卷1, 「天命之謂性」(『近思錄集解』「存養」)
58) 『近思錄集解』「存養」

○어떤 사람이 물었다. "희로애락이 아직 발하기 전에는 動자를 써야 합니까 靜자를 써야 합니까?" 정자가 대답하였다. "靜이라고 하는 것이 옳다. 그러나 靜 가운데 반드시 물건(마음속에 지키는 일)이 있어야 비로소 좋으니, 여기가 바로 어려운 곳이다. 배우는 사람들이 먼저 경을 이해하는 것만 못하니, 경할 수 있으면 자연히 이것을 알게 된다." 주자가 말하였다. "靜 가운데 물건이 있다는 것은 다만 경하면 마음이 항상 깨어있어 여기에 있다는 것이다."

○朱子曰, 無事, 固是只得靜坐, 若特地將靜坐做一件功夫, 則却是釋子坐禪矣. 但只著一敬字, 通貫動靜, 則於二者之間自無間斷處, 不須如此分別也.[59]
○주자가 말하였다. "일이 없으면 진실로 정좌할 수 있지만, 만약 특별히 정좌를 하나의 공부로 여긴다면 도리어 불교의 좌선坐禪이 된다. 다만 하나의 '경'자를 가지고 動과 靜에 관통하면 둘 사이에는 저절로 끊어진 곳이 없으니, 이와 같이 분별할 필요가 없다."

○問, 靜坐功夫與伋伋應接不同. 曰, 不必如此, 反成坐馳. 但收斂勿令放逸, 到窮理精後, 自然思慮不至妄動. 凡所云爲莫非至理, 亦何必兀然靜坐然後爲持敬.[60] 又曰, 周子說主靜, 正是要人靜定其心, 自作主宰. 程子又恐只管求靜,

---

59) 『朱熹集』卷62, 「答張元德」
60) 『朱熹集』卷55, 「答李守約」

遂與事物不交涉, 却說箇敬, 云敬則自虛靜.61) ○又曰, 明道亦
說靜坐可以爲學, 上蔡亦言多著靜不妨, 此說終是小偏. 才偏, 便
做病. 道理自有動時, 自有靜時, 無處不是道理, 不可專要去靜處
求. 所以伊川謂只用敬, 不用靜, 便說得平也."62) ○又曰, 舊見
李先生, 常63)敎令靜坐. 後來看得不然, 只是一箇敬字好. 無事
時, 敬於自持, 及應事時, 敬於應事, 讀書時, 敬於讀書, 便自然
該貫動靜, 無時不存.64)

○물었다. "정좌공부와 급하게 응접應接하는 것은 다릅니
까?" 주자가 대답하였다. "반드시 이와 같지는 않지만 도리
어 앉아서 잡념으로 치닫게 된다. 다만 수렴하여 제멋대로
하지 못하게 하여 이치를 궁구함이 정밀해진 뒤에, 자연히
생각이 함부로 움직이는 데 이르지 않을 것이다. 무릇 말
하고 행동하는 모든 것이 지극한 이치가 아닌 것이 없을
것이니, 또한 하필 갑자기 정좌한 뒤에 경을 지킨다고 하
겠는가?" 주자가 또 말하였다. "주자(주돈이)가 고요함을 주로 할
것(主靜)을 말한 것은 바로 사람들이 고요하게 그 마음을 안정시켜
서 스스로 주재하게 하려는 것이다. 정자는 또 다만 고요함만을 구
하면 마침내 사물과 교섭하지 않을까 걱정하여 도리어 경을 말하였
으니 '경하면 자연히 텅 비고 고요해진다'65)고 하였다." ○주자가
또 말하였다. "명도(정호)는 또한 정좌로 학문을 할 수 있음을 말하
였고, 상채(사량좌)는 또한 고요함이 많아도 무방하다고 말하였는데,

---

61) 『朱子語類』 卷94(또는 『近思錄集解』 「存養」)
62) 『朱子語類』 卷102
63) 『주자어류』에는 常이 嘗으로 되어 있다.
64) 『朱子語類』 卷120
65) 『二程全書』1, 「河南程氏遺書 第15」, "敬則自虛靜, 不可把虛靜喚做敬."

이 말은 결국 조금 치우쳤다. 조금이라도 치우치면 병폐가 된다. 도리에는 자연히 움직이는 때가 있고 자연히 고요한 때가 있어 어디든 도리가 아닌 곳이 없으니, 오로지 고요한 곳을 구하려고만 해서는 안 된다. 때문에 이천(정이)이 '다만 경을 쓸 뿐이고 靜을 쓰지 않는다'고 말한 것은 말이 평온하다." ○주자가 또 말하였다. "예전에 이 선생(이동)을 뵈었는데 항상 정좌할 것을 가르쳤다. 나중에 보니 옳지 않았으나 다만 '경' 한 글자가 좋았다. 일이 없을 때에는 스스로 지키는 데 경하고, 일에 응할 때에는 일에 응하는 데 경하며, 독서할 때에는 독서하는 데 경하면, 자연히 모두 動과 靜을 관통하여 어디든 있지 않은 때가 없다."

右第一章. 臨川吳氏曰, 此言靜無違.

이상은 제1장이다. 임천오씨66)가 말하였다. "이것은 고요할 때 어긋남이 없음을 말한 것이다."

---

66) 吳澄(1249~1333)을 말한다. 자는 幼淸으로, 만년의 자는 伯淸이다. 許衡과 나란히 거론되며, 北許南吳라 불렸다. 일생동안 元代 유학의 보급과 발전에 공헌하였으며, 저서에는 『五經纂言』·『列子解』·『吳文正公全集』등이 있다.

## 제2장

足容必重, 手容必恭, 擇地而蹈, 折旋蟻封. 朱子曰,
周旋中規, 其回轉處, 欲其圓如中規也. 折旋中矩, 其橫轉
處, 欲其方如中矩也.[1]

발걸음은 반드시 무겁게 하고, 손가짐은 반드시 공손
하게 하며, 땅을 가려서 밟아 개밋둑을 돌듯 하라. 주
자가 말하였다. " '둥글게 도는 동작이 둥근자(規)[2]에 들어맞는
다'는 것은 회전할 때 그 둥근 모습이 마치 둥근자에 맞는 것처
럼 둥글게 하려는 것이다. '꺾어 도는 동작이 직각 자(矩)[3]에
들어맞는다'는 것은 직각으로 꺾어 돌 때 그 반듯한 모습이 마
치 직각 자에 들어맞는 것처럼 방정하게 하려는 것이다."

朱子曰, 坐如尸, 立如齊, 頭容直, 目容端, 足容重, 手
容恭, 口容止, 氣容肅, 皆敬之目也.[4] 又曰, 玉藻九容處,
子細體認.[5]

주자가 말하였다. "앉아있을 때는 시동처럼 하고, 서있을

---

1) 『朱子語類』 卷105
2) 規는 동그라미를 그리는 도구이니 곧 컴퍼스를 가리킨다.
3) 矩는 직각을 잴 때 쓰는 자이다.
4) 『朱子語類』 卷12
5) 『朱子語類』 卷120

때는 재계하는 것처럼 하며, 머리는 곧고, 눈은 단정하며, 발걸음은 무겁고, 손가짐은 공손하며, 입은 다물고, 기운은 엄숙하게 하는 것은 모두 경의 절목이다." 주자가 또 말하였다. "『예기』「옥조」의 아홉 가지 용모(九容)가 있는 곳은 자세히 체득하여 알아야 한다."

○又曰, 敬不是恁坐地. 擧足動步, 常要此心在這裏.[6]

○주자가 또 말하였다. "경은 다만 그렇게 바닥에 앉아 있는 것이 아니다. 발을 들어 걸음을 옮길 때도 항상 이 마음이 여기에 있어야 한다."

●問, 人之燕居, 形體怠惰, 心不慢可否. 程子曰, 安有箕踞而心不慢者.[7] (按)動靜功夫, 雖有時分之異, 然由乎靜而見於動, 凡制於動, 卽所以存乎靜. 而用力於可據之地, 則其無形者固自在也, 此動靜無間之理, 體用一原之妙, 存心之切務養中之要法也. 撫附凡六條.

●물었다. "사람이 한가롭게 있을 때에 몸이 태만하더라도 마음이 태만하지 않으면 괜찮습니까?" 정자가 대답하였다. "어찌 다리를 쭉 뻗고 있으면서(箕踞)[8] 마음이 태만하지 않은 사람이 있겠는가?" (안) 動과 靜의 공부는 비록 시분의 차이가 있지만 靜에 근거하여 動이 드러나니, 대개 動을 제지하는 것이 바로 靜을 보존하는 것이다. 그러나 의거할 만한 곳에 힘을 쓰면 형체

---

6) 『朱子語類』 卷12
7) 『近思錄集解』 「存養」
8) 箕踞는 키 모양으로 다리를 뻗고 오만하게 앉아있는 모양을 가리킨다.

가 없는 것은 진실로 자재自在하니, 이것이 동과 정에 틈이 없는 이치요 체와 용이 하나에 근원하는 신묘함이니, 마음을 보존하는 절실한 일이고 中을 기르는 요법이다. 모두 6조목을 모아서 붙였다.

○或問, 燕處倨肆, 心不怠慢, 有諸. 曰, 無之. 入德必自敬始, 故容貌必恭也, 言語必謹也. 雖然優游涵泳而養之可也, 拘迫則不能入矣.9)

○어떤 사람이 물었다. "조용한 곳에 거만하고 방자하게 있을 때에 마음이 태만하지 않을 수 있습니까?" 정자가 대답하였다. "없다. 덕에 들어갈 때는 반드시 경으로부터 시작하기 때문에 용모는 반드시 공손해야 하고 말은 반드시 삼가야 한다. 비록 그렇지만, 깊이 잠겨서(優游涵泳)10) 함양하면 옳지만, 조급하면 들어갈 수 없다."

○問, 九容九思. 朱子曰, 卽此便是涵養本原, 這裏若不涵養, 更將甚物涵養.

○구용九容11)과 구사九思12)에 대해 물었다. 주자가 대답하

---

9) 『二程全書』 3, 「二程粹言 卷2」
10) 優游涵泳은 여유롭고 한가하게 자맥질하듯 깊이 잠긴다는 뜻으로, 한가롭게 학문이나 예술 등의 이치를 깊이 음미함을 이르는 말이다.
11) 『禮記』 「玉藻」에 나오는 바른 몸가짐에 대한 아홉 가지 가르침으로, 足容重·手容恭·目容端·口容止·聲容靜·頭容直·氣容肅·立容德·色容莊을 말한다.
12) 『論語』 「季氏」에 나오는 바른 마음가짐에 대한 아홉 가지 규범으로, 視思明·聽思聰·色思溫·貌思恭·言思忠·事思敬·疑思問·忿思難·見得思義를 말한다.

였다. "여기에 나아가는 것이 바로 본원을 함양하는 것이니, 여기에서 만약 함양하지 않으면 다시 장차 어디에서 함양하겠는가?"

○答呂伯恭書曰, 詳考從上13)聖賢以及程子之說論下學處, 莫不以正衣冠肅容貌爲先, 蓋必如此然後, 心得所存而不流於邪僻. 易所謂閑邪存其誠, 程氏所謂制之於外以養其中者此也.14)

○주자가 여백공呂伯恭15)에게 답하는 편지에서 말하였다. "옛날의 성현들과 정자가 하학下學을 논한 곳까지 자세히 상고해보면, 의관을 바르게 하고 용모를 엄숙히 하는 것을 우선으로 하지 않음이 없었으니, 반드시 이와 같이 한 뒤에야 마음이 보존되어 사특한 곳으로 흐르지 않을 수 있다. 『주역』에서 말한 '사특함을 막아 그 誠을 보존한다'는 것과 정씨(이천)가 말한 '밖을 제재하여 그 안을 기른다'는 것이 이것이다."

○答林擇之書曰, 近世學者之病, 只是合下欠却持敬工夫, 所以事事滅裂. 其言敬者, 又只說能存此心, 自然中理, 至於容貌辭氣, 往往全不加功, 設使眞能如此存得,

---

13) 원문에는 上이 아니라 古로 되어 있다.
14) 『心經附註』卷2,「君子反情和志」
15) 呂祖謙(1137~1181)을 말한다. 자는 伯恭, 호는 東萊이다. 20세 전후로 주자를 알았으며, 이로부터 20년 후 주자를 방문해 40일간 지내면서 『近思錄』을 편찬하였다. 주자·장식·여조겸을 東南三賢이라 불렀다.

亦與釋老何異. 又況心慮荒忽, 未必眞能存得邪. 程子言
敬, 必以整齊嚴肅正衣冠尊瞻視爲先, 又言未有箕踞而
心不慢者, 如此乃是至論. 而先聖說克己復禮, 尋常講
說於禮字每不快意, 必訓作理字然後已, 今乃知其精微
縝密, 非常情所及耳.16) 又曰, 日用之間痛自斂飭, 乃知敬字
之功親切要妙乃如此. 而前日不知於此用力, 徒以口耳浪費光陰,
人欲橫流, 天理幾滅. 今而思之, 怛然震悚, 蓋不知所以措其躬
也.17)

○주자가 임택지林擇之에게 답한 편지에서 말하였다. "근세
학자들의 병폐는 다만 경을 지키는 공부가 부족하였기 때
문에 일마다 지리멸렬하게 되었다. 경을 말하는 사람들도
다만 '이 마음을 보존하면 자연히 이치에 맞을 수 있다'라
고만 말할 뿐이고, 용모나 말씨에 이르러서는 이따금 전혀
공을 들이지 않으니, 설령 참으로 이와 같이 마음을 보존
할 수 있다고 하더라도 또한 불교나 노자와 무엇이 다르
겠는가? 또 하물며 마음이 황홀하여 진실로 보존할 수 없
음에랴. 정자가 경을 말하면서 반드시 정제엄숙整齊嚴肅하고
의관을 바르게 하고 시선을 높게 하는 것을 우선으로 하
였으며, 또한 두 다리를 뻗고 있으면서 마음이 태만하지
않은 자는 있지 않다고 하였으니, 이와 같이 해야 비로소
지극한 이론이다. 옛날 성인(공자)께서 극기복례克己復禮를
말하면서 평소 禮자에서 강설하다가 매번 마음이 석연치 않

16) 『朱熹集』 卷43, 「答林擇之」(『心經附註』 卷1, 「敬以直內」)
17) 『朱熹集』 卷43, 「答林擇之」

으면 반드시 理자로 해석한 뒤에 그만두었는데, 이제야 비로소 〈성인의 강학방법이〉 정미하고 치밀하여 보통 사람들의 심정으로는 미칠 바가 아니라는 것을 알았다." 주자가 또 말하였다. "일상생활에서 자신을 매섭게 단속하였는데, 이에 '경'자 공부가 절실하고 요긴함이 바로 이와 같음을 알았다. 그러나 전일에는 여기에 힘쓸 줄을 모르고 다만 입과 귀를 가지고서 시간만 낭비하여 인욕이 멋대로 흘러서 천리가 거의 없어지게 되었다. 지금 생각해보니, 놀라고 두려워서 몸 둘 바를 모르겠다."

○南軒張氏曰, 古人衣冠容止之間, 不是要作意矜持, 只是循他天則合如是. 爲尋常因循怠弛, 故須著勉强, 外之不肅而謂能敬於內, 可乎.[18]

○남헌장씨(장식)가 말하였다. "옛사람들은 의관과 용모의 사이에서 뜻을 두어 신중히 지키려는 것이 아니고, 다만 저 하늘의 법칙이 마땅히 이와 같아야 함을 따른 것일 뿐이다. 평소에 태만함을 답습하기 때문에 반드시 힘써야 하니, 밖으로(외모) 엄숙하지 못하면서 안으로(마음) 경할 수 있다고 말한다면 옳겠는가?"

●程子曰, 天地設位, 而易行乎其中, 只是敬也. 敬則無間斷.[19] 朱子曰, 天地也似有箇主宰, 方始恁地變易, 便是天地底敬. 天理只是直上去, 更無四邊滲漏, 更無走作.[20] ○又曰, 易

---

18) 『南軒集』 卷25, 「寄呂伯恭」(또는 『心經附註』 卷2, 「君子反情和志」)
19) 『二程全書』 1, 「河南程氏遺書 第11」(또는 『近思錄集解』 「存養」)
20) 『朱子語類』 卷96

是自然造化. 聖人本意只說自然造化流行, 程子是將來就人身上
說. 敬則這道理流行, 不敬便間斷了.21) (按)心體具寂感而貫始
終. 故其用功亦通動靜而該體用, 固不可厭動而求靜, 亦不可昧體
而趨用也. 先儒論敬兼動靜者. 撼附凡六條.

● 정자가 말하였다. "'천지가 자리를 베풀면 『역』이 그 가
운데서 행해진다'22)라고 한 것은 다만 경일 뿐이다. 경하면
끊어짐이 없다." 주자가 말하였다. "천지에도 주재가 있는 것과 같
아야 비로소 이렇게 변역하니, 이것이 바로 천지의 경이다. 천리는
다만 곧장 위로 올라갈 뿐이니 다시 사방에 남겨두는 것도 없고 달
아나는 것도 없다." ○주자가 또 말하였다. "『역』은 저절로 그러한
조화이다. 성인의 본뜻은 다만 저절로 그러한 조화가 유행한다는 것
을 말한 것일 뿐인데, 정자는 곧장 사람의 몸에서 말하였다. 경하면
이 도리가 유행하고, 경하지 않으면 바로 끊어지게 된다." (안) 마음
의 본체는 寂(적연부동)과 感(감이수통)을 갖추고 처음과 끝을 관통
한다. 그러므로 그 작용 역시 動과 靜을 관통하고 體와 用을 갖추
니, 진실로 動을 싫어하고 靜만을 구해서도 안 되고, 또한 體에는
어둡고 用으로만 향해서도 안 된다. 선유들은 경이 動과 靜을 겸한
다는 것을 논하였다. 모두 6조목을 모아서 붙였다.


○ 或謂張繹曰, 吾至於閒靜之地, 則灑然心悅, 吾疑其未
善也. 繹以問, 程子曰, 然. 社稷宗廟之中, 不期敬而自
敬, 是平居未嘗敬也. 使平居無不敬, 則社稷宗廟之中, 何
敬之改修乎. 然則以靜爲悅者, 必以動爲厭, 方其靜時, 所

---

21) 『朱子語類』 卷96
22) 『周易』 「繫辭傳(上)」, "天地設位, 而易行乎其中矣."

以能悅靜之心, 又安在哉.23)

○어떤 사람이 장역張繹24)에게 말하였다. "내가 한가하고 고요한 곳에 이르면 쇄연히 마음이 즐거운데, 내가 아직 선하지 않은지 의심스럽습니다." 장역이 이것을 정자에게 묻자, 정자가 대답하였다. "그렇다. 사직과 종묘 안에서는 경하기를 기다리지 않아도 저절로 경하니, 이것은 평소에 경하지 않기 때문이다. 만약 평소에 경하지 않음이 없으면 사직과 종묘 안에서 어찌 경을 고쳐서 바로잡겠는가? 그렇다면 고요함을 기뻐하는 자는 반드시 움직임을 싫어할 것이니, 바야흐로 고요할 때에 고요함을 기뻐할 수 있는 마음이 또한 어디에 있겠는가?"

○朱子答林擇之書曰, 敬字通貫動靜, 但未發時則渾然 是敬之體, 非是知其未發, 方下敬底工夫也. 旣發則隨 事省察而敬之用行焉, 然非其體素立, 則省察之功亦無 自而施也. 故敬義非兩截事, 必有事焉而勿正, 心勿忘, 勿助長, 則此心卓然, 貫通動靜, 敬立義行, 無適而非 天理之正矣.25) 又曰, 心體通有無該動靜, 故工夫亦通有無該 動靜, 方無透漏. 若必待其發而後察, 察而後存, 則工夫所不至者 多矣.26)

---

23) 『二程全書』 3, 「二程粹言 卷2」, 〈天地篇〉
24) 張繹(?~1108)은 자는 思叔으로 송나라의 학자이다. 程頤의 문인으로 『宋 名臣言行錄』에 실려 있는 좌우명이 유명하다.
25) 『朱熹集』 卷43, 「答林擇之」

○주자가 임택지林擇之에게 답한 편지에서 말하였다. "경이라는 글자는 동과 정을 관통하지만, 미발의 때에는 혼연히 경의 본체이니, 미발을 알아야 비로소 경의 공부를 하는 것이 아니다. 이미 발하면 일마다 성찰하여 경의 작용이 행해지지만, 그 본체가 평소에 서지 않으면 성찰의 공부 또한 저절로 시행되지 못한다. 그러므로 敬과 義가 두 개의 일이 아니니 '반드시 일삼음이 있되 효과를 미리 기대하지 말고, 마음으로 잊지도 말고, 조장하지도 말면'27) 이 마음이 우뚝이 動과 靜을 관통하여 敬이 서고 義가 행해져서, 가는 곳마다 천리의 바름이 아닌 곳이 없을 것이다." 주자가 또 말하였다. "마음의 본체는 有와 無를 관통하고 動과 靜을 갖추고 있으므로 공부 또한 有와 無를 관통하고 動과 靜을 갖추어야 비로소 새는 곳이 없을 것이다. 만약 반드시 그것이 발하기를 기다린 이후에 살피고, 살핀 이후에 보존한다면, 공부가 이르지 않은 것이 많을 것이다."

○答潘子善書曰, 欲專務靜坐, 又却(28)墮落那一邊去. 只是虛著此心, 隨動隨靜, 無時無處不致其戒謹恐懼之力, 則自然主宰分明, 義理昭著矣. 然著箇戒謹恐懼四字, 已是壓得重了, 要之只是略綽提撕, 令自省覺, 便是工夫也.29)

---

26)『朱熹集』卷43,「答林擇之」
27)『孟子』「公孫丑(上)」, "必有事焉而勿正, 心勿忘, 勿助長也."
28)『주희집』에는 却이 恐으로 되어 있다.
29)『朱熹集』卷60,「答潘子善」

○주자가 반자선潘子善에게 답한 편지에서 말하였다. "오로지 정좌靜坐에만 힘쓰고자 한다면 또한 도리어 그 한쪽으로 떨어질 것이다. 다만 이 마음을 비워서 動을 따르든 靜을 따르든, 어느 때든 어느 곳이든 삼가고 두려워하는 데(戒謹恐懼)에 힘을 다하지 않음이 없으면, 자연히 주재가 분명해지고 의리가 밝게 드러날 것이다. 그러나 삼가고 두려워하는 네 글자에만 집착하는 것은 이미 부담이 커질 것이니, 요컨대 다만 대충 그럭저럭 분발해서 스스로 성찰하고 깨닫게 하는 것이 바로 공부이다."

○又曰, 程子曰, 存養於未發之前, 則可. 又曰, 善觀者, 却於已發之際觀之, 此持敬之工. 貫通乎動靜之際者也, 方其未發必有事焉, 是乃所謂靜中之知覺, 復之所以見天地之心也. 及其已發隨事觀省, 是乃所謂動上求靜, 艮之所以止其所也. 然則靜中之動, 非敬其孰能形之, 動中之靜, 非敬其孰能察之. 故又曰, 學者莫若先理會敬, 則自知此矣.[30] (按)此下二段, 論靜中之動動中之靜.

○주자가 또 말하였다. "정자는 '아직 발하기 이전에 존양存養하는 것이 옳다'라고 하였고, 또 '잘 살피는 자는 도리어 이미 발한 즈음에 살핀다'라고 하였는데, 이것이 경을 지키는 공부이다. 동과 정의 사이에 관통하는 것이라야 비

---

30) 『朱熹集』 卷67, 「程子養觀說」

로소 아직 발하지 않을 때에 반드시 일삼음이 있는 것이니, 이것이 바로 이른바 '고요함 속의 지각이니' 복괘復卦에서 천지의 마음을 본다는 것이다. 이미 발할 때에 이르러서 일에 따라 보고 살피는 것은 바로 이른바 '움직임 위에서 고요함을 구하는 것이니' 간괘艮卦에서 제자리에 그친다는 것이다. 그렇다면 고요함 속의 움직임은 경이 아니면 그 무엇이 그것을 드러낼 수 있겠으며, 움직임 속의 고요함은 경이 아니면 그 무엇이 그것을 살필 수 있겠는가? 그러므로 또 '배우는 사람들이 먼저 경을 이해하는 것만 못하니 〈경하면〉 저절로 이것을 알 것이다'라고 하였다."(안) 이아래의 두 단락에서는 고요함 속의 움직임과 움직임 속의 고요함을 논하였다.

○答張敬夫書曰, 心主乎一身而無動靜語默之間, 是以君子之於敬, 亦無動靜語默而不用其力焉. 未發之前是敬也, 固已主乎存養之實, 已發之際是敬也, 又常行於省察之間. 方其存也, 思慮未萌而知覺不昧, 是則靜中之動, 復之所以見天地之心也. 及其察也, 事物紛糾而品節不差, 是則動中之靜, 艮之所以不獲其身不見其人也. 有以主乎靜中之動, 是以寂而未嘗不感, 有以察乎動中之靜, 是以感而未嘗不寂. 此心之所以周流貫徹而無一息之不仁也.[31] (按)此二段皆以復卦論靜中之動, 而中庸

---

31)『朱熹集』卷32,「答張欽夫」

或問及答呂子約書, 以坤卦純陰不爲無陽當之, 實晚年定論. 今當
以此爲正.

○주자가 장경부(장식)에게 답한 편지에서 말하였다. "마음
이 한 몸을 주재하면서 '움직이거나 고요함(動靜)'과 '말하
거나 침묵하는(語默)'의 사이가 없으니, 이 때문에 군자는
경에서도 '동정'과 '어묵'에 그 힘을 쓰지 않음이 없다. 아직
발하기 이전에는 경이 진실로 이미 존양의 실질을 주로 하
고, 이미 발할 즈음에는 경이 또한 항상 성찰의 사이에서
실행된다. 바야흐로 그것을 보존할 때에는 사려가 싹트지
않고 지각이 어둡지 않으니, 이것은 고요함 속의 움직임으
로 복괘에서 '천지의 마음을 본다'는 것이다. 성찰에 이르
러서는 사물이 어지럽게 뒤엉켜 있어도 품위와 절도가 어
긋나지 않으니, 이것은 움직임 속의 고요함으로 간괘에서
'그 몸을 얻지 못하면 그 사람을 보지 못한다'는 것이다. 고
요함 속에서 움직임을 주로 할 때가 있으니 이 때문에 고
요하나 일찍이 감응하지 않은 적이 없고, 움직임 속에서
고요함을 살필 때가 있으니 이 때문에 감응하나 일찍이 고
요하지 않은 적이 없다. 이것이 바로 마음이 두루 관철하
여 한순간도 仁하지 않음이 없는 까닭이다." (안) 이 두 단락
은 모두 복괘(䷗)를 가지고 고요함 속의 움직임을 논하였으나, 『중용
혹문』과 여자약(여조겸)에게 답한 편지에서는 곤괘(䷁) 순음純陰의
작위하지 않고 양이 없는 것으로 해당시켰으니, 실제로 만년의 정론
이다.32) 지금 마땅히 이것으로 정론을 삼아야 한다.

---

32) 주자는 미발의 思慮未萌과 知覺不昧에 대한 해석을 명확히 드러내기 위

右第二章. 臨川吳氏曰, 此言動無違. ○附兼論動靜.

이상은 제2장이다. 임천오씨(오징)가 말하였다. "이것은 움직임에 어긋남이 없음을 말한 것이다." ○動과 靜을 겸하여 논한 것을 덧붙였다.

하여 『역』의 괘상과 결부시켜 해석한다. 처음에는 '사려미맹'을 사려가 아직 싹트지 않았으므로 純陰인 곤괘(䷁)에 해당시키고, '지각불매'를 고요한 가운데 지각이 있으므로 一陽이 움직인 복괘(䷗)에 해당시켜 해석한다. 그러나 나중에는 '지각불매'마저도 곤괘로 해석하니, 즉 純陰이지만 양이 잠복해 있을 뿐이고 아직 활동을 시작하지 않은 상태를 상징하는 곤괘에 해당시킨다.(안유경, 「대산 이상정의 미발론 연구」, 『유교사상문화연구』 72, 한국유교학회, 2018, p.69)

# 제3장

出門如賓, 承事如祭, 戰戰朱子曰, 恐懼也兢兢朱子曰, 戒謹也. 罔敢或易. 朱子曰, 戰戰兢兢, 如臨深淵, 如履薄冰, 此乃敬之法. 此心不存, 則常昏矣. 今人有昏睡者, 遇身有痛癢, 則蹶然而醒. 蓋心所不能已, 則自不至於忘.[1]

문을 나가서는 손님을 뵙듯이 하고, 일을 받들 때는 제사를 지내듯이 하라. 조심하고(주자는 '두려워하다'라고 하였다.) 조심하여(주자는 '삼가다'고 하였다.) 혹시라도 감히 소홀하게 하지 말라. 주자가 말하였다. "두려워하고 삼가 깊은 연못에 이르는 듯하고 얇은 얼음을 밟는 듯하니, 이것이 바로 경을 실천하는 방법이다. 이 마음을 보존하지 못하면 항상 혼미해진다. 지금 혼미하여 잠자는 사람이 있는데, 몸이 아프거나 가려움이 있으면 펄쩍뛰며 깨어날 것이다. 대개 마음이 그만두지 못하는 것이면 저절로 잊어버리는 데 이르지 않는다."

程子曰, 如見大賓, 如承大祭, 敬也.[2]

정자가 말하였다. "큰 손님을 뵙듯이 하고, 큰 제사를 받들 듯이 하는 것이 경이다."

---

[1] 『朱子語類』卷35
[2] 『二程全書』1, 「河南程氏遺書 第15」, "出門如見大賓, 使民如承大祭, 只是敬也."(또는 『心經附註』卷1, 「仲弓問仁」)

○又曰, 孔子言仁, 只說出門如見大賓, 使民如承大祭, 看其氣象, 便須心廣體胖, 動容周旋中禮, 惟愼獨便是守之之法.3)

○정자가 또 말하였다. "공자가 仁을 말하면서 다만 '문을 나와서는 큰 손님을 뵙듯이 하고, 백성을 부릴 때는 큰 제사를 받들 듯이 한다'고 하였으니, 그 기상을 보면 반드시 마음이 넓어지고 몸이 편안해져서(心廣體胖)4) 사람들의 모든 행동거지가 모두 예에 맞으니, 오직 홀로 있을 때를 삼가는 것(愼獨)5)이 바로 경을 지키는 방법이다."

○又曰, 君子之遇事, 無巨細, 一於敬而已. 簡細故以自崇, 非敬也, 飾私智以爲奇, 非敬也, 要知無敢慢而已. 語曰, 居處恭執事敬, 雖之夷狄不可棄也, 然則執事敬者, 固爲仁之端也.6)

○정자가 또 말하였다. "군자가 일을 만나서는 크고 작음에 관계없이 한결같이 경할 뿐이다. 사소한 일을 소홀히 하여 스스로를 높이는 것은 경이 아니고, 사사로운 지혜에 가려서 특별하게 여기는 것도 경이 아니니, 감히 태만해서는 안 됨을 알아야 할 뿐이다. 『논어』에 '거처할 적에 공손

---

3) 『二程全書』 1, 「河南程氏遺書 第6」(또는 『心經附註』 卷1, 「仲弓問仁」)
4) 『大學』 第5章 "富潤屋, 德潤身. 心廣體胖, 故君子必誠其意."
5) 『大學』 第6章 "所謂誠其意者, 毋自欺也, 如惡惡臭, 如好好色, 此之謂自謙, 故君子必愼其獨也."
6) 『二程全書』 1, 「河南程氏遺書 第4」

히 하고 일을 집행할 적에 공경히 하니, 이것은 비록 오랑캐의 나라에 가더라도 버려서는 안 된다'[7]라고 하였으니, 그렇다면 일을 집행할 적에 공경히 하는 것은 진실로 仁을 행하는 단서이다."

○又曰, 某書字甚敬, 非是欲字好, 只此是學.[8] 朱子書字銘曰, 握管濡毫, 伸紙行墨. 一在其中, 點點畫畫. 放意則荒, 取姸則惑. 必有事焉, 神明厥德.[9]

○정자가 또 말하였다. "나는 글자를 쓸 때에 심히 공경히 하는데, 이는 글자를 좋게 하려는 것이 아니라 다만 이것이 배움일 뿐이기 때문이다." 주자가 「서자명書字銘」에서 말하였다. "붓 자루를 잡아 붓끝을 적시고, 종이를 펴서 글씨를 써내려간다. 전일한 마음이 그 안에 있어야 한 점 한 획이 된다. 마음이 흐트러지면 글씨는 거칠어지고, 아름다움만을 취하면 미혹하게 된다. 반드시 일삼음이 있으니 신명함이 바로 그 덕이다."

○上蔡謝氏曰, 敬只是與事爲一.[10]

○상채사씨(사량좌)가 말하였다. "경은 다만 일과 하나 될 뿐이다."

○朱子答周舜弼書曰, 所諭敬字工夫於應事處用力爲難,

---

7) 『論語』「子路」, "居處恭, 執事敬, 與人忠, 雖之夷狄, 不可棄也."
8) 『朱熹集』卷85, 「書字銘」(또는 『心經附註』卷2, 「禮樂不可斯須去身」)
9) 『朱熹集』卷85, 「書字銘」
10) 『上蔡語錄』卷3

此亦常理. 但看聖賢說, 行篤敬執事敬, 則敬字本不爲
默然無爲時設, 須向難處力加持守, 庶幾動靜如一耳.11)
又曰, 敬不是萬慮休置之謂, 只要隨事專一謹畏不放逸耳.12) ○
又曰, 且如在此靜坐時, 固敬. 應事接物, 能免不差否. 只才被
人叫時, 自家便隨他去了. 須於應事接物上不錯, 方是. 這箇便
是難.13)

○주자가 주순필周舜弼14)에게 답한 편지에서 말하였다. "편
지에서 '경'자 공부는 사물에 응하는 곳에서 힘을 쓰기가
어렵다고 했는데, 이 또한 평상의 이치이다. 다만 성현의
'행실은 독실하고 공경하며(行篤敬), 일을 처리할 때는 공경
히 한다(執事敬)'는 말씀을 보면, '경'자는 본래 묵묵히 아무
것도 하지 않을 때를 위하여 세운 말이 아니니, 반드시 실
천하기 어려운 곳에서 힘써 잡아 지키면 움직일 때나 고요
할 때나 거의 한결같을 수 있을 것이다." 주자가 또 말하였다.
"경은 온갖 생각을 그만두게 하는 것을 말하는 것이 아니라, 다만
일에 따라 전일하며 삼가고 두려워하여 제멋대로 하지 못하게 하려
는 것일 뿐이다." ○주자가 또 말하였다. "예를 들면 여기에 고요히
앉아있을 때는 진실로 경하다. 그러나 일에 응하고 외물과 접했을
때도 잘못되지 않을 수 있겠는가? 다만 남이 부를 때를 당하면 자신
이 바로 그를 따라가 버린다. 반드시 일에 응하고 외물에 접할 때에

---

11) 『朱熹集』卷50, 「答周舜弼」
12) 『朱子語類』卷12
13) 『朱子語類』卷12
14) 周舜弼(1141~1202)은 송나라의 학자로, 주희의 문인이다. 孝友가 깊
    었고, 상례를 치르는 데 古禮를 사용하여 많은 사람들이 본받았다고 한
    다.

잘못되지 않아야 비로소 옳다. 이것이 바로 어려운 일이다."

● 或問, 正其衣冠, 端坐儼然, 自有一般氣象, 某嘗行之, 果如其說, 此是敬否? 上蔡謝氏曰, 不如執事上尋便更分明. 事思敬, 居處恭, 執事敬, 若只是靜坐時有之, 却只是坐如尸也.[15] (按)持敬之工, 雖貫徹表裏, 然裏無形而表有据, 故必就其可見易守者而用功焉, 然後路脈不差, 工夫靠實, 庶不墮於空寂之歸矣. 然內外一致, 顯微無間, 凡應乎外者, 皆由乎內而制於外, 卽所以養其中也. 撫附凡四條.

● 어떤 사람이 물었다. "그 의관을 바르게 하고 엄숙한 모습으로 단정히 앉아있으면 자연히 보통의 기상이 있는데, 내가 일찍이 그것을 행하여 과연 그 말과 같았다면 이것이 경입니까?" 상채사씨(사량좌)가 대답하였다. "일을 처리하는 위에서 찾는 것이 더 분명한 것만 못하다. 일을 할 때는 공경할 것을 생각하고, 거처할 때는 공손하고, 일을 집행할 때는 공경해야 하니, 만약 고요히 앉아 있을 때만 〈그렇게 할 수〉 있을 뿐이라면, 도리어 앉아있는 것이 시동과 같을 뿐이다." (안)경을 지키는 공부가 비록 밖과 안을 관철하지만, 안에는 형체가 없고 밖에는 근거할 곳이 있기 때문에, 반드시 볼 수 있고 지키기 쉬운 것에 나아가서 공부를 한 뒤에 맥락이 어긋나지 않고 공부가 실재에 의지하여 거의 공적空寂으로 돌아가는 데 떨어지지 않는다. 그러나 안과 밖이 일치하고 顯과 微에 틈이 없으니, 무릇 밖으로 응하는 것은 모두 안에 근거하여 밖을 제지하는 것이니, 이

---

15) 『上蔡語錄』 卷3

것이 바로 그 안을 기르는 이유이다. 모두 4조목을 모아서 붙였다.

○延平李氏答朱子書曰, 尋常於靜處體認下工夫, 卽於
鬧處使不著, 蓋不曾如此用工也. 惟於日用處便下工夫,
庶幾漸可合爲己物. 不然只是說也.[16] 又曰, 近日涵養, 必
見應事脫然處否. 須就事兼體用下工夫, 久久純熟, 漸可見渾然
氣象矣.[17] ○退陶曰, 延平之學, 以靜爲本, 而今日靜處工夫, 鬧
處使不著, 且使之就日用下工夫. 斯乃貫動靜一顯微之道, 雖不
言敬, 而敬在其中.[18]

○연평이씨(이동)가 주자에게 답한 편지에서 말하였다. "항상
고요한 곳에서 체인하는 공부는 바로 시끄러운 곳에서는
착수하지 못하게 하니, 대개 이와 같이 공부해서는 안 된
다. 오직 날마다 생활하는 곳에서 바로 공부해야 거의 점
차 부합하여 자기의 물건이 될 수 있다. 그렇지 않으면 다
만 말뿐인 것이다." 연평이씨가 또 말하였다. "근래의 함양은 반
드시 일에 응하는 분명한 곳에서 보아야 하지 않겠는가? 반드시 일
에 나아가서 體와 用을 겸하여 공부하는 데 오래하고 오래하여 익숙
해지면 점차 혼연한 기상을 볼 수 있다." ○퇴계(이황)가 말하였다.
"연평의 학문은 고요함을 근본으로 삼았으나, 지금 '고요한 곳에서
의 공부는 시끄러운 곳에서는 착수하지 못하게 한다'고 하고, 또 일
상생활에 나아가서 공부하게 하였다. 이것이 바로 動과 靜을 관통하
고 顯과 微가 하나 되는 도이니, 비록 경을 말하지 않더라도 경이 그

---

16) 『延平答問』
17) 『延平答問』
18) 『退溪全書』 卷28, 「答金惇叙」

가운데 있다."

○朱子答何叔京書曰, 持敬之說, 自顔曾以下, 尤須就
視聽言動容貌辭氣上做工夫. 蓋人心無形, 出入不定, 須
就規矩繩墨上守定, 便自內外帖然. 豈曰放僻邪侈於內,
而姑正容謹節於外乎. 且放僻邪侈正與莊整齊肅相反, 誠
能莊整齊肅, 則放僻邪侈決知其無所容矣. 此日用工夫,
至要約處. 但以一事驗之, 儼然端坐, 執事恭恪時, 此
心如何. 怠惰頹靡, 渙然不收時, 此心如何. 試於此審
之, 則知內外未始相離, 而所謂莊整齊肅者, 正所以存
其心也.[19]

○주자가 하숙경(하호)에게 답한 편지에서 말하였다. "경을
지키는 설은 안자와 증자 이래로 특히 보고, 듣고, 말하고,
행동하는 것과 용모 및 말투 상에서 공부를 해야 한다. 대
개 사람의 마음은 형체가 없어서 나가고 들어옴이 일정하
지 않으니, 반드시 규구規矩와 승묵繩墨 상에서 정해진 것
을 지키면 저절로 안과 밖이 적절할 것이다. 어찌 안으로
는 방자하고 사치하면서 한갓 밖으로는 용모를 바르게 하
고 예절을 삼간다고 하겠는가? 게다가 방자하고 사치하는
것이 바로 장중하고 엄숙한 것과 상반되니, 진실로 장중하
고 엄숙할 수 있다면 방자하고 사치하는 것이 결코 받아들
여질 수 없다는 것을 알 것이다. 이것이 일상의 공부로 지

---

19)『朱熹別集』卷4, 「何叔京(鎬)」

극히 요긴하고 간략한 곳이다. 다만 하나의 일로써 증험해 보면, 엄숙한 모습으로 단정히 앉아 일을 집행함에 공손하고 삼갈 때에 이 마음은 어떻겠는가? 게으르고 퇴락하여 완전히 없어져도 수렴하지 않을 때에 이 마음은 어떻겠는가? 시험삼아 이것에 대해 살펴보면, 안과 밖이 처음부터 서로 떨어지지 않으니, 이른바 장중하고 엄숙한 것이 바로 그 마음을 보존하는 근거임을 알 것이다."

○南軒張氏曰, 程子教人居敬, 必以動容貌整思慮爲先. 蓋動容貌整思慮, 則其心一所以敬也. 今但欲存心而以此爲外, 旣不如此用功, 則心亦烏得而存. 其所謂存者, 不過强制其思慮, 非敬之理矣. 此其未知內外之本一故也. 今有人容貌不莊, 而曰吾心則存, 不知其所爲不莊者, 是果何所存乎.[20] (按)此二段, 當與上章論, 箕踞心不慢以下六條說, 參看.

○남헌장씨(장식)가 말하였다. "정자가 사람들에게 경을 지킬 것(居敬)을 가르칠 때에 반드시 용모를 바르게 움직이고 생각을 가지런히 하는 것을 우선으로 하였다. 대개 용모를 바르게 움직이고 생각을 가지런히 하면, 그 마음이 한결같아 경이 되는 것이다. 지금 다만 마음을 보존하고자 하면서 이것을 도외시하고 이와 같이 공부하지 않으면, 마음을 또한 어찌 보존할 수 있겠는가? 이른바 보존한다는 것은

20) 『南軒集』 卷30, 「答朱元晦」

그 생각을 억지로 제지하는 것에 불과하니, 경의 이치가 아니다. 이것은 안과 밖의 근본이 하나인 까닭을 알지 못한 것이다. 지금 어떤 사람의 용모가 장중하지 않으면서 '내 마음을 보존한다'고 말한다면, 장중하지 않는 이유를 알지 못하는 것이니 과연 무엇을 보존하겠는가?" (안) 이 두 단락은 마땅히 윗장에서 논한 '다리를 쭉 뻗고 앉아있으면서 마음이 태만하지 않는다'는 이하의 6조목의 설과 참고해서 보아야 한다.

右第三章. 臨川吳氏曰, 此言表之正.

이상은 제3장이다. 임천오씨(오징)가 말하였다. "이것은 겉모습 (表)의 바름을 말한 것이다."

# 제4장

守口如瓶(朱子曰, 不妄出也), 防意如城(朱子曰, 閑邪
之入也), 洞洞(陳氏曰, 敬之表裏無間也) 屬屬(陳氏曰, 誠
實無僞也), 罔敢或輕.

입을 다물기를 병마개와 같이 하고(주자가 말하기를, 말을
함부로 하지 않는 것이다), 잡념을 막기를 성을 지키듯이
한다.(주자가 말하기를, 사특함이 들어오는 것을 막는 것이다)
신중하고(진씨가 말하기를, 경의 안과 밖에 틈이 없는 것이다)
성실하여(진씨가 말하기를, 진실하여 거짓이 없는 것이다) 감
히 혹시라도 경솔하게 하지 말라.

程子曰, 敬是閑邪之道. 閑邪存其誠, 雖是兩事, 亦只
是一事, 閑邪則誠自存矣.[1]

정자가 말하였다. "경은 사특함을 막는 방도이다. 사특함
을 막아 그 誠을 보존하는 것이 비록 두 가지(다른) 일이지
만, 또한 다만 한 가지(같은) 일일 뿐이니, 사특함을 막으
면 誠이 저절로 보존된다."

---

1) 『二程全書』 1, 「河南程氏遺書 第18」(또는 『心經附註』 卷1, 「閑邪存誠」)

○問, 思慮雖多, 果出於正, 亦無害否. 曰, 且如宗廟
主敬, 朝廷主莊, 軍旅主嚴, 此是也. 如發不以時, 紛
然無度, 雖正亦邪.[2] 東萊呂氏曰, 南軒言心在焉, 則謂之敬.
且如方對客, 而他有所思, 雖思之善, 亦不敬也. 纔有間斷, 便
是不敬. 日用間, 若不自加提策, 則怠惰之心生矣. 怠惰之心生,
不止於悠悠無所成, 而放僻邪侈隨至矣.

○물었다. "생각이 비록 많더라도 과연 바른 데서 나온다면
또한 해가 없습니까?" 정자가 대답하였다. "종묘에서는 공
경함을 주로 하고, 조정에서는 장중함을 주로 하며, 군대
에서는 엄숙함을 주로 하는 것과 같은 것이 이것이다. 만
약 생각이 때에 맞지 않게 일어나 어지러워 법도가 없다
면, 비록 바른 데서 나온 것이라도 사특하게 된다." 동래여
씨(여조겸)가 말하였다. "남헌(장식)이 '마음을 간직하는 것을 경이
라 한다. 또한 예를 들어 바야흐로 손님을 대할 때에 그가 생각하는
바가 있으면 비록 생각이 선하여도 또한 경이 아니다. 막 끊어짐이
있으면 바로 경이 아니다'라고 하였다. 일상생활 속에서 만약 스스
로 극복할 방법을 가하지 않으면 태만한 마음이 생긴다. 태만한 마
음이 생기면 유유자족하여 이루는 바가 없을 뿐만 아니라 방자하고
사치함이 따라서 이른다."

○呂與叔問, 爲思慮紛擾. 某答以但爲心無主, 若主於
敬, 則自然不紛擾.[3] 又曰, 學者患心慮紛亂, 不能寧靜, 此
則天下公病. 學者只要立箇心, 此上頭儘有商量.[4]

---

2) 『二程全書』1, 「河南程氏遺書 第18」(또는 『近思錄集解』「存養」)
3) 『二程全書』1, 「河南程氏遺書 第18」

○여여숙呂與叔5)이 생각이 어지럽게 되는 것을 물었다. 내(정자)가 대답하였다. "다만 마음에 주재함이 없기 때문이니, 만약 경으로 주재하면 자연히 어지럽게 되지 않는다." 또 말하였다. "배우는 사람들은 생각이 어지러워서 편안할 수 없는 것을 걱정하는데, 이것은 세상 사람들의 공통된 병폐이다. 배우는 사람들은 다만 자신의 마음을 확립해야 하니, 이러한 바탕 위에서 자신의 생각을 다할 수 있다."

○朱子答何叔京書曰, 所以有躁妄之病者, 殆居敬之功未至. 故心不能宰物, 氣有以動志而致然耳. 若使主一不貳, 臨事接物之際, 眞心現前, 卓然而不可亂, 則又安有此患哉.6)

○주자가 하숙경(하호)에게 답한 편지에서 말하였다. "조급하거나 망령된 병통이 있는 까닭은 아마도 '경을 지키는(居敬)' 공부가 지극하지 못하기 때문이다. 그러므로 마음이 사물을 주재하지 못하고 기가 뜻을 움직여서 그렇게 되는 것일 뿐이다. 만약 마음이 하나에 전일하고 둘로 분산되지 않아서 일에 임하고 사물에 접할 즈음에 참된 마음이 앞에

---

4) 『二程全書』1, 「河南程氏遺書 第15」(또는 『近思錄集解』, 「存養」)
5) 呂大臨(1046~1092)을 말한다. 자는 與叔이며 呂大均의 동생으로 陝西省 藍田 사람이다. 처음에 張載에게서 배웠으며, 장재가 죽은 뒤에는 二程에게 배웠으나 장재에게서 배운 이론을 좀처럼 바꾸지 않았다고 한다. 謝良佐·游酢·楊時와 더불어 정씨 문하의 네 선생이라 불렸다. 저서에는 『東見錄』이 있다.
6) 『朱熹集』卷40, 「答何叔京」

나타나서 우뚝하여 어지럽힐 수 없다면, 또한 어찌 이러한 근심이 있겠는가?"

○又曰, 敬字, 不可只把一箇敬字說過, 須於日用間體認是如何. 此心常卓然公正, 無有私意, 便是敬, 有些子計較, 有些子放慢意思, 便是不敬. 故曰敬以直內, 要得無些子偏邪.[7]

○주자가 또 말하였다. "경이라는 글자는 다만 하나의 '경'자만을 고집해서 지나치게 말해서는 안 되니, 반드시 일상생활 속에서 어떤 것인지를 체득하여 알아야 한다. 이 마음이 항상 우뚝이 공정하고 사사로운 뜻이 없으면 곧 경이고, 조금이라도 서로 헤아리거나 방만한 뜻이 있으면 곧 경이 아니다. 그러므로 '경으로써 안을 곧게 한다'고 하였으니, 조금의 치우치거나 사특함이 없어야 한다.

○又曰, 敬是箇扶策人底道理. 人當放肆怠惰時, 才敬, 便扶策得此心起. 常常恁地, 雖有些放僻邪侈意思, 也自退聽.[8]

○주자가 또 말하였다. "경은 사람을 부축해주는 도리이다. 사람이 방자하고 태만하려고 할 때에 경하면 바로 이 마음이 일어나는 것을 부축해 줄 수 있다. 항상 이렇게 할

---

7) 『朱子語類』 卷44
8) 『朱子語類』 卷12

수 있으면, 비록 방자하고 사치한 생각이 있더라도 저절로
물리칠 수 있다."

○問, 且如持敬, 豈不欲純一於敬. 然自有不敬之念, 固
欲與己相反, 愈制則愈甚. 或謂只自持敬, 雖念慮妄發,
莫管他, 久將自定, 還如此得否. 曰, 要之, 邪正本不對
立, 但恐自家胸中無箇主. 若有主, 邪自不能入.9)

○물었다. "예컨대 경을 지키면서 어찌 경에 순일純一하고
자 하지 않습니까? 그러나 불경不敬한 생각이 있으면 진실
로 자기와 상반되어 제어하려 할수록 더욱 심해집니다. 어
떤 사람이 '다만 스스로 경을 지키기만 하면 비록 생각이
망령되게 일어나더라도 그것에 상관하지 않고 오래되면 저
절로 안정된다'라고 하였는데, 또한 이와 같을 수 있습니
까?" 주자가 대답하였다. "요컨대 사특함과 바름은 본래
대립하는 것이 아니니, 다만 아마도 자기의 가슴(마음)속에
주인이 없기 때문일 것이다. 만약 주인이 있으면 사특함이
저절로 들어올 수 없다."

○問, 靜坐久之, 一念不免發動, 如何. 曰, 也須看一
念是要做甚麼事. 若是好事當做, 須去幹了. 或此事思
量未透, 須著思量敎了. 若是不好底事, 便不要做. 自
家纔覺得如此, 這敬便在這裏.10)

---

9)『朱子語類』卷12
10)『朱子語類』卷12

○물었다. "정좌를 오래하여도 한 생각이 일어나는 것을 면치 못하는데, 어떻게 해야 합니까?" 주자가 대답하였다. "또한 반드시 한 생각이 무슨 일을 하려는 것인지를 살펴야 한다. 만약 좋고 마땅히 해야 할 일이라면 반드시 해나가야 한다. 혹 이 일에 대한 생각이 투철하지 않다면 반드시 더 생각하여 끝내야 한다. 만약 좋지 않은 일이라면 하지 말아야 한다. 스스로 이와 같이 느낄 수 있으면 이 경이 바로 이 안에 있다."

○答任伯起書曰, 靜中私意橫生, 此學者之通患. 此當以敬爲主, 而深察私意之萌多爲何事, 就其重處痛加懲窒, 久之純熟, 自當見效. 不可計功於旦暮而多爲說以亂之也.[11]

○주자가 임백기任伯起에게 답하는 편지에서 말하였다. "고요한 가운데에 사사로운 생각이 멋대로 생겨나니 이것이 배우는 사람들의 공통된 근심이다. 이는 마땅히 경을 주로 하고 사사로운 생각이 싹트는 것이 대부분 무슨 일 때문인지를 깊이 살펴서, 그 중요한 곳에서 철저히 경계하고 막아서 오래도록 순수하고 익숙하게 되면 저절로 효과를 볼 것이다. 하루아침에 공을 따지거나 많은 말을 하여 어지럽게 해서는 안 된다."

---

11) 『朱熹集』卷44, 「答任伯起(希夷)」

○求放心齋銘曰, 天地變化, 其心孔仁. 成之在我, 卽主乎身. 其主伊何, 神明不測. 發揮萬變, 立此人極. 晷刻放之, 千里其奔, 非誠曷有, 非敬曷存. 孰放孰求, 孰亡孰有. 詘伸在臂, 反覆惟手. 防微謹獨, 玆守之常. 切問近思, 曰惟以相.12) 朱子自敍云, 爲程正思作.13)

○「구방심재명求放心齋銘」에서 말하였다. "천지가 변화함에 그 마음이 크게 仁하구나. 仁을 이룸이 나에게 있으니 곧 몸에 주인이 되네. 그 주인이 된다는 것은 무엇인가? 신명神明은 헤아릴 수가 없네. 수많은 변화를 발휘하여 이 인극人極(표준)을 세우네. 잠시라도 그것을 놓아버리면 천리로 달아나니 誠이 아니면 어찌 있을 수 있으며, 敬이 아니면 어찌 보존할 수 있겠는가? 무엇을 잃고 무엇을 찾으며, 무엇을 잃고 무엇을 가졌나? 굽히고 폄은 팔에 달려있고, 뒤집고 엎음은 오직 손에 달려있다네. 은미한 기미를 막고 홀로 있을 때를 삼가는 것이 이에 지켜야 하는 상도常道이네. 절실히 묻고 가까운 것부터 생각하여 오직 서로 도울 뿐이라 하겠다." 주자의 자서自敍에서 "정정사程正思14)를 위하여 지었다"라고 하였다.

● 程子曰, 切要之道, 無如敬以直內.15) (按)內外隱顯, 雖無

---

12) 『朱熹集』 卷85, 「求放心齋銘」(또는 『心經附註』 卷4, 「求放心齋銘」)

13) 『心經附註』 卷4, 「求放心齋銘」

14) 程端蒙(1143~1191)을 말한다. 주자의 문인으로, 청소년을 위한 성리학의 기초 학습 교재인 『性理字訓』을 저술하기도 하였다.

二致, 然存乎內者, 實爲之本. 故其用功也, 亦必以是爲主焉. 撫附凡二十五條.

●정자가 말하였다. "긴요한 방도는 '경으로써 안을 곧게 하는 것'보다 나은 것이 없다." (안) 안과 밖, 은미함(隱)과 드러남(顯)에 비록 두 이치가 없으나, 안으로 보존하는 것이 실제로 근본이 된다. 그러므로 공부를 하는 것도 반드시 이것을 위주로 해야 한다. 모두 25조목을 모아서 붙였다.

○又曰, 心敬則內自直.[16]

○정자가 또 말하였다. "마음이 경하면 안이 저절로 바르게 된다."

○又曰, 敬以直內, 有主於內則虛, 自然無非僻之心, 必有事焉, 須把敬來做件事著, 此道最是簡最是易, 又省工夫. 爲此語, 雖近似常人, 然持之久, 必別.[17] 朱子答林擇之書曰, 敬以直內爲初學之急務. 此事統體操存, 不作兩段, 日用間便覺得力.[18] ○退陶曰, 敬以直內對義以方外, 則敬靜義動, 單言則與必有事焉, 皆當貫動靜一顯微徹內外看."

○정자가 또 말하였다. "경으로써 안을 곧게 하여 안에 주인이 있으면 마음이 텅 비어서 자연히 그르거나 괴팍한 마음이 없게 되며, 반드시 일삼음이 있으면 반드시 경을 잡

---

15) 『二程全書』 1, 「河南程氏遺書 第15」(또는 『心經附註』 卷1, 「敬以直內」)
16) 『心經附註』 卷1, 「敬以直內」
17) 『二程全書』 1, 「河南程氏遺書 第15」(또는 『心經附註』 卷1, 「敬以直內」)
18) 『朱熹集』 卷43, 「答林擇之」

아서 일을 하여야 하니, 이 방도가 가장 간략하고 가장 쉬우며 또 공부를 줄일 수 있다. 이 말이 비록 천근하여 보통 사람에게 해당되는 것 같지만, 지키기를 오래하면 반드시 〈그 효과가〉 각별해질 것이다." 주자가 임택지에게 답한 편지에서 말하였다. "'경으로써 안을 곧게 하는 것'은 초학자들이 해야 할 급선무이다. 이 일은 전체를 총괄하여 잡아 보존하고 두 단계로 나누지 않아야 일상생활에서 힘을 얻음을 깨달을 것이다." ○퇴계가 말하였다. "'경으로써 안을 곧게 하는 것(敬以直內)'을 '의로써 밖을 방정하게 하는 것(義以方外)'과 상대하여 말하면, 敬은 靜하고 義는 動하지만, 어느 한 가지만을 말한다면 '반드시 일삼음이 있다(必有事焉)'는 것과 더불어 모두 動과 靜을 관통하고, 顯과 微가 하나 되고, 안과 밖을 관철하는 것으로 보아야 한다."[19]

○邵[20]伯溫問, 心術最難, 如何執持. 程子曰敬.[21]

○소백온邵伯溫[22]이 물었다. "심술이 가장 어려우니 어떻게 잡아 지켜야 합니까?" 정자가 "경이다"라고 하였다.

○又曰, 心要在腔子裏.[23] 朱子曰, 敬, 便在腔子裏.[24]

○정자가 또 말하였다. "마음은 〈밖으로 달아나지 않고〉 가

---

19) 『退溪全書』 卷36, 「答李宏仲」
20) 원문에는 周로 되어 있는데 오자인 듯하다.
21) 『二程全書』 1, 「河南程氏遺書 第22(上)」(또는 『心經附註』 卷3, 「牛山之木」)
22) 邵伯溫(1057~1134)은 자가 子文으로, 邵雍(康節)의 아들이다. 洛陽 사람으로 저서에는 『邵氏聞見錄』이 있다.
23) 『二程全書』 1, 「河南程氏遺書 第7」(또는 『心經附註』 卷3, 「仁人心」)
24) 『朱子語類』 卷96(또는 『心經附註』 卷3, 「仁人心」)

습속에 있어야 한다." 주자가 말하였다. "경하면 곧 가슴속에 있
게 된다."

○又曰, 外面只有些罅隙, 便走了.25) 朱子曰, 只要時時將
來提撕, 便喚得主人公, 常在常覺也.26)

○정자가 또 말하였다. "밖에 다만 조금의 틈만 있으면 〈마
음은〉 곧 달아나 버린다." 주자가 말하였다. "다만 수시로 일깨
워야 하니, 바로 주인공(마음)을 불러서 항상 간직하고 항상 깨어있
게 해야 한다."

○又曰, 不愧屋漏與愼獨, 這是箇持養氣象.27)  ○又曰,
學始於不欺暗室.28)

○정자가 또 말하였다. "남이 보지 않는 곳(屋漏)29)에서 부
끄럽지 않은 것과, 홀로 있을 때를 삼가는 것(愼獨)은 마음
을 잡아 기르는 기상이다." 또 말하였다. "학문은 어두운 방에서
속이지 않는 것에서부터 시작된다."

○又曰, 聖人以此齋30)戒, 以神明其德夫.31)  又曰, 聖人

---

25) 『二程全書』1, 「河南程氏遺書 第7」(또는 『心經附註』 卷3, 「仁人心」)
26) 『朱熹集』 卷53, 「答胡季隨」
27) 『二程全書』1, 「河南程氏遺書 第2(上)」(또는 『心經附註』 卷1, 「詩云
    潛雖伏矣」)
28) 『二程全書』1, 「河南程氏外書 第1」(또는 『心經附註』 卷1, 「詩云潛雖伏
    矣」)
29) 『詩經』「大雅」〈抑〉, "視爾友君子, 輯柔爾顔, 不遐有愆. 相在爾室, 尙不
    愧于屋漏. 無曰不顯, 莫予云覯. 神之格思, 不可度思, 矧可射思." 옥루는
    방의 서북쪽이니 햇빛이 들지 않는 어두운 방을 가리킨다.

以此洗心, 退藏於密.32) ○朱子曰, 明道愛擧此句. 雖不是本文
意思, 要之意思自好. 只如上蔡所謂敬是常惺惺法.33) ○問, 齋
戒只是敬. 曰, 固是. 但齋較謹於戒. 湛然純一之謂齋, 肅然警
惕之謂戒. 到湛然純一時, 那肅然警惕也無了.34)

○정자가 또 말하였다. "성인은 이것으로 재계하고 신묘함
으로 그 덕을 밝힌다." 또 말하였다. "성인은 이것으로 마음을
깨끗이 씻고 은밀한 곳에 물러가서 감춘다." ○주자가 말하였다.
"명도선생은 이 구절(성인은 이것으로 재계하고 신묘함으로 그 덕을
밝힌다)을 거론하기를 좋아하였다. 비록 본문의 뜻은 아니지만, 요
컨대 뜻이 특히 좋다. 다만 상채(사량좌)가 '경은 항상 깨어있는 법
이다'라고 말한 것과 같을 뿐이다. ○물었다. "재계齋戒는 다만 공경
할 뿐입니까?" 주자가 대답하였다. "참으로 그렇다. 다만 齋(재계)는
戒(경계)보다 더욱 삼가는 것이다. 담연하여 순일純一한 것을 齋라고
하고, 엄숙하여 경계하고 두려워하는 것을 戒라고 한다. 담연하여
순일한 때에 이르면, 저 엄숙하여 경계하고 두려워하는 것은 또한
없어진다."

○又曰, 人心不能不交感萬物, 難爲使之不思慮. 若欲
免此, 惟是心有主. 如何爲主. 敬而已矣. 有主則虛, 虛
謂邪不能入. 無主則實, 實謂物來奪之.35)

---

30) 원문에는 齊자로 되어 있는데 오자인 듯하다.
31) 『二程全書』 1, 「河南程氏遺書 第11」(또는 『周易』 「繫辭傳(上)」)
32) 『二程全書』 1, 「河南程氏遺書 第11」(또는 『周易』 「繫辭傳(上)」)
33) 『朱子語類』 卷75
34) 『朱子語類』 卷97
35) 『二程全書』 1, 「河南程氏遺書 第15」(또는 『近思錄集解』 「存養」)

○정자가 또 말하였다. "사람의 마음은 만물과 교감하지 않을 수 없으니, 그것(마음)으로 하여금 생각하지 않도록 하는 것은 어렵다. 만약 이것을 피하고자 한다면, 오직 이 마음에 주인이 있어야 한다. 어떻게 해야 〈마음이〉 주인이 될 수 있는가? 경할 뿐이다. 주인이 있으면 텅 비게 되니, '텅 빈다'는 것은 사특한 것이 들어올 수 없는 것을 말한다. 주인이 없으면 〈마음은〉 사물에 의해 채워지니, '채워진다'는 것은 사물이 와서 그것을 빼앗는 것을 말한다.

○又曰, 中有主則實, 實則外患不能入, 自然無事.36) 朱子曰, 敬則內欲不萌, 外誘不入. 自其內欲不萌而言則曰虛, 自其外誘不入而言故曰實. 只是一時事, 不可作兩截看也.37)

○정자가 또 말하였다. "안에 주인이 있으면 꽉 차게 되고, 꽉 차면 밖으로부터 근심이 들어오지 못하니, 자연히 아무 일도 없게 된다." 주자가 말하였다. "경하면 안에서 욕심이 싹트지 않고 바깥의 유혹이 들어오지 못한다. 안에서 욕심이 싹트지 않는 것으로부터 말한다면 虛라고 하고, 바깥의 유혹이 들어오지 못하는 것으로부터 말하기 때문에 實이라 하는 것이다. 다만 같은 시기에 일어난 일이니, 두 가지로 잘라 보아서는 안 된다."

○李端伯問, 每常遇事, 卽能知操存之意, 無事時, 如何存養得熟. 曰, 古之人, 耳之於樂, 目之於禮, 左右起

---

36)『二程全書』1,「河南程氏遺書 第1」(또는『近思錄集解』「存養」)
37)『朱熹集』卷45,「答廖子晦」

居, 盤盂几杖, 有銘有戒, 動息皆有所養. 今皆廢此, 獨有理義之養心耳. 但存此涵養意久, 則自熟矣. 敬以直內, 是涵養意.38)

○이단백李端伯39)이 물었다. "매번 일이 있을 때는 마음을 잡아 보존하는 뜻을 알 수 있으나, 일이 없을 때는 어떻게 익숙하게 보존하여 기를 수 있습니까?" 정자가 대답하였다. "옛날 사람들은 귀에는 좋은 음악이 있었고, 눈에는 예가 있었으며, 일상생활의 모든 동작이나 그릇과 사발, 안석과 지팡이에는 새겨놓은 글이 있었고 경계하는 말이 있어서 움직일 때나 쉴 때에 모두 기르는 바가 있었다. 지금은 이런 것들이 모두 없어졌으니, 오직 이치와 의리로써 마음을 기르는 것이 있을 뿐이다. 그러나 이렇게 함양하려는 뜻을 오래도록 보존하면 자연히 익숙하게 될 것이다. 경으로써 안을 곧게 하는 것이 함양하는 뜻이다."

○又曰, 中心斯須不和不樂, 則鄙詐之心入之矣, 此與敬以直內同理. 謂敬爲和樂, 則不可, 然敬須和樂, 只是中心沒事也.40)

○정자가 또 말하였다. "마음속이 잠깐이라도 화목하지 않고 즐겁지 않으면 비루하고 속이려는 마음이 들어오니, 이

---

38) 『二程全書』 1, 「河南程氏遺書 第1」(또는 『近思錄集解』 「存養」; 『心經附註』 卷2, 「禮樂不可斯須去身」)
39) 端伯은 二程의 문인 李之純의 字이다.
40) 『二程全書』 1, 「河南程氏遺書 第2(上)」

것은 '경으로써 안을 곧게 하는 것'과 같은 이치이다. 경을 화목하고 즐거운 것이라고 하면 옳지 않지만, 경하면 반드시 화목하고 즐거워지니 다만 마음속에 아무 일이 없게 된다."

○上蔡謝氏曰, 敬是常惺惺法.[41] 朱子曰, 惺惺, 乃心不昏昧之謂, 只此便是敬. 今人說敬以整齊嚴肅言之, 固是, 然心若昏昧, 燭理不明, 雖强把捉, 豈得爲敬.[42] ○又曰, 學問, 須是警省. 且如瑞巖和尙每日間常自問, 主人翁惺惺否. 又自答曰, 惺惺. 今時學者, 却不如此.[43] ○問, 謝氏之說, 佛氏亦有此語. 曰, 其喚醒此心則同, 而其爲道則異. 吾儒喚醒此心, 欲他照管許多道理, 佛氏則空喚醒在此, 無所作爲.[44]

○상채사씨(사량좌)가 말하였다. "경은 항상 깨어있게(惺惺) 하는 법이다." 주자가 말하였다. "성성惺惺은 바로 마음이 혼매하지 않은 것을 말하니, 다만 이것이 바로 경이다. 요즈음 사람들은 경을 말하면서 정제엄숙整齊嚴肅으로 말하는데 참으로 옳다. 그러나 마음이 만약 혼매하여 이치를 밝혀도 밝지 않다면, 비록 억지로 붙잡더라도 어찌 경할 수 있겠는가?" ○주자가 또 말하였다. "학문은 반드시 경계하고 살펴야 한다. 예컨대 서암화상瑞巖和尙[45]은 날마다 스스로에게 '주인(마음)께서는 깨어있습니까?'라고 물었고, 또 스스

---

41) 『心經附註』 卷1, 「敬以直內」
42) 『朱子語類』 卷17(또는 『心經附註』 卷1, 「敬以直內」)
43) 『朱子語類』 卷12(또는 『心經附註』 卷1, 「敬以直內」)
44) 『朱子語類』 卷17(또는 『心經附註』 卷1, 「敬以直內」)
45) 瑞巖和尙은 당나라의 고승으로 이름은 師彦, 법호는 空寂이다. 瑞巖은 절 이름이다.

로 '깨어있습니다'라고 대답하였다. 오늘날 배우는 사람들은 도리어 이렇게 하지 않는다." ○물었다. "사씨(사량좌)의 말에 불교에도 이런 말이 있다고 합니다." 주자가 대답하였다. "이 마음을 불러 깨어 있게 하는 것은 같으나 그 방법은 다르다. 우리 유학은 이 마음을 불러 깨워서 마음이 수많은 도리를 관리하고자 하나, 불교는 헛되이 이 마음에서 불러 깨워서 행하는 바가 없다."

○和靖尹氏曰, 先生敎人, 只是專令敬以直內. 若用此理, 則百事不敢妄作, 不愧屋漏矣, 習之旣久, 自然有所得也.46)

○화정윤씨47)가 말하였다. "선생(이천)이 사람을 가르칠 적에 다만 오로지 경으로써 안을 곧게 하도록 하였다. 만약 이 이치대로 한다면 온갖 일을 감히 함부로 하지 않아 남이 보지 않는 곳(屋漏)에서도 부끄럽지 않을 것이니, 익히 기를 이미 오래하면 자연히 얻는 바가 있을 것이다."

○朱子曰, 敬, 心之貞也.48) 問, 程子曰, 貞者, 虛中無我之謂也. 貞一則所感無不通. 以有係之私心, 旣主於一隅一事, 豈能廓然無所不通乎, 此全似說敬. 曰, 蓋嘗有此語曰, 敬心之貞也.49)

---

46)『二程全書』2,「河南程氏外書 第12」(또는『心經附註』卷1,「敬以直內」)
47) 尹焞(1071~1142)을 말한다. 자는 彦明, 호는 和靖處士로 정이천의 문인이다. 평생 과거에 뜻을 두지 않았으며, 저서에는『論語解』·『和靖集』이 있다.
48)『朱子語類』卷140
49)『朱子語類』卷140

○주자가 말하였다. "경은 마음을 바르게 하는 것(貞)이다."
물었다. "정자께서 '貞은 마음을 비워서 자아가 없는 것을 말한다.
貞이 한결같으면 감응하는 바가 통하지 않음이 없을 것이다. 얽매임
이 있는 사심私心으로 이미 한 귀퉁이와 한 가지 일을 주재하면, 어
찌 확연히 통하지 않는 바가 없을 수 있겠는가?'[50]라고 하였는데,
이것은 전적으로 경을 말한 것과 같습니까?" 주자가 대답하였다.
"일찍이 '경은 마음을 곧게 하는 것이다'라는 말이 있었다."

○又曰, 敬則心有主宰而無偏係, 惟勿忘勿助者知之.[51]

○주자가 또 말하였다. "경하면 마음에 주재가 있어서 치
우치거나 얽매임이 없으니, 오직 잊지도 않고 조장하지도
않는 자만이 그것을 알 것이다."

○又曰, 敬只是此心自做主宰處.[52] 又曰, 敬非別是一事,
常喚醒此心在此.[53]

○주자가 또 말하였다. "경은 다만 이 마음이 스스로 주재
하는 것이다." 주자가 또 말하였다. "경은 별도의 한 가지 일이 아
니라 항상 불러 깨워서 이 마음을 여기에 있게 하는 것이다."

○又曰, 孟子說先立乎其大者, 此句最有力. 且看他下
一箇立字. 是要卓然豎起此心, 便自立, 所謂敬以直內

---

50) 『二程全書』 3, 「伊川易傳 卷3」 〈咸卦〉
51) 『朱熹集』 卷40, 「答何叔京」
52) 『朱子語類』 卷12
53) 『朱子語類』 卷6

是也.54)

○주자가 또 말하였다. "맹자가 '먼저 그 큰 것을 세운다'55)고 하였는데, 이 구절이 가장 힘이 있다. 또한 그가 하나의 立자를 놓은 것을 보아야 한다. 이 마음을 우뚝이 세우는 것이 바로 스스로 立하는 것이니, 이른바 '경으로써 마음을 곧게 한다'는 것이 이것이다."

○又曰, 敬字只是常要提撕, 令胸次湛然分明. 若只塊然獨坐, 守著箇敬, 卻又昏了. 須是常提撕, 事至物來, 便曉然判別得是非去.56)

○주자가 또 말하였다. "'경'자는 다만 항상 불러일으켜서 가슴속을 담연히 분명하게 해야 한다. 만약 덩그러니 홀로 앉아서 경을 지키고 있으면 도리어 다시 어두워진다. 반드시 항상 불러일으켜서 사물이 오면 바로 분명하게 옳고 그름을 판단할 수 있다."

○又曰, 持守之要, 只是要得此心常自整頓, 惺惺了了, 卽未發時不昏昧, 已發時不放縱耳.57)

○주자가 또 말하였다. "경을 잡아 지키는 요체는 다만 이

---

54) 『朱子語類』 卷59
55) 『孟子』 「告子(上)」, "心之官則思, 思則得之, 不思則不得也, 此天之所與我者. 先立乎其大者, 則其小者弗能奪也, 此爲大人而已矣."
56) 『朱子語類』 卷114
57) 『朱熹集』 卷54, 「答項平父(安世)」

마음을 항상 스스로 정돈하여 깨어있고 또렷하게 하여, 즉 아직 발하지 않았을 때에도 혼매하지 않고 이미 발하였을 때에도 방종하지 않게 하는 것일 뿐이다."

○答何叔京書曰, 此心操之則存, 而敬者所以操之之道也. 老兄乃於覺而操之之際, 指其覺者便以爲存, 而於操之之道不復致力, 此所以於日用功夫有所間斷而不周也. 愚意竊謂正當就此覺處, 敬以操之, 使之常存而常覺, 是乃乾坤易簡交相爲用之妙. 若便以覺爲存而不加持敬之功, 則恐一日之間存者無幾何, 而不存者十八九矣.58)

○주자가 하숙경(하호)에게 답한 편지에서 말하였다. "이 마음은 잡으면 보존되니, 경이란 그것(마음)을 잡는 방법이다. 그대는 깨달아서 잡을 때에 그 깨달은 것을 가리켜서 바로 〈마음이〉 보존된다고 여기고 그것을 잡는 방법에 대해서는 더 이상 힘을 들이지 않으니, 이것이 일상의 공부에서 끊어짐이 있어서 주밀하지 못하는 까닭이다. 내가 생각하기에, 마땅히 이 깨달은 곳에 나아가서 경으로써 그것을 잡아서 그것으로 하여금 항상 보존하게 하고 항상 깨닫게 하여야, 이에 『주역』의 건괘와 곤괘의 간이함(易)과 간단함(簡)이 서로 작용하는 신묘함이 될 것이다.59) 만약

---

58) 『朱熹集』卷40, 「答何叔京」
59) 『주역』에서는 易·簡을 건괘와 곤괘와 연결시켜 해석한다. 『周易』「繫辭傳(上)」, "乾以易知, 坤以簡能."

깨달은 것을 보존된 것으로 여기고 경을 지키는 공부를 더 하지 않는다면, 아마도 하루 동안에 보존되는 것이 얼마 되지 않을 것이며, 보존되지 않는 것이 10의 8~9가 될 것이다."

○一日因論大學, 諸生答以每爲念慮攪擾. 曰, 只是不 敬, 敬是常惺惺法. 以敬爲主, 則百事皆從此做去. 今 人都不理會我底. 自不知心所在, 都要理會他事, 又要 齊家治國平天下, 心者身之主也. 撐船須用篙, 喫飯須 使匙, 不理會心, 不用篙不使匙之謂也. 攝心只是敬, 才 敬看做甚麼事. 登山亦只這箇心, 入水亦只這箇心. 60)

○하루는 『대학』을 논하다가 여러 학생들이 늘 생각이 어 지럽다고 대답하자, 주자가 말하였다. "이는 다만 경하지 않기 때문이니, 경은 항상 마음을 깨어있게 하는 방법이 다. 경을 주로 하면 온갖 일이 모두 이로부터 해나가게 된 다. 요즈음 사람들은 모두 자신을 이해하지 못한다. 자신 의 마음이 있는 곳을 알지 못하면서 모두 다른 일을 이해 하려고 하며, 또한 집안을 가지런히 하고, 나라를 다스리 고, 천하를 화평하게 하려고 하니, 마음이란 몸을 주재하 는 것이다. 배를 저으려면 반드시 상앗대를 사용해야 하 고, 밥을 먹으려면 반드시 숟가락을 사용해야 하니, 마음 을 이해하지 않는 것은 〈배를 젓는 데〉 상앗대를 사용하지

---

60) 『朱子語類』 卷118(또는 『心經附註』 卷2, 「正心」)

않고, 〈밥을 먹는 데〉 숟가락을 사용하지 않는 것을 말한다. 마음을 기르는 것은 다만 경이니, 경하면 바로 무슨 일을 하는지 알 수 있다. 산에 오르는 것도 다만 이 마음일 뿐이고, 물에 들어가는 것도 다만 이 마음일 뿐이다."

○又曰, 周先生只說一者無欲也. 然這話頭高, 卒急難湊泊. 尋常人如何便得無欲. 故伊川只說箇敬字, 敎人只就箇敬字上崖去, 庶幾執捉得定, 有箇下手處. 縱不得, 亦不至失. 要之, 皆只要人於此心上見得分明, 自然有得耳. 然今之言敬者, 乃皆粧點外事, 不知直截於心上求功, 遂覺累墜不快活. 不若眼下於求放心處有功, 則尤省力也.[61] 又曰, 爲學自有一箇大要. 所以程子推出一箇敬字與學者說. 要且將箇敬字收斂箇身心, 放在模匣子裏面, 不走作了. 然後逐事逐物看道[62].[63]

○주자가 또 말하였다. "주선생(주돈이)은 다만 '하나(一)란 것은 욕심이 없는 것이다'라고 하였다. 그러나 이 말은 고원하여 짧은 시간에 도달하기가 어렵다. 보통 사람이 어떻게 욕심이 없을 수 있겠는가? 그러므로 이천은 다만 경이라는 글자를 말했으니, 사람들로 하여금 다만 '경'자 위에 나아가 공부하게 하여 거의 안정되게 붙잡아서 착수할 곳이 있게 하였다. 설령 얻지 못하더라도 잘못에 이르지는

---

61) 『朱子語類』 卷12
62) 『주자어류』에는 道가 道理로 되어 있다.
63) 『朱子語類』 卷12

않을 것이다. 요컨대 〈주염계와 이천은〉 모두 사람들이 이 마음에서 분명하게 깨달아 자연히 얻는 것이 있기를 원했을 뿐이다. 그러나 요즈음 경을 말하는 사람들은 모두 밖의 일을 치장하고 직접 마음에서 공부할 줄을 모르니, 마침내 번거롭고 즐겁지 않다고 느끼게 된다. 지금 잃어버린 마음을 구하는 곳에서 공부하면 더욱 힘을 줄일 수 있는 것만 못하다." 주자가 또 말하였다. "학문하는 데는 본래 하나의 커다란 요지가 있다. 그래서 정자는 경이라는 한 글자를 끄집어내어 배우는 사람들에게 말하였다. 우선 '경'자를 가지고 몸과 마음을 거두어들여서 상자와 닮은 것 안에 놓아두고 달아나지 않게 한다. 그런 뒤에 하나하나 사물에 나아가서 도리를 살핀다."

○東萊呂氏曰, 操存則血氣循軌而不亂, 收斂則精神內守而不浮.[64]

○동래여씨(여조겸)가 말하였다. "마음을 잡아서 보존하면 혈기도 따라서 어지럽지 않고, 거두어들이면 정신이 안에서 지켜져서 들뜨지 않는다."

○勉齋黃氏曰, 敬是束得箇虛靈知覺住, 如火炬束得緊時, 那燄頭直上, 不束則散滅了.[65] ○又曰, 敬是人之本體, 人惟胡思亂想, 便失了本然之體, 恐懼警畏, 正欲收拾它, 依元恁地.[66]

---

64)『朱熹集』卷62,「答李晦叔」
65)『性理大全』卷47,「學5(存養)」
66)『性理大全』卷47,「學5(存養)」

○면재황씨67)가 말하였다. "경은 허령한 지각을 묶어두는 것이니, 마치 횃불을 단단하게 묶었을 때에는 그 불꽃이 곧게 위로 타오르나, 단단하게 묶지 않으면 흩어져서 꺼지는 것과 같다." ○면재황씨(황간)가 또 말하였다. "경은 사람의 본체이니, 사람이 오직 생각을 제멋대로 하여 혼란스러우면 본연의 체를 잃게 되나, 두려워하고 경외하여 바로 그것을 수습하려고 하면 원래대로 된다."

●問, 未出門使民之時, 如之何. 程子曰, 此儼若思時也. 有諸中而後, 見於外, 觀出門使民之時其敬如此, 則前乎此者, 敬可知矣, 非因出門使民然後有此敬也.68) (按) 內直則外方, 體立而後用宏. 此心有之理而自然之驗也. 撫附凡四條.

●물었다. "〈문을 나가거나 백성을 부릴 때는 경으로써 하나〉 문을 나가지 않고 백성을 부리지 않을 때에는 어떻게 해야 합니까?" 정자가 대답하였다. "이것은 생각하는 것처럼 엄숙히 하는(儼若思)69) 때이다. 마음속에 있은 뒤에야 밖으로 나타나는 것이니, 문을 나가거나 백성을 부릴 때에 경이 이와 같음을 본다면 이보다 앞서는 것에서도 경을 알 수 있으니, 문을 나가거나 백성을 부린 뒤에 이러한 경이

---

67) 黃幹(1152~1221)을 말한다. 호는 勉齋로 주자의 사위이다. 주자에게서 배웠으며, 곁에서 오랫동안 그를 지켜보았으므로 『朱子行狀』을 지었다.
68) 『朱子語類』 卷17(또는 『心經附註』 卷1, 「仲弓問仁」)
69) 『禮記』 「曲禮(上)」, "曲禮曰, 毋不敬, 儼若思, 安定辭, 安民哉."

있는 것이 아니다."(안) 안이 바르면 밖이 방정하고 體가 세워진 뒤에 用이 넓어진다. 이것이 마음에 있는 이치이고 자연스러운 징험이다. 모두 4조목을 모아서 붙였다.

○問, 主敬只存之於心, 少寬四體亦無害否. 朱子曰, 心無不敬, 則四體自然收斂, 不待著意按排, 而四體亦自舒適矣. 若著意按排, 則難久而生病矣.[70] 問, 色容莊, 持久甚難. 曰, 非用功於外也, 心肅而容莊.[71]

○물었다. "경을 주로 하는 것은 다만 그것을 마음에 간직하는 것일 뿐이니, 사지를 조금 느슨히 하더라도 또한 해가 없습니까?" 주자가 대답하였다. "마음이 경하지 않음이 없으면 사지가 저절로 수렴되니, 억지로 안배하지 않아도 사지는 또한 저절로 편안해진다. 만약 억지로 안배하면 오래하기가 어려워서 병통이 생긴다." 물었다. " '안색은 장엄해야 한다(色容莊)'[72]는 것은 오래 지속하기가 매우 어렵습니까?" 주자가 대답하였다. "밖으로 쓰지 않으면 마음이 엄숙해지고 용모가 장엄해진다."

○問池從周, 如何見得這敬字. 曰, 端莊嚴肅, 則敬便見. 曰, 須是將敬來做本領, 涵養得貫通時, 才敬以直內, 便義以方外.[73]

---

70) 『朱子語類』 卷12
71) 『朱子語類』 卷116
72) 『禮記』 「玉藻」, "君子之容舒遲, 見所尊者齊遫. 足容重, 手容恭, 目容端, 口容止, 聲容靜, 頭容直, 氣容肅, 立容德, 色容莊, 坐如尸, 燕居告溫溫."

○주자가 두종주寶從周[74]에게 물었다. "이 '경'자를 어떻게 볼 수 있느냐?" 두종주가 대답하였다. "단정하고 엄숙하면 경이 바로 보입니다." 주자가 말하였다. "반드시 경으로 본령을 삼아 관통할 때까지 함양하여야 비로소 '경으로써 안을 곧게 하면 곧 의로써 밖을 방정하게 하게 된다.'[75]"

○東萊呂氏曰, 敬之一字, 固難形容, 古人所謂心莊則體舒, 心肅則容敬此兩語, 當深體也.[76]

○동래여씨(여조겸)가 말하였다. "경이라는 한 글자는 진실로 형용하기 어려우니, 옛사람들의 이른바 '마음이 장엄하면 몸이 펴지고, 마음이 엄숙하면 용모가 공경해진다'는 이 두 말을 마땅히 깊이 체득하여야 한다."

●問, 敬何以用功. 朱子曰, 只是內無妄思, 外無妄動.[77] 問, 敬. 曰, 一念不存, 也是間斷, 一事有差, 也是間斷.[78] ○(按)心與事雖有表裏之分, 而此理元無顯微之間. 故敬字工夫,

---

73) 『朱子語類』 卷114
74) 『주자어류』에는 池가 寶로 되어 있다. 寶從周는 자가 文卿으로 江蘇省 鎭江府 丹陽縣 사람이다. 과거공부를 싫어하여 날마다 『伊川易傳』·『程氏遺書』·『近思錄』 등의 책을 읽으면서 10여 년을 보냈으며, 1186년 나이가 이미 50세가 되었을 때 비로소 동생 두징과 함께 建陽으로 주자를 찾아뵈었다고 한다. 주자의 제자이다.
75) 『周易』 「坤卦」, 〈文言傳〉
76) 『西山讀書記』 卷18, 「敬(上)」(또는 『心經附註』 卷2, 「禮樂不可斯須去身」)
77) 『朱子語類』 卷12
78) 『朱子語類』 卷12

亦當合內外一顯微, 固不可忘己, 而逐物亦不可厭事而反觀也. 先儒論敬兼表裏者. 撫附凡八條.

● 물었다. "경은 어떻게 공부해야 합니까?" 주자가 대답하였다. "다만 안으로 망령된 생각을 없게 하고, 밖으로 망령된 행동을 없게 할 뿐이다." 경에 대해 물었다. 주자가 대답하였다. "한 가지 생각이라도 보존되지 않으면 끊어진 것이고, 한 가지 일이라도 잘못이 있으면 또한 끊어진 것이다." ○(안) 마음과 일에 비록 밖과 안의 구분이 있으나, 이 이치는 원래 顯과 微 사이에 간격이 없다. 그러므로 '경'자의 공부도 마땅히 안과 밖이 합치하고 顯과 微가 하나 되어야 하니, 진실로 자기를 잊어서는 안 되며, 외물을 좇을 때도 일을 싫어하고 마음으로 관조(反觀)79)해서는 안 된다. 선유들은 경이 밖과 안을 겸한다는 것을 논하였다. 모두 8조목을 모아서 붙였다.

○ 又曰, 當其未發, 此心至虛, 如鏡之明, 如水之止, 則但當敬以存之, 而不使其小有偏倚. 至於事物之來, 此心發見, 喜怒哀樂各有攸當, 則又當敬以察之, 不使其小有差忒.80) 胡季隨問, 戒懼者, 所以涵養於喜怒哀樂未發之前, 愼獨者, 所以省察於喜怒哀樂欲發之時. 不知經意與日用之工是如此否. 曰, 此說甚善. 但亦不是欲發時節別換一心來省察他, 只是此箇全體戒懼底略更開眼耳.81)

---

79) 反觀은 송나라 학자인 邵雍(1011~1077)의 수양법으로, 눈으로 사물을 관찰하지 않고 마음으로 사물을 관찰하는 학문태도를 말한다.
80) 『中庸或問』
81) 『朱熹集』 卷53, 「答胡季隨」

○주자가 또 말하였다. "아직 발하지 않을 때에는 이 마음이 지극히 텅 비어 밝은 거울과 같고 고요한 물과 같으니, 다만 경으로써 그것을 보존하여 조금도 치우침이 있게 해서는 안 된다. 사물이 오는 데 이르러서는 이 마음이 발현하여 희로애락에 각각 마땅한 바가 있으니, 또한 마땅히 경으로써 그것을 살펴서 조금의 어긋남이 있게 해서는 안 된다." 호계수胡季隨[82]가 물었다. "경계하고 두려워하는 것(戒懼)은 희로애락이 발하기 전에 함양하는 것이고, 홀로 있을 때를 삼가는 것(愼獨)은 희로애락이 발하려고 할 때에 성찰하는 것입니다. 경전의 뜻과 일용의 공부가 이와 같은지 모르겠습니다." 주자가 대답하였다. "이 말이 매우 좋다. 그러나 발하려고 할 때에 따로 한 마음을 바꾸어 그것을 성찰하는 것이 아니라, 다만 이 전체에서 경계하고 두려워하는 것을 대략 다시 살펴볼 따름이다."

○又曰, 未發之前, 不可尋覓, 已覺之後, 不容安排. 但平日莊敬持養之功至, 而無人欲之僞[83]以亂之, 則其未發也, 鏡明水止, 而其發也, 無不中節矣. 此是日用本領工夫. 至於隨事省察卽物推明, 亦必以是爲本, 而於已發之際觀之, 則其具於未發之前者, 固可默識. 故程子之答蘇季明, 反覆論辨, 而卒之不過以敬爲言, 蓋爲此也.[84]

---

82) 胡大時를 말한다. 자는 季隨, 호는 盤谷으로, 胡宏의 아들이며 張栻의 사위이자 제자이다. 장식이 죽은 뒤 陳傳良에게 수학하고, 주희와 교유하였다. 저서에는 『湖南答問』이 있다.
83) 『주희집』에는 僞가 私로 되어 있다.

○주자가 또 말하였다. "아직 발하기 전에 찾아서도 안 되고, 이미 깨달은 뒤에 안배해서도 안 된다. 다만 평소 장중하고 공경하게 함양하는 공부가 지극해서 인욕의 사사로움으로 어지럽힐 수 없으면, 아직 발하지 않을 때에는 거울처럼 맑고 물처럼 고요하여 그것이 발할 때에도 절도에 맞지 않음이 없을 것이다. 이것이 일상생활의 본령 공부이다. 일에 따라 성찰하고 사물에 나아가 미루어 밝힘에 이르러서도 반드시 이것을 근본으로 삼아서 이미 발할 즈음에 그것을 살펴본다면, 아직 발하기 전에 갖추어져 있음을 참으로 묵묵히 알 수 있다. 그러므로 정자가 소계명蘇季明[85])에게 답한 글에서 반복하여 논변하였으나, 끝내는 경으로써 말하는 데 불과하였으니, 대개 이 때문이다."

○又曰, 人心常炯炯在此, 則四體不待羈束, 而自入規矩. 只爲人心有散緩時, 故立許多規矩來維持之. 但常常提警, 敎身入規矩來, 則此心不放逸, 而炯然在矣. 心旣常惺惺, 又以規矩繩檢之, 此內外交相養之道也.[86])

○주자가 또 말하였다. "사람의 마음이 항상 여기서 빛나고 있으면, 사지를 제어하지 않더라도 저절로 법도에 맞게된다. 다만 사람의 마음이 산만하고 느슨해지는 때가 있기

84) 『朱熹集』 卷64, 「與湖南諸公論中和第一書」(또는 『心經附註』 卷1, 「天命之謂性」)
85) 蘇昞을 말한다. 자는 季明으로 張載의 제자이다.
86) 『朱子語類』 卷12

때문에 수많은 법도를 세워서 그것을 유지하는 것이다. 다만 항상 경계하여 몸으로 하여금 법도에 맞게 하면, 이 마음이 방일하지 않아서 환하게 보존된다. 마음이 이미 항상 깨어있고 또한 법도로써 그것을 단속하면, 이것이 안과 밖을 함께 기르는 방법이다."

○尊德性齋銘曰, 惟皇上帝, 降此下民, 何以與之. 曰義與仁. 惟義與仁, 惟帝之則, 欽斯承斯, 猶懼弗克. 孰昏且狂, 苟賤汚卑. 淫視傾聽, 惰其四肢, 褻天之明, 慢人之紀, 甘此下流, 衆惡之委. 我其鑒此, 祇栗厥心, 有幽其室, 有赫其臨. 執玉奉盈, 須臾顚沛. 任重道悠, 其敢或怠.[87] 朱子自敍云, 內弟程允夫以道問學名齋, 予謂當以尊德性易之, 允夫請銘, 因爲作此.[88]

○주자가 「존덕성재명尊德性齋銘」에서 말하였다. "위대한 상제께서 이 백성을 내리시니 무엇을 주었는가? 義와 仁이로다. 오직 義와 仁이 상제의 법칙이니 이를 공경하고 이를 받들더라도 오직 능하지 못할까 두려운데, 누가 혼미하고 또 어리석어서 함부로 천시하고 더럽히는가? 흘겨보고 갸웃거리며 그 사지를 게을리 하여 하늘의 밝음을 더럽히고 사람의 기강을 업신여겨서 하류에 처하는 것을 달게 여기니, 온갖 악이 다 모여드네. 내가 이것을 거울삼아 이 마음을 공

---

87) 『朱熹集』 卷85, 「尊德性齋銘」
88) 『朱熹集』 卷85, 「尊德性齋銘」

경하고 두려워하여 어두운 방에 있어도 밝게 임한 듯이 하노라. 옥을 잡은 듯이 가득 찬 물그릇을 받들 듯이 조심하며 눈 깜짝할 사이에도 엎어질 때에도 지켜야 하노라. 책임은 무겁고 갈 길은 머니 감히 혹시라도 태만히 할 수 있겠는가?" 주자의 자서自敍에 말하였다. "외육촌 동생89)인 정윤부程允夫90)가 도문학道問學으로 서재의 이름을 짓자, 나는 '마땅히 존덕성尊德性으로 바꾸어야 한다'고 말했다. 이에 정윤부가 銘을 지어줄 것을 청함에 따라 이 글을 지었다."

○臨川吳氏敬銘曰, 惟人之心, 易於放逸. 操存舍亡, 或入或出. 敬之一字, 其義精密, 學者所當, 服膺勿失. 收斂方寸, 不容一物, 如入靈祠, 如奉軍律. 整齊嚴肅, 端莊靜一, 戒愼恐懼, 兢業戰栗, 如見大賓, 罔敢輕率, 如承大祭, 罔敢慢忽. 視聽言動, 非禮則勿. 忠信傳習, 省身者悉. 把捉於中, 精神心術, 檢束於外, 形骸肌骨. 常令惺惺, 又新日日. 敢以此語, 鏤于虛室.91)

○임천오씨(오징)가 「경명敬銘」에서 말하였다. "사람의 마음은 방탕하기가 쉽다. 잡으면 보존되고 놓으면 없어지니, 들어오기도 하고 나가기도 한다. 경이라는 한 글자는 그 뜻이 정밀하니 배우는 사람들은 마땅히 가슴에 새겨두어

---

89) 內弟 : 주자의 할머니는 곧 정윤부의 할아버지의 누이이니, 정윤부는 주자에게 외육촌 동생이 된다.
90) 程洵(1135~1196)을 말한다. 자는 允夫이며 南宋 婺源 사람으로, 주자의 외육촌 동생이다. 저서로는 『尊德性齋集』이 있다.
91) 『性理大全』 卷70, 「敬銘」

잃지 말아야 한다. 마음을 수렴하여 한 물건도 용납하지 않기를, 신령한 사당에 들어가듯이 하고 군율을 받들 듯이 한다. 정제하고 엄숙하며, 단정하고 고요히 하며, 삼가고 두려워하며, 조심하고 삼가며 두려워하기를, 큰 손님을 뵙듯이 하여 감히 경솔히 해서는 안 되며, 큰 제사를 받들 듯이 하여 감히 태만히 해서는 안 된다. 보고 듣고 말하고 행동하는 것이 예가 아니면 하지 말라. 충실히 배운 것을 익혀서 몸을 살피기를 다하라. 안으로 마음을 잡아서 정신과 마음으로 삼고, 밖으로 행동을 검속하여 몸의 살과 뼈로 삼아라. 항상 깨어있게 하고 또 날로 새롭게 하라. 감히 이런 말로써 빈 방에 새겨 두노라."

○退溪答金惇敍書曰, 人之爲學, 勿論有事無事有意無意, 惟當敬以爲主, 而動靜不失, 則當其思慮未萌也, 心體虛明, 本領深純. 及其思慮已發也, 義理昭著, 物欲退聽, 紛擾之患, 漸減分數, 積以至於有成, 此爲要法.[92]

○퇴계가 김돈서金惇敍에게 답한 편지에서 말하였다. "사람이 학문하는 데는 일이 있고 일이 없음과 뜻이 있고 뜻이 없음을 막론하고, 오직 경을 주로 하여 움직일 때나 고요할 때에 잘못되지 않으면, 그 사려가 아직 싹트지 않을 때에는 마음의 본체가 텅 비고 밝으며 본령이 깊고 순수하다. 사려가 이미 발함에 이르러서는 의리가 밝게 드러나고 물욕

92) 『退溪全書』 卷28, 「答金惇敍(丁巳)」

이 물러나서 어지러운 근심이 점차 감소하니, 이렇게 쌓아서 성숙한 데에 이르면 이것이 바로 중요한 방법이 된다."

○又曰, 平居無事, 是涵養本原地頭, 外儼若思, 中心主一, 惺惺然時也. 一念之萌, 但遏其邪而存其理耳, 一切排遣不得. 蓋無事時, 固當靜而存養. 然如有所當思, 而思能主一無走作, 是乃靜中之動, 恐無害於存心也.[93]

○퇴계가 또 말하였다. "평소에 일이 없을 때는 본원의 자리를 함양하니, 밖으로는 엄숙히 생각하는 것처럼 하고 안으로는 마음이 하나를 주로 하여 깨어있는 때이다. 한 생각이라도 싹트면 다만 그 사특한 것을 막고 그 이치를 보존할 뿐이지 모든 것을 몰아낼 수는 없다. 대개 일이 없을 때는 진실로 고요하게 존양해야 한다. 그러나 만약에 생각해야 할 것이 있어서 생각할 때에는 하나를 주로 하여 〈마음이 다른 데로〉 달아나지 않아야 하니, 이것이 바로 고요한 가운데 움직이는 것으로써 아마도 마음을 보존하는 데에 해가 없을 것이다."

● 程子曰, 入道莫如敬, 未有能致知而不在敬者. 今人主心不定, 視心如寇賊而不可制, 不是事累心, 乃是心累事. 當知天下無一物是合少得者, 不可惡也.[94] (按)表裏一理, 固不可偏廢其工. 而學者往往是內而非外, 厭事而求靜, 故先儒

93)『退溪全書』卷28,「答金惇叙」
94)『二程全書』1,「河南程氏遺書 第3」(또는『心經附註』卷3,「牛山之木」)

於此屢言而深戒之. 撫附凡五條.

●정자가 말하였다. "도에 들어가는 것은 경만한 것이 없으니, 치지致知하면서 경에 있지 않을 수 있는 자는 있지 않다. 지금 사람들은 마음을 주로 하는 것이 안정되지 못하여 마음 보기를 도적처럼 하여 제재하지 못하니, 이는 일이 마음을 얽매는 것이 아니라 바로 마음이 일에 얽매이는 것이다.95) 천하에는 한 물건도 없어서는 안 되는 것96)을 알아야 하니 싫어해서는 안 된다."(안)겉과 속은 하나의 이치이니 진실로 그 공부를 치우치거나 폐기해서는 안 된다. 그러나 배우는 사람들은 항상 안은 옳고 밖은 그르다고 여기며, 일을 싫어하고 고요함을 구하기 때문에 선유들이 여기에서 누차 말하여 깊이 경계한 것이다. 모두 5조목을 모아서 붙였다.

○又曰, 呂與叔疑養氣爲有助, 蓋爲前日思慮紛擾, 今要虛靜, 故以爲有助. 前日思慮紛擾, 又非義理, 又非事故. 如是則只是狂妄人耳, 懲此以爲病, 故要得虛靜, 其極欲得如槁木死灰, 又却不是. 蓋人活物也, 又安得槁木死灰. 旣活則須有動作, 須有思慮. 忠信所以進德者, 何也. 閑邪則誠自存, 誠者存, 斯忠信也. 如何是閑邪. 非禮而勿視聽言動, 邪斯閑矣. 以此言之, 又幾時要身如槁木心如死灰. 又如絶四後畢竟如何. 又幾時須

---

95) 老佛은 일이 마음을 얽매는 것만 알고 마음이 일에 얽매이는 것은 알지 못하였으므로 모두 寂滅과 玄妙를 추구한 것이다.

96) 合은 當과 같고, 少는 無와 같으므로 合少得은 마땅히 없어야 한다는 뜻이다.

如槁木死灰. 敬以直內, 則須君則是君, 臣則是臣. 凡事
如此, 大小大直截也.[97]

○정자가 또 말하였다. "여여숙(여대림)은 〈노장의〉 양기養
氣가 〈유학에〉 도움이 된다고 의심하였으니, 대개 전일에
는 사려가 어지러웠으나 지금은 텅 비고 고요하려 하기 때
문에 도움이 된다고 여긴 것이다. 전일에 사려가 어지러운
것은 또 의리가 아니고 또 사고가 아니다. 이와 같다면 다
만 미치고 망령된 사람일 뿐이니, 이것을 징계하여 병으로
여겼기 때문에 텅 비고 고요하려 하였으나, 그 지극함에서
는 마른나무와 꺼진 재와 같아지려고 하였으니, 이는 도리
어 옳지 않다. 대개 사람은 살아있는 물건이니 또 어찌 마
른나무와 죽은 재와 같을 수 있겠는가? 이미 살아있다면
반드시 동작이 있고 반드시 사려가 있다. 충신忠信이 덕을
진작시키는 것[98]은 어째서인가? 사특함을 막으면 진실함
이 저절로 보존되니 진실함이 보존되면 이에 충신인 것이
다. 어떻게 하는 것이 사특함을 막는 것인가? 예가 아니면
보지 말고, 듣지 말고, 말하지 말고, 행동하지 말면, 사특
함이 이에 막아진다. 이것으로 말하면, 또한 어느 때에 몸
이 마른나무와 같고 마음이 꺼진 재와 같아지겠는가? 또
네 가지(意·必·固·我)를 끊은 뒤에는 결국 〈그 기상이〉 어떠
한가? 또한 어느 때에 반드시 마른나무와 꺼진 재와 같아

97) 『二程全書』 1, 「河南程氏遺書 第2(上)」(또는 『心經附註』 卷3, 「牛山之
木」)
98) 『周易』 「乾卦」 〈文言〉

지겠는가? 경으로써 안을 곧게 하면 반드시 군주는 군주답고 신하는 신하다워지는 것이다. 모든 일이 이와 같으니 얼마나 크게 간단하고 분명한가?"

○朱子答楊子直書曰, 持敬不必多言. 但熟味整齊嚴肅, 嚴威儼恪, 動容貌, 整思慮, 正衣冠, 尊瞻視, 此等數語而實加工焉, 則所謂直內, 所謂主一, 自然不待安排而身心肅然, 表裏如一矣. 大抵身心內外, 初無間隔, 所謂心者, 固主乎內, 而凡視聽言動出處語默之見於外者, 亦卽此心之用未嘗離也. 今於其空虛不用之處則操而存之, 於其流行運用之實則棄而不省, 此於心之全體, 雖得其半, 而失其半矣. 然其所得之半, 又必待有所安排布置然後存. 故存則有揠苗助長之患, 否則有舍而不芸之失, 是則其所得之半, 又將不足以自存[99]. 孰若一主於敬而此心卓然, 內外動靜[100], 無一毫之隙一息之停哉.[101]

○주자가 양자직楊子直[102]에게 답한 편지에서 말하였다. "경을 지키는 것은 많은 말이 필요하지 않다. 다만 정제엄숙整齊嚴肅하고, 엄위엄각嚴威儼恪하며, 용모를 바르게 움직이고, 생각을 가지런히 하며, 의관을 바르게 하고, 시선을 높

---

99) 『주희집』에는 自存이 自存而失之로 되어 있다.
100) 『주희집』에는 動靜이 動靜之間으로 되어 있다.
101) 『朱熹集』 卷45, 「答楊子直(方)」
102) 楊方(1134~1211)을 말한다. 자는 子直으로 남송의 관료이자 유학자이다. 주희의 문인으로 楊楫·楊簡과 더불어 三楊으로 불렸다.

게 하는 등 이 몇 마디 말을 깊이 음미하여 실제로 공부를 하면, 이른바 '안을 곧게 하는 것(直內)'과 '하나를 주로(전념) 하는 것(主一)'이 자연히 안배하지 않아도 몸과 마음이 숙연해져서 겉과 속이 한결같아질 것이다. 대저 몸과 마음, 안과 밖이 애초에 간격이 없으니, 이른바 마음이란 것은 본래 안을 주재하나 밖으로 나타나는 모든 '보고 듣고 말하고 행동하는 것(視聽言動)'과 '나아가고 물러나며 말하고 침묵하는 것(出處語默)'이 또한 바로 이 마음의 작용으로서 일찍이 마음에서 떠난 적이 없다. 이제 공허하여 쓰지 않는 곳에 있어서는 잡아서 보존하고, 유행하여 운용하는 실제에 있어서는 버리고 살피지 않는다면, 이것은 마음의 전체에서 비록 반은 얻었으나 반은 잃은 것이다. 그러나 얻은 반도 반드시 안배하고 배치함이 있기를 기다린 뒤에야 보존할 수 있을 것이다. 그러므로 보존하면 싹을 뽑아 조장助長하는 근심이 있고, 그렇지 않으면 버리고 김매지 않는 잘못이 있으니, 이와 같으면 그 얻은 반도 또한 장차 스스로 보존하지 못할 것이다. 어찌 한결같이 경을 주로 하여 이 마음이 우뚝하여 안과 밖, 동과 정의 사이에서 털끝만한 틈과 잠깐 동안의 정지도 없는 것만 하겠는가."

○答何叔京書曰, 根本枝葉本是一貫, 身心內外元無間隔. 今日專存諸內而略夫外, 則是自爲間隔, 而此心流行之全體, 常得其半而失其半也. 曷若動靜語默由中及外, 無一事之不敬, 使心之全體流行周浹, 而

無一物之不徧, 無一息之不存哉. 觀二先生之論心術,
不曰存心而曰主敬, 其論主敬, 不曰虛靜淵默而必謹
之於衣冠容止之間, 可謂言近而指遠矣. 今曰不教人
從根本上做起而便語以敬, 往往一向外馳, 無可據守,
則不察乎此之過也. 天下豈有一向外馳無所據守之敬
哉.103) 又曰, 所論持守之說, 此乃實下工夫田地, 不容少有
差互. 竊觀老兄平日容貌之間, 從容和易之意有餘, 而於莊整齊
肅之功, 終若有所不足. 豈其所存不主於敬, 是以不免於若存
若亡, 不自覺其舍而失之乎. 二先生拈出敬之一字, 眞聖學之綱
領, 存養之要法. 一主乎此, 更無內外精粗之間, 固非謂但制
之於外則無事於存也.104)

○주자가 하숙경(하호)에게 답한 편지에서 말하였다. "근본
과 지엽은 본래 일관하니 몸과 마음, 안과 밖은 본래 간격
이 없다. 이제 '오로지 안을 보존하고 밖을 소홀히 한다'고
한다면, 이것은 저절로 간격이 되어 이 마음이 유행하는 전
체가 항상 그 반을 얻고 그 반을 잃을 것이다. 어찌 '움직
이거나 고요하며 말하거나 침묵할 때(動靜語默)'에 안에서부
터 밖으로 이르러 하나의 일도 경하지 않음이 없어서 마음
의 전체로 하여금 유행하고 두루 무젖어 한 물건도 치우지
지 않음이 없고 한순간도 보존되지 않음이 없도록 하는 것
과 같겠는가? 두 선생이 심술心術을 논한 것을 보면, '마음
을 보존한다(存心)'고 말하지 않고 '경을 주로 한다(主敬)'고

---

103) 『朱熹集』 卷40, 「答何叔京」
104) 『朱熹集』 卷40, 「答何叔京」

말하였으며, '경을 주로 할 것'을 논할 때는 '텅 비고 고요하며 깊이 침묵할 것(虛靜淵默)'을 말하지 않고 의관과 용모 사이에서 반드시 삼갔으니, 말은 가까우나 뜻은 멀다고 할 수 있다. 이제 '사람들에게 근본상에서 시작할 것을 가르치지 않고 곧바로 경으로써 말하면, 항상 줄곧 밖으로 내달리고 의거하여 지킬 수 없다'고 말하니, 이것을 살피지 못한 잘못이다. 천하에 어찌 줄곧 밖으로 내달리고 의거하여 지키는 경이 없겠는가?" 주자가 또 말하였다. "편지에서 논한 '잡아 지킨다(持守)'는 설은 바로 실제로 공부해야 할 바탕이니 조금이라도 차이가 있어서는 안 된다. 그러나 제가 보건대, 그대의 평소 용모 가운데서 조용하고 온화한 뜻은 남음이 있으나 장엄하고 엄숙한(莊整齊肅) 공부는 끝내 부족한 바가 있는 것과 같다. 어찌 보존하는 바가 경을 주로 하지 않고, 이 때문에 있는 듯 없는 듯함을 면치 못하다가 놓아서 잃어버리는 것을 스스로 깨닫지 못하는가? 두 선생이 끄집어낸 경이라는 한 글자는 참으로 성학의 강령이고 존양의 요법이다. 한결같이 이것을 주로 하면 다시는 안과 밖, 정미함(精)과 거침(粗)의 틈이 없으니, 진실로 '다만 밖에서 그것을 제재하면 <안으로> 보존할 일이 없다'는 것을 말하는 것이 아니다."

○問, 敬貫動靜而言, 靜時少動時多, 恐易得撓亂. 曰, 如何都靜得. 有事須著應. 人在世間, 未有無事時節. 自早至暮, 有許多事, 不成說事多撓亂我, 且去靜坐. 敬不是如此. 若事至前而自家却要主靜, 頑然不動, 便是心都死了. 無事時, 敬在裏面, 有事時, 敬在事上, 有事無事, 吾之敬未嘗間斷也. 故程子說學到專一時方好. 蓋

專一則有事無事, 皆是如此, 程子此段這一句, 是緊要處.105)

○물었다. "경이 움직임과 고요함을 관통한다고 말하나, 고요할 때가 적고 움직일 때가 많으니 쉽게 요란해질까 두렵습니다." 주자가 대답하였다. "마음이 어찌 모두 고요할 수 있겠는가? 일이 있으면 반드시 응해야 한다. 사람이 세상을 살면서 일이 없을 때가 없다. 아침부터 저녁까지 많은 일이 있으니, 일이 많아 나를 요란하게 하므로 우선 가서 정좌하겠다는 것은 말이 되지 않는다. 경은 이와 같은 것이 아니다. 만일 일이 앞에 닥쳤는데도 자신은 도리어 고요함을 주로 하고 완고하게 움직이지 않는다면, 이는 마음이 모두 죽은 것이다. 일이 없을 때에는 경이 안에 있고, 일이 있을 때에는 경이 일 위에 있어서 일이 있든 일이 없든 나의 경은 일찍이 끊어지지 않아야 한다. 그러므로 정자께서 '학문은 전일함에 이르렀을 때에 비로소 좋다'라고 말하였다. 대개 전일하면 일이 있든 일이 없든 모두 이와 같을 수 있으니, 정자의 이 단락의 이 한 구절이 바로 긴요한 곳이다."

●程子曰, 心不可有一事.106) 明道先生, 在澶州修橋, 少一長梁, 曾博求之民間, 後因出入, 見林木之佳者, 必

---

105) 『朱子語類』 卷12(또는 『心經附註』 卷3, 「牛山之木」)
106) 『二程全書』 1, 「河南程氏遺書 第3」(또는 『心經附註』 卷2, 「正心」; 『近思錄集解』 「存養」)

起計度之心. 因以此語戒學者.107) ○(按)學者不可厭事而
專內, 當隨物而順應. 然一有將迎偏係之私, 則便爲所累而失其
虛明之體. 此心法之精微, 不可以毫忽差者也. 撫附凡七條.

●정자가 말하였다. "마음에는 하나의 일도 두어서는 안 된
다." 명도(정호)선생이 단주潭州108)에 부임해 있으면서 다
리를 보수할 적에 긴 들보 한 개가 부족하여 일찍이 민간
에 널리 구하였는데, 뒤에 출입할 적에 산림의 나무 중에
아름다운 것을 보면 반드시 헤아려보는 마음이 일어나곤
하였다. 때문에 이 말씀을 가지고 배우는 사람들에게 경계
한 것이다. ○(안) 배우는 사람들은 <밖으로> 일을 싫어하고 안을
오로지해서는 안 되니 마땅히 사물에 따라 응해야 한다. 그러나 하
나라도 보내거나 맞이하며, 치우치거나 얽매이는 사사로움이 있으
면, 바로 얽매여서 그 허명한 본체를 잃게 된다. 이것이 심법心法
의 정미함이니, 조금도 잘못되어서는 안 된다는 것이다. 모두 7조목
을 모아서 붙였다.

○謝上蔡問, 吾嘗習忘以養生. 程子曰, 施之養則可, 於
道則有害. 必有事焉勿正, 何謂乎. 且出入起居, 寧無事
者. 正心待之則先事而迎, 忘則涉乎去念, 助則近於留
情. 故聖人心如鑑, 所以異於釋氏心也.109) 又曰, 必有事
焉者, 主養氣而言, 故必主於敬.110) 潛室陳氏曰, 孟子一書, 持

---

107) 『二程全書』 1, 「河南程氏遺書 第3」(또는 『心經附註』 卷2, 「正心」)
108) 潭州는 명도가 일찍이 이 고을의 幕官(정식 관직이 아닌 보좌하는 사
    람)이 되었다.
109) 『延平答問』(또는 『退溪全書』 卷28, 「答金惇叙(癸丑)」)

敬工夫少, 如此二句最細密. 然亦只施於養氣, 所謂事者, 指義直而言. 程門愛此二句, 借轉作養心法. 其所事者, 持敬工夫, 其說爲細, 然其下工夫處, 亦不過如孟子之節度耳.[111]

○사상채(사량좌)가 물었다. "나는 일찍이 잊는 것(坐忘)을 익혀서 양생합니다." 정자가 말하였다. "수양을 하는 데 쓰면 좋으나 도를 닦는 데는 해가 된다. '반드시 일삼음이 있되 효과를 미리 기대하지 말라'[112]는 것은 무엇을 말하는 것이겠는가? 또한 드나들거나 자고 먹는 일상생활(起居)에 어찌 일이 없을 수 있겠는가? 일을 마음속에 두고 효과를 미리 기대하면 일에 앞서서 맞이하는 것이니, 잊어버리는 것은 생각을 제거하는 데 해당하고, 조장하는 것은 정을 남겨두는 데 가깝다. 그러므로 성인의 마음은 거울과 같아서 석씨의 마음과 다른 것이다." 정자가 또 말하였다. "반드시 일삼음이 있다는 것은 양기養氣를 주로 하여 말한 것이므로 반드시 경을 주로 해야 한다." ○잠실진씨(진식)가 말하였다. "『맹자』 한 책은 경을 지키는 공부가 적으니 이 두 구절과 같은 것이 가장 세밀하다. 그러나 또한 다만 호연지기를 기르는 데(養氣)에만 쓰였으니, 이른바 '일삼는(事)'는 것은 義와 直을 가리켜서 말한 것이다. 정씨 문하에서는 이 두 구절을 좋아하여 빌어다가 마음을 수양하는 법으로 삼았다. 일삼는 것이 경을 지키는 공부이니, 그 말은 세밀하나 공부를 하는 곳에서는 또한 맹자의 절도와 같음에 불과할 뿐이다."

---

110) 『二程全書』 1, 「河南程氏遺書 第1」
111) 『心經附註』 卷1, 「敬以直內」
112) 『孟子』 「公孫丑(上)」, "必有事焉而勿正, 心勿忘, 勿助長也."

○又曰, 人多思慮, 不能自寧, 只是做他心主不定. 要作得心主定, 惟是止於事, 爲人君止於仁之類. 如舜之誅四凶, 四凶已作惡, 舜從而誅之, 舜何與焉. 人不止於事, 只是攬他事, 不能使物各付物. 物各付物, 則是役物. 爲物所役, 則是役於物. 有物必有則, 須是止於事.113)

○정자가 또 말하였다. "사람이 생각이 많아서 스스로 편안할 수 없는 것은 다만 그 마음의 주인이 정해지지 못했기 때문이다. 마음의 주인이 정해지려면 오직 일에 그쳐야 하니, '임금이 되어서는 仁에 그친다'114)는 따위이다. 예컨대 순임금이 네 명의 원흉(四凶)115)을 처벌할 적에 네 명의 원흉이 이미 악을 행하였으므로 순임금이 따라서 그들을 처벌한 것이니, 순임금이 어찌 〈사사로운 감정을〉 관여시켰겠는가? 사람이 일에 그치지 않는 것은 다만 다른 일을 잡고 있어서 사물을 각각 사물에 맡겨두지 못하기 때문이다. 사물을 각각 사물에 맡겨두는 것이 사물을 부리는 것이다. 사물에 의해 부려지게 되면, 이는 사물에게 부림을 당하는 것이다. '사물이 있으면 반드시 법칙이 있으니'116) 모름지기 일에 그쳐야 한다."

---

113)『二程全書』1,「河南程氏遺書 第15」(또는『近思錄集解』「存養」)

114)『大學』第3章, "詩云, 穆穆文王, 於緝熙敬止. 爲人君止於仁, 爲人臣止於敬, 爲人子止於孝, 爲人父止於慈, 與國人交止於信."

115) 四凶은『서경』「순전」에 나오는 共工·驩兜·三苗·鯀을 말한다.

116)『詩經』「大雅」〈烝民〉, "天生烝民, 有物有則. 民之秉彝, 好是懿德."

○上蔡謝氏曰, 事至應之, 不與之往, 非敬乎. 萬物變而此常存, 奚紛擾之有. 夫子曰, 事思敬, 正謂此耳.117) 又曰, 敬則外物不能易. 學者須去却不合做底事, 則於敬有功, 方其敬也, 甚物事換得.118)

○상채사씨(사량좌)가 말하였다. "일이 이르면 응하나 〈마음이 일을 따라〉함께 가지 않는 것은 경이 아니겠는가? 만물이 변화하여도 이 마음은 항상 보존되니 어찌 분요함이 있겠는가? 부자(공자)께서 말하기를 '일할 때에 공경할 것을 생각한다(事思敬)'119)는 것은 바로 이것을 말할 뿐이다." 상채사씨가 또 말하였다. "경하면 외부의 사물이 바뀌지 않는다. 배우는 사람들이 반드시 맞지 않는 일들을 제거한다면 경하는 데에 효과가 있을 것이니, 바야흐로 경하면 어떤 사물이 바뀌겠는가?"

○朱子曰, 心不可有一物, 外面酬酢萬變, 都只是隨其分限應去. 纔係於物, 心便爲其所動. 或事未來而自家先有期待底心, 或事已應去了, 又却長存在胸中, 不能忘却, 正應事之時, 意有偏重, 這都是爲物所係縛. 既爲所係縛, 便有這箇物事, 及別事來到面前, 應之便差了. 這如何會得其正. 聖人之心, 塋然虛明, 無纖毫形迹, 事物之來, 若小若大, 四方八面, 莫不隨物隨應, 此

---

117) 『上蔡語錄』 卷1(또는 『心經附註』 卷3, 「牛山之木」)
118) 『上蔡語錄』 卷2(또는 『性理大全』 卷46, 「學四(存養)」
119) 事思敬은 바른 마음가짐에 대한 아홉 가지 규범 중의 하나로 『論語』 「季氏」에 보인다.

心元不曾有這物事.120) 問, 先持敬, 令此心惺惺了, 方可應
接事物, 何如. 曰, 不然. 又問, 須是去事物上求. 曰, 不然. 若
無事物時, 不成須去求箇事物來理會. 且無事物之時, 要你做甚
處121).122)

○주자가 말하였다. "마음에는 하나의 사물도 두어서는 안
되니, 밖에서 응대하는 온갖 변화는 모두 다만 그 한계에
따라 응하는 것일 뿐이다. 조금이라도 사물과 관계하면 마
음은 바로 사물에 의해 동요하게 된다. 〈마음이 사물과 관
계하는 것에는 세 가지가 있으니〉 혹은 사물이 오기 전에
자신이 먼저 기대하는 마음이 있는 것이며, 혹은 사물에
이미 응한 뒤에 또 오랫동안 가슴속에 두고서 잊지 못하는
것이며, 〈혹은〉 바로 사물에 응할 때에 생각이 한쪽으로
치우침이 있는 것이니, 이 모두는 사물에 의해 얽매이고
속박된 것이다. 이미 사물에 의해 얽매이고 속박되면 바로
이러한 사물이 있게 되니, 다른 사물이 앞에 왔을 때에 응
하면 바로 잘못된다. 이것은 어떻게 그 바름을 얻을 수 있
겠는가? 성인의 마음은 환하게 텅 비고 밝아서 털끝만한
흔적도 없어 사물이 올 적에 작든 크든 사방四方과 팔면八
面으로 사물에 따라 응하지 않음이 없으니, 이 마음에 원래
이러한 사물이 있는 것은 아니다." 물었다. "먼저 경을 유지하
여 이 마음을 깨어있게 해야 비로소 사물에 응접할 수 있다고 말한

---

120)『朱子語類』卷16(또는『心經附註』卷2,「正心」)
121) 處는 麼의 오자인 듯하다.『주자어류』에서는 處가 麼로 되어 있다.
122)『朱子語類』卷12

다면 어떻습니까?" 주자가 대답하였다. "그렇지 않다." 또 물었다. "반드시 사물 위에서 구해야 합니까?" 주자가 대답하였다. "그렇지 않다. 만약 사물이 없을 때는 반드시 사물을 찾아서 이해할 필요가 없다. 또한 사물이 없을 때는 그대가 무엇을 할 것인가?"

○胡氏曰, 喜怒憂懼之未發也, 不可先有期待之心, 其將發也, 不可一有偏繫之心, 其已發也, 不可猶有留滯之心. 事之方來念之方萌, 是省察時節, 前念已過後事未來, 是存養時節.

○호씨胡氏[123]가 말하였다. "기쁨·분노·걱정·두려움이 아직 발하지 않았을 때는 먼저 기대하는 마음이 있어서는 안 되며, 장차 발하려고 할 때는 하나라도 치우치고 얽매이는 마음이 있어서는 안 되며, 이미 발하였을 때는 오히려 머물러 지체하는 마음이 있어서는 안 된다. 일이 바야흐로 이르고 생각이 바야흐로 싹트는 것은 성찰할 때이고, 앞의 생각이 이미 지나갔고 뒤의 일이 아직 이르지 않은 것은 존양할 때이다."

○退陶答金惇敍書曰, 不可不豫者事也, 而有期待之心則不可, 不可不應者物也, 而存留不忘則不可, 聖門之學心法之要, 正在於此. 蓋人徒見夫心爲物漬之害, 遂謂事物爲心害. 故厭事而求忘, 惡動而耽靜, 以上蔡之賢猶不免此. 明道引孟子養氣之說, 轉作存心之法以敎

---

123) 胡渭(1633~1714)를 말한다. 자는 胐明, 호는 東樵로 德淸 사람이다.

之, 此敬義夾持, 直上達天德, 最緊切用工處. 苟能從
事於此, 而眞積力久, 一朝而有得焉, 則心之於事物, 未
來而不迎, 方來而畢照. 旣應而不留, 本體湛然, 如明
鏡止水, 雖日接萬事, 而心中未嘗有一物, 尙安有爲心
害哉.124)

○퇴계가 김돈서金惇敍에게 답한 편지에서 말하였다. "미리
대비하지 않을 수 없는 것이 일이지만 기대하는 마음을 갖
는 것은 옳지 않으며, 응하지 않을 수 없는 것이 사물이지
만 마음에 두고 잊지 않는 것은 옳지 않으니, 성인 문하에
서 심법을 배우는 요체가 바로 여기에 있다. 대개 사람들
은 다만 그 마음이 사물에 젖어드는 해만을 보고서 마침내
'사물이 마음의 해가 된다'고 말한다. 그러므로 일을 싫어
하고 잊기를 구하며 움직임을 싫어하고 고요함을 즐기는
데, 상채(사량좌)와 같은 어진이로도 오히려 이러한 것을 면
치 못하였다. 명도(정호)는 맹자의 양기養氣설을 인용하여 이
를 가지고 마음을 보존하는 법을 만들어 가르쳤으니, 이것
은 敬과 義를 함께 지켜서 곧장 위로 천덕天德에 도달하는
것으로서 가장 절실히 공부해야 할 곳이다. 진실로 여기에
종사하여 참으로 오래도록 힘을 쌓아 하루아침에 체득할
수 있으면, 마음이 사물에 대해서 아직 오지 않을 때는 맞
이하지 않고, 바야흐로 오면 모두 조응한다. 이미 조응하
여 남아있지 않으면 본체의 맑음이 밝은 거울이나 고요한

---

124) 『退溪全書』 卷28, 「答金惇敍(癸丑)」

물과 같아서, 비록 날마다 온갖 일에 응접하더라도 마음속에는 일찍이 한 사물도 없을 것이니, 어찌 마음의 해가 될 수 있겠는가?"

●朱子曰, 不一其內, 則無以制其外, 不齊其外, 則無以養其內. 靜而不存, 則無以立其本, 動而不察, 則無以勝其私. 故齊明盛服非禮不動, 則內外交養而動靜不違, 所以爲修身之要也.[125] 西山眞氏曰, 齊戒明潔以正其心, 盛服儼然以正其容, 此內外交致其功也. 靜而存養, 則有以全天理之本然, 動而省察, 則有以防人欲於將然. 動靜兼用其力也, 然蔽以一言曰敬而已. 內外動靜無不敬, 身安得不修乎. (按)時分有動靜之異, 地頭有表裏之分, 然心無不貫, 理無不在. 故學者當隨遇用力, 不可略有偏廢也. 先儒統論動靜表裏者. 撫附凡八條.

●주자가 말하였다. "그 안을 한결같이 하지 못하면 밖을 제지할 수 없고, 그 밖을 가지런히 하지 못하면 그 안을 함양할 수 없다. 고요하면서 보존하지 못하면 그 근본을 세울 수 없고, 움직이면서 살피지 못하면 그 사사로움을 이길 수 없다. 그러므로 깨끗이 재계하고 성대한 의복을 입고 예가 아닌 것을 행동하지 않으면, 안과 밖이 서로 길러지고 동과 정이 어긋나지 않으니, 이것이 수신修身의 요체가 된다." 서산진씨(진덕수)가 말하였다. "재계하고 깨끗이

---

125) 『中庸或問』第20章

하여 그 마음을 바르게 하고, 성대한 의복을 입고 엄숙히
하여 그 용모를 바르게 하니, 이것은 안과 밖으로 서로 그
공부를 다하는 것이다. 고요할 때 존양하면 천리의 본연을
온전히 할 수 있고, 움직일 때 성찰하면 인욕이 장차 타오
르는 것을 막을 수 있다. 動과 靜이 함께 그 힘을 쓰지만,
한마디로 말하면 경이라고 할 뿐이다. 안과 밖, 동과 정에
경하지 않음이 없으니, 몸이 어찌 닦이지 않을 수 있겠는
가."(안) 시점에는 동과 정의 차이가 있고 상황에는 안과 밖의 구분
이 있으나, 마음은 관통하지 않은 것이 없고 이치는 있지 않은 것이
없다. 그러므로 배우는 사람들은 마땅히 만나는 곳에 따라 힘을 다
하여 조금이라도 치우치거나 폐기함이 있어서는 안 된다. 선유들이
동과 정, 밖과 안을 총괄하여 논한 것이다. 모두 8조목을 모아서 붙
였다.


○答方耕道書曰, 願更於日用語默動靜之間, 自立規程,
深務涵養, 毋急近效, 要以氣質變化爲功. 若程子所謂
敬者, 亦不過曰正衣冠一思慮莊整齊肅不欺不慢而已. 但
實下功夫, 時習不懈, 自見意味. 此等雖是細微, 然人
有是身, 內外動息不過是此數事. 其根於秉彝, 各有自
然之則. 若不於此一一理會, 常切操持, 則雖理窮玄奧,
論極幽微, 於我亦有何干涉乎.[126] 退陶答李宏仲書曰, 夫
爲學者, 立日用規程之語, 固當動靜兼擧, 不應有所遺闕. 蓋其
曰正衣冠, 曰莊整齊肅, 是以靜言, 然而動時衣冠, 豈可不正, 容

126)『朱熹集』卷46,「答方耕道」

止事物, 豈可不莊整齊肅乎. 曰一思慮, 曰不欺不慢, 是以動言,
然而靜時此心, 尤不可不主於一本原之地, 又豈容有一毫欺慢乎.
故朱子又嘗曰, 心體通有無貫動靜, 故工夫亦通有無貫動靜, 方
無透漏, 正謂此也.127)

○주자가 방경도方耕道에게 답한 편지에서 말하였다. "바라
건대, 다시 일상생활에서 '말하거나 침묵하며 움직이거나 고
요할 때(語默動靜)'에 스스로 규정을 세워서 깊이 함양하는 데
힘쓰고 빠른 효과를 바라지 말고, 기질을 변화시키는 데
힘써야 할 것이다. 정자가 말한 경과 같은 것도 의관을 바
르게 하고, 생각을 전일하게 하며, 장중하고 엄숙하며, 속
이지도 않고 게으르지도 않는 것에 불과할 뿐이다. 다만
실제로 공부할 때는 수시로 익혀서 게으르지 않으면 저절
로 맛을 보게 된다. 이러한 것들이 비록 조그마한 일이지
만 사람에게는 이 몸이 있으니, '안과 밖이나 움직이고 쉴
때(內外動息)'도 이 몇 가지의 일에 불과하다. 그것이 떳떳한
법도를 지키는 데 근본하니, 각각 저절로 그러한 법칙이
있다. 만약 여기에서 하나하나 이해하지 않고 늘 절실히
잡아 지키기만 한다면, 비록 그윽이 오묘한 것을 궁구하고
아득히 미묘한 것을 논할지라도 나에게 또한 무슨 상관이
있겠는가." 퇴계가 이굉중李宏仲에게 답한 편지에서 말하였다. "무
릇 배우는 사람들을 위해 일상생활에서 규정을 세우라는 말은 진실
로 動과 靜을 겸하여 거론한 것이므로 빠뜨리는 것이 있어서는 안
된다. 대개 '의관을 바르게 한다'거나 '장중하고 엄숙하게 한다'라고

---

127) 『退溪全書』 卷35, 「答李宏仲」

말한 것은 靜의 측면에서 말한 것이지만, 動할 때에도 의관을 어찌 바르게 하지 않을 수 있겠으며, 사물에 접할 때에도 어찌 장중하고 엄숙하게 하지 않을 수 있겠는가? '생각을 전일하게 한다'거나 '속이지도 않고 게으르지도 않는다'라고 말한 것은 動의 측면에서 말한 것이지만, 靜할 때에도 이 마음은 더욱 본원의 자리에 전일하게 하지 않아서는 안 되니, 또한 어찌 조금이라도 속이거나 게을리 할 수가 있겠는가? 그러므로 주자는 또한 일찍이 '마음의 본체는 有와 無를 관통하고 動과 靜도 관통하는 것이므로, 공부 역시 有와 無를 관통하고 動과 靜을 관통하여야 비로소 빠진 것이 없다'라고 하였으니, 바로 이것을 말한 것이다."

○答廖子晦書曰, 二先生所論敬字, 須該貫動靜看方得. 方其無事而存主不懈者, 固敬也. 及其應事而酬酢不亂者, 亦敬也. 故曰毋不敬儼若思, 又曰事思敬執事敬, 豈必以攝心坐禪而謂之敬哉.[128] 北溪陳氏曰, 程子就人心做工夫處, 特注意敬字. 蓋以此道理貫動靜徹表裏一始終, 本無界限. 閒靜無事時也用敬, 應事接物時也用敬. 心在裏面也如此, 動出來做事也如此, 初頭做事也如此, 做到末梢也如此, 此心常無間斷. 纔間斷便不敬.[129]

○주자가 요자회廖子晦에게 답한 편지에서 말하였다. "두 선생(정호와 정이)께서 논하신 '경'자는 반드시 動과 靜을 관통해서 보아야 비로소 좋다. 바야흐로 일이 없을 때에는 보존하고 주재하여 게을리 하지 않는 것이 진실로 경이다. 사

128) 『朱熹集』 卷45, 「答廖子晦(德明)」
129) 『北溪字義』 卷上, 「敬」

물에 응할 때에는 서로 응대하여(酬酢)130) 어지러워지지 않는 것이 또한 경이다. 그러므로 '경하지 않음이 없으며, 엄숙하여 생각하는 것처럼 한다(毋不敬, 儼若思)'131)라고 하였으며, 또 '일할 때는 공경할 것을 생각하고(事思敬)132), 일을 집행할 때는 공경히 한다(執事敬)'133)라고 하였으니, 어찌 반드시 마음을 잡고 좌선하는 것만을 경이라고 말하겠는가." 북계진씨134)가 말하였다. "정자는 사람의 마음에 나아가서 공부할 곳을 삼았는데 특히 '경'자에 주의하였다. 대개 이 도리는 동과 정을 관통하고, 밖과 안을 관철하며, 처음과 끝을 한결같이 하여 본래 한계가 없다. 고요하여 일이 없을 때도 경을 쓰고, 사물에 응접할 때도 경을 쓴다. 마음이 안에 있을 때도 이와 같이 하고, 움직여서 나와서 일을 할 때도 이와 같이 한다. 처음에 일을 할 때도 이와 같이 하고, 하는 일이 끝에 이르러서도 이와 같이 하여, 이 마음은 항상 끊어짐이 없어야 한다. 잠시라도 끊어지면 바로 경이 아니다."

○南軒張氏敬齋銘曰, 天生斯人, 良心則存. 聖愚曷異. 敬肆是分. 事有萬變, 統乎心君. 一頹其綱, 泯焉絲棼.

---

130) 酬酢은 원래 '술잔을 서로 주고받는다'는 뜻이다. 酬는 주인이 손님에게 술을 따라 주는 것이고, 酢은 답례로 손님이 주인에게 따르는 것이다. 그러니까 수작은 주인과 손님 사이에 서로 술을 권하고 답하면서 교제하는 것을 말한다.

131) 『禮記』「曲禮(上)」, "曲禮曰, 毋不敬, 儼若思, 安定辭. 安民哉."

132) 『論語』「季氏」, "孔子曰, 君子有九思, 視思明, 聽思聰, 色思溫, 貌思恭, 言思忠, 事思敬, 疑思問, 忿思難, 見得思義."

133) 『論語』「子路」, "樊遲問仁. 子曰, 居處恭, 執事敬, 與人忠, 雖之夷狄, 不可棄也."

134) 陳淳(1159~1223)을 말한다. 자는 安卿, 호는 北溪로, 주자의 가장 뛰어난 제자 중의 한 사람이다. 저서로는 『北溪字義』가 있다.

自昔先民, 修己以敬. 克持其身, 順保常性. 敬非有加,
惟主乎是. 履薄臨深, 不昧厥理. 事至理形, 其應若響.
而實卓然, 不與俱往. 動靜不違, 體用無忒. 惟敬之功,
協乎天德. 嗟爾君子, 敬之敬之. 用力之久, 其惟自知.
勿憚其艱, 而或怠遑. 亦勿迫切, 而以不常. 毋忽事物,
必精吾思. 察其所發, 以會于微. 忿慾之萌, 則杜其源.
有過斯改, 見善則遷. 是則天命, 不遏于躬. 魚躍鳶飛,
仁在其中. 於焉有得, 學則不窮. 知至而至, 知終而終.
嗟爾君子. 勉哉敬止. 成己成物, 匪曰二致. 任重道遠,
其端伊邇. 毫釐有差, 繆則千里. 惟建安公, 自力古義.
我作銘詩, 以謚同志.[135]

○남헌장씨(장식)가 「경재명敬齋銘」[136]에서 말하였다. "하늘
이 이 사람을 내심에 양심이 있었네. 성인과 어리석은 사람
이 어찌 다르겠는가? 공경과 방종에서 나누어진다네. 일에
는 만 가지 변화가 있어도 마음(心君)[137]이 통솔하지만, 한
번 그 기강이 무너지면 망가져 실 엉키듯 된다네. 예로부
터 선민들은 경으로써 자기 몸을 닦아 능히 그 몸을 지킬
수 있어서 떳떳한 본성(常性)을 따르며 보존하였네. 경은
보탤 것이 있는 것이 아니라, 오직 옳은 것을 주로 한다네.

---

135) 『南軒集』卷36, 「敬齋銘」
136) 「敬齋銘」은 경재에 새긴 銘으로, 마음 닦기를 경으로써 하되 動·靜
    과 體·用에 어긋남이 없어야 天德에 부합하게 된다는 내용이다.
137) 心君은 마음속의 임금으로, 몸을 주재하는 마음을 가리킨다.

살얼음을 밟듯 깊은 물가에 임하듯 하면 그 理에 어둡지 않게 되네. 일에 이르러 理가 나타나니, 그 응함은 메아리 같다네. 진실로 우뚝하여 더불어 함께 가지 않네. 動과 靜에 어긋나지 않고 體와 用에 틀림이 없네. 오직 경의 공적은 하늘의 덕에 합하게 된다네. 아, 군자들이여! 경하고 경하라. 힘쓰기를 오래하면 오직 스스로 알게 되리라. 어려움을 꺼리지 말고, 혹은 게으르거나 서두르지 말라. 또한 조급하게 굴어 떳떳한 본성을 잃는 일이 없도록 하라. 사물을 소홀히 하지 말고 반드시 나의 생각을 정밀하게 하라. 그 발하는 바를 살펴서 미묘함에 이르러야 하노라. 분노와 욕심이 싹트면 그 근원을 막아라. 잘못이 있으면 이를 고치고, 선을 보면 곧 실천하라. 이것이 곧 천명天命이니, 몸에서 떠나지 않도록 하라. 물고기가 뛰고 솔개가 나는(魚躍鳶飛)138) 그 가운데에 仁이 있다. 여기에서 얻음이 있으면 학문이 무궁하리라. 이를 곳을 알아 이르고 그칠 곳을 알아 그치라. 아, 군자들이여! 敬과 '그치는 곳(止)'에 힘쓰라. 자기를 이루고 사물을 이루는 것을 두 가지 이치라 말하지 말라. 책임은 무겁고 길은 멀지만(任重道遠)139), 그 실마리는 이렇게 가까운 것을. 털끝만큼이라도 차이가 있으면 천리가 어그러지리라. 오직 건안공建安公께서 스스로 옛 뜻에 힘쓰니, 내가 명시銘詩를 지어 이로써 동지에게 고하노라."

---

138) 『詩經』「大雅」〈文王〉, "鳶飛戾天, 魚躍于淵."
139) 『論語』「泰伯」, "曾子曰, 士不可以不弘毅, 任重而道遠."

○葵軒石銘曰, 正爾衣冠, 無惰爾容. 謹爾視聽, 無越爾躬. 爾之話言, 式循爾衷. 爾之起居, 式蹈爾庸. 敬爾所動, 無窒其通. 貞爾所存, 無失其宗. 外之云肅, 攸保于中. 中之克固, 外斯率從. 天命可畏, 戒懼難終. 勒銘于石, 用儆爾慵.[140] 魯齋許氏曰, 爲學之初, 先要持敬. 敬則身心收斂, 氣不粗暴, 淸者愈淸而濁者不得長, 美者愈美而惡者不得行. 靜而敬, 常念天地鬼神臨之, 不敢少忽, 動而敬, 自視聽色貌言事疑忿, 得一一省察, 不要逐物去了, 雖在千萬人中, 常知有己, 此持敬之大略也. 禮記一書, 近十萬言, 最初一句, 曰毋不敬, 天下古今之善, 皆從敬字上起, 天下古今之惡, 皆從不敬上生. 在小學便索要敬, 在大學也索要敬, 爲子爲臣爲君爲父, 皆索要敬, 以至當小事當大事, 都索要敬, 這一件, 先能著力, 然後可以論學, 學又先要窮理.[141]

○남헌장씨(장식)가 「규헌석명葵軒石銘」에서 말하였다. "의관을 바르게 하고 용모를 게을리 하지 말라. 보고 듣기를 삼가고 몸가짐을 법도에서 넘어섬이 없게 하라. 말할 때에는 너의 본성을 따르고 일상생활에서는 평소의 법도를 따르라. 행동할 때에 공경하면 막히지 않고 통하며, 보존하기를 바르게 하면 그 근본을 잃지 않는다. 밖을 엄숙하게 하는 것이 안을 보존하는 것이며, 안을 견고하게 할 수 있으면 밖이 곧 따른다. 천명을 두려워하며 경계하고 두려워하여 끝마침을 어렵게 여기라. 돌에 銘을 새겨서 너의 게으

140) 『南軒集』 卷36, 「葵軒石銘」
141) 『魯齋遺書』 卷3(또는 『心經附註』 卷3, 「牛山之木」)

름을 경계하는 데 쓰노라." 노재허씨[142]가 말하였다. "학문하는 초기에는 먼저 경을 지켜야 한다. 경하면 몸과 마음이 수렴되어 기가 거칠고 사납지 않아서 맑은 것은 더욱 맑아져서 탁한 것이 자라나지 못하고, 아름다운 것은 더욱 아름다워져서 악한 것이 행해지지 못한다. 고요할 때에는 경하여 항상 천지의 귀신이 강림하고 있음을 생각하여 감히 조금도 소홀히 하지 않고, 움직일 때에는 경하여 보고 들음, 안색과 용모, 말과 일, 의심과 분함으로부터 일일이 성찰하여 외물을 좇아가지 않아 비록 천만인 속에 있더라도 항상 자신이 있음을 알아야 하니, 이것이 경을 지키는 대략이다. 『예기』한 책은 10만 자에 가까운데 최초의 한 구절이 '경하지 않음이 없다(毋不敬)'라고 하였으니, 천하 고금의 선이 모두 '경'자에서 나오고 천하 고금의 악이 모두 불경不敬에서 생겨난다. 『소학』에 있어서도 곧 경을 찾아야 하고, 『대학』에 있어서도 경을 찾아야 하며, 자식이 되고 신하가 되고 임금이 되고 부모가 되었을 때도 모두 경을 찾아야 하며, 작은 일을 당하거나 큰일을 당함에 이르러서도 모두 경을 찾아야 하니, 이 한 가지 일에 먼저 힘을 쓴 뒤에야 학문을 논할 수 있으며, 학문은 또한 먼저 이치를 궁구해야 한다."

○南塘陳氏夙興夜寐箴曰, 雞鳴而寤, 思慮漸馳, 盍於其間, 澹以整之. 或省舊愆, 或紬新得, 次第條理, 瞭然默識. 本旣立矣, 昧爽乃興, 盥櫛衣冠, 端坐斂形. 提掇此心, 皦如出日, 嚴肅整齊, 虛明靜一. 乃啓方冊, 對越聖賢, 夫子在坐, 顔曾後先. 聖師所言, 親切敬聽, 弟子問辨, 反復參訂. 事至斯應, 則驗于爲, 明命赫然,

142) 許衡(1209~1281)을 말한다. 자는 仲平, 호는 魯齋로 山西省 懷州 河內 사람이다. 학문을 좋아하고 姚雪齋에게서 주자학을 배웠다.

常目在之. 事應旣已, 我則如故, 方寸湛然, 凝神息慮.
動靜循環, 惟心是監, 靜存動察, 勿貳勿參. 讀書之餘,
間以遊泳, 發舒精神, 休養情性. 日暮人倦, 昏氣易乘,
齋莊整齊, 振拔精明. 夜久斯寢, 齊手斂足, 不作思惟,
心神歸宿. 養以夜氣, 貞則復元, 念玆在玆, 日夕乾乾.[143]
(按)王魯齋嘗主敎台州上蔡書院, 專以是箴爲敎, 使學者誦習服
行. 退陶先生依敬齋箴圖, 隨其時分排列爲圖, 而以敬爲一箴之
大旨. 蓋敬箴以地頭言而時分在其中, 是箴以時分言而地頭在其
中, 各就其重處而異其旨耳. 然又未嘗不互相發也.

○남당진씨[144]가 「숙흥야매잠夙興夜寐箴」[145]에서 말하였다.
"닭의 울음에 잠에서 깨어나 사려가 점점 내달리기 시작하
면, 어찌 그 사이에서 〈마음을〉 조용히 정돈하지 않겠는
가? 지난 허물을 반성하기도 하고 새로 알게 된 것의 실마
리를 찾기도 하여 일의 순서와 맥락을 분명하게 묵지默識
하라. 근본이 이미 세워졌으면, 새벽 일찍 일어나서 세수
하고 머리 빗고 옷 입고 관 쓰고 단정히 앉아 몸가짐을 바
로 하라. 이 마음을 거두어들여 떠오르는 해처럼 밝게 하

---

143) 『聖學十圖』, 「夙興夜寐箴」
144) 陳柏을 말한다. 자는 茂卿, 호는 南塘으로 선비가 공부하고 수행하는
   절차를 말한 「夙興夜寐箴」을 저술하였다.
145) 夙興夜寐는 '일찍 일어나고 늦게 잠잔다'는 뜻으로『詩經』「大雅」〈湯〉·
   〈抑〉에 처음 나오는 말이다. 이 시는 衛나라 武公이 자신을 경계하기
   위하여 95세에 지은 시라고 한다. 「숙흥야매잠」은 남송의 陳柏이 지은
   것으로서, 이른 아침부터 늦은 밤까지 일상생활에서 어떻게 경을 실천
   해야 하는지를 설명하고 있다. 또한 퇴계는 이것을 직접 그림으로 그려
   서 그의『성학십도』제10도에 「夙興夜寐箴圖」로 수록하고 있다.

며, 몸가짐은 엄숙하고 바르게 하며 마음은 텅 비고 밝으며 고요하고 전일하게 하라. 이에 책을 펼쳐 성현들을 마주 대할 것이니, 공자가 앞에 앉아있는 듯하고, 안자와 증자가 앞뒤에 앉아있는 듯하라.[146] 성현들의 말씀을 간절하게 경청할 것이며, 제자들의 질문과 변론을 반복해서 참고하여 오류를 바로잡아라. 일이 이르면 그에 응하여 그동안 배운 것을 실제로 경험해보고, 하늘로부터 부여받은 밝은 덕이 빛나도록 항상 눈을 그곳에 두어라.[147] 일에 응함이 이미 끝나면 나는 옛날 그대로 돌아가, 마음을 고요하게 간직하며 정신을 모아서 사려를 그치게 하라. 움직임과 고요함은 순환하는 것이니, 오직 마음이 이를 비추어 고요할 때에는 보존하고 움직일 때에는 성찰하여 마음을 둘로 나누거나 셋으로 나누지 말라. 독서하는 여가에 그것에 푹 잠겨 음미하고, 정신을 화평하게 하여 성정性情을 휴양하라. 날이 저물면 사람이 피곤해져서 혼탁한 기운이 쉽게 올라오니, 장중하고 가지런히 하여 정명精明한 기운을 북돋으라. 밤이 깊어지면 잠자리에 들되 손발을 가지런히 거두고 생각을 일으키지 말아서 심신이 돌아가 쉬게 하라. 야기夜氣[148]로 마음을 함양하면 본래의 양심이 다시 드러날

---

146) 마치 실제로 성현들을 마주하고 있는 것처럼 공경하고 두려워하는 태도를 가지고 성현의 글을 읽어야 함을 말한 것이다.

147) 이 구절은 『書經』「太甲」의 "顧諟天之明命"(하늘의 밝은 명을 돌아본다)에서 나온 것이다. 즉 하늘의 밝은 명을 돌아본다는 것은 자신에게 하늘이 부여한 본성이 있음을 늘 생각한다면, 그 본성이 밝지 않은 때가 없을 것이라는 의미이다.

148) 『孟子』「告子(上)」의 '牛山之木'장에 나오는 말이다. 밤에 모든 일을

것이니(貞則復元)149), 항상 이렇게 하기를 생각하여(念玆在
玆)150) 밤낮으로 부지런히 노력하라." (안) 금화金華 출신의 왕
노재(왕백)가 일찍이 태주台州의 상채서원에서 교수를 맡아볼 때에
오로지 이 箴으로 가르침을 삼아 배우는 사람들로 하여금 외우고 익
혀서 실천하도록 하였다. 퇴계선생은 <「숙흥야매잠도」를>「경재잠
도」에 근거하여 시점에 따라 배열하여 圖를 만들었는데, 경으로 전
일하는 것이 箴의 큰 요지이다. 대개 「경재잠」은 상황(공간)으로 말
하였으나 시점(시간)이 그 속에 있고, 이 箴(숙흥야매잠)은 시점으로
말하였으나 상황이 그 속에 있으니, 각각 그 중요한 곳에 나아가서
구분을 달리하였을 뿐이다. 그러나 또한 일찍이 서로 드러내지 않음
이 없었다.

○退陶先生曰, 道之流行於日用之間, 無所適而不在. 故
無一席無理之地, 何地而可輟工夫. 無頃刻之或停, 故
無一息無理之時, 何時而不用工夫. 故子思子曰, 道也
者不可須臾離也, 可離非道也. 是故君子戒愼乎其所不睹,
恐懼乎其所不聞. 又曰莫見乎隱, 莫顯乎微. 故君子愼

---

마치고 쉼으로써 회복되는 맑은 정신과 기운을 말하는 것으로, 사물과
접하지 않은 상태에서 자라나는 양심을 말한다.
149) 貞則復元 : 元亨利貞은 天道의 네 가지 덕으로, 元에서 亨으로, 亨에
서 利로, 利에서 貞으로, 貞에서 다시 元으로 순환 반복한다. 원형이정
은 계절로는 봄·여름·가을·겨울을 가리킨다. 하루를 여기에 대응시키
면, 오전은 元, 오후는 亨, 저녁은 利, 자정 이후는 貞이 될 것이다.
그래서 자정 이후의 밤기운이 쌓여 원기가 다시 살아나니, 이 의미를
살려 의역하였다.
150) 『書經』 「大禹謨」, "帝念哉. 念玆在玆." 순임금이 禹에게 천자 자리를
물려주려 하자, 禹가 皐陶를 천거하며 한 말이다. 念玆在玆는 나중에 '어
떤 한 가지 일에 생각을 집중한다'는 의미로 쓰이게 되었다.

其獨也. 此一靜一動, 隨處隨時, 存養省察, 交致其功
之法也. 果能如是, 則不遺地頭而無毫釐之差, 不失時分
而無須臾之間. 二者幷進, 作聖之要, 其在斯乎.[151]

○퇴계선생이 말하였다. "도는 일상생활 사이에 유행하여
어디를 가든 있지 않는 곳이 없다. 그러므로 어느 한 곳이
라도 이치가 없는 곳이 없으니, 어느 곳에서인들 공부를
그만둘 수 있겠는가? 도는 잠시라도 멈추는 일이 없으므
로 어느 한순간도 이치가 없는 때가 없으니, 어느 때인들
공부를 하지 않겠는가? 그러므로 자사子思가 말하기를, '도
라는 것은 잠시도 떠날 수 없는 것이니, 떠날 수 있으면 도
가 아니다. 이 때문에 군자는 보지 않는 곳에서도 경계하
고 삼가며, 듣지 않는 곳에서도 두려워한다'[152]라고 하였
다. 또 말하기를, '숨겨진 것보다 더 잘 드러나는 것은 없
고, 은미한 것보다 더 잘 나타나는 것은 없다. 그러므로 군
자는 그 홀로 있을 때를 삼간다'[153]라고 하였다. 이것은 한
번 고요하고 한번 움직이는 때나, 장소와 때에 따라 존양
하고 성찰하는 공부를 번갈아 해나가는 방법이다. 과연 이
와 같이 할 수 있다면, 어떤 상황에서라도 빠뜨리지 않아
털끝만한 잘못도 없을 것이고, 어떤 시점도 잃지 않아 잠
시라도 끊어짐이 없을 것이다. 두 가지 공부를 함께 해 나
가면 성인이 되는 요체가 여기에 있을 것이다."

151) 『退溪全書』 卷7, 「夙興夜寐箴圖」
152) 『中庸』 第1章
153) 『中庸』 第1章

○答黃仲擧書曰, 人心備體用, 該寂感, 貫動靜. 所謂
未接物前, 不起不滅之時, 所謂虛靈之地, 炯然不昧, 所
謂喜怒哀樂之未感, 思慮云爲之未擾, 皆屬之寂然而靜,
所謂未發也. 所謂纔思時, 所謂窮格時, 所謂思慮紛糾
時, 所謂事物應酬時, 皆屬之感通而動, 所謂已發也. 未
發則爲戒愼恐懼之地, 已發則爲體察精察之時. 而所謂
喚醒與提起照管之功, 則通貫乎未發已發之間而不容間
斷者, 卽所謂敬也. [154]

○퇴계가 황중거黃仲擧에게 답한 편지에서 말하였다. "사람
의 마음은 體와 用을 갖추고 寂과 感을 겸하며 動과 靜을
관통한다. 이른바 '아직 사물에 접하지 않아서 일어나지도
않고 사라지지도 않는 때이다'거나, '허령한 경지로서 환하
게 밝아 어둡지 않다'거나, '희로애락이 감응하지 않고 사
려와 언행이 어지럽지 않다'는 것은 모두 적연하여 고요함
에 속하니 이른바 미발未發이라는 것이다. 이른바 '막 생각
할 때'라든가 '사물에 나아가 궁구할 때'라든가 '사려가 시
끄러울 때'라든가 '사물이 응수할 때'라는 것은 모두 감통하
여 움직이는 것에 속하니 이른바 이발已發이라는 것이다. 미
발은 계신戒愼하고 공구恐懼하는 곳이 되고, 이발은 체찰體察
하고 정찰精察하는 때가 된다. 그러나 이른바 불러 깨우고
(喚醒) 〈정신을〉 가다듬고(提起) 관리하는(照管) 공부는 미발
과 이발 사이를 관통하여 끊어짐을 용납하지 않는 것이니

---

154) 『退溪全書』卷19, 「答黃仲擧」

바로 이른바 경이라는 것이다."

右第四章. 臨川吳氏曰, 此言裏之正. ○附統論動靜表裏.

이상은 제4장이다. 임천오씨(오징)가 말하였다. "이것은 마음속
의 올바름을 말한 것이다." ○동정動靜과 표리表裏를 총론한 것을
덧붙였다.

# 제5장

**不東以西, 不南以北. 當事而存, 靡他其適.** 問不東以
西, 不南以北. 朱子曰, 此心要主一, 如做東去又要做西去,
做南去又要做北去, 便是不主一.[1] ○又曰, 無適之謂一. 無
適是箇不走作, 且如在這裏坐, 莫思量出門去, 在門前立, 莫
思量別處去.[2]

동쪽으로 간다 하고 서쪽으로 가지 말며, 남쪽으로 간
다 하고 북쪽으로 가지 말라. 일을 당해서는 마음을 보
존하여 다른 데로 가지 말라. "동쪽으로 간다 하고 서쪽으
로 가지 말며, 남쪽으로 간다 하고 북쪽으로 가지 말라"는 것에
대해 물었다. 주자가 말하였다. "이것은 마음이 '하나를 주로 해
야(主一)' 하니, 예컨대 동쪽으로 가면서 또 서쪽으로 가려 하고,
남쪽으로 가면서 또 북쪽으로 가려 하면, '하나를 주로 하는' 것
이 아니다." ○주자가 또 말하였다. "다른 데로 가지 않는 것을
'하나(一)'라고 한다. '다른 데로 가지 않는다'는 것은 달아나지
않는 것이니, 예컨대 이 안에 앉아있을 때는 <이 안에 앉아있을
뿐이고> 문을 나와서 갈 것을 생각하지 않고, 문 앞에 서있을
때는 다른 곳에 갈 것을 생각하지 않는 것이다.

---

1)『朱子語類』卷105
2)『朱子語類』卷96

右第五章. 臨川吳氏曰, 此言心之無適而達於事. ○詳見下章.

이상은 제5장이다. 임천오씨(오징)가 말하였다. "이것은 마음이 다른 데로 달아나지 않아서 일에 이르는 것을 말한 것이다." ○상세한 것은 아래 장에 보인다.

# 제6장

弗貳以二, 弗參以三. 惟心惟一, 萬變是監. 朱子曰,
敬須主一. 初來有一个事, 又添一个, 便是來貳他成兩个. 元
有一个, 又添兩个, 便是參他成三个.[1]

두 가지 일로써 마음을 둘로 나누지 말고, 세 가지 일
로써 마음을 셋으로 나누지 말라. 오직 마음을 전일하
게 하면 만 가지 변화를 볼 수 있을 것이다. 주자가 말하
였다. "경은 반드시 하나를 주로(主一) 해야 한다. 처음에 한 가
지 일이 있는데 다시 하나를 보태면 바로 두 가지 일로, 두 갈래
마음을 이루는 것이다. 원래 하나가 있는데 다시 둘을 보태면
바로 세 가지 일로, 세 갈래 마음을 이루는 것이다."

或曰, 敬何以用功. 程子曰, 莫若主一. 蘇季明曰, 昞
常患思慮不定, 或思一事未了, 他事如麻又生, 如何. 曰
不可, 此不誠之本也. 須是習, 習能專一時便好. 不拘
思慮與應事, 皆要求一.[2] 朱子曰, 學問只要專一, 如修養家
想無成有, 釋氏想有成無, 只是專一. 然他底難, 自家道理, 本來

---

1) 『朱子語類』卷105
2) 『二程全書』1, 「河南程氏遺書 第18」(『近思錄集解』「存養」 또는 『心經
   附註』卷1, 「敬以直內」)

是有, 只要人去理會, 甚順且易.3) 又如莊子用志不分, 乃凝於神, 亦是如此敎人. 但他只是箇空寂, 儒者之學, 則有許多道理, 若看透徹, 可以貫事物, 可以洞古今.4)

어떤 사람이 물었다. "경은 어떻게 공부해야 합니까?" 정자가 대답하였다. "하나를 주로 하는(主一) 것만 못하다." 소계명(소병)이 물었다. "저는 항상 생각이 안정되지 못하여 혹 한 가지 일을 생각하여 마치기도 전에 다른 일이 삼처럼 또 생겨나는 것이 걱정인데, 어떻게 해야 합니까?" 정자가 대답하였다. "좋지 않으니, 이것은 성실하지 못하는 근본이 된다. 반드시 익혀야 하니 익혀서 전일할 수 있으면 좋다. 생각하거나 일에 응할 때에 구애되지 말고 모두 전일하기를 구해야 한다." 주자가 말하였다. "학문은 다만 전일해야 하니, 예컨대 수양하는 자들이 無를 생각하여 有를 이루거나, 석씨가 有를 생각하여 無를 이루는 것은 다만 전일할 뿐이다. 그러나 저들의 공부는 어렵지만 자신의 도리는 본래 있는 것이니, 다만 사람들이 이해하기만 하면 매우 순조롭고 또한 쉬운 것이다. 또 장자의 '마음을 씀이 분산되지 않아야 정신을 모을 수 있다'5)는 것도 이와 같이 사람을 가르치는 것이다. 그러나 저들은 다만 공적空寂할 뿐이요 유학자의 학문은 허다한 도리가 있으니, 만약 투철하게 보면 사물을 관통할 수 있고 고금古今을 통찰할 수 있다."

○又曰, 閑邪則固一矣. 然主一則不消言閑邪. 有以一

---

3) 『朱子語類』卷96(또는 『心經附註』卷1, 「敬以直內」)
4) 『朱子語類』卷126(또는 『心經附註』卷1, 「敬以直內」)
5) 『莊子』「達生」

爲難見, 不可下工夫, 如何. 一者無他, 只是整齊嚴肅
則心便一, 一則自是無非僻之干. 此意但涵養久之, 則
天理自然明.6) ○問, 閑邪則固一, 主一更不須言閑邪. 朱子曰,
只是覺見邪在這裏, 要去閑他, 則這心便一了. 恰如知得外面有
賊, 今夜用須防他, 則便惺了. 旣惺了, 不須更說防賊.7) ○問, 閑
邪主一, 如何. 曰, 主一似持其志, 閑邪似毋暴其氣. 閑邪只是
要邪氣不得入, 主一則守之於內. 二者不可有偏, 此內外交相養
之道.8) ○問, 心思擾擾. 曰程先生云, 嚴威整肅云云, 只才整頓
起處, 便是天理. 但常常整頓起, 思慮自一.9) ○又曰, 伊川整齊
嚴肅一段, 是切至工夫, 說與人.10)

○정자가 또 말하였다. "사특함을 막으면 진실로 마음은
하나가 된다. 그러나 하나를 주로(전념) 하면 사특함을 막
는다는 말은 필요하지 않다. 하나를 보기가 어렵다고 여기
고 공부하지 않는다면 어떻게 해야 하나? 하나라는 것은
다른 것이 아니라, 다만 몸을 단정히 하고 엄숙히 하면 마
음이 곧 하나가 되고, 하나가 되면 저절로 잘못되고 치우
치는 일이 없게 된다. 이 뜻을 다만 오래도록 함양하면 천
리는 자연히 밝아질 것이다." ○물었다. "사특함을 막으면 진실
로 하나가 되니, 하나에 전일하면 다시 사특함을 막는다고 말할 필
요가 없습니다." 주자가 대답하였다. "다만 사특함이 이 안에 있는

---

6) 『二程全書』1, 「河南程氏遺書 第15」(또는 『近思錄集解』 「存養」)
7) 『朱子語類』 卷96
8) 『朱子語類』 卷96
9) 『朱子語類』 卷120
10) 『心經附註』 卷1, 「敬以直內」

줄을 알았다면 그것을 막아야 하니, 그렇게 하면 이 마음은 곧 하나가 된다. 마치 바깥에 도적이 있는 줄을 알고서 오늘 저녁에 반드시 도적을 막으려면 곧 깨어있어야 하는 것과 같다. 이미 깨어있다면 더 이상 도적을 막는다고 말할 필요가 없는 것이다." ○물었다. "사특함을 막는 것과 하나에 전념하는 것은 어떻습니까?" 주자가 대답하였다. "하나에 전념하는 것은 '그 뜻을 잡는 것'과 비슷하고, 사특함을 막는 것은 '그 기운을 포악하게 하지 말라'[11]는 것과 비슷하다. 사특함을 막는다는 것은 다만 사특한 기운이 들어오지 못하게 하는 것이요, '하나에 전념한다는 것'은 안에서 지킨다는 것이다. 둘은 어느 한쪽에 치우쳐서는 안 되니, 이것이 안과 밖을 함께 기르는 방법이다." ○물었다. "심사가 뒤숭숭합니다." 주자가 대답하였다. "정선생께서 엄위정숙嚴威整肅 운운하였는데, 다만 정돈이 되는 곳이 바로 천리이다. 다만 항상 정돈이 되면 사려는 저절로 하나가 된다." ○주자가 또 말하였다. "이천의 정제엄숙整齊嚴肅 한 단락은 절실하고 지극한 공부를 사람들에게 말씀해주신 것이다."

○又曰, 涵養吾一.[12] 朱子曰, 一者, 其心湛然, 只在這裏.[13]

○정자가 또 말하였다. "나의 하나를 함양한다." 주자가 말하였다. "하나라는 것은 그 마음이 고요히 다만 이 안에 있을 뿐이다."

○又曰, 九思, 各專其一.[14] 或謂, 主一, 不是主一事. 如一日萬幾, 須是幷應. 朱子曰, 一日萬幾, 也無幷應底道理, 須還他逐一件理會. 但只是聰明底人, 卻見得快.[15] ○問, 思其所當

---

11) 『孟子』「公孫丑(上)」, "持其志, 無暴其氣."
12) 『二程全書』1, 「河南程氏遺書 第15」(또는 『近思錄集解』「存養」)
13) 『朱子語類』 卷12
14) 『論語集註』「季氏」

思, 如何. 曰, 卻不妨, 但不可胡思, 且只得思一件事. 如思此一
事, 又別思一事, 便不可.16) ○又曰, 九思固當各專其一, 然隨
其所當思而思焉, 則亦泛然而無統矣. 苟能以敬義爲主, 戒懼謹
獨, 而無頃刻之失, 然後隨其所當思而思之矣. ○胡氏曰, 事思
敬, 九思之一, 九思各專其一, 則皆主乎敬者也.

○정자가 또 말하였다. "아홉 가지 생각(九思)17)은 각각 그
하나를 주로 하는 것이다." 어떤 사람이 물었다. "하나를 주로
하라는 것은 한 가지 일에 전념하라는 것이 아닙니다. 마치 하루의
온갖 일들에 대해서는 반드시 함께 응해야 하는 것과 같습니다." 주
자가 대답하였다. "하루의 온갖 일들에 대해서는 또한 함께 응할 수
있는 도리는 없으니, 반드시 거기서 돌아와 각각 하나씩 이해해야
한다. 다만 총명한 사람만이 명쾌하게 볼 수 있다." ○물었다. "마땅
히 생각해야 할 것을 생각하는 것은 어떻습니까?" 주자가 대답하였
다. "오히려 방해되지 않으니, 다만 어지럽게 생각해서는 안 되고,
또한 다만 한 가지 일만을 생각할 수 있을 뿐이다. 예를 들어 이 한
가지 일을 생각하면서 또 다른 한 가지 일을 생각해서는 안 된다."
○주자가 또 말하였다. "구사九思는 진실로 각각 그 하나에 전일해
야 하나, 마땅히 생각해야 할 것을 따라서 생각하면 또한 범연하여
계통이 없다. 진실로 敬과 義를 주로 하여 경계하고 두려워하며 홀
로 있을 때를 삼가서 잠시의 잘못도 없는 뒤에 마땅히 생각해야 할
것을 따라서 생각하는 것이다." ○호씨가 말하였다. "'일을 할 때에
공경할 것을 생각한다(事思敬)'는 것은 '구사'의 하나이니, '구사'가
각각 그 하나에 전일하면 모두 경에 전념하는 것이다."

---

15) 『朱子語類』 卷96
16) 『朱子語類』 卷96
17) 『論語』 「季氏」, "孔子曰, 君子有九思, 視思明, 聽思聰, 色思溫, 貌思
恭, 言思忠, 事思敬, 疑思問, 忿思難, 見得思義."

○祁寬問, 如何是主一. 和靖尹氏曰, 敬有甚形影. 只
收斂身心便是主一. 且如人到神祠中致敬時, 其心收斂
更著不得毫髮事, 非主一而何.[18] 和靖自言, 初見伊川時,
教某看敬字, 某請益. 伊川曰, 主一則是敬. 當時雖領此語, 然
不若近時看得更親切.[19] ○朱子曰, 主這一事, 不爲他事攪亂,
便是不容一物.[20] ○又曰, 這心都不著一物, 便收斂. 他上文云,
今人入神祠, 當那時, 直是更著不得些子事, 只有箇恭敬, 此最
親切. 今人若能專一此心, 便收斂緊密, 都無些子空罅. 若這事
思量未了, 又走做那邊去, 心便成兩路.[21]

○기관祁寬[22]이 물었다. "어떻게 하는 것이 '하나를 주로(전
념) 하는(主一)' 것입니까?" 화정윤씨(윤돈)가 대답하였다.
"경이 무슨 형체와 그림자가 있겠는가? 다만 몸과 마음을
수렴하는 것이 바로 '주일'이다. 예컨대 사람이 신을 모신
사당 안에 이르러서 공경을 다할 때에 그 마음이 수렴되어
다시 털끝만한 일도 붙일 수가 없는데, 이것이 '주일'이 아
니고 무엇이겠는가?" 화정(윤돈)이 스스로 말하였다. "처음 이천
선생을 뵈었을 적에 나에게 '경'자를 살펴보게 하시므로 내가 더 말
씀해주기를 청하였더니, 이천선생은 '하나를 주로 하는 것이 바로
경이다'라고 하셨다. 당시에 비록 이 말씀을 이해하였으나, 근래에
본 것이 더욱 친절한 것만은 못하였다." ○주자가 말하였다. "이 한

18) 『二程全書』 2, 「河南程氏外書 第12」(또는 『心經附註』 卷1, 「敬以直內」)
19) 『二程全書』 2, 「河南程氏外書 第12」(또는 『心經附註』 卷1, 「敬以直內」)
20) 『朱子語類』 卷17
21) 『朱子語類』 卷17
22) 尹焞의 제자이다.

가지 일에 전념하여 다른 일에 의해 어지럽혀지지 않는 것이 바로 하나의 사물도 용납하지 않는 것이다." ○주자가 또 말하였다. "이 마음이 모두 하나의 사물에 매어있지 않는 것이 곧 수렴하는 것이다. 그는 앞의 글에서 '오늘날 사람들이 신을 모신 사당에 들어가는 그때에 바로 조금도 다른 일에 매이지 않는 것이 다만 하나의 공경이다'라고 하였는데, 이것은 가장 절실한 말이다. 오늘날 사람들이 만약 이 마음을 전일하게 할 수 있다면, 곧 마음이 긴밀하게 수렴되어 조금도 빈틈이 없을 것이다. 만약 이 일을 아직 생각하지도 않았는데 또 다른 일로 옮겨간다면, 마음은 바로 두 갈래의 길을 이루게 된다."

○朱子答呂子約書曰, 主一只是專一. 蓋無事則湛然安靜而不騖於動, 有事則隨事應變而不及乎他, 是所謂主事者, 乃所以爲主一也. 若是有所係戀, 却是私意, 雖似專一不舍, 然旣有係戀, 則必有事已過而心未忘, 身在此而心在彼者. 此其支離畔援, 與主一無適, 非但不同, 直是相反.[23] 問, 或者疑主一則滯, 滯則不能周流無窮矣. 切謂主一則心存, 心存則物來順應, 何有乎滯. 曰, 固是. 然所謂主一者, 何嘗滯於一事. 不主一, 則方理會此事, 而心留於彼, 這却是滯於一隅.[24] ○問, 或人專守主一. 曰, 主一亦是. 然程子論主一, 却不然. 又要有用, 豈是守塊然之主一. 呂與叔問主一, 程子云, 只是專一. 今欲主一, 而於事乃處置不下, 則與程子所言自不同.[25]

---

23) 『朱熹集』 卷47, 「答呂子約」
24) 『朱子語類』 卷96
25) 『朱子語類』 卷96

○주자가 여자약(여조겸)에게 답한 편지에서 말하였다. "주일主一은 다만 하나에 전일하는 것일 뿐이다. 대개 일이 없으면 편안하고 고요하여 움직임으로 치닫지 않고, 일이 있으면 일에 따라 대응하고 변화하여 다른 것에 마음이 미치지 않으니, 이른바 '일을 주로 한다'는 것은 바로 하나에 전념한다는 것이다. 만약 얽매이거나 미련이 있으면 도리어 사사로운 뜻이니, 비록 전일하여 버리지 않는 것 같을지라도 이미 얽매이거나 미련이 있으면 반드시 일이 이미 지나갔어도 마음으로는 잊지 못하니, 몸은 여기에 있어도 마음은 저기에 있는 것이다. 이것은 이리저리 갈라져서 주일무적主一無適과는 같지 않을 뿐만 아니라 곧장 상반된다." 물었다. "어떤 이가 주일主一하면 막힌다고 의심하는데, 막히면 끝없이 두루 흐를 수 없습니다. 내가 생각하기에, '주일'하면 마음이 보존되고, 마음이 보존되면 사물이 와서 순조롭게 응하니, 무슨 막힘이 있겠습니까?" 주자가 말하였다. "참으로 옳다. 그러나 이른바 '주일'이란 것이 어찌 한 가지 일에 막히는 것이겠는가? '주일'하지 못하면 막 이 일을 알았더라도 마음은 저기에 머물러 있으니, 이것이 오히려 한 귀퉁이에 막히는 것이다." ○물었다. "어떤 사람이 오로지 '주일'만을 지킨다고 합니다." 주자가 대답하였다. " '주일'하는 것은 또한 옳다. 그러나 정자가 '주일'을 논한 것은 도리어 그렇지 않다. 또한 쓰임이 있어야 하니 어찌 흙덩이처럼 '주일'만을 지키겠는가? 여여숙(여대림)이 '주일'에 대해 묻자 정자가 말하기를, '다만 전일할 뿐이다'라고 하였다. 지금 '주일'하고자 하면서 일에 대해서 처리하지 않는다면, 이것은 정자가 말한 것과 저절로 다르다."

○問, 主一. 曰, 做這一事, 且做一事. 做了這一事, 卻

做那一事. 今人做這一事未了, 又要做那一事, 心下千
頭萬緒.26) 又曰, 無事之時, 這心却只是主一, 到遇事之時, 也
是如此. 且如這事當治不治, 當爲不爲, 便不是主一了. 若主一
時, 坐則心坐, 行則心行, 身在這裏, 心亦在這裏. 若不能主一,
如何做得工夫.27)

○'주일'에 대해 물었다. 주자가 대답하였다. "이 한 가지
일을 하고, 또 한 가지 일을 하는 것이다. 이 한 가지 일을
하여 끝나면 저 한 가지 일을 하는 것이다. 요즈음 사람들
은 이 한 가지 일을 하면서 아직 끝나지도 않았는데, 또 저
한 가지 일을 하려고 하니, 마음속이 갖가지로 복잡한 것
이다." 주자가 또 말하였다. "일이 없을 때는 이 마음이 오히려 다
만 '주일'하고, 일을 만났을 때도 또한 이러하다. 예컨대 이 일을 마
땅히 다스려야 하는지 다스리지 말아야 하는지, 마땅히 해야 하는지
하지 말아야 하는지와 같은 것은 '주일'하는 것이 아니다. 만약 '주
일'하는 때이면, 앉으면 마음이 앉게 되고, 가면 마음이 가게 되어,
몸이 이곳에 있으면 마음도 이곳에 있다. 만약 '주일'할 수 없다면
어찌 공부를 할 수 있겠는가?"

○又曰, 主一, 却兼動靜而言.28) 問, 敬之一字, 初看似有
兩體, 一是主一無適, 心體常存, 無所走作之意, 一是遇事小心
謹畏29). 是心心念念常在這一事上, 無多歧之惑, 便有心廣體胖

---

26) 『朱子語類』 卷96
27) 『朱子語類』 卷119
28) 『朱子語類』 卷96
29) 본문에는 '不敢慢易之意. 近看得遇事小心謹畏'의 글이 빠져 있다.

之氣象. 此非主一無適而何. 動而無二三之雜者, 主此一也, 靜
而無邪妄之念者, 亦主此一也. 主一蓋兼動靜而言, 靜而無事, 惟
主於往來出入之息耳. 未審然否. 曰, 謂主一兼動靜而言是也. 出
入之息, 此句不可曉.30) ○覺軒蔡氏曰, 敬該動靜, 主一亦該動
靜. 無事時此心湛然常存, 此靜而主一也, 有事時心應此事, 更
不雜以他事, 此動而主一也. 靜而主一, 卽中者天下之大本, 動
而主一, 卽和者天下之達道. 若玩周子一者, 無欲之一, 程子涵
養吾一之一, 朱子一者, 其心湛然, 只在這裏之一, 則知靜之主
一, 其太極之境界歟.31)

○주자가 또 말하였다. "주일主一은 동과 정을 겸하여 말한
것이다." 물었다. "경이라는 한 글자를 처음에는 두 가지 뜻이 있는
것처럼 보았으니, 하나는 주일무적主一無適하면 마음의 본체가 항상
보존되어 다른 데로 달아나는 것이 없다는 뜻이며, 다른 하나는 일
에 부딪치면 조심스런 마음으로 삼가고 두려워하여 <감히 태만하거
나 쉽게 여기지 않는다는 뜻이다. 근래에 일에 부딪쳐서 조심스런
마음으로 삼가고 두려워하면> 이 하나하나의 마음과 생각이 늘 이
하나의 일에 있어서 여럿으로 갈라지는 미혹이 없으니, 바로 마음이
넓어지고 몸이 편안해지는 기상이 있게 됩니다. 이것이 '주일무적'
이 아니고 무엇이겠습니까? 마음이 움직이되 두셋의 잡념이 없는
것은 이 하나에 전일한 것이요, 마음이 고요하되 사특하고 망령된
생각이 없는 것도 이 하나를 주로(主一) 한 것입니다. '주일'은 대개
動과 靜을 겸하여 말한 것이니, 고요하여 일이 없을 때에는 오직 왕
래와 출입을 그친 데 주로 할 뿐입니다. 그러한 것을 아직 살피지
못하였습니까?" 주자가 대답하였다. "'주일'이 動과 靜을 겸해서 말

---

30) 『朱熹集』 卷58, 「答徐居甫」
31) 『心經附註』 卷1, 「敬以直內」

한다고 한 것은 옳다. 그러나 '출입을 그친다'는 이 구절은 이해할 수 없다." ○각헌채씨[32])가 말하였다. "경은 동과 정을 포괄하고 '주일'도 동과 정을 포괄한다. 일이 없을 때에 이 마음이 고요하여 항상 보존되는 것은 고요할 때의 '주일'이요, 일이 있을 때에 마음이 이 일에 응하고 다시 다른 일에 섞이지 않는 것은 움직일 때의 '주일'이다. 고요할 때에 '주일'함은 곧 '中이란 천하의 대본大本이다'라는 것이요, 움직일 때에 '주일'함은 곧 '和란 천하의 달도達道이다'라는 것이다.[33]) 만약 주자(주돈이)의 '하나란 욕심이 없는 것이다'는 하나와, 정자의 '나의 하나를 함양한다'는 하나와, 주자(주희)의 '하나란 그 마음이 고요하여 다만 이 안에 있는 것이다'라는 하나를 살펴보면, 고요할 때의 '주일'이 태극의 경계임을 알 것이다."

○又曰, 如主一處, 不用講. 只是便去下工夫, 不要放肆, 不要戱慢, 整齊嚴肅, 便是主一, 便是敬.[34]) 問, 主一, 如何用工. 曰, 不當恁地問. 主一只是主一, 不必更於主一上問道理. 如人喫飯, 喫了便飽, 卻問人, 如何是喫飯. 先賢說得甚分明, 也只得恁地說, 在人自體認取. 主一只是專一.[35]) ○問, 主一無適與整齊嚴肅不同否. 曰, 如何有兩樣. 只是箇敬.[36]) 又曰, 整齊嚴肅, 亦只是主一無適意.[37]) ○問, 敬如何持. 曰, 只是莫要走作. 若看見外面風吹草動, 去看覷他, 那得許多心去

---

32) 蔡模(1188~1246)를 말한다. 자는 仲覺, 호는 覺軒으로 蔡沈의 아들이다.
33) 『中庸』 第1章, "喜怒哀樂之未發, 謂之中, 發而皆中節, 謂之和, 中也者, 天下之大本也, 和也者, 天下之達道也."
34) 『朱子語類』 卷116
35) 『朱子語類』 卷96
36) 『朱子語類』 卷17
37) 『朱子語類』 卷17

應他, 便是不收斂. 問, 莫是主一之謂敬. 曰, 主一是敬表德, 只
是要收斂. 處宗廟只是敬, 處朝廷只是嚴, 處閨門只是和, 便是
持敬.38)

○주자가 또 말하였다. "예컨대 주일主一이란 곳은 강론할
필요가 없다. 다만 바로 공부해가서 방자하지 않고, 놀거
나 게으르지 않으며, 단정하고 엄숙한 것이 바로 '주일'이
며 바로 경이다." 물었다. "'주일'은 어떻게 공부해야 합니까?" 주
자가 대답하였다. "이렇게 물어서는 안 된다. '주일'은 다만 '주일'일
뿐이니 '주일' 위에서 다시 도리를 물을 필요는 없다. 예를 들어 사
람이 밥을 먹을 경우 밥을 먹으면 바로 배가 부른데, 오히려 남에게
'밥을 먹으려면 어떻게 해야 합니까?'라고 묻는 것과 같다. 선현들
의 말은 매우 분명하니 또한 이처럼 말할 뿐이요 사람들이 스스로
체인하는 것에 달려있을 뿐이다. '주일'은 다만 하나에 전일할 뿐이
다." ○물었다. "주일무적主一無適과 정제엄숙整齊嚴肅은 다릅니까?"
주자가 대답하였다. "어찌 두 가지 상태가 있겠는가? 다만 하나의 경
일 뿐이다." 주자가 또 대답하였다. "정제엄숙도 다만 '주일무적'의
뜻일 뿐이다." ○물었다. "경은 어떻게 지킵니까?" 주자가 대답하였
다. "다만 달아나지 못하게 할 뿐이다. 만약 밖에 바람이 불고 풀이
움직이는 것을 보면, 가서 그것을 볼 때 많은 마음이 거기로 가서
응하는 것은 수렴한 것이 아니다." 물었다. "'주일'을 경이라 한다
는 것이 아닙니까?" 주자가 대답하였다. "'주일'은 경의 표덕表德으
로, 다만 수렴하려는 것일 뿐이다. 종묘에 처해서는 공경하고, 조정
에 처해서는 엄숙하며, 규방에 처해서는 화순하는 것이 바로 경을
지키는 것이다."

---

38) 『朱子語類』 卷118

○問, 不拘靜坐與應事, 皆要專一否. 曰, 靜坐非是要如坐禪入定, 斷絶思慮. 只收斂此心, 莫令走作閑思慮, 則此心湛然無事, 自然專一. 及其有事, 則隨事而應, 事已, 則復湛然矣. 不要因一事而惹出三件兩件. 如此, 則雜然無頭項, 何以得他專一. 只觀文王, 雝雝在宮, 肅肅在廟, 不顯亦臨, 無射亦保, 便可見敬只是如此. 古人自少小時, 便做了這工夫. 如學射時, 心若不在, 何以能中. 學御時, 心若不在, 何以使得他馬. 書數亦然. 今旣自小不曾做得, 不奈何, 須著從今做去. 若不做這工夫, 却要讀書看義理, 恰似要立屋無基址, 且無安頓屋柱處. 今求此心, 正爲要立箇基址, 得此心光明, 有箇存主處, 然後爲學, 便有歸著. 若心雜然昏亂, 自無頭當, 却學從那頭去, 又何處是收功處. 故程先生須令就敬字上做工夫, 正爲此也.[39] 又曰, 敬莫把做一件事看, 只是收拾自家精神, 專一在此. 今看來諸公所以不進, 緣是但知說道格物, 却於自家根骨上煞欠闕, 精神意思却[40]恁地不專一, 所以工夫都恁地不精銳. 未說道有甚底事分自家志慮, 只是觀山玩水, 煞引出了心, 那得似教他常在裏面好. 如世上一等閒事物, 一切都絶意, 雖似不近人情, 要之, 如此方好.[41]

○물었다. "정좌하든지 일에 응하든지 불구하고 모두 전일

---

39)『朱子語類』卷12
40)『주자어류』에는 却이 都로 되어 있다. 아마도 都의 오자인 듯하다.
41)『朱子語類』卷12

해야 합니까?" 주자가 대답하였다. "정좌는 좌선하여 선정
禪定에 들어가는 것처럼 생각을 끊어버리는 것이 아니다. 다
만 이 마음을 수렴하여 쓸데없는 생각이 일어나지 않게 하
면, 이 마음이 고요하여 아무 일도 없어서 자연히 전일하
게 된다. 일을 만나면 일에 따라 응하고, 일이 끝나면 다시
고요하게 된다. 한 가지 일로 인해 두세 가지 일을 야기해
서는 안 된다. 이와 같으면 뒤섞여서 두서가 없으니 어떻
게 전일할 수 있겠는가? 다만 '온화한 모습으로 궁궐에 계
시고, 경건한 모습으로 종묘에 계시며, 드러나지 않는 곳
에서도 임하시고, 싫어함이 없을 때에도 보존하시는'[42] 문
왕文王의 모습을 본다면, 경이 다만 이와 같음을 알 수 있
다. 옛사람은 어릴 때부터 이러한 공부를 하였다. 예컨대
활쏘기를 배울 때에 마음이 〈집중하고〉 있지 않을 것 같으
면 어떻게 적중할 수 있겠는가? 수레 모는 것을 배울 때에
마음이 〈집중하고〉 있지 않을 것 같으면 어떻게 말을 부릴
수 있겠는가? 글쓰기와 셈하기도 역시 그러하다. 오늘날
이미 어릴 때부터 그러한 공부를 하지 않은 것은 어쩔 수
없지만, 반드시 지금부터라도 시작해야 한다. 만약 이러한
공부를 하지도 않고 도리어 책을 읽어 도리를 이해하려는
것은, 흡사 집 지을 땅도 없고 또한 기둥을 세울 자리도 없
이 집을 지으려는 것과 같다. 지금 이 마음을 구하는 것은
바로 기반을 세우려는 것이니, 이 마음이 환하게 밝아져서
중심을 잡은 뒤에 공부해야 비로소 귀결점이 있을 것이다.

---

42) 『詩經』「大雅」〈思齊〉, "雝雝在宮, 肅肅在廟, 不顯亦臨, 無射亦保."

만약 어지럽게 마음이 뒤섞여서 저절로 두서가 없다면, 무엇을 따라 공부하고 또한 어디에서 효과를 얻겠는가? 그러므로 정선생이 반드시 경이라는 글자 위에서 공부하게 하였던 것은 바로 이 때문이다." 주자가 또 말하였다. "경은 하나의 하는 일을 살피는 것이 아니라, 다만 자기의 정신을 수습하여 여기에 전일하는 것이다. 지금 보기에, 그대들이 진보하지 못하는 것은 다만 격물格物을 말할 줄만 알고 자신의 근본상의 공부는 완전히 빠뜨린 채 정신과 생각이 모두 이렇게 전일하지 않기 때문에 공부도 모두 이렇게 정밀하거나 예리하지 못한 것이다. 어떤 일이 자신의 의지와 생각을 가르는(어지럽히는) 것은 말할 것도 없고, 다만 산수를 감상하는 일조차도 완전히 마음을 밖으로 치닫게 하니, 어찌 경으로 하여금 항상 속에 있는 것처럼 좋을 수 있겠는가? 예컨대 세상에서 가장 쓸모없는 사물조차도 완전히 생각을 끊는 것은 비록 사람의 정서에는 가깝지 않은 듯하지만, 요컨대 이와 같이 해야 비로소 좋다."

○答胡寬夫書曰, 主一之工, 學者用力切要處. 只就如今做書會處理會, 便見漸次. 大抵自家所看文字及提督學生工夫, 皆須立下一定格目. 格目之內, 常切存心, 格目之外, 不要妄想.43) 如看論語, 今日看到此段, 卽專心致意只看此段. 後段雖好, 且未要看. 直待此段分曉, 說得反復不差, 仍且盡日玩味, 明日却看後段. 日用凡事皆如此, 以類推之可見. 不然, 雖是好事, 亦名妄想.44) 此主一之漸也. 若不如此, 方

---

43)『朱熹集』卷45,「答胡寬夫」
44)『朱熹集』卷45,「答胡寬夫」

寸之間頃刻之際, 千頭萬緒, 卒然便要主一, 如何按伏得下.[45)]

○주자가 호관부胡寬夫에게 답한 편지에서 말하였다. "주일主一의 공부는 배우는 사람들이 힘을 써야 하는 절실하고 요긴한 곳이다. 다만 지금처럼 모여서 글을 읽으면서 이해해나가면 점차 나아짐을 볼 수 있을 것이다. 대저 자신이 글을 보거나 학생들의 공부를 감독할 때는 모두 반드시 일정한 규칙을 세워야 한다. 규칙 안에서 항상 절실하게 마음을 보존하고, 규칙을 벗어나 망상을 해서는 안 된다." "예컨대 『논어』를 볼 경우, 오늘 이 단락까지 보았으면 마음을 집중하고 뜻을 다하여 이 단락만을 볼 뿐이고, 다음 단락이 비록 좋을지라도 보아서는 안 된다. 다만 이 단락을 분명히 이해하고 반복하여 말하여도 어긋남이 없을 때를 기다려서 이어서 온종일 의미를 완미하면, 내일에는 도리어 뒤의 단락을 볼 수 있다. 일상생활의 모든 일들이 다 이와 같음을 유추하여 알 수 있다. 그렇지 않으면 비록 좋은 일이라도 망상이라 불리게 된다." "이것은 '주일'공부의 점진적인 것이다. 만약 이렇게 하지 않으면 마음속에서 잠깐 사이에 천 갈래 만 갈래로 갈라지니, 결국 '주일'하려고 하더라도 어찌 억눌러 굴복시킬 수 있겠는가?"

○南軒張氏答潘叔昌書曰, 所謂思慮紛擾之患, 此最是合理會處, 其要莫若主一. 遺書中論此處甚多, 須反復玩味, 據目下看底意思用工. 譬如汲井, 漸汲漸淸. 如所

---

45) 『朱熹集』 卷45, 「答胡寬夫」

謂未應事前, 此事先在, 旣應之後, 此事尙存, 正緣主
一工夫未到之故, 須是思此事時, 只思此事, 做此事時,
只做此事, 莫敎別底交互出來, 久久自別. 看時似乎淺
近, 做時極難.[46]

○남헌장씨(장식)가 반숙창潘叔昌에게 답한 편지에서 말하
였다. "이른바 생각이 어지러워지는 근심이라는 것은 가장
잘 이해해야 할 곳이니, 그 요체는 '주일'하는 것만 못하다.
유서遺書에서 이것을 논한 곳이 매우 많으나, 반드시 반복
하여 완미하여 지금 보는 뜻에 근거하여 공부해야 한다.
비유하면 우물물을 긷는 데 길을수록 점점 맑아지는 것과
같다. 이른바 '아직 일에 응하기 전에도 이 일이 앞에 있고
이미 응한 뒤에도 이 일이 여전히 존재한다'는 것과 같은
것은 바로 '주일'공부가 아직 이르지 못한 까닭이니, 반드
시 이 일을 생각할 때는 이 일만을 생각하고 이 일을 할 때
는 이 일만을 하여 다른 것들이 서로 나오지 못하게 하기
를 오래하면 저절로 달라진다. 볼 때는 얕고 비근한 것 같
으나 행할 때에는 매우 어렵다."

○主一箴曰, 人稟天性, 其生也直. 克愼厥彝, 則靡有
忒. 事物之感, 紛綸朝夕, 動而無節, 生道或息. 惟學
有要, 持敬勿失. 驗厥操舍, 乃知出入. 曷爲其敬, 妙
在主一. 曷爲其一, 惟以無適. 居無越思, 事靡他及. 涵

46) 『南軒集』 卷27, 「答潘叔昌」(또는 『性理大全』 卷47, 「學5(存養)」)

泳于中, 匪忘匪亟. 斯須造次, 是保是積. 旣久而精,
乃會于極. 勉哉無倦, 聖賢可則.<sup>47)</sup>

○남헌장씨(장식)가 「주일잠主一箴」에서 말하였다. "사람이
하늘에서 본성을 품부 받았기에 그 태어남이 곧다. 그 떳떳
한 법칙(본성)을 삼갈 수 있으면 마음에 사특함이 없을 것
이다. 사물에 감응하여 아침저녁으로 그 마음이 어지러우
니, 움직일 때에 절도가 없어서 삶의 도가 혹 멈출 수도 있
다. 오직 학문에는 요체가 있으니, 경을 지켜서 잃지 않는
것이다. 마음을 잡고 놓을 때가 어떤지 경험하여야 이에
마음의 드나듦을 알 수 있다. 어떻게 경을 실천할까? 그
묘책은 하나를 주로 하는 데 있다. 어떻게 하나를 주로 할
까? 오직 마음이 다른 데로 달아나지 않아야 한다. 안거할
때 분수에 넘치는 생각을 하지 말고, 일이 다른 데에 미치
지 않게 하라. 내면에서 함양하면서 잊지도 말고 서두르지
도 말라. 잠깐 사이라도 응당 마음을 보존하고 축적해야
할 것이다. 이미 오래되면 정밀해질 것이고, 마침내 지극
한 데 이르게 될 것이다. 게을리 하지 말도록 힘쓰라! 그
러면 성현을 본받을 수 있을 것이다."

○主一齋銘曰, 人之心一何危. 紛百慮走千歧. 惟君子
克自持. 正衣冠攝威儀. 澹以整儼若思. 主于一復何之.
事物來審其幾. 應以專匪可移. 理在我寧彼隨. 積之久

47) 『南軒集』卷36, 「主一箴」

昭厥微. 靜不偏動靡違. 磋勉哉自邇卑. 惟勿替日在玆.[48]

○남헌장씨가 「주일재명主一齋銘」에서 말하였다. "사람의 마음이 하나이면 무엇이 위태로우랴? 어지러워지면 백 갈래 천 갈래로 나뉘어 치달린다. 오직 군자만이 스스로 하나를 지켜서 의관을 바르게 하고 위의威儀를 갖추며, 고요하고 단정하여 생각하는 것처럼 엄숙할 수 있다. 그렇다면 어떻게 해야 마음을 하나에 집중할 수 있을까? 사물이 다가오면 그 기미를 살펴서 전일하게 응하여 옮겨가지 말라. 이치가 나에게 있으면 어찌 저것을 따르겠는가? 이렇게 하여 쌓임이 오래되면 그 기미가 밝아져서 고요할 때는 치우치지 않고 움직일 때는 어긋나지 않게 된다. 아! 힘쓰기를 일상 생활의 가깝고 낮은 곳에서부터 하라. 오직 그만두지 말고 날마다 여기에 있어라."

○東萊呂氏曰, 敬也者, 純一不雜之謂也. 事在此, 而心在彼, 安能體得敬字.

○동래여씨(여조겸)가 말하였다. "경이란 섞이지 않고 순일한 것을 말한다. 일이 여기에 있는데 마음이 저기에 있으니 어찌 '경'자를 체득할 수 있겠는가?"

●問, 方應此事未畢, 而復有一事至, 則當何如. 朱子曰, 也須是做一件了, 又理會一件, 亦無雜然而應之理. 但

---

48) 『南軒集』 卷36, 「主一齋銘」

甚不得已, 則權其輕重可也.49) (按)主一之法, 當事而存, 各專其一. 然事物交至之際, 或權其輕重, 或兼照而幷應, 此主一之活法也. 今摭附凡四條.

●물었다. "막 이 일에 응하여 아직 끝내지 못했는데 다시 한 가지 일이 다가오면 마땅히 어떻게 해야 합니까?" 주자가 대답하였다. "또한 반드시 한 가지를 끝내고 또 한 가지를 알아야 하지만, 또한 그렇게 잡다하게 응하는 도리는 없다. 다만 아주 어쩔 수 없는 경우라면 그 경중輕重을 저울질하는 것도 괜찮다." (안) '주일'하는 방법은 일을 당해서는 마음을 보존하여 각각 그 하나에 전일하는 것이다. 그러나 사물이 교대로 이를 때에는 혹 그 경중을 저울질하기도 하고 혹 함께 비추고 함께 응하기도 하는데, 이것이 '주일'하는 활법活法이다. 지금 모두 4조목을 모아서 붙였다.

○問, 君子於其所當怒者, 正其盛怒之時, 忽有當喜事來, 則如何應. 將應怒了而後應喜邪. 抑中間且輟怒而應喜, 喜了又結斷所怒之事邪. 抑當權其輕重也. 曰, 喜怒迭至, 固有輕重, 然皆自然而應, 不暇權也. 但有所養, 則所應之分數緩急, 不失輕重之宜耳.50)

○물었다. "군자가 마땅히 화를 내야 할 것에 한창 화를 내고 있을 때에, 갑자기 기뻐해야 할 일이 오면 어떻게 응해야 합니까? 화를 내는 데 응하고 난 뒤에 기뻐하는 데 응

---

49) 『朱子語類』 卷96

50) 『朱熹集』 卷57, 「答陳安卿(淳)」

해야 합니까? 아니면 중간에 우선 화를 내는 것을 그치고 기뻐하는 데 응하고, 다 기뻐한 다음에 다시 화내는 일을 매듭지어야 합니까? 아니면 〈화내는 것과 기뻐하는 것 둘의〉 그 경중을 저울질해야 합니까?" 주자가 대답하였다. "기뻐하는 것과 화내는 것이 번갈아 이를 때에는 참으로 경중이 있으나, 모두 저절로 그렇게 응하여 저울질할 겨를이 없다. 다만 마음에 함양하는 바가 있으면 응할 때의 분수의 완급緩急이 경중의 마땅함을 잃지 않을 뿐이다."

○又曰, 無事時固是敬, 有事時敬便在事上. 且如早間人客來相見, 自家須著接他. 接他時, 敬便在交接處. 少間又有人客來, 自家又用接他. 若自朝至暮, 人客來不已, 自家須盡著接他, 敬便隨著在這裏. 人客去後, 敬亦是如此. 若厭人客多了心煩, 此卻是自撓亂其心, 非所謂敬也. 所以程子說, 學問到專一時方好, 蓋專一, 則有事無事皆是如此.[51]

○주자가 또 말하였다. "일이 없을 때는 참으로 경이지만 일이 있을 때는 경이 바로 일 위에 있다. 마치 아침에 손님이 오면 서로 만나는 것과 같으니 자신이 반드시 그를 접대해야 한다. 그를 접대할 때는 경이 바로 교제하고 접대하는 곳에 있다. 잠깐 사이에 또 손님이 오면 자신이 또 그를 접대해야 한다. 만약 아침부터 저녁까지 손님이 오는

---

51) 『朱子語類』 卷118

것이 그치지 않더라도 자신이 반드시 그들을 모두 접대해야 하니 〈접대할 때에〉 경은 바로 따라서 여기에 있다. 손님이 간 후에도 경은 또한 이와 같다. 만약 손님이 많아 마음이 번거로운 것을 싫어하면, 이는 도리어 스스로 그 마음을 어지럽히는 것이니 이른바 경이 아니다. 때문에 정자가 '학문은 전일한 경지에 이르렀을 때라야 비로소 좋다'라고 말한 것이니, 대개 전일하면 일이 있을 때든 일이 없을 때든 모두 이와 같다."

○退陶答金惇敍書曰, 一事方思, 雖有他事, 不暇思之, 此亦心無二用, 主一功夫當然. 然一向如此說, 恐又有礙理處. 且如今人亦有視聽偕至手足幷應時節. 苟一於所聽而所視全不照管, 一於手容而足容任其胡亂, 則奚但於事一得一失而已. 其不照管任胡亂處, 可見其心遇此事, 當應不應, 頑然不靈, 便是心失其官處. 以此酬酢萬變, 豈能中節哉. 故鄙意程子所謂九思各專其一, 是就一事上說心無二用之理耳. 若遇衆事交至之時, 或左或右, 一彼一此, 豈可雜然而思, 旋思旋應. 只是心之主宰, 卓然在此, 爲衆事之綱, 則當下所應之事, 幾微畢見, 四體默喩, 曲折無漏矣. 所以能然者, 蓋人心虛靈不測, 萬理本具, 未感之前, 知覺不昧, 苟養之有素, 固不待件件著思, 而有旁照泛應之妙. 師冕見, 及階曰階, 及席曰席, 皆坐曰某在斯, 此主於言思忠, 未及52) 兼

於視思明, 而所視自中節矣. 君召使擯, 色勃如, 足躩
如. 揖所與立, 左右手, 衣前後襜如, 此主於事思敬, 未
必兼於色貌手足, 而周旋之頃, 各自中其節矣. 不獨在聖
人爲然, 中人以下, 亦不可謂盡不然也. 但隨所稟所養之
粹駁淺深, 而有分數耳. 蓋一可以御萬, 萬不可以命一.
故心能主宰專一, 則有不待思, 而能隨事中節. 若徒曰
一事方思, 不暇他事, 則恐不免反爲此事所累, 而成支
離畔援之病也.[53]

○퇴계가 김돈서金惇敍에게 답한 편지에서 말하였다. "한 가
지 일을 바야흐로 생각하면 비록 다른 일이 있다고 하더라
도 생각할 겨를이 없는데, 이것은 또한 마음을 둘로 써서
는 안 되는 것이니 '주일'공부로서는 당연한 것이다. 그러
나 줄곧 이와 같이 말하면 아마도 또한 이치에 지장을 줄
경우가 있다. 예컨대 지금 사람도 역시 보고 듣는 것이 한
꺼번에 이르고 손과 발이 한꺼번에 응해야 할 때가 있다. 진
실로 듣는 데에만 전일하고 보는 데에는 전연 살피지 않으
며, 손의 용모에만 전일하고 발의 용모는 아무렇게나 내버
려둔다면, 어찌 다만 일에 대해서 하나는 좋고 하나는 잘
못될 뿐이겠는가? 살피지 않고 아무렇게나 내버려두는 곳
에서 그 마음이 어떤 일을 만나서도 마땅히 응해야 할지 응

52) 『퇴계전서』에는 及이 必로 되어 있다. 다음 단락과 연결시켜 보았을
때 必이 되어야 할 듯하다.
53) 『退溪全書』 卷28, 「答金惇敍」

하지 말아야 할지를 알 수 있으니, 우둔하여 영명하지 못하면 마음이 그 맡은 직책을 잃은 것이다. 이것으로 온갖 변화에 대응하니 어찌 절도에 맞을 수 있겠는가? 그러므로 내 생각으로는, 정자가 말한 '아홉 가지 생각(九思)이 각각 그 하나에 전일한다'는 것은 하나의 일에 나아가되 마음은 둘로 쓰는 이치가 없음을 말한 것일 뿐이다. 만약에 많은 일이 번갈아 이르는 때를 만나서 혹은 왼쪽에서, 혹은 오른쪽에서, 한 번은 저쪽에서, 한 번은 이쪽에서 이르면, 어찌 복잡하여 그 많은 생각을 제때에 생각하고 제때에 대응할 수 있겠는가? 다만 마음의 주재가 우뚝이 여기에서 모든 일의 강령이 되면, 당장 응할 일은 기미가 다 나타나고 사지가 말없이 깨달아서 빠지는 곡절이 없을 것이다. 능히 그러할 수 있는 것은 대개 사람의 마음이 허령하여 헤아릴 수 없고 온갖 이치가 본래 갖추어져 있어서 사물에 감응하기 전에는 지각이 어둡지 않기 때문이니, 진실로 평소에 함양하면 굳이 일마다 생각을 두지 않더라도 골고루 비추고 널리 응하는 신묘함이 있을 것이다. 『논어』에 악사 樂師인 면冕이 찾아뵐 적에, 공자께서 섬돌에 이르자 '섬돌입니다'라고 하셨고, 자리에 이르자 '자리입니다'라고 하셨고, 모두 자리에 앉자 '아무개는 여기에 있습니다'라고 말씀하셨는데[54], 이것은 그 말씀이 '말을 할 때는 진실할 것을 생각한다(言思忠)'를 주로 한 것이지 '사물을 볼 때는 밝게 볼 것을 생각한다(視思明)'까지 겸한 것은 아니지만, 보는

---

54) 『論語』「衛靈公」

것이 저절로 절도에 맞은 것이다. '임금이 불러서 손님을 접대하라고 하시면 낯빛을 변하시며 발걸음을 조심하셨다. 함께 서있는 이에게 읍하시되 손을 좌우로 하셨는데, 옷의 앞뒤 자락이 가지런하셨는데'55), 이것은 '일을 할 때는 공경할 것을 생각한다(事思敬)'를 주로 한 것이지 반드시 얼굴 표정과 손발의 용모까지 겸한 것은 아니지만, 주선할 적에 각자 그 절도에 맞는 것이다. 유독 성인만이 그러한 것이 아니라 중인中人 이하라도 모두 그렇지 않다고는 말할 수 없을 것이다. 다만 품부 받은 것과 함양한 것의 순수하고 잡박함과 얕고 깊음에 따라 구분이 있을 뿐이다. 대개 하나인 마음은 만 가지 일을 거느릴 수 있지만, 만 가지 일은 하나인 마음에 명령할 수가 없다. 그러므로 마음이 주재하여 전일할 수 있으면, 생각하기를 기다리지 않더라도 일에 따라 절도에 맞을 수 있다. 만약에 다만 '하나의 일을 막 생각하면 다른 일을 생각할 겨를이 없다'라고 한다면, 아마도 도리어 이 일에 얽매이게 되어 이리저리 갈라지고 제멋대로 행하는 병폐를 이룰 것이다."

●程子曰, 大凡人心不可二用. 用於一事, 則他事更不能入者, 事爲之主也.56) 朱子曰, 事爲之主, 只是此心收在一事上, 不走作耳, 伊川欲以數珠與溫公之類.57) 事

---

55) 『論語』「鄕黨」
56) 『二程全書』1, 「河南程氏遺書 第15」(또는 『近思錄集解』「存養」)
57) 『朱子語類』卷97(또는 『心經附註』卷3, 「牛山之木」)

爲之主, 尙無思慮紛擾之患, 若主於敬, 又焉有此患乎.
所謂敬者主一之謂敬, 所謂一者無適之謂一. 且欲涵泳
主一之義, 不一則二三矣. 易所謂敬以直內義以方外, 須
是直內, 乃是主一之義. 至於不敢欺不敢慢, 尙不愧于
屋漏, 皆是敬之事也.58) (按)主一無適, 分而言之, 各是一義.
然只是展轉相解, 初非兩事. 故先儒皆合而言之. 撼附凡六條.

●정자가 말하였다. "대체로 사람의 마음은 둘로 써서는 안
된다. 하나의 일에 쓰면 다른 일이 더 이상 들어오지 못하
는 것은 그 일이 주가 되기 때문이다." 주자가 말하였다.
"일이 주가 된다는 것은 다만 이 마음이 하나의 일 위에 수
렴되어 다른 데로 달아나지 않는 것일 뿐이니, 이천(정이)
이 온공溫公59)에게 구슬을 세게 하려던 것60)과 같은 따위

---

58) 『二程全書』 1, 「河南程氏遺書 第15」 (또는 『近思錄集解』 「存養」)

59) 司馬光(1019~1086)을 말한다. 중국 북송의 유학자로 자는 君實, 호
는 迂叟이며 涑水선생이라고 불렀다. 溫國公의 작위를 하사 받아 司馬
溫公이라고도 한다. 『資治通鑑』의 저자로 유명하다.

60) 數珠: 사마온공이 사려가 어지러운 것을 걱정해서 '中'이라는 한 글자
를 생각하려고만 하였다. 그러나 정자는 한 꾸러미의 구슬을 세는 것이
더 나을 것이라고 했다. "君實은 예전에 사려가 어지러워서 때로 밤새
깨어 있다가 아침까지 잠이 들지 못하기도 했으니, 정말로 괴로웠다고
할 수 있을 것이다. 사람들은 모두 어느 정도의 혈기를 갖고 있는데,
만약 이와 같다면 혈기가 얼마나 된들 다 손상을 입지 않겠는가? 나중
에 다른 사람에게 '요즘 한 가지 방법을 얻었는데 늘 中을 생각한다'고
했다니, 이것은 또한 中에 의해 어지럽혀진 것이다. 中이 또한 무슨 형
상인가? 어떻게 그것을 생각할 수 있겠는가? 다만 이름과 말 사이에서
좋은 한 글자를 택한 것일 뿐이다. 中에 의해 어지럽혀지는 것보다는
차라리 한 꾸러미의 구슬을 세는 것이 더 나을 것이다. 그래서 그에게
몇 개의 구슬을 보냈는데, 그는 또한 구슬을 받지 않았다. 모르겠거니

이다." "일이 주가 되어도 오히려 사려가 어지러워지는 걱정이 없는데, 만약 경을 주로 한다면 또 어찌 이러한 걱정이 있겠는가? 이른바 경이란 '하나를 주로(전념) 하는 것을 경이라 한다'는 것이고, 이른바 하나라는 것은 '다른 데로 달아나지 않는 것(無適)을 하나라 한다'는 것이다. 또한 '하나를 주로 한다'는 뜻을 깊이 음미해야 하니, 마음이 하나로 되지 않으면 둘이나 셋으로 분산된다. 『역』에서 말한 '경으로써 안을 곧게 하고, 의로써 밖을 방정하게 한다'는 것이니, 반드시 안을 곧게 하는 것이 바로 '주일'의 뜻이다. 감히 속이지 않고 감히 게으르지 않으며, 또한 남이 보지 않는 곳(屋漏)에서도 부끄럽지 않은 것이 모두 경의 일이다." (안) 주일무적主一無適은 나누어 말하면 각각 하나의 뜻이 된다. 그러나 다만 이리저리 돌려가며 서로 해석한 것이지 애초에 두 가지 일이 있는 것이 아니다. 그러므로 선유들이 모두 합하여 말하였다. 모두 6조목을 모아서 붙였다.

○ 又曰, 閑邪, 更著甚工夫. 但惟是動容貌整思慮, 則自然生敬, 敬只是主一也. 主一則, 旣不之東, 又不之西, 如是則只是中. 旣不之此, 又不之彼, 如是則只是內. 存

---

와 마음을 다스리는 데 中이 무익한 것보다는 구슬을 세는 것이 더 나을 것이다."(『二程全書』1, 「河南程氏遺書 第2(上)」, "君實嘗患思慮紛亂, 有時中夜而作達旦不寐, 可謂良自苦. 人都來多少血氣, 若此則幾何而不摧殘以盡也. 其後告人曰, 近得一術, 常以中爲念, 則又是爲中所亂. 中又何形. 如何念得佗. 只是於名言之中, 揀得一箇好字. 與其爲中所亂, 却不如與一串數珠. 及與佗數珠, 佗又不受珠. 不知中之無益於治心, 不如數珠之愈也.")

此則天理自然明. 學者須是將敬以直內, 涵養此意, 直內
是本.61) 北溪陳氏曰, 禮謂執虛如執盈, 入虛如有人, 就此二句
體認持敬底工夫, 意象最親切. 且如人奉箇至盈底物, 心若不在這
上, 纔移一步便傾了. 惟執之拳拳, 心常在這上, 雖行到那裏也
不傾倒. 入虛如有人, 雖無人境界, 此心常嚴肅, 如對大賓然. 此
便是主一無適底意.62)

○정자가 또 말하였다. "사특함을 막으면 다시 무슨 공부
를 할 것이 있겠는가? 오직 용모를 바르게 하고 생각을 가
지런히 하면 자연히 경이 생겨나니, 경은 다만 주일主一할
뿐이다. '주일'하면 이미 동쪽으로도 가지 않고 또 서쪽으
로도 가지 않으니, 이와 같이 하면 다만 中일 뿐이다. 이미
여기로도 가지 않고 또 저기로도 가지 않으니, 이와 같이
하면 다만 안일 뿐이다. 이것을 보존하면 천리가 자연히 밝
아진다. 배우는 사람들은 반드시 경을 가지고 안을 곧게
하여 이 뜻을 함양해야 하니, 안을 곧게 하는 것이 근본이
다." 북계진씨(진순)가 말하였다. "『예기』에 '빈 그릇을 들더라도 가
득 찬 것을 들듯이 하고, 빈 방에 들어가더라도 사람이 있는 것처럼
한다'63)라고 하였으니, 이 두 구절에서 경을 지키는 공부를 체득한
다면 그 뜻이 가장 적절할 것이다. 예컨대 사람이 가득 찬 그릇을
들 때에 마음을 만약 여기에 두지 않으면 막 한 걸음을 옮기자마자
바로 쏟아질 것이다. 오직 정성을 다하여 붙잡고 마음을 항상 여기
에 두면 비록 저곳까지 가더라도 쏟아지지 않을 것이다. '빈 방에 들

---

61) 『二程全書』 1, 「河南程氏遺書 第15」(또는 『心經附註』 卷1, 「閑邪存誠」
62) 『北溪字義』 卷上, 「敬」
63) 『禮記』 「少儀」

어가더라도 사람이 있는 것처럼 한다'는 것은 설령 사람이 없는 곳
에서도 이 마음을 항상 엄숙하게 하여 큰 손님을 대하듯이 하는 것
이다. 이것이 바로 주일무적主一無適의 뜻이다."

○朱子答方子實書曰, 主敬之說, 先賢之意, 蓋以學者
不知持守, 身心散漫, 無緣見得義理分明. 欲其先且習
爲端莊整肅, 不至放肆怠惰, 庶幾心定而理明耳. 無適
之云, 只是持守得定, 不馳騖走作之意. 持守得定, 而
不馳騖走作, 卽是主一, 主一卽是敬. 只是展轉相解, 非
無適之外別有主一, 主一之外又別有敬也.[64] 北溪陳氏曰,
程子謂主一之謂敬, 無適之謂一, 文公合而言之, 曰主一無適之
謂敬, 尤分曉.[65]

○주자가 방자실方子實에게 답한 편지에서 말하였다. "주경
主敬의 설은 선현들의 뜻이니, 대개 배우는 사람들이 경을
지킬 줄 모르면 몸과 마음이 산만하여 의리를 분명히 볼
수가 없다. 그러므로 먼저 단정하고 엄숙할 것을 익혀서
방자하거나 태만한 데 이르지 않으면 거의 마음이 안정되고
이치가 분명해질 것이다. 정자께서 무적無適을 말한 것은
다만 마음을 안정되게 지켜서 다른 데로 달아나지 않는다
는 뜻이다. 마음을 안정되게 지켜서 다른 데로 달아나지
않는 것이 바로 주일主一이고, '주일'이 바로 경이다. 이것
은 다만 이리저리 돌려가며 서로 해석한 것이지 '무적' 밖

---

64) 『朱熹集』 卷59, 「答方子實」
65) 『北溪字義』 卷上, 「敬」

에 다시 '주일'이 있다거나 '주일' 밖에 또 다시 경이 있는 것이 아니다." 북계진씨(진순)가 말하였다. "정자가 '주일을 경이라 하고 무적을 一이라 한다'고 하였는데, 주자가 합하여 '주일무적을 경이라 한다'고 하였으니 더욱 분명해졌다."

○又曰, 主一無適, 只是莫走作. 且如讀書時只讀書, 著衣時只著衣. 理會一事時, 只理會一事, 了此一件, 又作一件, 此主一無適之義.[66]

○주자가 또 말하였다. "주일무적主一無適은 다만 다른 데로 달아나지 않는 것이다. 예컨대 독서할 때에는 다만 독서만 하고, 옷을 입을 때에는 다만 옷만 입는 것과 같다. 하나의 일을 이해할 때는 다만 하나의 일만 이해하고, 이 하나가 끝나면 또 하나를 하는 것이니, 이것이 '하나를 주로(전념) 하고 다른 데로 달아나지 않는다(主一無適)'의 뜻이다."

○南軒張氏曰, 君子之學, 始終乎敬者也. 人之有是心也, 其知素具也. 意亂而欲汨之紛擾觭施, 不得須臾以寧, 而正理益以蔽塞, 萬事失其統矣. 於此有道焉, 其惟敬而已乎. 伊川先生曰主一之謂敬, 又曰無適之謂一, 夫所謂一者, 豈有可玩而執者哉. 無適乃一也, 蓋不越乎此而已. 嘗試於平居暇日, 深體其所謂無適者, 則庶

---

66) 『朱子語類』 卷96

乎可識於言意之表矣. 故儼若思雖非敬之道, 而於此時
可以體敬焉, 卽是而存之, 由是以察之, 則事事物物不
得遁焉. 涵泳不舍, 思慮將日以淸明, 而其知不蔽矣. 知
不蔽, 則敬之意味無窮, 而功用日新矣. 天地之心, 其
在玆歟, 學者舍是而求入聖賢之門, 難矣哉. 至於所進
有淺深, 則存乎其人, 用力敏勇與緩怠之不同耳.[67]

○남헌장씨(장식)가 말하였다. "군자의 학문은 경에서 시작
하고 마치는 것이다. 사람에게는 이 마음이 있으니 본래
갖추어져 있음을 알 것이다. 생각이 혼란스럽고 욕심에 빠
지면 분요하고 불안하여 잠시도 편안할 수 없어서 바른 이
치가 더욱 막히고 온갖 일이 그 계통을 잃게 된다. 여기에
는 방도가 있으니 오직 경할 뿐이다. 이천(정이)선생이 '하
나에 전일하는 것을 경이라 하고, 또 무적無適을 하나라 한
다'고 하였으니, 이른바 '하나'라는 것은 어찌 경솔히 잡을
수 있는 것이겠는가? '무적'이 바로 하나이니 대개 이것을
벗어나지 않을 뿐이다. 시험삼아 평소 한가할 적에 이른바
'무적'이란 것을 깊이 체득하면 거의 말의 뜻을 알 수 있을
것이다. 그러므로 '생각하는 것처럼 엄숙히 하는 것(儼若思)'
이 비록 경의 도는 아니지만 이때에 경을 체득할 수 있으
니, 여기에서 보존하고 이로부터 살피면 모든 일들이 달아
날 수 없을 것이다. 쉬지 않고 함영하면 생각이 날로 맑아
져서 막히지 않음을 알 것이다. 막히지 않음을 알면 경의

---

67) 『南軒集』 卷35, 「書贈吳敎授」(또는 『性理大全』 卷47, 「學5(存養)」)

의미가 무궁하여 공부가 날로 새로워질 것이다. 천지의 마음이 여기에 있으니, 배우는 사람들이 이것을 버리고 성현의 문에 들어가기를 구하는 것은 어려울 것이다. 나아가는 것에 얕고 깊음이 있는 것은 그 사람에게 달려있으니, 힘쓸 때에 빠르고 용감하거나 느리고 게으른 차이가 있을 뿐이다."

○又曰, 所謂主一無適, 眞學者指南. 故某欲其於操舍之間體察, 而居無越思, 事靡他及, 乃是實下手處. 若於此用力, 漸覺近裏趨約, 意味日別, 見則爲實見, 得則爲實得. 不然徒談高說妙, 元只在膠膠擾擾域中耳.[68] 又曰, 正當深思, 於主一上進步. 要是常常省勵, 使凝斂淸肅之時多, 則當漸有向進矣.[69]

○남헌장씨(장식)가 또 말하였다. "이른바 '주일무적'은 참으로 배우는 사람들의 지남指南이다. 그러므로 내가 잡고 놓는 사이에 몸소 살펴서 거처함에 지나친 생각을 하지 않고 일이 다른 데에 미치지 않고자 하는 것이니, 이것이 바로 실제로 착수해야 하는 곳이다. 만약 여기에서 힘을 써서 점차 내면을 가까이 하고 간략한 것을 쫓아가서 의미가 날로 달라지는 것을 깨달으면, 보는 것은 실제로 보게 되고 얻는 것은 실제로 얻게 된다. 그렇지 않고 다만 고원하거나 신묘한 것만을 말한다면 다만 어지러운 지경 속에 있을

---

68) 『南軒集』 卷27, 「答胡廣仲」
69) 『南軒集』 卷57, 「答呂子約」

뿐이다." 또 말하였다. "바야흐로 깊이 생각하게 되면 주일主— 상에 진보가 있을 것이다. 요컨대 항상 살피기를 엄하게 하여 정신을 모으고 수렴하여 맑고 엄숙할 때가 많게 하면 마땅히 점차 진보가 있을 것이다."

●或問, 所謂敬者, 若何而用力邪. 朱子曰, 程子於此, 嘗以主一無適言之矣, 嘗以整齊嚴肅言之矣. 至其門人謝氏之說, 則又有所謂常惺惺法者焉, 尹氏之說, 則又有所謂其心收斂不容一物者焉. 觀是數說, 足以見其用力之方矣.70) 問, 程子謝氏尹氏說敬處. 曰, 譬如此室四方皆入得, 若從一方入到這裏, 則三方入處, 都在這裏了.71) ○問, 諸先生說敬處. 曰, 四句不須分析, 只做一句看. 問, 諸說有內外之分. 曰, 不必分內外, 都只一般, 只認72)行著都是敬.73) ○又曰, 諸先生之說各不同, 其實只一般. 若是敬時, 自然主一無適, 自然整齊嚴肅, 自然常惺惺, 其心收斂不容一物. 但程子整齊嚴肅與謝氏尹氏之說又更分曉.74) ○問, 程子謝氏之說, 謝氏尤切當. 曰, 如某所見, 程子說得切當. 整齊嚴肅, 此心便存, 便能惺惺. 未有外面整齊嚴肅, 而內不惺惺者. 人75)一時間外面整齊76), 便一時惺惺, 一時放寬了, 便昏怠也.77) ○問, 和靖論敬以整齊

---

70) 『大學或問』 經一章
71) 『朱子語類』 卷12(또는 『心經附註』 卷1, 「敬以直內」)
72) 『주자어류』에는 認이 恁으로 되어 있다. 문장으로 보아 恁이 되어야 할 듯하다.
73) 『朱子語類』 卷17
74) 『朱子語類』 卷17
75) 『주자어류』에는 人이 如人으로 되어 있다.
76) 『주자어류』에는 整齊가 整齊嚴肅으로 되어 있다.

嚴肅, 然專主於內, 上蔡專於事上作工夫, 故云敬是常惺惺法之
類. 曰, 謝尹二說難分內外, 皆是自己心地工夫, 事上豈可不整
齊嚴肅, 靜處豈可不常惺惺乎.78) ○又曰, 和靖說敬, 就整齊嚴
肅上做, 上蔡却云是常惺惺法, 二者各有法門. 和靖是持守, 上
蔡却不要如此, 常要喚得醒. 要之, 和靖底是上蔡底橫79).80) (按)
主一無適固是持敬之道. 然朱子嘗以程子整齊嚴肅一段, 及謝氏
尹氏之說合而言之, 以見其用力之方. 又以爲敬字惟畏爲近之, 蓋
五說相須然後敬字之義方盡, 而其用功亦不偏矣. 故旣散見於諸
章, 而於此特又附著之云.

●어떤 사람이 물었다. "이른바 경이라는 것은 어떻게 힘써
야 합니까?" 주자가 대답하였다. "정자께서 이에 대해 일
찍이 주일무적主一無適으로 말하였고 정제엄숙整齊嚴肅으로
말하였다. 그의 문인 사씨(사량좌)의 설에 이르러서는 또
이른바 '마음이 늘 깨어있게 하는 방법(常惺惺法)'이란 것이
있으며, 윤씨(윤돈)의 설에는 또 '그 마음을 수렴하여 한 물
건(생각)도 용납하지 않는다(其心收斂不容一物)'라는 것이 있다.
이 몇 가지 설을 살펴보면 힘쓰는 방도를 볼 수 있을 것이
다." 정자와 사씨와 윤씨가 경을 말한 곳에 대해 물었다. 주자가 대
답하였다. "비유하면 이 방은 사방에서도 모두 들어올 수 있는데,
만약 그중 한 방향에서 이 안으로 들어갔다면 나머지 세 방향에서
들어간 곳도 모두 이 안에 있는 것과 같다." ○여러 선생이 경을 말

77) 『朱子語類』 卷17
78) 『朱熹集』 卷56, 「答鄭子上」
79) 원문의 橫은 뒤 구절의 橫渠曰로 이어지는 말이 잘못 들어간 듯하다.
80) 『朱子語類』 卷17

한 곳에 대해 물었다. 주자가 대답하였다. "네 구절은 반드시 분석할 필요가 없고 다만 한 구절만 보면 된다." 물었다 "여러 설에는 안과 밖의 구분이 있습니까?" 주자가 대답하였다. "반드시 안과 밖으로 구분할 필요가 없으니 모두 한 가지일 뿐이며, 다만 이렇게 행하는 것이 모두 경이다." ○주자가 또 말하였다. "여러 선생의 말은 각각 다르나 그 실상은 다만 한 가지일 뿐이다. 만약 경일 때는 자연히 '주일무적'하며, 자연히 '정제엄숙'하며, 자연히 상성성常惺惺하며, 기심수렴불용일물其心收斂不容一物한다. 다만 정자의 '정제엄숙'과 사씨와 윤씨의 설은 또 다시 분명히 알아야 한다." ○물었다. "정자와 사씨의 설 가운데 사씨의 설이 더 타당합니까?" 주자가 대답하였다. "나의 견해로는 정자의 설이 타당하다. 정제엄숙하여 이 마음이 보존되면 깨어있을 수 있다. 밖으로는 정제엄숙하면서 안으로 깨어있지 않은 사람은 있지 않다. 이것은 마치 한 사람이 잠시 밖으로 정제엄숙하면 곧 잠시 깨어있고, 잠시 마음을 놓고 느긋하면 곧 어둡고 나태해지는 것과 같다." ○화정(윤돈)은 정제엄숙으로 경을 논하였으나 오로지 안을 주로 하였고81), 상채(사량좌)는 오로지 <밖의> 일에서 공부하였기 때문에 '경은 항상 깨어있는 법이다(常惺惺法)'라고 말한 것에 대해 물었다. 주자가 대답하였다. "사씨와 윤씨의 두 설은 안과 밖으로 나누기가 어려운데 모두 자기의 마음공부이니, 일에서 어찌 정제엄숙하지 않을 수 있고 고요한 곳에서 어찌 항상 깨어있지 않을 수 있겠는가?" ○주자가 또 말하였다. "화정이 경을 말하면서 정제엄숙에 나아가서 말하였으나 상채는 도리어 상성성법常惺惺法이라고 말하였는데, 둘에는 각자 법문法門이 있다. 화정은 잡아 지킬 것을 말하였고, 상채는 도리어 이와 같이 하지 않고 항상

---

81) 윤화정(윤돈)은 경을 논하면서 '그 마음을 수렴하여 한 물건도 마음속에 있는 것을 용납하지 않는다(其心收斂不容一物)'라고 하였기 때문에 鄭子上이 "오로지 안을 위주로 하였다"고 말한 것이다.

불러 깨우려고 하였다. 요컨대 화정이 말한 것이 상채가 말한 것이다." (안) '주일무적'은 참으로 경을 지키는 방도이다. 그러나 주자는 일찍이 정자의 정제엄숙의 한 단락을 사씨와 윤씨의 설과 합쳐서 말하였으니 공부하는 방법을 알 수 있다. 또한 '경'자는 오직 두려워함이 그것에 가깝다고 생각되니, 대개 5가지 설이 서로 의지한 뒤에 '경'자의 의미가 비로소 다하여 공부도 치우침이 없다. 그러므로 이미 여러 장에 흩어져 보이지만 여기에서 특별히 다시 붙여서 말하였다.

○問, 敬宜何訓. 曰惟畏庶幾近之.[82] 問, 以畏訓敬, 平淡中有滋味. 曰, 然.[83] ○又曰, 敬只是有所畏謹, 不敢放縱. 如此則身心收斂, 如有所畏, 常常如此, 氣象自別. 存得此心, 乃可以爲學.[84] ○又曰, 敬字工夫, 所以持守此心而欲其存在之術耳. 只著一畏字形容, 亦自見得. 故和靖只以收斂身心言之.[85] ○勉齋黃氏曰, 敬者主一無適之謂, 程子語也. 然師說又以敬字惟畏爲近之, 蓋敬者此心肅然有所畏之名. 畏則心主於一, 如入宗廟見君父之時, 自無雜念, 閒居放肆之際, 則念慮紛擾而不主於一矣. 二說蓋相表裏, 學者體之, 則可見矣.[86] ○又曰, 夫虛靈知覺者, 常肅然而不亂, 炯然而不昏, 則寂而理之體無不存, 感而理之用無不行矣. 惟夫虛靈知覺, 旣不能不囿於氣, 又不能不動於欲, 則將爲氣所昏欲所亂, 而理之體用亦隨而昏且亂矣. 此敬之說所由以立也. 惕然悚然, 常若鬼神父師之臨其上, 常若深淵

82) 『朱子語類』 卷15
83) 『朱子語類』 卷15
84) 『朱子語類』 卷12
85) 『朱熹集』 卷46, 「答潘叔度」
86) 『勉齋集』 卷3(또는 『心經附註』 卷1, 「閑邪存誠」)

薄冰之處其下, 則虛靈知覺者, 自不容於昏且亂矣.[87] 故嘗聞之
先師曰, 敬字之說惟畏爲近之, 誠能以所畏者驗之, 則不昏不亂
可見矣. 曰, 然則諸語之不同, 何也. 曰, 惺惺者不昏之謂也, 主於
一而不容一物不亂之謂也. 整齊嚴肅則制於外以養其中也, 是皆
可以體夫敬之意矣. 然而不昏不亂者, 必先敬而後能如此, 制於
外以養其中者, 必如此而後能敬, 以之體敬之義, 必欲眞見夫所
謂敬者惟畏爲近之也.[88]

○물었다. "경은 마땅히 어떻게 새겨야 합니까?" 주자가 대
답하였다. "오직 두려워함이 거의 가깝다." 물었다. "두려워
함으로 경을 새기니 평범한 속에 맛이 있습니까?" 대답하였다. "그
렇다." ○주자가 또 말하였다. "경은 다만 두려워하고 삼가며 감히
멋대로 하지 않아야 한다. 이와 같이 하면 몸과 마음이 수렴되어 마
치 두려워하는 것이 있을 것이며, 항상 이와 같다면 기상이 저절로
달라질 것이다. 이 마음을 보존할 수 있어야 비로소 학문을 할 수
있다." ○주자가 또 말하였다. " '경'자 공부는 이 마음을 지켜서 보
존하고자 하는 방법일 뿐이다. 다만 畏라는 한 글자를 붙여서 형용
하더라도 또한 저절로 알 수 있다. 그러므로 화정은 다만 몸과 마음
을 수렴하는 것으로써 말하였다." ○면재황씨(황간)가 말하였다. "경
을 '주일무적'이라 한 것은 정자의 말이다. 그러나 스승(주자)의 말에
또 '경자는 오직 두려워함이 가장 가깝다'라고 하였으니, 대개 경이
란 이 마음이 숙연하여 두려워하는 바가 있는 것을 형용한 것이다.
두려워하면 마음이 하나에 전일하게 되니, 예컨대 종묘에 들어가거
나 임금을 뵐 때에는 저절로 잡념이 없어지나, 한가로이 거처하거나
방자할 때에는 생각이 분요하여 하나에 전일하지 못하는 것과 같다.

---

87) 『勉齋集』 卷3(또는 『心經附註』 卷1, 「敬以直內」)
88) 『性理大全』 卷47, 「學五(存養)」

두 말씀이 서로 표리表裏가 되니, 배우는 사람들이 체득하면 알 수 있을 것이다." ○면재황씨가 또 말하였다. "무릇 허령지각은 항상 숙연하여 어지럽지 않고 밝아서 어둡지 않으니 고요하여 이치의 體가 보존되지 않음이 없고 감응하여 이치의 用이 행해지지 않음이 없다. 다만 허령지각은 이미 氣에 구속되지 않을 수 없고 또한 욕심에 동요되지 않을 수 없으니, 장차 기에 의해 어두워지고 욕심에 의해 어지러워져서 이치의 體와 用이 또한 따라서 어두워지고 또 어지러워진다. 이것이 경의 설이 세워지는 까닭이다. 두려워하고 두려워하여 항상 귀신이나 부모와 스승이 그 위에 임하듯이 여기고, 항상 깊은 연못과 얇은 얼음이 그 아래에 있는 듯이 여긴다면, 허령지각이 어둡고 어지러워짐을 저절로 용납하지 않을 것이다. 그러므로 일찍이 선사(주자)께서 '敬자의 설은 오직 두려워함이 가장 가깝다'고 말하는 것을 들었는데, 진실로 이른바 두려워하는 것을 경험할 수 있으면 어둡지 않고 어지럽지 않음을 알 수 있다." 물었다. "그렇다면 여러 말이 다른 것은 무엇 때문입니까?" 대답하였다. "성성惺惺은 어둡지 않은 것을 말하니, 하나에 전일하면 한 물건(생각)도 용납하지 않아 어지럽지 않은 것을 말한다. 정제엄숙은 밖을 제재하여 그 안(마음)을 기르는 것이니, 이 모두에서 경의 뜻을 체득할 수 있다. 그러나 어둡지 않고 어지럽지 않는 것은 반드시 먼저 경한 뒤에 이와 같을 수 있고, 밖을 제재하여 그 안을 기르는 것은 반드시 이와 같이 한 뒤에 경할 수 있으니, 그것으로 경의 뜻을 체득하면 반드시 이른바 '경이란 오직 두려워함이 가깝다'는 것을 참으로 볼 수 있다."

●程子曰, 必有事焉有事于敬也, 勿忘則是必有事也, 勿助長是勿正也, 須默識取主一之義.[89] (按)持敬之功, 纔助

---

89) 『二程全書』 1, 「河南程氏遺書 第15」

則有尋覓按排之病, 纔忘則有昏昧雜擾之患, 勿忘勿助長之間, 不可以毫忽差者也. 今摭附凡十一條.

● 정자가 말하였다. "'반드시 일삼음이 있다'는 것은 경에서 일삼음이 있다는 것이며, '잊지 말라'는 것은 '반드시 일삼음이 있다'는 것이고, '조장하지 말라'는 것은 '효과를 미리 기대하지 말라'는 것이니, 반드시 묵묵히 알아서 주일主一의 뜻을 취해야 한다. (안)경을 지키는 공부는 조장하면 바로 찾거나 안배하는 병폐가 있고, 잊으면 바로 어둡고 분요한 근심이 있으니, 잊지도 말고 조장하지도 마는 사이에서 조금도 잘못되어서는 안 된다. 지금 모두 11조목을 모아서 붙였다.

○上蔡謝氏曰, 凡恭謹必勉强不安肆, 安肆必放縱不恭. 恭如勿忘, 安如勿助長, 正當勿忘勿助長之間, 子細體認取.90)

○상채사씨(사량좌)가 말하였다. "무릇 공손하고 삼가면 반드시 억지스러워 편안하지 못하고, 편안하면 반드시 방종하여 공손하지 못하다. 공손함은 '잊지 말라'는 것과 같고, 편안함은 '조장하지 말라'는 것과 같으니, 바로 잊지도 말고 조장하지도 마는 사이에서 자세히 체인하여야 한다."

○問, 學爲敬不免有矜持, 如何. 曰, 矜持過當却不是. 尋常作事, 用心過當便有失, 要在勿忘勿助長之間耳.91)

---

90) 『上蔡語錄』 卷1(또는 『心經附註』 卷3, 「牛山之木」)
91) 『上蔡語錄』 卷2

○물었다. "배워서 경을 행하는 것은 긍지矜持(억지로 지킴)가 있음을 면치 못하는데, 어떻습니까?" 상채사씨가 대답하였다. "'긍지'가 지나치면 도리어 옳지 않다. 평소 일을 할 때 마음 씀이 지나치면 마땅히 잘못이 있게 되니, 요점은 잊지도 말고 조장하지도 말라는 사이에 있을 뿐이다."

○朱子曰, 此處只是放去收來, 頃刻間事, 只一操字已是多了, 不須著意按排也.[92] 又曰, 此是至親切處. 須反之於心, 只就放去收來時體看, 只此操時, 當處便存, 只要功夫接續, 不令間斷耳.[93]

○주자가 말하였다. "이곳에서 놓으면 사라지고 거두어들이면 오는 것은 순식간의 일이므로 다만 '잡는다(操)'는 한 글자도 이미 많으니 의도적으로 안배할 필요가 없다."[94] 주자가 또 말하였다. "이것은 지극히 친절한 곳이다. 반드시 마음에서 돌이켜보아 다만 놓으면 사라지고 거두어들이면 오는 때에 체인하면, 다만 마음을 잡을 때에 그곳에 바로 보존될 것이니, 다만 공부를 계속하여 끊어지지 않게 할 뿐이다."

○又曰, 因看必有事焉而勿正心勿忘勿助長數句, 見全

---

92) 『朱熹集』卷62, 「答李晦叔」
93) 『朱熹集』卷62, 「答李晦叔」
94) 예를 들어 성인의 경우는 從容(조용하고 침착하여)이 법도에 맞으시므로 굳이 마음을 잡는 것을 일삼지 않는다. 그러므로 '잡는다'는 한 글자도 이미 많다고 하였으니, 물론 마음이 방치되면 진실로 잡아야겠지만 너무 의도적으로 안배하는 것은 또한 助長하는 것이 되므로 옳지 않다는 의미이다.

在日95)間, 非著意非不著意處. 才有毫髮私意, 便沒交涉.96)

○주자가 또 말하였다. "'반드시 일삼음이 있되 미리 효과를 기대하지 말고, 마음에 잊지도 말고, 조장하지도 말라'는 몇 구절을 보면, 모두 일상생활의 사이에서 마음을 두는 것도 아니고 마음을 두지 않는 것도 아닌 곳에 있음을 볼 것이다. 그러나 털끝만큼의 사사로운 뜻이 있으면 바로 교섭할 수 없다."

○問, 不知無事時, 如何戒愼恐懼. 若只管如此, 恐執持太過, 若不如此, 又恐都忘了. 曰, 有甚97)矜持. 只不要昏了他, 便是戒懼.98)

○물었다. "일이 없을 때에는 어떻게 경계하고 두려워해야 하는지 모르겠습니다. 만약 다만 이와 같이 하면 잡아 지키는 것이 너무 지나칠까 두렵고, 만약 이와 같이 하지 않으면 또 모두 잊어버릴까 두렵습니다." 주자가 대답하였다. "무슨 '긍지矜持'가 있겠는가? 다만 그것(마음)을 어둡게 하지 않는 것만이 바로 삼가고 두려워하는 것이다."

○又曰, 持守亦不必著意按排, 但亦只且如此從容, 纔

---

95) 『延平問答』에는 日이 日用으로 되어 있다. 내용상 用자가 빠진 듯하다.
96) 『延平問答』
97) 『주자어류』에는 甚이 甚麽로 되어 있다.
98) 『朱子語類』 卷62(또는 『心經附註』 卷1, 「天命之謂性」)

覺散漫, 卽便提撕, 卽自常在此矣.99) 又曰, 初學於敬不
能無間斷, 只是才覺間斷, 便提起此心. 只是覺處, 便是接續.100)

○주자가 또 말하였다. "지키는 것도 마음을 두어 〈억지
로〉 안배해서는 안 되니, 다만 이와 같이 조용하고 침착하
여 산만해지는 것을 깨달으면 바로 분발하게 되고 바로 자
연히 항상 여기에 있게 될 것이다." 주자가 또 말하였다. "처음
배우는 사람들은 경이 끊어지지 않을 수가 없으니, 다만 끊어진 것
을 깨달으면 바로 이 마음을 가다듬는다. 다만 깨닫는 곳에서 바로
이어진다."

○又曰, 敬不是將來做一箇事. 今人多先安一箇敬字在
這裏, 如何做得. 敬只是提起這心, 莫敎放散, 則心便
自明.101) 又曰, 所謂持敬, 不是將敬字做箇好物事樣塞放懷裏.
只要胸中常有此意, 而無其名耳.102) ○又曰, 說著敬, 已多了一
字. 但略略收拾來, 便在這裏.103)

○주자가 또 말하였다. "경은 장차 해야 할 일이 아니다.
지금 사람들은 대부분 먼저 경이라는 한 글자를 여기에 두
는 것을 편안히 여기니, 어떻게 할 수 있겠는가? 경이란
다만 이 마음을 가다듬어 놓아버리거나 흩어지지 않게 하
는 것이니, 〈이렇게 하면〉 마음이 저절로 밝아진다." 주자

---

99)『朱熹集』卷62, 「答杜貫道」
100)『朱子語類』卷11
101)『朱子語類』卷115
102)『朱子語類』卷12
103)『朱子語類』卷62

가 또 말하였다. "이른바 '경을 지키는 것(持敬)'은 경이라는 글자를 좋은 물건처럼 가슴속에 잡아두라는 것이 아니다. 다만 가슴속에 이 뜻을 항상 간직하되 <경이라는> 그 명칭은 없애야 한다." ○주자가 또 말하였다. "경을 말한 것은 이미 많아봐야 한 글자일 뿐이다. 다만 대략 수습하면 바로 여기에 있다."

○問, 一向把捉, 待放下便覺恁衰颯, 不知當如何. 曰, 這箇也不須只管恁地把捉. 又添一箇心.104) 公若知得放下不好, 提掇起來, 便是敬.105)

○물었다. "계속 붙잡고 있다가 잠시 놓아버리면 바로 시들어졌다고 느껴지니, 어떻게 해야 할지 모르겠습니다." 주자가 대답하였다. "이것은 다만 그렇게 붙잡을 필요가 없다. 다시 붙잡는 마음을 더하면 <많은 일만 생긴다.> 그대가 놓아버리는 것이 좋지 않다는 것을 알아서 바로 추스르면 이것이 바로 경이다."

○問, 居常持敬, 於靜時最好, 及臨事則厭倦. 或於臨事時著力, 則覺紛擾. 不然, 則於正存敬時, 忽忽爲思慮引去. 是三者將何以勝之. 曰, 今人將敬來別做一事, 所以有厭倦, 爲思慮引去. 敬只是自家一箇心常醒醒便是, 不可將來別做一事. 又豈可指擎跽曲拳, 塊然在此而後爲敬.106)

---

104) 『주자어류』에는 '又添一個要把捉底心, 是生許多事'로 되어 있다. 이 내용이 빠진 듯하다.
105) 『朱子語類』卷12

○물었다. "평소 경을 지키는데, 고요할 때가 가장 좋고 일에 임해서는 싫증납니다. 혹은 일에 임하였을 때에 힘을 쓰려 하면 어수선해집니다. 그렇지 않으면 바로 경을 보존할 때에 갑자기 사려가 이끌고 갑니다. 이 세 가지를 장차 어떻게 이겨내야 할까요?" 주자가 대답하였다. "지금 사람들은 경을 별도의 한 가지 일로 간주하기 때문에 싫증나거나 사려가 이끌고 가는 것이다. 경은 다만 자신의 한 마음이 늘 깨어있는 것으로 장차 별도의 하나의 일로 간주해서는 안 된다. 또한 어찌 '손을 높이 들고 무릎을 꿇고서 몸을 굽혀서 절하는 등 공손한 자세(擎跽曲拳)'[107]를 가리키며, 흙덩이처럼 여기에 있은 뒤에 경을 하겠는가?"

○南軒張氏答潘叔昌書曰, 所謂收斂, 則失於拘迫, 從容則失於悠緩, 此學者之通患. 於是二者之間, 必有事焉, 其惟敬乎. 拘迫則非敬也, 悠緩則非敬也. 但當常存乎此, 本原深則發見必多, 而發見之際, 察之亦必精矣. 若謂先識所謂一者而[108]用力, 則用力未篤. 所謂一者, 只是想象, 何由意味深長乎.[109]

○남헌장씨(장식)가 반숙창潘叔昌에게 답한 편지에서 말하

106) 『朱子語類』卷114
107) 『莊子』「人間世」에 나온다. 손으로 물건을 받들고 무릎을 꿇어앉는 등의 동작으로, 공손한 태도를 표현하는 말이다.
108) 『성리대전』에는 而가 而後可以로 되어 있다.
109) 『南軒集』卷27, 「答潘叔昌」(또는 『性理大全』卷47, 「存養」)

였다. "이른바 수렴하면 구속하거나 급박해지는 실수가 있고, 종용하면(그대로 두면) 늘어지거나 느긋해지는 실수가 있으니, 이것이 배우는 사람들의 공통된 걱정이다. 이에 둘 사이에는 반드시 일삼음이 있어야 하니 오직 경할 뿐이다. 구속하거나 급박해지면 경이 아니고, 늘어지거나 느긋해지면 경이 아니다. 다만 항상 이것을 보존하여 본원이 깊으면 발현되는 것이 반드시 많을 것이나, 발현할 즈음에 살피는 것이 또한 반드시 정밀해야 한다. 만약 이른바 '하나'라는 것을 먼저 깨닫고서 힘을 쓴다고 한다면, 힘을 쓰는 것이 돈독하지 못할 것이다. 이른바 '하나'라는 것은 다만 상상일 뿐인데 어떻게 의미가 깊을 수 있겠는가?"

●問, 敬還是用意否. 程子曰, 其始安得不用意. 若不用意, 却是都無事了.[110] (按)持敬之工, 固不可太著力. 然初學之士, 以夫雜亂放逸之心, 欲徐徐以聽其所適, 則易流於怠慢廢弛, 而不足以自持矣. 故須著强勉力守之功, 然後庶幾身體檢束志意堅定, 而得脫於流俗之歸矣. 撫附凡五條.

●물었다. "경은 또한 마음을 쓰는 것입니까?" 정자가 대답하였다. "처음에는 어찌 마음을 쓰지 않을 수 있겠는가? 만약 마음을 쓰지 않는다면 도리어 전혀 일이 없는 것이다." (안)경을 지키는 공부는 참으로 너무 힘을 써서는 안 된다. 그러나 초학의 선비들이 무릇 어지럽고 방일한 마음으로 서서히 편한 곳을 따르고자 하면 쉽게 태만하거나 문란한 데 빠져서 자신을 지킬 수가

---

110) 『二程全書』 1, 「河南程氏遺書 第19」

없다. 그러므로 반드시 힘써 지키는 공부를 한 뒤에야 거의 몸이 검속되고 뜻이 확고해져서, 세속으로 흘러가는 데서 벗어날 수 있다. 모두 5조목을 모아서 붙였다.

○先生甚愛表記, 君子莊敬日强, 安肆日偸之語, 蓋常人之情, 纔放肆則日就曠蕩, 自檢束則日就規矩.[111] 問, 强是志强否. 朱子曰, 志也强, 氣力也强. 今人放肆, 則日怠惰一日, 那得强. 伊川云, 人莊敬則日就規矩, 莊敬自是耐得辛苦, 自不覺其日就規矩也.[112]

○이천선생은 『예기禮記』 「표기表記」의 '군자가 장엄하고 공경하면 날로 강해지고, 안일하고 방자하면 날로 게을러진다'는 말을 매우 좋아하였으니, 대개 보통 사람의 마음은 조금만 방자하면 날로 방탕한 데로 나아가고, 스스로 검속하면 날로 법도로 나아간다. 물었다. "강하다는 것은 뜻이 강한 것입니까?" 주자가 대답하였다. "뜻도 강하고 기력도 강한 것이다. 지금 사람들이 방자하면 날마다 하루가 태만하니 어찌 강할 수 있겠는가? 이천이 '사람이 장엄하고 공경하면 날로 법도로 나아간다'라고 하였으니, 장엄하고 공경하면 저절로 어려움을 인내하여 자기도 모르게 날로 법도로 나아갈 것이다."

○朱子答呂伯恭書曰, 承諭整頓收斂, 則入於著力, 從容游泳, 又墮於悠悠, 此正學者之通患. 然程子論之曰, 亦須且自此去, 到德盛後, 自然左右逢其原. 今亦當且

---

111) 『心經附註』 卷2, 「禮樂不可斯須去身」(또는 『小學』 「嘉言」)
112) 『心經附註』 卷2, 「禮樂不可斯須去身」

就整頓收斂處著力, 但不可用意安排等候, 卽成病耳.113)

○주자가 여백공(여조겸)에게 답한 편지에서 말하였다. "편지를 받아보니 정돈하고 수렴하면 힘을 쓰는 데(助長하는 데) 빠져들고, 조용히 함영하면 또한 느긋해지는 데 떨어진다고 하니, 이것은 바로 배우는 사람들의 공통된 근심이다. 그러나 정자께서 그것을 논하여 '또한 반드시 여기로부터 나아가서 덕이 왕성해진 뒤에 자연히 좌우로 그 근원을 만나게 된다'114)라고 하였다. 지금은 또한 마땅히 정돈하고 수렴하는 곳에 나아가서 힘을 써야 하지만, 억지로 안배하거나 〈가만히 앉아〉 기다려서는 안 되니, 바로 병폐가 될 뿐이다."

○問, 聖人申申夭夭, 學者有心要收束, 則入於嚴厲, 有心要舒泰, 則入於放肆. 惟理義以養其氣, 養之久, 則自然到此否? 曰, 亦須稍嚴肅, 則可. 不然, 則無下手處.115)

○물었다. "성인이 활짝 펴진 듯하시며 온화한 듯하셨으니116) 배우는 사람들에게 거두어들이거나 단속하려는 마음이 있

---

113) 『朱熹集』 卷35, 「答呂伯恭」 (또는 『性理大全』 卷44, 「學2」)
114) 『二程全書』 1, 「河南程氏遺書 第2(上)」, "今志於義理而心不安樂者, 何也. 此則正是剩一箇助之長. 雖則心操之則存, 舍之則亡, 然而持之太甚, 便是必有事焉而正之也. 亦須且恁去如此者, 只是德孤. 德不孤, 必有鄰, 到德盛後, 自無窒礙, 左右逢其原也."
115) 『朱子語類』 卷34
116) 『論語』 「述而」, "子之燕居, 申申如也, 夭夭如也."

으면 엄격한 데로 들어가고, 느긋하고 편안해지려는 마음이 있으면 방자한 데로 들어갑니다. 오직 理와 義로써 이 기를 기르며 기르기를 오래하면, 자연히 여기〈활짝 펴진 듯하시며 온화한 듯하신 경지〉에 이르겠습니까?" 주자가 대답하였다. "또한 반드시 조금 엄숙하면 될 것이다. 그렇지 않으면 착수할 곳이 없게 된다."

○問, 持敬不甚安. 曰, 初學如何便得安. 除是孔子方恭而安. 初要持敬, 也須勉强. 但覺見有些子放去, 便須收斂提掇起. 敬便在這裏, 常常相接, 久後自熟.117) 問, 持敬患不能久, 當如何下工夫. 曰, 某舊時亦曾如此思量, 要得一箇直截道理. 元來都無他法, 只是習得熟. 熟則自久.118) ○胡氏曰, 敬之一字, 力行十年, 須別.

○물었다. "경을 지키는 것이 몹시 편안하지 않습니다." 주자가 대답하였다. "초학자가 어떻게 하면 편안할 수 있겠는가? 오직 공자라야 바야흐로 '공손하면서도 편안할 것이다.'119) 처음에 경을 지키려면 또한 반드시 힘을 다해야 한다. 다만 조금이라도 마음이 흩어져 가는 것을 느끼거나 보게 되면 반드시 수렴하고 가다듬어야 한다. 〈이와 같이 하면〉 경이 바로 이 안에 있으니, 늘 서로 이어져서 오래된 후에는 저절로 익숙해진다." 물었다. "경을 지키는 것을 오래하

---

117) 『朱子語類』 卷120
118) 『朱子語類』 卷12
119) 『論語』 「述而」 "子溫而厲, 威而不猛, 恭而安."

지 못할까 걱정이니 마땅히 어떻게 공부해야 합니까?" 주자가 대답하였다. "나도 옛날에는 이와 같이 생각해서 하나의 명쾌한 도리를 얻으려고 하였다. 원래 전혀 다른 방법은 없으니, 다만 익히기를 익숙히 할 뿐이다. 익숙해지면 저절로 오래갈 것이다." ○호씨가 말하였다. "경이라는 한 글자는 10년간 힘써 행해야 모름지기 달라진다."

● 程子曰, 敬以直內義以方外, 仁也. 若以敬直內, 則便不直矣, 必有事焉而勿正則直也.[120] (按)持敬之工, 固當强勉, 然或有執持拘迫之意, 則急切紛擾, 而必墮於二心之病, 此儒釋之所由分也. 撫附凡十條.

● 정자가 말하였다. "경으로써 안을 곧게 하고 의로써 밖을 방정하게 하는 것이 仁이다. 만약 경으로써 안을 곧게 하면 바로 곧게 되지 않으나, 반드시 일삼음이 있되 효과를 미리 기대하지 않으면 곧게 될 것이다." (안) 경을 지키는 공부는 진실로 힘을 다해야 하지만, 혹 잡아 지키거나 구속하는 뜻이 있으면 조급해지고 혼란스러워져서 반드시 두 마음의 병폐에 떨어지니, 이것이 유가와 불가가 구분되는 이유이다. 모두 10조목을 모아서 붙였다.

○ 又曰, 忘敬而後無不敬, 更說甚涵養.

○정자가 또 말하였다. "경을 잊은 뒤라야 경하지 않음이 없으니 다시 무엇을 함양한다고 말하겠는가?"

---

120) 『二程全書』 1, 「河南程氏遺書 第11」(또는 『近思錄集解』 「存養」)

○朱子答潘叔度書曰, 所謂敬之爲言, 所以名持存之理者, 似未安. 蓋人心至靈, 主宰萬變, 而非物所能宰. 故纔有執持之意, 卽是此心先自動了. 此程夫子所以每言坐忘卽是坐馳, 又因默數倉柱發明其說. 而其指示學者操存之道, 則必曰敬以直內, 而又有以敬直內, 便不直矣之云也. 蓋惟整齊嚴肅, 則中有主而心自存, 非是別有以操存乎此, 而後以敬名其理也.121)

○주자가 반숙도潘叔度에게 답한 편지에서 말하였다. "이른바 경이라는 말이 지키고 보존하는 이치를 형용한 것이라고 하는 것은 온당하지 않은 것 같다. 대개 사람의 마음은 지극히 허령하여 온갖 변화를 주재하니 사물이 주재할 수 있는 것이 아니다. 그러므로 조금이라도 잡아 지키려는 뜻이 있으면 곧 이 마음이 먼저 스스로 움직인다. 이것은 정부자께서 늘 '앉아서 잊는 것(坐忘)이 바로 앉아서 내달리는 것(坐馳)이다'122)라고 말씀하신 이유이며, 또한 조용히 창고의 기둥을 세는 것(默數倉柱)123)으로 그 말을 분명히 밝혔다. 그가 배우는 사람들에게 마음을 잡아 보존하는 도

---

121) 『朱熹集』卷46, 「答潘叔度」

122) 『二程全書』1, 「河南程氏遺書 第3」, "未有不能體道, 而能無思者. 故坐忘卽是坐馳, 有忘之心, 乃思也."

123) 默數倉柱: 명도가 옛날에 長安에 있을 때 창고 안에서 긴 행랑의 기둥들을 보고서 속으로 수를 세었다. 이미 확실했는데도 다시 세어보니 맞지 않았다. 그래서 사람을 시켜 하나하나 소리를 내면서 수를 세었는데 처음 수와 다르지 않았다. 이로써 마음을 붙잡을수록 더욱 안정되지 않음을 알 수 있다는 것이다.

리를 알려준 것은 반드시 '경으로써 안을 곧게 한다'라고 하였으며, 또한 '경으로써 안을 곧게 하면 바로 곧게 되지 않는다'[124]라고 운운하기도 하였다. 대개 오직 정제엄숙하면 안으로 주재함이 있어서 마음이 저절로 보존되니, 별도로 이것을 잡아 보존한 뒤에 경으로써 그 이치를 형용한 것이 아니다."

○答張敬夫書曰, 以敬爲主, 則內外肅然, 不忘不助, 而心自存. 不知以敬爲主而欲存心, 則不免將一箇心把捉一箇心, 外面未有一事時, 裏面已是三頭兩緖, 不勝其擾擾矣. 就使實能把捉得住, 只此已是大病, 況未必眞能把捉得住乎. 儒釋之異, 亦只於此便分了.[125]

○주자가 장경부(장식)에게 답한 편지에서 말하였다. "경으로 주재하면 안과 밖이 숙연해져서 잊지도 않고 조장하지도 않아 마음이 저절로 보존된다. 경으로 주재할 줄을 모르고 마음을 보존하고자 하면, 하나의 마음으로 다른 하나의 마음을 붙잡는 것을 면치 못하니, 밖으로 아직 하나의 일도 있지 않을 때(아무 일이 없을 때)에 안으로는 이미 복잡하게 뒤엉켜 어지러움을 이기지 못할 것이다. 설령 실제로 〈이 마음을〉 잡아서 머무르게 할 수 있다고 하더라도 다만 이것 자체가 이미 큰 병통이거늘, 하물며 참으로 잡아서

---

124) 『二程全書』 1, 「河南程氏遺書 第11」, "敬以直內, 義以方外, 仁也. 若以敬直內, 則便不直矣, 行仁義豈有直乎. 必有事焉而勿正則直也."
125) 『朱熹集』 卷31, 「答張敬夫」

머무르게 할 수 없음에랴? 유가와 불가의 차이도 다만 여기에서 나누어질 뿐이다."

○問, 嘗學持敬. 讀書心在書, 爲事心在事, 如此頗覺有力. 只是瞑目靜坐時, 支遣思慮不去. 或云, 只瞑目時已是生妄想之端. 讀書心在書, 爲事心在事, 只是收聚得心, 未見敬之體. 曰, 靜坐而不能遣思慮, 便是靜坐時不曾敬. 敬只是敬, 更尋甚敬之體. 似此支離, 病痛愈多, 更不曾得做工夫, 只了得安排杜撰也.126)

○물었다. "일찍이 경을 지키는 공부를 했습니다. 책을 읽을 때는 마음이 책에 있었고, 일을 할 때는 마음이 일에 있었는데, 이와 같이 하니 자못 힘이 생기는 것을 깨달았습니다. 다만 눈을 감고 정좌할 때는 사려를 떨쳐버릴 수 없었습니다. 어떤 사람이 '다만 눈을 감을 때면 이미 망상의 실마리가 생길 것이다. 책을 읽을 때는 마음이 책에 있고, 일을 할 때는 마음이 일에 있는 것은 다만 마음을 거두어 모았을 뿐이지 아직 경의 본체를 본 것이 아니다'라고 하였습니다." 주자가 대답하였다. "정좌하면서 사려를 버리지 못하는 것은 바로 정좌할 때에 경하지 않기 때문이다. 경은 다만 경일 뿐이니, 다시 무슨 경의 본체를 찾겠는가? 이와 같은 것은 번잡하여 병통이 더욱 많으니, 또한 일찍이 공부한 적도 없으면서 다만 쓸데없이 안배하였을 뿐이다."

---

126) 『朱子語類』 卷12

○問, 操存不能無紛擾之患. 曰, 纔操便存. 今人多於操時不見其存, 過而操之, 愈自執捉, 故有紛擾之患.[127] ○又曰, 以敬喩藥, 則矜持乃是服藥過劑, 反生他病之證, 原其所因, 蓋爲將此敬字別作一物, 而又以一心守之, 故有此病. 若知敬字只是自心自省, 當體便是, 則自無此病矣.[128]

○"마음을 잡아 보존하는 것이 어지러운 근심을 없게 할 수는 없는지"를 물었다. 주자가 대답하였다. "마음을 잡으면 바로 보존된다. 지금 사람들은 대부분 마음을 잡을 때에 그것이 보존되는 것을 보지 못하고, 지나치게 잡아서 더욱 스스로 집착하기 때문에 어지러운 근심이 있는 것이다." ○주자가 또 말하였다. "경을 약에 비유하면 '긍지(억지로 지킴)'는 바로 약제를 지나치게 복용하여 도리어 다른 병이 생기는 증세이니, 그 원인을 찾아보면 대체로 이 '경'자를 별도로 하나의 물건으로 여기고 또한 일심一心으로 지켰기 때문에 이러한 병이 난 것이다. 만약 '경'자가 다만 자기 마음을 스스로 살펴서 체득한 것이 바로 이것임을 안다면, 저절로 이러한 병이 없을 것이다."

○問, 舊見箴中, 擇地而蹈, 折旋蟻封, 遂欲如行步時, 要步步覺得他移動. 要之無此道理, 只是常常提撕. 曰,

---

127) 『朱子語類』 卷119
128) 『朱熹集』 卷53, 「答胡季隨」

這箇病痛, 須一一識得, 方得. 且如事父母, 方在那奉養時, 又自著注脚解說, 道這箇是孝. 如事兄長, 方在那順承時, 又自著注脚解說, 道這箇是弟, 便是兩箇了.[129]

○물었다. "예전에 「경재잠」속에서 〈걸을 때는〉 땅을 가려서 밟아 개미집도 돌아가듯 하라'는 것을 보았는데, 이와 같이 걸어가고자 할 때는 걸음마다 그가 이동하는 것을 깨달아야 합니다. 요컨대 이러한 도리는 없으니 다만 항상 각성할 뿐입니다." 주자가 대답하였다. "이러한 병통은 반드시 하나하나 알아야 비로소 좋다. 마치 부모를 섬기는 경우 바야흐로 그를 봉양하고 있을 때에 또 스스로 주해하고 해설하여 이것이 '효도'라고 말하는 것과 같고, 어른을 섬길 경우 바야흐로 그를 순종하고 있을 때에 또 스스로 주해하고 해설하여 이것이 '공손함'이라고 말하는 것과 같으니, 이와 같으면 '둘이 되는 것'[130]이다."


○南軒張氏答曾致虛書曰, 持敬乃是切要功夫. 然要將箇敬來治心則不可. 蓋主一之謂敬, 敬是敬此者也, 只敬便在此. 若謂敬爲一物, 將一物治一物, 非惟無益而反有害, 乃孟子所謂必有事焉而正之, 卒爲助長之病也. 欲從事於敬, 惟當常存主一之意, 實下工夫, 涵泳勿舍, 久久自覺, 深長而無窮也.[131]

---

129) 『朱子語類』 卷118
130) 이미 봉양하면서 또 주해하고 해설하니, 이는 두 마음이다. 그 마음을 둘로 쓴 것이다.

○남헌장씨(장식)가 증치허曾致虛에게 답한 편지에서 말하였다. "경을 지키는 것은 바로 긴요한 공부이다. 그러나 경을 가지고 마음을 다스리려고 하면 옳지 않다. 대개 '하나를 주로(전념) 하는 것(主一)'을 경이라고 하니, 경은 이것을 경하는 것이고 다만 경하면 바로 여기에 있게 된다. 만약에 경을 하나의 사물로 여기고 하나의 사물로 하나의 사물을 다스리는 것이라고 한다면, 무익할 뿐만 아니라 도리어 해가 될 뿐이니, 맹자가 말한 '반드시 일삼음이 있되 미리 효과를 기대하면 마침내 조장助長하는 병통이 된다'는 것이다. 경에 종사하고자 하면 항상 '하나에 전념하는' 뜻을 보존하여 실제로 공부해야 하니, 함영하여 포기하지 말고 오래도록 자각하면 매우 깊고 무궁할 것이다."

○退陶答鄭子中書曰, 來諭患操存之不能常, 則驗鼻息於虛靜, 論此心之未發, 則疑知覺之有無, 而深以把捉收拾爲難, 竊恐就此而習操心, 愈見紛擾而無寧息之期矣. 故程子每以坐忘爲坐馳, 而其答蘇季明未發之問, 反覆論辨, 而卒之不過以敬爲言. 朱子之論中和, 亦曰未發之前, 不可尋覓, 已發之際, 不容安排, 惟平日莊敬持養之功至, 而無人欲之僞以亂之, 則其未發也鏡明水止, 而其發也無不中節矣. 今以此語, 觀來諭之云, 其尋覓安排, 亦已甚矣, 無乃有乖於莊敬涵養而積久有得者

131) 『南軒集』 卷26, 「答曾致虛」(또는 『性理大全』 卷47, 「學5(存養)」)

邪.132) 又曰, 心氣之患, 若就心上求去, 愈去而愈攪. 公於此學, 已略見得路脈入頭處, 不須更加許多强探索, 許多閒安排. 所謂操存省察工夫, 權且勿上念, 只看日用平常明白處, 寬著意思, 游泳其間, 虛閒恬愉以自養, 如朱子調息箴之爲者, 及夫歲月積久之餘, 非徒心志自然有效, 收斂操存之實, 亦不能無得力於此矣. 況此道理, 無間內外, 凡致謹於外, 乃所以涵養其中也. 故孔門未嘗言心學, 而心學在其中.133) ○答南時甫書曰, 心氣之患, 正緣察理未透, 而鑿空以强探, 操心昧方, 而揠苗以助長, 不覺勞心極力以至此. 其治藥之方, 第一須先將世間窮通得失榮辱利害, 一切置之度外, 不以累於靈臺, 旣辦得此心, 則所患蓋已五七分休歇矣. 如是而凡日用之間, 少酬酢, 節嗜慾, 虛閒恬愉以消遣. 至如圖書花草之玩, 溪山魚鳥之樂, 苟可以娛意適情者, 不厭其常接. 使心意134)常在順境中, 無拂亂以生嗔恚, 是爲要法. 看書, 勿至勞心, 切忌多看, 但隨意而悅其味. 窮理, 須就日用平易明白處, 看破敎熟, 優游涵泳於其所己知. 惟非著意非不著意之間, 照管勿忘, 積之之久, 自然融會而有得. 尤不可執捉制縛, 以就其速驗也.135) ○(按)初學用功之際, 或有强探力持之過, 則勞悴煩緊, 而往往有心氣之患, 此之段正所以救此病. 故今附見焉.

○퇴계가 정자중鄭子中에게 답한 편지에서 말하였다. "보내온 편지에서는 '마음을 항상 잡아 보존하지 못함을 근심함에서는 텅 비고 고요한 데에서 코로 숨 쉬는 것을 징험하

---

132) 『退溪全書』卷24, 「答鄭子中(別紙)」
133) 『退溪全書』卷24, 「答鄭子中」
134) 『퇴계전서』에는 意가 氣로 되어 있다. 아마도 意는 氣의 오자인 듯하다.
135) 『退溪全書』卷14, 「答南時甫(別幅」)

기도 하고, 이 마음의 미발未發을 논함에서는 지각이 있고 없음을 의심하기도 하여, 깊이 붙잡거나 수습하는 것을 어렵게 여겼는데', 내 생각으로는 여기에 나아가서 마음을 잡는 것을 연습하면 더욱 어지러워져서 편안히 쉴 날이 없을 것이다. 그러므로 정자는 늘 '앉아서 잊는 것(坐忘)을 앉아서 내달리는 것(坐馳)이다'라고 하여 소계명(소병)의 미발의 질문에 답하면서 반복하여 논변하였지만, 결국에는 경으로 말하는 데 불과하였다. 주자가 중화中和를 논하면서도 '아직 발하기 이전을 찾아서도 안 되고 이미 발했을 때를 안배해서도 안 되며, 오직 평소에 장엄하고 공경하며 지켜서 기르는 공부가 지극해서 인욕의 거짓이 마음을 어지럽히지 않으면 아직 발하지 않았을 때에도 거울처럼 밝고 물처럼 잔잔할 것이며, 발했을 때에도 절도에 맞지 않음이 없을 것이다'라고 하였다. 지금 이 말씀으로 보내온 편지에서 말한 것을 살펴보면, 찾거나 안배한 것이 또한 이미 심하니, 이것이 바로 장엄하고 공경하며 함양하여 오랫동안 쌓아서 얻음이 있는 것에 어긋남이 있는 것이 아니겠는가?" 퇴계가 또 말하였다. "심기心氣의 병은 만약 마음에 나아가서 이 병을 제거하기를 구하면 제거할수록 더욱 어지러워질 것이다. 그대는 이 학문에 대해서 이미 핵심처를 대략 알고 있으니, 다시 허다한 억지의 탐색과 허다한 쓸데없는 안배를 더할 필요가 없다. 이른바 조존操存하고 성찰하는 공부는 당분간 생각을 하지 말고, 다만 일상생활의 평상적이고 명백한 곳에 주목하여 생각을 너그럽게 가지고 그 사이에 노닐며 한가롭고 유쾌한 마음으로 스스로 함양하기를, 주자의 「조식잠調息箴」136)과 같이하여 세월이 오래 쌓임에 이르면, 마음의 병에 자연히 효과가 있을 뿐만 아니라 마음을 수렴하고 잡아 보존하는 내실에도 이에 힘을 얻지 않음이 없을 것이다. 하물며 이 도리는 안과 밖의 틈이 없으니, 무릇 밖을 삼가는 것이 바로 그 안을 함양하는 것이다. 그러므로 공자의 문하에서 일찍 심학을 말하지 않았으나 심학이 그 속에 있는 것이다." ○퇴계가 남시보南時甫에게 답한 편지에서 말하였다. "심기의 병은 바로 이치를 살피는 것이 투철하지 못하여 허공을 뚫어 억지로 찾거나, 마음을 잡는 데 방향을 잃어 '싹을 뽑아 자라도록 돕는 데'[137]에 기인하니, 자기도 모르게 마음을 수고롭게 하고 힘을 다하여 여기에 이르는 것이다. 그것을 다스리는 방법은 가장 먼저 세간의 곤궁과 형통(窮通), 얻음과 잃음(得失), 영예와 치욕(榮辱), 이익과 손해(利害)를 일체 도외시하여 영대靈臺(마음)에 매이지 않아야 하며, 이미 이러한 마음을 힘써 터득하면 병은 대개 이미 다섯에서 일곱은 사라질 것이다. 이와 같이 하여 모든 일상생활에서 응대를 적게 하고 욕심을 절제하여 마음을 비우고 한가롭고 편안하고 즐겁게 하여 근심을 없앤다. 도서나 화초의 감상과 시내의 물고기나 산속의 새를 보는 즐거움과 같은 것들에 이르러서 진실로 뜻을 즐겁게 하고 마음을 편하게 할 수 있는 자는 항상 접하기를 싫어하지 않는다. 그리하여 심기로 하여금 항상 순조로운 경지 속에 있게 하여 자기의 뜻과 맞지 않는 것으로 화를 내지 않게 하는데, 이것이 중요한 방법이다. 책을 볼 때는 마음을 수고롭게 하는 데에 이르지 말고, 많이 보는 것은 절대로 금물이니, 다만 뜻에 따라 그 의미를 기뻐할 뿐이다. 이치를 궁구할 때는 반드시 일상생활의 평이하고 명백한 곳에 나아가 간파하여 익숙하게 하고, 자기가 아는 것에서 편안하게 노닐며 함영해야 한다. 오직 뜻을 두는 것도

---

136) 「調息箴」은 주자가 마음의 수양을 위해 지은 箴言이다.
137) 『孟子』 「公孫丑(上)」, '浩然之氣'장, "必有事焉而勿正, 心勿忘, 勿助長也."

아니고 뜻을 두지 않는 것도 아닌(집착하는 것도 아니고 집착하지 않는 것도 아닌) 사이에서 살피고 관리하여 잊지 말아서 쌓인 것이 오래되면 저절로 융회하여 터득함이 있을 것이다. 특히 집착하고 얽매여서 속히 증험하는 것에 나아가서는 안 된다." ○ (안) 초학자들이 공부할 때에 혹 억지로 찾거나 힘써 지키는 잘못이 있으면 고달프고 번잡하여 자주 심기의 병이 생기니, 이 단락은 바로 이 병을 구제하는 방법이다. 그러므로 지금 붙여서 보여주는 것이다.

● 程子曰, 學者須敬守此心, 不可急迫, 當栽培深厚, 涵泳於其間, 然後可以自得. 但急迫求之, 只是私己, 終不足以達道.[138] 問, 今於下工夫時, 不痛自警策, 而遽栽培涵泳, 或近於放倒. 南軒張氏曰, 敬守此心, 栽培涵泳, 正是下工夫處, 若近於放倒, 則何栽培涵泳之有.[139] ○ (按)持敬之功, 必須優游涵泳, 積久而漸進, 然後有從容自得之味, 而可免於急切拘迫之病矣. 撫附凡五條.

● 정자가 말하였다. "배우는 사람들은 반드시 이 마음을 공경히 지키고 성급하게 해서는 안 되니, 마땅히 재배하기를 깊고 두텁게 하여 이 사이에서 함영한 뒤에야 스스로 터득할 수 있다. 다만 성급하게 구하면 다만 자기를 사사롭게 할 뿐이니 끝내 도에 도달하지 못한다." 물었다. "지금 공부할 때에 철저히 스스로 경계하거나 자책하지 않고 서둘러 재배하고 함영하면, 혹 거꾸로 하는 데 가까울 것입니다." 남헌장씨(장식)가 대답하였다. "이 마음을 공경히 지키고 재배하고 함영하는 것이 바로

---

138) 『二程全書』 1, 「河南程氏遺書 第2(上)」(또는 『心經附註』 卷3, 「牛山之木」)

139) 『南軒集』 卷32, 「答胡季隨」(또는 『心經附註』 卷3, 「牛山之木」)

공부하는 곳이니, 만약 거꾸로 하는 데 가깝다면 무슨 재배하고 함영함이 있겠는가?" ○ (안) 경을 지키는 공부는 반드시 편안히 노닐고 함영하여 쌓기를 오래하고 점차 나아간 뒤에야 조용히 스스로 터득하는 맛이 있어서 조급하거나 속박하는 병폐를 면할 수 있다. 모두 5조목을 모아서 붙였다.

○又曰, 昔呂與叔六月中, 來緱氏. 閒居中, 某嘗窺之, 必見其儼然端坐, 可謂敦篤矣. 學者須恭敬. 但不可令拘迫, 拘迫則難久也.[140] ○又曰, 今志于義理, 而心不安樂者, 何也. 此則正是剩一箇助之長. 雖則心操之則存, 舍之則亡, 然而持之太甚, 便是必有事焉而正之也. 亦須且恁地去如此者, 只是德孤. 德不孤必有鄰, 到德盛後, 自無窒礙, 左右逢其原也.[141]

○정자가 또 말하였다. "예전에 여여숙(여대림)이 6월에 구지緱氏[142]에 오셨다. 한가롭게 거처하는 중에 내가 일찍이 엿보았는데, 반드시 엄숙히 단정하게 앉아있는 것을 보았으니 돈독하다고 이를 만하였다. 배우는 사람들은 반드시 공경해야 한다. 다만 급박하게 해서는 안 되니 급박하면 오래하기가 어렵다." ○정자가 또 말하였다. "지금 의리에 뜻을 두지만 마음이 편안하고 즐겁지 못한 것은 무엇 때문인가? 이것은 바로 지나치게 조장助長하기 때문이다. 비록 마

---

140) 『二程全書』 1, 「河南程氏遺書 第18」(또는 『心經附註』 卷2, 「禮樂不可斯須去身」)
141) 『二程全書』 1, 「河南程氏遺書 第2(上)」(또는 『朱子語類』 卷115)
142) 緱氏는 일명 覆釜堆라는 산 이름으로, 河南省 緱氏縣에 있다.

음은 '잡으면 보존되고 놓으면 잃어버리지만'[143], 그렇지만
잡는 것이 너무 지나치면 반드시 '일삼음이 있어 효과를 미
리 기대하게 된다.'[144] 또한 반드시 이와 같이 〈지나치게
잡아서도 안 되고 놓아버려서도 안 된다는 식으로〉 해나가
야 하는 것은 다만 덕이 외롭기 때문이다. '덕은 외롭지 않
고 반드시 이웃이 있으니'[145] 덕이 성대한 데 이른 뒤에야
저절로 막힘이 없어 '좌우로 그 근원을 만나게 될 것이다.'[146]"

○又曰, 今學者敬而不見得, 又不安者, 只是心生, 亦是
太以敬來做事得重, 此恭而無禮則勞也. 恭者, 私爲恭
之恭也, 禮者, 非體之禮, 是自然底道理也. 只恭而不
爲自然底道理, 故不自在也. 須是恭而安. 今容貌必端,
言語必正者, 非是道獨善其身, 要人道如何, 只是天理
合如此. 本無私意, 只是箇循理而已.[147]

○정자가 또 말하였다. "요즈음 배우는 사람들이 경하면서
터득하지 못하고 또 편안하지 못하는 것은 다만 마음이 미
숙하기 때문이며, 또한 일을 하는데 경을 지나치게 중시하

---

143) 『孟子』「告子(上)」, "孔子曰, 操則存, 舍則亡, 出入無時, 莫知其鄕.
    惟心之謂與."
144) 『孟子』「公孫丑(上)」, "必有事焉而勿正, 心勿忘, 勿助長也."
145) 『論語』「里仁」, "子曰, 德不孤, 必有隣."
146) 『孟子』「離婁(下)」, "孟子曰, 君子深造之以道, 欲其自得之也. 自得之,
    則居之安, 居之安, 則資之深, 資之深, 則取之左右逢其原, 故君子欲其自
    得之也."
147) 『二程全書』1, 「河南程氏遺書 第2(上)」(또는 『近思錄集解』「存養」)

기 때문이니, 이것이 '공손하면서도 예가 없으면 수고롭
다'148)는 것이다. 이때의 공손함은 '사사로이 공손하다'는
공손함이고, 이때의 예는 '형체가 없다'는 예이니149), 이것
은 자연스러운 도리이다. 다만 공손하면서도 자연스러운
도리를 행하지 못하기 때문에 자유롭지 못한 것이다. 그러
므로 반드시 '공손하면서도 편안해야 한다.'150) 지금 용모
를 반드시 단정하게 하고 언어를 반드시 바르게 하는 것은
홀로 그 자신만을 선하게 한다는 말이지 남이 어떠한지를
말하려는 것이 아니니, 다만 천리에 부합함이 이와 같을
뿐이다. 본래 사사로운 뜻이 없으니 다만 이치를 따를 뿐
이다."

○禹景善問, 前敎居敬工夫, 若有把捉底意思, 便爲勞
擾. 近日更思, 靜時或可以不待把捉而自存, 至於動處,
若無把捉底功, 涉於悠悠無定著, 如何. 退陶曰, 初學
如何便能無把捉意思, 而得力於動處邪. 但切不可太著
意緊捉. 且於非著意非不著意間, 加時習之工, 至於久
而熟, 則漸見動靜如一意味, 正不可以朝夕期速效也.151)

○우경선禹景善이 물었다. "이전에 '거경공부를 할 때에 만

---

148) 『論語』「泰伯」, "子曰, 恭而無禮則勞, 愼而無禮則葸, 勇而無禮則亂, 直
    而無禮則絞."
149) 『禮記』「孔子閑居」, "孔子曰, 無聲之樂, 無體之禮, 無服之喪, 此之謂
    三無."
150) 『論語』「述而」, "子, 溫而厲, 威而不猛, 恭而安."
151) 『退溪全書』卷31, 「答禹景善問目」

약 마음을 잡아두려는 뜻이 있으면 곧 피로하고 어지러워
지게 된다'라고 가르쳐 주셨습니다. 근래에 다시 생각해보
니, 고요할 때에는 혹 잡아두기를 기다리지 않아도 저절로
보존되지만, 움직이는 곳에 이르러서는 만약에 잡아두려는
공부가 없으면 막연하여 정착할 곳이 없으니, 어떻게 해야
합니까?" 퇴계가 대답하였다. "초학자가 어떻게 잡아두려
는 생각이 없이 움직이는 곳에서 효과가 있을 수가 있겠는
가? 다만 너무 집착하여 꽉 잡아두어서는 절대로 안 된다
는 것이다. 또한 뜻을 두는 것도 아니고 뜻을 두지 않는 것
도 아닌(집착하는 것도 아니고 집착하지 않는 것도 아닌) 사이에
서 수시로 익히는 공부를 더하여 그것이 오래되어 익숙해
지는 데 이르면 점차 움직임과 고요함이 한결같아지는 의
미를 볼 것이니, 곧장 아침저녁으로 빠른 효과를 기대해서
는 안 된다."

●問, 持敬易間斷, 如何. 朱子曰, 常要自省得. 才省得
便在此. 或以爲此事最難. 曰, 患不自省察耳. 覺得間斷,
便是接續, 何難之有. 操則存, 舍則亡, 只在操舍兩字之
間. 要之, 只消一箇操字. 到緊要處, 全不消許多文字言
語. 若此意成熟, 雖操字亦不須用.[152] (按)持敬之功, 其機
在我, 爲之則是. 然其間斷之易, 而接續之難. 故學者固不可以
爲難而沮, 亦不可以爲易而忽也. 朱張論敬之難易者. 摭附凡七
條.

---

152) 『朱子語類』 卷12

●물었다. "경을 지키다가 쉽게 끊어지는데 어떻게 해야 합니까?" 주자가 대답하였다. "항상 스스로 반성할 수 있어야 한다. 반성할 수 있으면 바로 〈경이〉 여기에 있게 된다." "어떤 사람은 이 일을 가장 어렵다고 여깁니다." 주자가 대답하였다. "스스로 반성하고 살피지 않는 것을 걱정할 뿐이다. 끊어졌다고 느낄 수 있으면 〈그 순간에〉 바로 이어지니, 무슨 어려움이 있겠는가? '잡으면 보존되고 놓으면 잃어버리니' 다만 잡고 놓는 두 글자 사이에 달려있을 뿐이다. 요컨대 다만 '잡는다'는 한 글자만 필요할 뿐이다. 긴요한 곳에 이르러서는 수많은 문자와 언어가 전혀 필요하지 않다. 만약 이 뜻에 익숙해지면 비록 '잡는다'는 글자도 필요하지 않을 것이다." (안) 경을 지키는 공부는 그 기틀이 나에게 있으니 하면 된다. 그러나 끊어지기가 쉽고 이어지기가 어렵다. 그러므로 배우는 사람들은 진실로 어렵게 여기고서 실망해서는 안 되며, 또한 쉽게 여기고서 소홀히 해서도 안 된다. 이것은 주자와 장자가 경의 어렵고 쉬움을 논한 것이다. 모두 7조목을 모아서 붙였다.

○劉黼因說, 學者先立心志爲難. 曰, 無許多事, 只是一箇敬. 徹上徹下, 只是這箇道理. 到剛健, 便自然勝得許多物欲之私. 又曰, 溫公謂, 人以爲如制悍馬, 如斡盤石之難也. 靜而思之, 在我而已. 如轉戶樞, 何難之有.[153]

---

153) 『朱子語類』卷118

○유불劉黻154)이 이어서 말하였다. "배우는 사람들은 먼저 마음의 뜻을 세우는 것이 어렵습니다." 주자가 대답하였다. "많은 일이 없고 다만 하나의 경일 뿐이다. 위로부터 아래까지 다만 이 도리뿐이다. 강건한 경지에 이르면 저절로 수많은 물욕의 사사로움을 이길 수 있다." 주자가 또 말하였다. "온공(사마광)이 '사람들은 사나운 말을 제어하는 것과 같은 것이나, 넓고 평평한 큰 돌(盤石)을 돌리는 것과 같은 것을 어렵다고 여긴다. 고요히 생각하면 나에게 달려 있을 뿐이다. 문의 지도리(戶樞)155)를 돌리는 것과 같으니 무슨 어려움이 있겠는가?'라고 하였다."

○又曰, 此事甚易. 只如此提醒, 莫令昏昧, 一二日便可見效, 且易而省力. 只在念不念之間耳, 何難而不爲.156)

○주자가 또 말하였다. "이 일은 매우 쉽다. 다만 이와 같이 일깨워서 어둡지 않게 하면 하루 이틀이면 곧 효과를 볼 수 있으니, 쉬울 뿐만 아니라 힘도 절약된다. 다만 생각하느냐 생각하지 않느냐는 사이에 달려있을 뿐이니, 어찌 어려워서 하지 못하겠는가?"

---

154) 劉黻(1217~1276)은 자는 聲伯, 호는 質翁 또는 蒙川으로 溫州 東淸 사람이다. 저서에는 『蒙川集』이 있다.
155) 戶樞는 여닫는 문의 지도리를 말한다. 戶는 외짝으로 된 문이며, 樞는 문짝을 여닫도록 만든 장치인 지도리이다.
156) 『朱子語類』 卷12

○又曰, 學莫要於居敬. 故伊川謂敬則無己可克, 省多少事. 然此事甚大, 亦甚難. 須是造次顚沛必於是, 不可須臾間斷, 方有功, 所謂敏則有功. 若還今日作, 明日輟, 放下了又拾起, 幾時見得效. 修身齊家治國平天下, 都少箇敬不得. 如湯之聖敬日躋, 文王小心翼翼之類, 皆是. 只是他便與敬爲一. 自家須用持著, 稍緩則忘了, 所以常要惺惺也. 久之成熟.[157]

○주자가 또 말하였다. "배움에는 경에 머무는 것보다 중요한 것이 없다. 그러므로 이천선생은 '경하면 극복해야 할 자기가 없다'[158]라고 하였으니 많은 일이 줄어든다. 그러나 이 일은 매우 중대하면서도 또한 매우 어렵다. '엎어지고 자빠지는 다급한 순간에도(造次顚沛)'[159] 반드시 여기에서〈경에 머물러〉 잠시도 끊어짐이 없어야 비로소 효과가 있으니, 이른바 '민첩하면 공적이 있다'[160]는 것이다. 만약 오늘은 하다가 내일은 그만두거나, 내버려두었다가 다시 수습한다면, 언제 효과를 볼 수 있겠는가? 자신을 닦고(修身), 집안을 가지런히 하며(齊家), 나라를 다스리고(治國), 천하를 화평하게 하는(平天下) 것은 모두 경하지 않으면 얻을

---

157) 『朱子語類』卷12
158) 『二程全書』1, 「河南程氏遺書 第15」, "敬則無己可克, 始則須絶己."
159) 造次는 짧은 순간이나 다급한 때를 가리키며, 顚沛는 엎어지고 자빠지는 곤경을 뜻한다.
160) 『論語』「陽貨」, "子張問仁於孔子. 孔子曰, 能行五者於天下, 爲仁矣. 請問之. 曰, 恭寬信敏惠. 恭則不侮, 寬則得衆, 信則人任焉, 敏則有功, 惠則足以使人."

수 없다. 예컨대 탕임금이 '성스럽고 공경스러운 덕을 날로 더하신 것(聖敬日躋)'[161]과 문왕이 '조심하고 공경하는 것(小心翼翼)'[162]과 같은 것이 모두 그렇다. 다만 그들은 경과 하나가 되었을 뿐이다. 스스로 반드시 경을 지켜야 하니, 조금이라도 느슨해지면 잊어버리기 때문에 늘 깨어있어야 한다. 오래되면 익숙하게 된다."

○問, 人心紛擾時難把捉. 曰, 眞箇是難持把不能久, 又被事物及閒思慮引將去. 孟子牛山之木一章, 最要看. 又曰, 這箇不干別人事, 雖是難, 亦須自著力常惺惺, 不要放倒. 覺得物欲來, 便著緊不要隨他去. 若說把持不得, 勝他不去, 是自壞也, 更說甚爲仁由己, 而由人乎哉.[163]

○물었다. "사람의 마음이 복잡하고 어지러울 때는 붙잡기가 어렵습니다." 주자가 말하였다. "진실한 것은 붙잡기가 어렵고 오래 지속할 수 없으며, 또한 사물과 쓸데없는 생각에 의해 이끌려간다. 『맹자』의 '우산지목牛山之木'장[164]을 가장 눈여겨보아야 한다." 주자가 또 말하였다. "이것은 다

---

161) 『詩經』「商頌」〈長發〉
162) 『詩經』「大雅」〈大明〉
163) 『朱子語類』卷118
164) 『孟子』「告子(上)」, "孟子曰, 牛山之木嘗美矣, 以其郊於大國也, 斧斤伐之, 可以爲美乎. 是其日夜之所息, 雨露之所潤, 非無萌蘗之生焉, 牛羊又從而牧之, 是以若彼濯濯也. 人見其濯濯也, 以爲未嘗有材焉, 此豈山之性也哉."

른 사람이 일에 간여하지 못하니 비록 어려울지라도 스스로 항상 깨어있도록 힘쓰고 놓지 않아야 한다. 물욕이 오는 것을 느끼면 바로 긴장하여 그것에 이끌려가지 않도록 해야 한다. 만약 잡아 지킬 수 없고 물욕을 이길 수 없다고 말한다면 스스로가 파괴되는 것이니, 어떻게 '仁을 하는 것이 자기에게 말미암는 것이지 남에게 말미암는 것이겠는가'165)라고 말할 수 있겠는가?"

○又曰, 人常須收斂箇身心, 使精神常在這裏. 似擔百十斤擔相似, 須硬著筋骨擔.166)

○주자가 또 말하였다. "사람은 항상 몸과 마음을 수렴하여 정신이 언제나 이 안에 있도록 해야 한다. 마치 110근의 짐을 지는 것과 비슷하니 반드시 근육과 뼈를 단단히 하여 져야 한다."

○南軒答潘叔昌書曰, 來諭於主一用功, 此正所望. 若實下手, 乃知其間艱難曲折甚多, 要須耐苦辛, 長遠而勿舍焉, 則寢有味, 爲仁由己, 而由人乎哉.167) (按)此七節泛論持敬之法, 非專言主一無適之義. 然所謂主一無適者, 必如此而後, 可以有得. 故特詳著于此, 誠能依此而用力焉, 則敬之體用流行於日用之際, 而無二三走作之失, 絶間斷差繆之病矣.

---

165) 『論語』「顔淵」, "顔淵問仁. 子曰, 克己復禮爲仁, 一日克己復禮, 天下歸仁焉. 爲仁由己, 而由人乎哉."
166) 『朱子語類』 卷12
167) 『南軒集』 卷27, 「答潘叔昌」

○남헌(장식)이 반숙창潘叔昌에게 답한 편지에서 말하였다. "보내온 편지에서 '하나를 주로 하는 것(主一)'에 대해 힘을 쓴다고 하니 이것이 바로 내가 바라던 것이다. 만약 실제로 공부에 착수하면 바로 그 사이에 어려움과 곡절이 매우 많다는 것을 알 것이다. 반드시 어려움을 인내하여 오래도록 포기하지 않으면 점차 맛이 있을 것이니, '仁을 하는 것이 자기에게 말미암는 것이지 남에게 말미암는 것이겠는가?'" (안) 이 일곱 절은 경을 지키는 방법을 두루 개괄한 것이지 오로지 주일무적主一無適의 뜻을 말한 것이 아니다. 그러나 이른바 '주일무적'이란 것은 반드시 이와 같이 한 뒤에 얻을 수 있다. 그러므로 특히 여기에서 상세히 드러내었으니, 진실로 이것에 의지하여 힘을 쓸 수 있으면 경의 體와 用이 일상생활 사이에서 유행하여 마음이 둘 또는 셋으로 달아나는 잘못이나 끊어져서 어긋나는 병폐가 없을 것이다.

右第六章. 臨川吳氏曰, 此言事之主一而本於心. ○問, 勿貳以二, 勿參以三, 不東以西, 不南以北, 如何分別. 朱子曰, 都只是形容箇敬. 上面說箇心不二三, 下面說箇心不走作.[168] ○附合言主一無適.

이상은 제6장이다. 임천오씨(오징)가 말하였다. "이것은 일을 할 때 '하나에 전일'하되 마음에 근본할 것을 말한 것이다." ○물었다. "'두 가지 일로써 마음을 둘로 나누지 말고, 세 가지 일로써 마음을 셋으로 나누지 말라'는 것과 '동쪽으로 간다 하고 서쪽으로 가지 말고, 남쪽으로 간다 하고 북쪽으로 가지 말라'는 것은 어떻게 구별합

---

168) 『朱子語類』 卷105, 「敬齋箴」

니까?" 주자가 대답하였다. "모두 경을 형용한 것일 뿐이다. 앞에서는 마음이 두 갈래나 세 갈래가 되어서는 안 된다는 것을 말하였고, 뒤에서는 마음이 달아나서는 안 된다는 것을 말하였다." ○덧붙인 것은 '주일무적'을 말한 것이다.

## 제7장

> 從事於斯, 是曰持敬, 動靜不違, 表裏交正.
>
> 여기에 종사하는 것을 '경을 지킨다'고 하니, 움직일 때
> 나 고요할 때나 어기지 말고 밖과 안을 서로 바르게 하
> 라.

程子曰, 操約者, 敬而已矣.[1] 又嘗書一約字, 而注敬字於其
下. ○朱子曰, 此心動靜始終, 不越敬之一字而已. 近方見得伊
洛拈出此字, 眞是聖學眞的要妙工夫. 學者只於此著實用工, 則
不患不至聖賢之域矣.[2] ○因說敬曰, 聖人言語, 當初不曾關聚,
皆說敬之目. 到程子始關聚說出一箇敬來敎人. 然敬有甚物. 只
收斂身心, 整齊純一, 不恁地放縱, 便是敬.[3]

정자가 말하였다. "잡음이 간략한 것은 경일 뿐이다." 또 일
찍이 '約'이라는 한 글자를 쓰고 그 아래에 '경'자로 주석하였다. ○
주자가 말하였다. "이 마음의 動과 靜, 처음과 끝은 '경' 한 글자를
벗어나지 않을 뿐이다. 근래에 비로소 이정 형제伊洛[4]가 이 글자를 끄

---

1) 『二程全書』 1, 「河南程氏遺書 第11」(또는 『心經附註』 卷3, 「牛山之木」)
2) 『朱熹集』 卷51, 「答董叔重」
3) 『朱子語類』 卷12
4) 伊洛 : 程顥와 程頤 형제를 말한다. 이들 형제가 河南의 伊水와 洛水 사
   이에 살았기 때문에 이렇게 불렸다.

집어 낸 것을 보았는데, 참으로 성학의 진실하고 적실하며 중요하고 오묘한 공부이다. 배우는 사람들이 다만 여기에서 착실히 공부하면 성현의 경지에 이르지 못할까 걱정하지 않을 것이다." ○이어서 경에 대해 설명하였다. "성인의 말씀은 애초에 모이지 않은 적이 없었으니 모두 경의 조목을 말한 것이다. 정자에 이르러서야 비로소 하나의 '경'으로 모아서 사람들을 가르쳤다. 그렇다면 경이란 무엇인가? 다만 몸과 마음을 수렴하여 정제整齊하고 순일純一하여 방종하지 않는 것이 바로 경이다."

○又曰, 學者不必遠求, 近取諸身, 只明人理, 敬而已矣, 便是約處. 思無邪毋不敬二句, 循而行之, 安得有差. 有差者, 皆由不敬不正也.[5]

○정자가 또 말하였다. "배우는 사람들은 먼 데서 구할 필요가 없고 가까이 자기 몸에서 취하여 다만 사람의 도리를 밝혀서 경할 뿐이니, 이것이 바로 간략한 곳이다. '생각에 사특함이 없다(思無邪)'[6]는 것과 '경하지 않음이 없다(毋不敬)'[7]는 두 구절을 따라서 행하면, 어찌 어긋남이 있겠는가? 어긋남이 있는 것은 모두 경하지 않고 바르지 않기 때문이다."

○朱子曰, 敬乃聖門第一義, 徹頭徹尾, 不可頃刻間斷.[8] 答胡季隨書曰, 洛拈出敬字, 眞是學問始終日用親切之妙. 近與朋友商量, 不若只於此處用力, 而讀書窮理以發揮之, 眞到聖賢

---

5) 『二程全書』1, 「河南程氏遺書 第2(上)」(또는 『心經附註』卷1, 「敬以直內」)
6) 『論語』「爲政」 "子曰, 詩三百, 一言以蔽之, 曰思無邪."
7) 『禮記』「曲禮(上)」, "曲禮曰, 毋不敬, 儼若思, 安定辭, 安民哉."
8) 『朱子語類』卷12

究竟地位, 亦不出此.9)

○주자가 말하였다. "경은 바로 성인 문하의 가장 중요한 것이니 처음부터 끝까지 잠시도 끊어져서는 안 된다." 주자가 호계수(호대시)에게 답한 편지에서 말하였다. "이정 형제(伊洛)가 끄집어 낸 '경'자는 참으로 학문의 처음과 끝이며 일상생활의 절실한 오묘함이다. 근래에 친구들과 상의하였는데, 다만 이곳에서 힘을 써서 독서하고 궁리하여 발휘하는 것만 못하였으니, 참으로 성현의 궁극의 경지에 이르는 것도 여기에서 벗어나지 않는다."

○又曰, 敬者, 一心之主宰, 萬事之本根也.10) 又曰, 人之爲學, 千頭萬緒, 豈可無本領. 此程先生所以有持敬之語. 只是提撕此心, 敎他光明, 則於事無不見, 久久自然剛健有力.11)

○주자가 또 말하였다. "경은 일심一心을 주재하는 것이고 온갖 일의 근본이다." 주자가 또 말하였다. "사람이 학문하는 데는 천 갈래 만 갈래이니 어찌 본령이 없을 수 있겠는가? 이것이 정 선생께서 '경을 지켜라'고 말씀하신 이유이다. 다만 이 마음을 일깨워서 밝게 빛나도록 하면 일에서 보이지 않음이 없으니, 오래되면 자연히 강건하고 힘이 있게 된다."

○又曰, 堯是初頭出治第一箇聖人. 尙書堯典是第一篇典籍, 說堯之德, 都未下別字, 欽是第一箇字. 如今看聖賢千言萬語, 大事小事, 莫不本於敬. 收拾得自家精

---

9)『朱熹集』卷53,「答胡季隨」
10)『聖學十圖』「第四大學圖」
11)『朱子語類』卷12

神在此, 方看得道理盡.12) 又曰, 聖人相傳, 只是一箇字. 堯
曰欽明, 舜曰溫恭. 聖敬日躋, 篤恭而天下平.13) ○西山眞氏曰,
堯典曰欽明文思, 又曰, 允恭克讓. 舜典曰, 溫恭允塞, 禹貢曰,
祇台德先, 詩商頌曰, 湯降不遲, 聖敬日躋, 大雅曰, 穆穆文王,
於緝熙敬止, 堯舜禹湯文武, 皆天縱之聖, 而詩書之敍其德, 必
以敬爲首稱. 蓋敬者, 一心之主宰, 萬善之本源, 學者之所以學,
聖人之所以聖, 未有外乎此者. 聖人之敬, 純亦不已, 卽天也, 君
子之敬, 自强不息, 由人而天也. 聖人之敬, 安而行之. 然成湯之
日躋, 文王之緝熙, 雖非用力, 亦若未嘗不用其力者. 蓋日躋者,
進進不已之意, 緝熙者, 續續無窮之功, 此湯文之所以聖益聖也.14)

○주자가 또 말하였다. "요임금은 처음으로 통치한 첫 번
째 성인이다. 『상서』의 「요전」은 첫 번째 전적典籍인데, 요
임금의 덕을 말하면서 전혀 다른 글자를 쓰지 않고 '공경하
다(欽)'는 것이 첫 번째 글자이다. 지금 성현의 수많은 말
씀과 크고 작은 일을 살펴보면, 경에 근본하지 않는 것이
없다. 자기의 정신을 수습하여 여기에 두어야 비로소 도리
를 다 살필 수 있다." 주자가 또 말하였다. "성인이 서로 전하신
것은 다만 하나의 글자이다. 요임금은 '공경하시고 밝으시다(欽明)'15)
라고 하였고, 순임금은 '온화하시고 공손하시다'(溫恭)16)라고 하였다.

---

12) 『朱子語類』 卷12
13) 『朱子語類』 卷12
14) 眞德秀, 『大學衍義』 卷28, 「修己之敬」
15) 『書經』 「堯典」, "曰若稽古帝堯, 曰放勳, 欽明文思安安, 允恭克讓, 光被
     四表, 格于上下."
16) 『書經』 「舜典」, "曰若稽古帝舜, 曰重華協于帝, 濬哲文明, 溫恭允塞, 玄
     德升聞, 乃命以位."

탕임금은 '성스럽고 공경스런 덕이 날로 오르시다(聖敬日躋)'17)라고 하였고, 『중용』에서는 '군자가 공손함을 돈독히 하여 세상이 화평해지다(篤恭而天下平)'18)라고 하였다." ○서산진씨(진덕수)가 말하였다. "「요전」에서는 '공경하시고 밝으시며 문장이 빛나고 생각이 깊으시다(欽明文思)'라고 하였고, 또 '진실로 공손하시고 능히 겸양하시다(允恭克讓)'라고 하였다.19)「순전」에서는 '온화하시고 공손하시며 미덥고 착실하시다(溫恭允塞)'라고 하였고20), 「우공」에서는 '나의 덕을 공경하시어 솔선하시다(祗台德先)'21)라고 하였으며, 『시경』「상송」에서는 '탕임금의 강생하심이 늦지 않으시고, 성스럽고 공경스런 덕이 날로 오르시다(湯降不遲, 聖敬日躋)'22)라고 하였으며, 「대아」에서는 '심원하신 문왕이여. 아! 공경을 계속하여 밝히셨다(穆穆文王, 於緝熙敬止)'23)라고 하였다. 요임금·순임금·우임금·탕임금·문왕·무왕이 모두 하늘이 내리신 성인인데, 『시경』·『서경』에서 그 덕을 서술할 때에는 반드시 경을 먼저 칭하였다. 대개 경이란 한 마음을 주재하는 것이고 모든 선의 본원이니, 배우는 사람들이 학문하는 이유나 성인이 성인 되는 이유가 이것을 벗어나지 않는다. 성인의 경은 '순수함이 또한 그치지 않는다(純亦不已)'24)는 것이니 바로 天이요, 군자의 경은 '스스로 힘쓰고 쉬지 않는다(自强不息)'25)는 것이니 사람에

---

17) 『詩經』「商頌」〈長發〉, "帝命不違, 至于湯齊. 湯降不遲, 聖敬日躋. 昭假遲遲, 上帝是祗, 帝命式于九圍."

18) 『中庸』第33章, "詩曰, 不顯惟德, 百辟其刑之, 是故君子篤恭而天下平."

19) '欽明文思'와 '允恭克讓'은 요임금의 덕을 기린 말이다.(『書經』「堯典」에 나온다.)

20) '溫恭允塞'은 순임금의 덕을 기린 말이다.(『書經』「舜典」에 나온다.)

21) '祗台德先'은 우임금의 덕을 기린 말이다.(『書經』「禹貢」에 나온다.)

22) 『詩經』「商頌」〈長發〉

23) 『詩經』「大雅」〈文王〉(이 말은 『대학』 제3장에도 보인다.)

24) 『中庸』第26章, "文王之所以爲文王也, 純亦不已."

25) '自强不息'은 스스로 힘쓰고 쉬지 않는다는 뜻으로 끊임없이 노력하는

기인하는 天이다. 성인의 경은 편안히 행하신다.26) 그러나 탕임금
(成湯)27)의 일제日蹐나 문왕의 집희緝熙는 비록 힘을 쓴 것은 아니
지만 또한 일찍이 그 힘을 쓰지 않음이 없는 것과 같다. '일제'는 나
아가기를 그치지 않는다는 뜻이고, '집희'는 무궁히 이어지는 공로이
니, 이것이 탕임금과 문왕이 성인으로서 더욱 성인 되는 이유이다."

○又曰, 二程教學者, 所以只說一箇敬字, 正是欲無智
愚賢不肖皆得力爾. 又曰, 此一服藥, 人人皆可服, 服之
便有效, 只是自不肯服耳.28) 退陶答金而精書曰, 前賢訓敬
不一, 蓋各以所見形容說出耳. 今公欲做持敬工夫, 而必欲求對
病之藥, 此則不須如此也. 譬之治病, 敬是百病之藥, 非對一證
而下一劑之比, 何必要求對病之方耶.29)

○주자가 또 말하였다. "이정선생께서 배우는 사람들을 가
르칠 때에 다만 '경' 한 글자만을 말한 것은 바로 지혜롭고
어리석음, 어질고 못난 사람 관계없이 모두 힘을 얻고자
하였기 때문이다." 주자가 또 말하였다. "이것은 한 번 약
을 복용하는 것이니, 사람마다 모두 복용할 수 있으며, 복
용하고 바로 효과가 있으면 다만 스스로 복용하지 않을 뿐
이다." 퇴계가 김이정金而精에게 답한 편지에서 말하였다. "이전 성

---

것을 말한다.(『周易』「乾卦」〈象傳〉에 나온다.)

26) 『中庸』 第20章, "或安而行之, 或利而行之, 或勉强而行之, 及其成功一也."

27) 成湯은 탕임금을 말한다. 商나라를 창건한 임금으로, 이름은 履이고
湯은 그의 字이다. 또한 나라를 새롭게 세웠으므로 成湯이라 불리기도
한다.

28) 『朱子語類』 卷94

29) 『退溪全書』 卷29, 「答金而精」

현들이 경을 해석한 것은 하나뿐이 아니니, 대개 각각 자기의 소견으로 형용하여 말하였을 뿐이다. 지금 그대가 경을 지키는 공부를 하고자 하면서 반드시 병에 대한 약을 구하려 하니, 이것은 이와 같이 할 필요가 없다. 병을 치료하는 것으로 비유하면, 경은 온갖 병통의 약이요 한 증상에 대하여 한 약제를 쓰는데 비할 수 있는 것이 아니니, 하필 병에 대한 처방을 요구할 필요가 있겠는가?"

○南軒張氏曰, 敬者, 宅心之要, 而聖學之淵源也.[30]

○남헌장씨(장식)가 말하였다. "경이란 마음에 새겨두고 잊지 않는(宅心)[31] 요체이고 성학의 연원이다."

○西山眞氏曰, 百聖相傳, 敬之一言, 實其心法. 蓋天下之理, 惟中爲至正, 惟誠爲至極. 然敬所以中, 不敬則無中也. 敬而後能誠, 非敬則無以爲誠也. 氣之決驟, 軼於奔馹, 敬則其銜轡也, 情之橫放, 甚於潰川, 敬則其隄防也. 故周子主靜之言, 程子主一之訓, 皆其爲人最切者. 而子朱子又丁寧反復之, 學者倘於是而知勉焉, 戒於思慮之未萌, 恭於事物之旣接, 無少間斷, 則德全而欲滅[32]矣.[33]

---

30) 『南軒集』 卷36, 「敬齋銘」
31) 『書經』 「周書」 〈康誥〉, "王曰, 嗚呼, 封. 汝念哉. 今民將在祇遹乃文考, 紹聞衣德言. 往敷求于殷先哲王, 用保乂民. 汝丕遠惟商耈成人, 宅心知訓. 別求聞由古先哲王, 用康保民. 弘于天, 若德裕乃身, 不廢在王命."
32) 『성리대전』에서는 滅이 泯으로 되어 있다.
33) 『西山集』 卷26, 「記·南雄州學四先生祠堂記」(또는 『性理大全』 卷47, 「存養」)

○서산진씨(진덕수)가 말하였다. "수백의 성인들이 서로 전해준 경이라는 한 말은 실제로 마음의 법도(心法)이다. 대개 천하의 이치는 오직 中만이 지극히 바르고 誠만이 지극히 궁극적이다. 그러나 경하기 때문에 中이 되고 경하지 않으면 中이 될 수 없다. 경한 뒤에 誠할 수 있고 경이 아니면 誠할 수 없다. 氣가 빨리 내달리는 것이 네 마리 말이 내달리는 것보다 빠르니 경은 그것을 막는 재갈과 고삐이며, 情이 멋대로 방종하는 것은 하천이 터지는 것보다 심하니 경은 바로 그것을 막아주는 제방이다. 그러므로 주염계의 '고요함을 주로 하는(主靜)' 말이나 정자의 '하나를 주로 하는(主一)' 가르침은 모두 사람들에게 가장 절실한 것이다. 주자도 간곡히 반복하였으니 배우는 사람들이 만약 여기에서 힘쓸 줄을 알아서 사려가 아직 싹트지 않았을 때에 경계하고, 사물과 이미 접촉하였을 때에 공손하여 조금도 끊어짐이 없으면, 덕이 온전하고 욕심이 없어질 것이다."

●程子曰, 主一無適, 敬以直內, 便有浩然之氣.[34] (按) 學者用功, 當低頭做去, 不可有計獲之心. 然積眞之久, 便自有效應. 故先儒亦往往發明此理. 撫附凡十三條.

●정자가 말하였다. "'마음이 하나에 전념하여 다른 데로 달아나지 않거나(主一無適)', '경으로써 안을 곧게 하면(敬以直內)' 호연지기가 생긴다." (안) 배우는 사람들이 공부할 때는 마

---

34) 『二程全書』 1, 「河南程氏遺書 第15」

땅히 머리를 낮추고 해야지 얻을 것을 꾀하는 마음이 있어서는 안 된다. 그러나 진실함을 쌓기를 오래하면 저절로 효응이 있다. 그러 므로 선유들이 또한 항상 이 이치를 드러내어 밝혔다. 모두 13조목 을 모아서 붙였다.

○又曰, 毋不敬, 可以對越上帝.35) 問, 人在屋漏, 如何對 蒼蒼之天. 退陶曰, 地上皆天, 及爾遊衍, 安往而非天乎. 蓋天 卽理也, 苟知理之無物不有無時不然, 則知上帝之不可須臾離, 亦 不可須臾忽也.36)

○정자가 또 말하였다. "경하지 않음이 없으면 상제를 마 주할 수 있다." 물었다. "사람이 옥루屋漏에서 어떻게 푸르고 푸 른 하늘을 마주합니까?" 퇴계가 대답하였다. "땅 위는 모두 하늘이 어서 '그대가 실컷 노니는 데 미치시니'37) 어디를 가든 하늘이 아니 겠는가? 대개 하늘은 곧 理이니, 진실로 理가 없는 사물이 없고 그 렇지 않을 때도 없음을 안다면, 상제를 잠시도 떠날 수 없고 잠시도 소홀히 해서는 안 됨을 알 것이다."

○又曰, 敬勝百邪.38)

○정자가 또 말하였다. "경은 온갖 사특함을 이긴다."

○又曰, 敬則自然和樂.39) 朱子曰, 敬是合聚底和, 和是碎

---

35) 『二程全書』 1, 「河南程氏遺書 第11」(또는 『近思錄集解』 「存養」)
36) 『心經註解總攬』, 「上帝臨女」
37) 『詩經』 「大雅」 〈板〉, "敬天之怒, 無敢戱豫. 敬天之渝, 無敢馳驅. 昊天 曰明, 及爾出王. 昊天曰旦, 及爾游衍."
38) 『二程全書』 1, 「河南程氏遺書 第11」(또는 『心經附註』 卷3, 「牛山之木」)
39) 『續近思錄』 卷4, 「存養」

底敬. 敬只是一箇敬, 和便事事都要和, 這裏也恰好, 那裏也恰好. 纔敬便自然和. 如敬在這裏坐, 便自有箇氤氳磅礴氣象.40)

○정자가 또 말하였다. "경하면 자연히 화락해진다." 주자가 말하였다. "경은 和가 모인 것이요 和는 경이 나누어진 것이다. 경은 다만 하나의 경일 뿐이요 和는 일마다 모두 조화로워지려는 것이니, 여기에서도 알맞고 저기에서도 알맞다. 경하면 바로 자연히 조화로워진다. 예컨대 경하여 여기에 앉아 있으면서 저절로 왕성하고 성대한 기상이 있는 것과 같다."

○又曰, 居敬則心中無物, 故所行自簡.41) 朱子曰, 居敬則明燭事幾, 而無私意之擾, 故其行必簡.42) ○南軒張氏曰, 主一之謂敬, 敬則專而不雜, 序而不亂, 常而不迫其行, 自然簡也.43) ○又曰, 心宰事物, 而敬者心之道所以生也. 生則萬理森然, 而萬事之綱, 總攝於此. 凡至乎吾前者, 吾則因其然而酬酢之. 故動雖微, 而吾固經緯乎吉之先, 事雖大, 而吾處之若起居飲食之常. 雖雜然幷陳, 而釐分縷析, 條理不紊, 無他. 其綱旣立, 如鑑之形物, 各止其分, 而不與之俱往也, 此所謂居敬而行簡者與.44)

○정자가 또 말하였다. "경에 머물면 마음속에 아무런 일이 없기 때문에 행하는 것이 저절로 간략해진다."45) 주자가 말하였다. "경에 머물면 일의 기미를 밝게 살펴서 사사로운 뜻의 혼

---

40) 『朱子語類』 卷22
41) 『朱子語類』 卷30
42) 『朱熹集』 卷41, 「答程允夫」
43) 『南軒集』 卷12, 「敬簡堂記」(또는 「西山讀書記」 卷18, 「敬(上)」)
44) 『南軒集』 卷12, 「敬簡堂記」(또는 「西山讀書記」 卷18, 「敬(上)」)
45) 『論語集註』 「雍也」, "居敬則心中無物, 故所行自簡."

란스러움이 없기 때문에 그 행동이 반드시 간략해진다." ○남헌장씨
(장식)가 말하였다. "'하나를 주로 하는 것(主一)'을 경이라 하니, 경
하면 전일하여 복잡하지 않고, 차례가 있어 어지럽지 않으며, 정당하
여 그 행동을 핍박하지 않아서 자연히 간략해진다." ○남헌장씨가
또 말하였다. "마음이 사물을 주재하나 경이란 마음의 도가 생겨나
는 근거이다. 생겨나면 온갖 이치가 삼연하여 온갖 일의 강령이 모
두 여기(경)에서 총섭된다. 무릇 내 앞에 이르는 것이면 나는 그러한
것에 따라 대응한다. 그러므로 움직임이 비록 작더라도 나는 진실로
길함이 먼저 나타나는 것으로[46] 다스리고, 일이 비록 크더라도 나
는 처하기를 일어나고 자고 마시고 먹는 일상의 일과 같이 한다. 비
록 복잡하게 늘어놓아져 있더라도 하나하나 분석하여 조리가 문란
하지 않는 것은 다른 것이 아니다. 그 강령이 이미 세워지면 마치
거울이 물건을 나타내는 것과 같아서 각각 그 분수에 그치고 그것과
함께 가지 않으니, 이것이 이른바 '경에 머물면 행동이 간략해진다'
는 것이다."

○又曰, 敬則便是禮, 無己可克.[47] 又曰, 純於敬則己與理
一, 無可克無可復者.[48] ○朱子曰, 能純於敬, 則自無邪僻, 何
用克己. 若有邪僻, 只是敬心不純, 只可責敬. 故敬則無己可克.[49]
○又曰, 敬之至, 固無己可克, 克己之至, 亦不須言敬. 敬則無

---

[46] 『周易』「繫辭傳(下)」, "子曰, 知幾其神乎. 君子上交不諂, 下交不瀆, 其
知幾乎. 幾者動之微, 吉之先見者也. 君子見幾而作, 不俟終日." 吉자 뒤
에 凶자가 누락된 것으로 보인다. 왜냐하면 이 구절에서 幾는 기미이
니, 사물의 발전이 막 시작되면 결과는 아직 분명히 볼 수 없어 반드시
모두 길하다고 할 수 없고 또한 마땅히 흉함이 있기 때문에 '길흉이 먼
저 나타난다'라고 하였다.

[47] 『二程全書』 1, 「河南程氏遺書 第15」(또는 『心經附註』 卷1, 「子絶四」)

[48] 『二程全書』 3, 「二程粹言 卷1」〈論道篇〉

[49] 『朱子語類』 卷9

己可克者, 此是大敬, 如聖敬日躋, 於緝熙敬止之敬也.50) ○又
曰, 敬是涵養操持不走作, 克己則和根打倂了, 敎他盡淨.51) ○
又曰, 敬如治田而灌漑之功. 克己, 則是去其惡草也.52) ○問, 持
敬克己工夫, 相資相成否. 曰, 若不敬, 則此心散漫, 何以能克
己. 若不克, 非禮而視聽言動, 安能爲敬.53) (按)敬則固無己可克,
然持敬克己, 須交致其功, 不可偏廢. 故撫朱子三說, 于後以備
參攷焉.

○정자가 또 말하였다. "경하면 곧 예이니 자기를 극복할
것이 없다." 정자가 또 말하였다. "경에 순수하면 자기가 이치와 하
나이니 극복할 것도 없고 회복할 것도 없다." ○주자가 말하였다. "경
에 순수할 수 있으면 저절로 사특함이 없을 것이니, 어찌 자신을 극
복할 필요가 있겠는가? 만약 사특함이 있다면 다만 경의 마음이 순
수하지 않을 뿐이니 다만 경을 책망할 수 있을 것이다. 그러므로 경
하면 자기를 극복할 것이 없다." ○주자가 또 말하였다. "경이 지극
하면 진실로 자기를 극복할 것이 없고, 자기를 극복하는 것이 지극
하면 또한 경을 말할 필요가 없다. '경하면 자기를 극복할 것이 없
다'는 것은 큰 경이니, 예컨대 '성스럽고 공경스런 덕이 날로 오르셨
다(聖敬日躋)'54)거나 '아! 공경을 계속하여 밝히셨다(於緝熙敬止)55)'
는 것이다." ○주자가 또 말하였다. "경은 함양하고 잡아 지켜서 달
아나지 않게 하는 것이니, 자기를 극복하면 뿌리까지 물리쳐서56)

---

50) 『朱子語類』卷42
51) 『朱子語類』卷105
52) 『朱子語類』卷12
53) 『朱子語類』卷42
54) 『詩經』「商頌」〈長發〉에 나오는 글로, 상나라 탕왕의 덕을 칭송한 글이다.
55) 『詩經』「大雅」〈文王〉에 나오는 글로, 문왕의 덕을 칭송한 글이다.
56) 打倂: 倂은 屛과 같은 것으로 제거하거나 없애버린다는 뜻이다. 打는

그것을 완전히 깨끗하게 하는 것이다." ○주자가 또 말하였다. "경은 마치 밭을 갈고 물을 대는 일과 같다. 자기를 극복하는 것은 곧 나쁜 풀을 제거하는 것이다." ○물었다. "경을 지키는 것(持敬)과 자기를 극복하는 것(克己)의 공부는 서로 의지하면서 서로 이루어 주는 것입니까?" 주자가 대답하였다. "만일 경하지 않으면 이 마음은 산만할 것이니 어찌 자기를 극복할 수 있겠는가? 만일 자기를 극복하지 못한다면 예가 아니어도 보고, 듣고, 말하고, 행동할 것이니, 어찌 경을 할 수 있겠는가?" (안) 경하면 진실로 자기를 극복할 것이 없지만, '경을 지키는 것'과 '자기를 극복하는 것'이 반드시 서로 그 공부를 다하여 <하나라도> 치우치거나 폐기되어서는 안 된다. 그러므로 주자의 세 가지 설을 모아서 뒤에다 참고하도록 구비하였다.

○朱子曰, 只敬, 則心便一.[57]

○주자가 말하였다. "다만 경하면 마음이 바로 순일해진다."

○又曰, 人常恭敬, 則心常光明.[58]

○주자가 또 말하였다. "사람이 항상 공경하면 마음이 늘 밝아진다."

○又曰, 敬無許多事.[59]

○주자가 또 말하였다. "경하면 많은 일이 없게 된다."

---

뜻을 강하게 하는 어조사이다.
57)『朱子語類』卷12
58)『朱子語類』卷12
59)『朱子語類』卷12

○又曰, 敬則萬理具在.60) 問, 敬者, 德之聚. 曰, 敬則德聚, 不敬則都散了.61)

○주자가 또 말하였다. "경하면 온갖 이치가 갖추어진다." 물었다. "경은 덕이 모인 것입니까?" 주자가 대답하였다. "경하면 덕이 모이고 경하지 않으면 모두 흩어져버린다."

○又曰, 敬天德也, 敬便徹上徹下, 與天無間. 九峯蔡氏曰, 敬者所以合天人而一之者也.

○주자가 또 말하였다. "경은 하늘의 덕이니, 경하면 위로부터 아래까지 모두 통하여 하늘과 끊어짐이 없다." 구봉채씨62)가 말하였다. "경은 하늘과 사람이 합하여 하나 되는 것이다."

○又曰, 人能存得敬, 則吾心湛然, 天理粲然, 無一分著力處, 無一分不著力處.63)

○주자가 또 말하였다. "사람이 경을 보존할 수 있으면 나의 마음이 맑아지고 천리가 분명해져서 조금도 힘을 쓰는 곳이 없으면서, 또한 조금도 힘을 쓰지 않는 곳이 없을 것이다."

---

60) 『朱子語類』 卷12
61) 『朱子語類』 卷12
62) 蔡沈(1167~1230)을 말한다. 자는 仲默, 호는 九峯으로 송나라의 학자이다. 蔡元定의 아들이며 주희의 제자로, 구봉에 은거하여 학문을 연마하여 구봉선생이라 불렀다.
63) 『朱子語類』 卷12

○又曰, 而今只是理會箇敬, 一日則有一日之效, 一月則有一月之效.[64]

○주자가 또 말하였다. "지금 다만 경을 이해한다면 하루에는 하루의 효과가 있고, 한 달에는 한 달의 효과가 있을 것이다."

右第七章. 臨川吳氏曰, 此總前六章. ○勉齋黃氏曰, 動靜不違, 表裏交正, 是一篇綱領.

이상은 제7장이다. 임천오씨(오징)가 말하였다. "이것은 앞의 여섯 장을 총괄한 것이다." ○면재황씨(황간)가 말하였다. " '움직일 때나 고요할 때나 어기지 말고 밖과 안을 서로 바르게 하라'는 것은 이 한 편의 강령이다."

---

64) 『朱子語類』 卷12

# 제8장

> 須臾有間, 私欲萬端, 不火而熱, 不冰而寒.
> 잠시라도 틈이 있으면 사욕이 만 갈래로 일어나서, 불
> 타지 않아도 뜨거우며, 얼지 않아도 차가울 것이다.

程子曰, 一不敬, 則私欲萬端, 害仁, 此爲大.[1]

정자가 말하였다. "한 번이라도 경하지 않으면 사욕이 만 갈
래로 일어나서 仁을 해치니 이것이 큰 것이다."

○朱子曰, 敬所以抵敵人欲, 人常敬則天理自明, 人欲
上來不得.[2]

○주자가 말하였다. "경은 인욕에 대적하는 것이니 사람이
항상 경하면 천리가 저절로 밝아져서, 인욕이 올라올 수가
없다."

○又曰, 敬則欲寡而理明.[3]

○주자가 또 말하였다. "경하면 인욕이 적어지고 천리가 밝

---

1) 『心經附註』 卷1, 「仲弓問仁」
2) 『心經附註』 卷3, 「牛山之木」
3) 『聖學十圖』 「第一太極圖」

아진다."

○ 又曰, 敬則天理常明, 自然人欲懲窒消治. 4)

○주자가 또 말하였다. "경하면 천리가 항상 밝아지니 자연히 인욕이 막혀서 사라진다."

○ 南軒張氏曰, 若何而能敬. 克其所以害敬者, 則敬立矣. 害敬者莫甚於人欲, 自容貌顔色辭氣之間而察之, 天理人欲絲毫之分耳. 遏止其欲而順保其理, 則敬在其中, 引而達之, 擴而充之, 則將有常而日新無窮矣. 5)

○남헌장씨(장식)가 말하였다. "어떻게 경할 수 있는가? 경을 해치는 것을 극복하면 경이 세워진다. 경을 해치는 것으로는 인욕보다 심한 것이 없으니, 용모·안색·말씨의 사이에서 살펴보면 천리와 인욕은 털끝만큼 구분될 뿐이다. 그 인욕을 막고 그 천리를 보존하면 경이 그 가운데 있으니, 이끌어서 도달하고 넓혀서 확충하면 장차 변치 않음이 있어 날로 새로워짐이 무궁할 것이다."

右第八章. 臨川吳氏曰, 此言心不能無適之病.

이상은 제8장이다. 임천오씨(오징)가 말하였다. "여기서는 마음이 다른 데로 달아나지 않을 수 없는 병폐를 말한 것이다."

---

4)『朱子語類』卷12
5)『南軒集』卷12, 「敬簡堂記」

# 제9장

毫釐有差, 天壤易處, 三綱旣淪, 九法亦斁.

털끝만큼이라도 어긋남이 있으면 하늘과 땅이 뒤바뀌게 되니, 삼강三綱이 무너지고 구법九法 또한 무너질 것이다.

朱子曰, 敬且定下, 如東西南北各有去處, 此爲根本. 若與萬物幷流, 則如眯目播糠, 上下四方易位矣.[1]

주자가 말하였다. "경이 일단 정해지면 마치 동서남북에 각각 행선지가 있는 것과 같으니 이것이 근본이다. 만약 만물과 함께 섞이면 마치 겨가 날려 눈에 들어가 눈을 뜰 수 없는 것처럼, 상하와 사방의 위치가 바뀔 것이다."[2]

● 程子曰, 居處恭執事敬與人忠, 此是徹上徹下語. 聖人元無二語也, 充之則睟面盎背, 推而達之則篤恭而天下平.[3] (按)心體合內外通物我. 故德盛而人化, 正己而物正, 皆修身治心, 充積之盛, 自然之應, 此持敬之極功, 爲學之全體. 於

---

1)『朱子語類』卷12
2)『莊子』「天運」, "夫播糠眯目, 則天地四方易位矣."
3)『二程全書』1,「河南程氏遺書 第2(上)」

此驗之, 則知不敬之害, 至於易天壤而斁倫法. 蓋有實然之理, 必至之應, 而非假設之辭也. 故附見于此凡四條.

● 정자가 말하였다. "'거처할 때에는 공손하고, 일을 집행할 때에는 공경하며, 남을 대할 때에는 진실하게 한다'[4]라고 하였으니, 이것은 위로부터 아래까지 모두 통하는 말이다. 성인은 원래 〈위와 아래를 구분하여〉 둘로 말하지 않았으니, 채워 나가면 '얼굴에 나타나고 등에 가득하며'[5] 미루어 나가 도달하면 공손함을 돈독히 하여 천하가 화평해진다." (안) 마음의 본체는 안과 밖에 부합하고 사물(대상)과 나를 관통한다. 그러므로 덕이 성대해지면 남이 교화되고 자기를 바르게 하면 남도 바르게 되니, 모두 몸을 닦고 마음을 다스려서 쌓은 것이 성대해지면 자연히 응하는데, 이것이 경을 지키는 지극한 공부요 학문하는 전체이다. 여기에서 징험해보면 경하지 않은 해가 하늘과 땅을 뒤바꾸고, 윤리와 법도를 무너뜨리는 데 이른다는 것을 알 것이다. 대개 실제로 그러한 이치가 있으니, 반드시 지극히 응해야 하는 것이지 꾸며낸 말이 아니다. 그러므로 여기에 4조목을 붙여서 보여주는 것이다.

○ 又曰, 聖人修己以敬, 以安百姓, 篤恭而天下平. 惟上下一於恭敬, 則天地自位, 萬物自育, 氣無不和. 四靈何有不至. 此體信達順之道, 聰明睿智皆由是出, 以此事天饗帝.[6] 朱子曰, 敬則自是聰明. 人之所以不聰不明, 緣身

---

4) 『論語』「子路」, "居處恭, 執事敬, 與人忠, 雖之夷狄, 不可棄也."
5) 『孟子』「盡心(上)」, "君子所性, 仁義禮智根於心. 其生色也, 睟然見於面, 盎於背, 施於四體, 四體不言而喩."
6) 『二程全書』 1, 「河南程氏遺書 第6」(또는 『近思錄集解』「存養」)

心惰慢, 便昏塞了. 敬則虛靜, 自然通達.7) ○又曰, 聰明睿智皆
由是出, 非程子實因持敬而見其效, 何以語及此.8)

○정자가 또 말하였다. "성인은 '경으로써 자기를 닦아 백
성을 편안하게 하고'9) '공손함을 돈독히 하여 천하가 화평
해진다.'10) 오직 윗사람과 아랫사람이 한결같이 공경하면
천지는 저절로 자리를 잡고 만물은 저절로 길러지며11) 기
는 조화를 이루지 않음이 없을 것이다. 〈이런 상태가 된다
면〉 네 가지 신령한 동물12)들이 어찌 나타나지 않겠는가?
이것이 '신의를 체득하고 순리에 통달하는'13) 길이다. 총명
과 예지가 모두 이로부터 나오니, 이로써 하늘을 섬기고
상제에 제사지내는 것이다." 주자가 말하였다. "경하면 저절로
총명해진다. 사람이 총명하지 않은 것은 몸과 마음이 태만하여 바로
혼탁하게 막혀 버렸기 때문이다. 경하면 텅 비고 고요하여 자연히
통달된다." ○주자가 또 말하였다. "총명과 예지가 모두 이로부터
나온다는 것은 정자가 실제로 경을 지킴에 근거하여 그 효과를 본
것이 아니라면 어찌 이것을 언급할 수 있겠는가?"

---

7) 『朱子語類』卷44
8) 『近思錄集解』「存養」
9) 『論語』「憲問」, "子路問君子. 子曰, 修己以敬. 曰, 如斯而已乎. 曰, 修己以安
人. 曰, 如斯而已乎. 曰, 修己以安百姓. 修己以安百姓, 堯舜其猶病諸."
10) 『中庸』第33章, "詩曰, 不顯惟德. 百辟其刑之, 是故君子篤恭而天下平."
11) 『中庸』第1章, "喜怒哀樂之未發謂之中, 發而皆中節謂之和. 中也者, 天
下之大本也, 和也者, 天下之達道也. 致中和, 天地位焉, 萬物育焉."
12) 『禮記』「禮運」에는 四靈, 즉 네 가지 신령스러운 동물로 기린(麟)·봉
황(鳳)·거북(龜)·용(龍)을 말하고 있다.
13) 『禮記』「禮運」, "先王, 能脩禮以達義, 體信以達順, 故此順之實也."

○朱子曰, 自戒懼而約之, 以至於至靜之中, 無所偏倚, 而其守不失, 則極其中, 而天地位矣. 自謹獨而精之, 以至於應物之處, 無少差繆, 而無適不然, 則極其和, 而萬物育矣. 蓋天地萬物, 本吾一體, 吾之心正, 則天地之心亦正矣, 吾之氣順, 則天地之氣亦順矣. 故其效驗至於如此, 此學問之極功, 聖人之能事, 初非有待於外也.14)

○주자가 말하였다. "경계하고 두려워하는 것으로부터 간략히 하여 지극히 고요한 가운데에 치우친 바가 없어 그 지킴을 잃지 않는 데 이르면, 그 中을 지극히 하여 천지가 제자리를 잡을 것이다. 남이 보지 않는 홀로 있을 때를 삼가는 것으로부터 정밀히 하여 사물에 응하는 곳에 조금도 잘못됨이 없어 가는 곳마다 그렇지 않음이 없는 데 이르면, 그 조화(和)를 지극히 하여 만물이 길러질 것이다. 대개 천지와 만물은 본래 나와 한몸이니, 나의 마음이 바르면 천지의 마음도 바르고, 나의 기운이 순하면 천지의 기운도 순하다. 그러므로 그 효험이 이와 같음에 이르는 것이니, 이것이 학문의 지극한 공효이요 성인의 능한 일이니, 애초부터 밖에서 기다림이 있는 것이 아니다."

○又曰, 修己以敬, 語雖至約, 而所以齊家治國平天下之本, 擧積諸此. 蓋修己以敬, 而極其至, 則心平氣和, 靜虛動直, 而所施爲無不各當其理. 是以其治之所及者, 輩

---

黎百姓莫不各得其安也. 是皆本於修己以敬之一言, 其
功效之自然及物者耳. 修己以敬, 貫徹上下, 包擧遠近,
而統言之也. 曰安人則修己之餘而敬之至也, 安百姓則
修己之極而安人之盡也. 是雖有小大遠近之差, 然皆不
離於修己以敬之一言, 而非有待擴之而後大推之而後達
也.15)

○주자가 또 말하였다. "'경으로써 자기를 닦는다'16)라는
것은 말이 비록 지극히 간략하나 집안을 가지런히 하고(齊
家), 나라를 다스리고(治國), 천하를 화평하게 하는(平天下)
근본이니, 모두 여기에 쌓인다. 대개 경으로써 자기를 닦
아서 그 지극함을 다하면 '마음이 평화롭고 기운이 조화로
우며(心平氣和)' '고요할 때에는 텅 비며 움직일 때에는 곧아
서(靜虛動直)' 시행하는 것이 각각 그 이치에 마땅하지 않음
이 없다. 이 때문에 그 다스림이 미치는 것이면 많은 백성
들이 각각 그 편안함을 얻지 않음이 없다. 이것은 모두 '경
으로써 자기를 닦는다'는 말에 근본하니, 그 공효가 자연히
남에게 미치는 것이다. 경으로써 자기를 닦는 것은 위와
아래를 관철하고 멀고 가까움을 포괄하여 총괄하여 말한
것이다. '남을 편안하게 한다'는 것은 자기를 닦은 나머지
경이 지극한 것이고, '백성을 편안하게 한다'는 것은 자기

---

15) 『論語或問』「憲問」
16) 『論語』「憲問」, "子路問君子. 子曰, 修己以敬. 曰, 如斯而已乎. 曰, 修
己以安人. 曰, 如斯而已乎. 曰, 修己以安百姓. 修己以安百姓, 堯舜其猶
病諸."

를 닦음이 지극하여 남을 편안하게 함이 지극한 것이다. 이것이 비록 작고 크고 멀고 가까운 차이가 있지만 모두 '경으로써 자기를 닦는다'는 말에서 벗어나지 않으니, 넓혀 나간 이후에 커지고 미루어 간 이후에 도달하기를 기다리는 것이 아니다."

右第九章. 臨川吳氏曰, 此言事不能主一之病. ○朱子曰, 須臾之間以時言, 毫釐之差以事言, 皆謂失其敬耳, 非兩事也.[17]

이상은 제9장이다. 임천오씨(오징)가 말하였다. "여기서는 일을 할 때에 '하나에 전념(主一)'하지 못하는 병폐를 말한 것이다." ○주자가 말하였다. "'잠시라도 틈이 있다'는 것은 때로써 말한 것이요, '털끝만큼이라도 어긋남이 있다'는 것은 일로써 말한 것이니, 모두 경을 잃은 것을 말한 것일 뿐이지 두 가지 일이 아니다."

---

17) 『朱熹集』 卷55, 「答李守約」

# 제10장

> 於乎小子, 念哉敬哉, 墨卿司戒, 敢告靈臺.
>
> 오호라! 소자들이여, 유념하고 공경하라. 묵경墨卿[1]에
> 게 경계를 맡겨 감히 영대靈臺[2]에 고하노라.

右第十章. 臨川吳氏曰, 此總結一篇.

이상은 제10장이다. 임천오씨(오징)가 말하였다. "여기서는 한 편
을 총괄하여 끝맺은 것이다."

---

1) 墨卿은 먹을 의인화하여 부른 것이다.
2) 靈臺는 마음의 신령한 능력을 비유한 말이다.

問, 敬齋箴. 朱子曰, 此是敬之目, 說有許多地頭去處.[1]

「경재잠」에 대해 물었다. 주자가 대답하였다. "이것은 경의 조목으로 여러 상황에서 말한 것이다."

○問, 敬齋箴後面, 少些從容不迫之意, 欲先生添數語. 曰, 如何解迫切. 今未曾下手, 便要從容不迫, 却無此理. 除非那人做工夫大段迫切然後, 勸他勿迫. 如人相戰, 未曾交鋒, 便要引退. 今未曾做工夫, 便要開後門. 然亦不解迫切, 只是不曾做, 做著時不患其迫切, 某常覺得寬緩底意思多耳.[2]

○물었다. "「경재잠」의 뒷부분에는 차분하고 성급하지 않은 뜻이 조금 부족하니 선생께서 몇 말씀을 보태주시기 바랍니다." 주자가 대답하였다. "어찌 성급하고 급박하다고 해석하는가? 지금 아직 공부에 착수하지도 않았는데 바로

---

1) 『朱子語類』 卷105, 「敬齋箴」(또는 『心經附註』 卷4, 「敬齋箴」)
2) 『朱子語類』 卷105, 「敬齋箴」(또는 『心經附註』 卷4, 「敬齋箴」)

차분하고 성급하지 않으려 하면 오히려 이러한 이치는 없다. 오직 그 사람이 공부를 할 때에 대단히 성급하고 급박하게 한 뒤에야 비로소 그에게 '성급하게 하지 말라'고 권할 수 있다. 이것은 마치 사람이 서로 전쟁함에 아직 칼끝을 부딪치지도 않았는데 바로 이끌고 후퇴하려는 것과 같으며, 지금 아직 공부를 하지 않았는데 바로 〈나가도록〉 뒷문을 열어주려는 것과 같다. 그렇지만 또한 성급하고 급박하다고 해석해서는 안 되는 것은 다만 일찍이 공부를 하지 않았기 때문이니, 공부를 하는 때에는 성급하고 급박하다는 것을 걱정하지 않으니 내가 항상 느긋한 생각이 많다는 것을 깨달을 뿐이다."

○勉齋黃氏曰, 此箴, 是從粗說入精, 從淺入深.[3]

○면재황씨(황간)가 말하였다. "이 箴은 거친 곳에서 말하여 정밀한 곳으로 들어가고, 얕은 곳에서 깊은 곳으로 들어간 것이다."

○北溪陳氏曰, 敬齋箴, 正是鋪敍日用之間持敬功夫, 節目最親切, 宜列諸座右, 常目在之, 按爲準則, 做工夫久久, 自別.[4]

○북계진씨(진순)가 말하였다. "「경재잠」은 바로 일상생활에서 경을 지키는 공부를 자세히 기술하여 절목이 가장 친

---

3) 『心經附註』卷4, 「敬齋箴」
4) 『北溪字義』卷上, 「敬」

절하니, 마땅히 앉은 자리의 오른쪽에 배열하여 항상 눈여겨보고 준칙으로 삼아 오래도록 공부하면 저절로 달라질 것이다."

○西山眞氏曰, 敬之爲義, 至是無復餘蘊, 有志於聖賢者, 宜熟復之.[5] (按)此箴動靜兼養表裏交修, 主一無適之功周流貫徹, 而無一息之間一毫之差. 蓋以前四者爲用工之時分動靜地頭表裏, 以中二者爲用工之節度準的主一無適, 而以後二者爲用工之規戒禁防有間有差, 則敬之爲義, 至是而無復遺蘊矣. 然一事之中而其時分有動靜, 一時之頃而其地頭有表裏, 則初非有兩事也. 主一無適者又貫動靜徹表裏而爲主宰經緯者也. 然則一篇之中, 雖釐爲八節, 而約而言之, 只是動靜表裏四者而已. 四者之工, 統而言之, 只是時處二者, 而二者又只是一事也. 分之而其頭項自別, 挈之而其統會有歸, 學者誠能密切硏究眞實體驗, 則日用之間, 操約而施博, 所謂聖學始終之要者, 豈不信哉.

○서산진씨(진덕수)가 말하였다. "경의 뜻이 여기에 이르러 더 이상 남은 것이 없으니, 성현에 뜻이 있는 자는 마땅히 익숙히 반복하여야 할 것이다." (안) 이 箴은 동과 정이 함께 길러지고 안과 밖이 서로 닦아지니 주일무적主一無適의 공부가 두루 관철하여 한순간의 끊어짐이나 한 터럭의 어긋남도 없다. 대개 앞의 네 가지 것은 공부하는 시분時分(시점)인 동과 정이나 지두地頭(상황)인 안과 밖이 되고, 가운데 두 가지는 공부하는 절도와 표준인 '주일무적'이 되며, 뒤의 두 가지는 공부하는 규율과 금령인 끊어짐이 있고 어긋남이 있는 것이 되니, 경의 뜻이 여기에 이르러 더 이

---

5) 『心經附註』 卷4, 「敬齋箴」

상 남음이 없다. 그러나 하나의 일 속에도 그 '시분'에 동과 정이 있고 일시의 순간에도 그 '지두'에 안과 밖이 있으니, 처음부터 두 가지 일이 있는 것이 아니다. '주일무적'은 또한 동과 정이나 안과 밖을 관철하여 주재하고 다스리는 것이다. 그렇다면 한 편 속에는 비록 8절로 정리되어 있으나 요약하여 말하면 다만 동과 정, 안과 밖 네 가지일 뿐이다. 네 가지의 공부는 총괄하여 말하면 다만 때와 장소의 두 가지일 뿐이고, 두 가지는 또한 다만 하나의 일이다. 나누면 강령이 저절로 구별되고 끌어당기면 모여서 귀결되니, 배우는 사람들이 진실로 절실히 연구하고 진실로 체험할 수 있으면 일상생활에서 간략함을 잡아서 널리 시행할 수 있으니, 이른바 <경이> 성학의 처음과 끝의 요체라는 것을 어찌 믿지 않겠는가?

## (1) 敬과 誠

程子曰, 主一者謂之敬. 一者謂之誠, 主則有意在.[1] 西山眞氏曰, 學者用功, 須當主於一. 主者, 念念守此而不離之意也. 及其涵養旣熟, 此心湛然, 自然無二無雜. 則不待主而自一矣, 卽所謂誠也. 敬是人事之本用功之要, 至于誠則達乎天德矣.[2] ○(按)敬字專言, 則爲萬善之主宰衆德之總會. 然偏言則或以誠對, 或以恭仁對, 或以恕義對, 或以致知對. 蓋專言之而不害其有偏, 分開說而其統體者又自若也. 今摭附於終篇之後.

정자가 말하였다. "하나를 주로(전념) 하는 것을 경이라 한다. 하나는 誠을 말하니 주로 하면 뜻이 있게 된다." 서산진씨(진덕수)가 말하였다. "배우는 사람들은 공부할 때에 반드시 하나를 주로 해야 한다. 주로 하는 것은 이것을 지킬 것을 생각하고 생각하여 떠나지 않는다는 뜻이다. 함양이 이미 익숙해진 데 이르면 이 마음이 고요하여 저절로 둘이 되지 않고 섞이지 않는다. <그렇다면> 주로 하는 것을 기다리지 않아도 저절로 하나가 되니 이른바 誠이라는 것이다. 경은 인사人事의 근본이고 공부하는 요체이니, 誠에 이르면 하늘의 덕(天德)에 도달하게 된다." ○ (안) '경'자는 전언專言하면, 온갖 선을 주재하고 온갖 덕의 총모임이 된다. 그러나 편언偏言하면, 혹은 誠에 상대되고, 혹은 恭과 仁에 상대되며, 혹은 恕와 義에 상대되며, 혹은 치지致知에 상대된다. 대개 전언하여도 편언하는 데 해 되지 않고, 분개分開하여 말하여도 그 통체統體(전체를 총괄함)한 것이 또한 한결같다. 지금 끝 편의 뒤에 모아서 붙였다.

---

1) 『二程全書』 1, 「河南程氏遺書 第24」
2) 『西山集』 卷31, 「問答」

○又曰, 誠則無不敬, 未至於誠, 則敬然後誠.3) 朱子曰, 誠而後能敬者, 意誠而後心正也, 敬而後能誠者, 意雖未誠而能常若有畏, 則當不敢自欺而進於誠矣.4)

○정자가 또 말하였다. "誠은 경하지 않음이 없으니, 誠에 이르지 못했을 때에는 경한 뒤에 誠할 수 있다." 주자가 말하였다. " '誠 이후에 경할 수 있다'는 것은 뜻이 진실한 이후에 마음이 바르게 된다는 것이고, '경 이후에 誠할 수 있다'는 것은 뜻이 비록 아직 진실하지 않더라도 항상 두려움이 있는 것처럼 할 수 있으면 감히 스스로를 속이지 않아서 誠에 나아간다는 것이다."

○又曰, 誠者天之道, 敬者人事之本. 本註敬者用也. 敬則誠.5)

○정자가 또 말하였다. "誠은 하늘의 도이고, 경은 인사人事의 근본이다. 근본은 경의 쓰임을 주해한 것이다. 경하면 誠하게 된다."

○朱子曰, 敬是悚然如有所畏之意, 誠是眞實無妄之名.6) 又曰, 誠是不欺罔底意思, 敬是不放肆底意思.7)

○주자가 말하였다. "경은 송연悚然(두려워하는 모양)하여 마치 두려워하는 뜻이 있는 것과 같으며, 誠은 진실하여 거

---

3) 『二程全書』 3, 「二程粹言 卷1」〈論道篇〉
4) 『朱熹集』 卷53, 「答胡季隨」
5) 『二程全書』 1, 「河南程氏遺書 第11」
6) 『朱熹集』 卷53, 「答胡季隨」
7) 『朱子語類』 卷6

짓이 없음을 이름한 것이다." 주자가 또 말하였다. "誠은 속이 지 않는다는 뜻이고, 경은 방자하지 않는다는 뜻이다."

○ 又曰, 敬也有把捉時, 也有自然時, 誠也有勉爲誠時, 亦有自然誠時. 且說此二字義, 敬只是收斂畏懼, 不縱 放, 誠只是朴直慤實, 不欺詿.[8]

○주자가 또 말하였다. "경은 의도적으로 붙잡을 때가 있 고 또한 저절로 그러할 때가 있으며, 誠은 힘써서 진실하 려고 할 때가 있고 또한 저절로 그렇게 진실할 때가 있다. 잠시 이 두 글자의 뜻을 말하자면, 경은 다만 수렴하고 두 려워하여 방종하지 않는 것이고, 誠은 다만 꾸밈없이 정직 하고 진실하여 속이지 않는 것이다."

○ 又曰, 誠字, 在道則爲實有之理, 在人則爲實然之心, 而其維持主宰, 全在敬字. 今但實然用力於敬, 則日用 工夫自然有總會處, 而道體之中, 名實異同先後本末, 皆 不相礙. 若不以敬爲事而徒曰誠, 則所謂誠者, 不知其 將何所措, 且五常百行無非可願, 雜然心目之間, 又將 何所擇而可乎.[9]

○주자가 또 말하였다. "성이라는 글자는 도에 있어서는 실제로 있는 이치가 되고 사람에 있어서는 실제로 그러한

---

8) 『朱子語類』 卷113
9) 『朱熹集』 卷46, 「答曾致虛」(또는 『性理大全』 卷37, 「誠」)

마음이 되지만, 그것을 유지하고 주재하는 것은 완전히 '경'자에 달려있다. 지금 다만 실제로 경에 힘을 쓴다면 일상생활의 공부가 자연히 모두 모이는 곳이 있어 도의 본체 가운데 명칭과 실제(名實), 다름과 같음(異同), 먼저와 나중 (先後), 근본과 말단(本末)이 모두 서로 장애가 되지 않을 것이다. 만약 경으로 일을 삼지 않고 한갓 誠만을 말한다면 이른바 誠이라는 것은 장차 어디에 두어야 할지를 알지 못할 것이며, 또한 오상五常10)과 모든 행동이 바라는 것이 아닐 수 없지만 마음속에서 뒤섞이게 되면 또한 장차 어느 것을 선택해야 되겠는가?"


## (2) 敬과 恭

● 程子曰, 發於外者謂之恭, 有諸中者謂之敬.11) 此下論 恭敬.

● 정자가 말하였다. "밖으로 나타나는 것을 공손함이라 하고, 안에 있는 것을 공경함이라 한다." 이 아래에서는 공손함(恭)과 공경함(敬)을 논하였다.

○ 朱子曰, 恭主容, 敬主事. 有事著心做, 不易其心而爲之, 是敬. 恭形於外, 敬主於中. 自誠身而言, 則恭較

---

10) 五常은 사람이 지켜야 할 다섯 가지 도리인 仁·義·禮·智·信을 말한다.
11) 『二程全書』 1, 「河南程氏遺書 第6」

緊, 自行事而言, 則敬爲切.12)

○주자가 말하였다. "공손함은 용모를 주로 하고, 공경함은 일을 주로 한다. 일이 있을 때에 마음을 다하여 해나가되 그 마음을 바꾸지 않고 하는 것이 공경함이다. 공손함은 밖으로 나타나고, 공경함은 안에서 주로 한다. 몸을 성실히 하는 것으로 말하면 공손함이 비교적 긴요하고, 일을 행하는 것으로 말하면 공경함이 절실하다."

○又曰, 初學則不如敬之切, 成德則不如恭之安, 敬是主事. 然專言, 則又如修己以敬, 敬以直內. 只偏言是主事. 恭是容貌上說.13)

○주자가 또 말하였다. "처음 배우는 사람들에게는 공경함만큼 절실한 것이 없고, 덕을 이루는 데에는 공손함만큼 안정된 것이 없으니 공경함은 일을 주로 한다. 그러나 전언專言하면 또한 '경으로써 자기를 닦는다'14)거나 '경으로써 안을 곧게 한다'15)는 것과 같다. 다만 편언偏言하면 '일을 주로 한다'는 것이다. 공손함은 용모에서 말한 것이다."

○又曰, 恭敬二字如忠信, 或云, 敬主於中, 恭發於外. 曰, 凡言發於外, 比似主於中者較大. 蓋必充積盛滿, 而

---

12) 『朱子語類』卷6
13) 『朱子語類』卷6
14) 『論語』「憲問」
15) 『周易』「坤卦」〈文言傳〉

後發於外, 則發於外者, 豈不如主於中者. 然主於中者
却是本.16) 北溪陳氏曰, 坐如尸, 立如齊, 便是敬之容, 正衣冠,
尊瞻視, 儼然人望而畏之, 便是恭之容. 敬工夫細密, 恭氣象濶
大.17)

○주자가 또 말하였다. "恭과 敬 두 글자는 충신忠信과 같
다."〈이에 대해〉어떤 사람이 물었다. "敬은 안에서 주로
하고, 恭은 밖으로 나타나는 것입니까?" 주자가 대답하였
다. "무릇 밖으로 나타나는 것이 안에서 주로 하는 것에 비
하면 비교적 크다고 말한다. 대개 반드시 가득 쌓이고 꽉
찬 후에야 밖으로 나타나니, 밖으로 나타나는 것이 어찌
안에서 주로 하는 것만 못하겠는가? 그러나 안에서 주로
하는 것이 오히려 근본이다." 북계진씨(진순)가 말하였다. "앉
아있기를 시동처럼 하고 서있기를 재계하듯이 하는 것은 바로 敬의
모습이며, 의관을 바르게 하고 시선을 높게 하며 엄숙하여 사람들이
바라보고 두려워하는 것은 바로 恭의 모습이다. 敬의 공부는 세밀하
고, 恭의 기상은 넓고 크다."


## (3) 敬과 仁

● 程子曰, 學要在敬也誠也, 中間便有箇仁.18) 元注敬主
事. ○朱子曰, 敬不須言仁, 敬則仁在其中矣.19) ○問五峯曰, 敬

---

16) 『朱子語類』卷6
17) 『北溪字義』卷上, 「恭敬」
18) 『二程全書』1, 「河南程氏遺書 第14」
19) 『朱子語類』卷6

以養吾仁. 又曰, 敬則仁矣, 二說如何. 曰, 敬以養吾仁, 則是先識了仁, 然後別以敬養之, 而敬與仁爲二矣. 敬則仁, 却就此實下工夫, 仁便只在這裏, 此意極爲親切.[20) ○此下論敬仁.

● 정자가 말하였다. "학문은 敬과 誠에 있어야 하며, 중간에는 바로 仁이 있다." 본래 경은 일을 주로 한다는 것을 주해한 것이다. ○주자가 말하였다. "경은 仁을 말할 필요가 없으니, 경하면 仁이 그 속에 있다." ○오봉五峯[21]에게 물었다. "경은 나의 仁을 기르는 것입니까?" 또 물었다. "경하면 仁하니 두 설은 어떻습니까?" 오봉이 대답하였다. "경이 나의 仁을 기른다면 먼저 仁을 안 뒤에 별도로 경으로 仁을 길러서 경과 仁이 둘이 된다. 경하면 仁하지만 오히려 여기에 나아가서 실제로 공부하면 仁이 바로 이 안에 있을 뿐이니, 이 뜻이 지극히 친절하다." ○이 아래에서는 敬과 仁을 논하였다.

○又曰, 大率把捉不定, 皆是不仁.[22) 朱子曰, 人心湛然虛定者, 仁之本體. 把捉不定者, 私欲奪之, 而動搖紛擾矣. 然則把捉得定, 其惟篤於持敬乎.[23)

○정자가 또 말하였다. "대체로 붙잡는 것이 안정되지 못한 것은 모두 仁하지 못하기 때문이다." 주자가 말하였다. "사람의 마음이 고요하여 텅 비고 안정된 것이 仁의 본체이다. 붙잡는 것이 안정되지 못한 것은 사욕이 빼앗아 동요되고 혼란스러운 것이

---

20) 『西山讀書記』 卷19, 「敬上」
21) 胡宏(1105~1161)을 말한다. 자는 仁仲, 호는 五峯이다. 송나라 대학자 胡安國의 셋째 아들로, 五峯선생으로 불렸다. 저서에는 『知言』이 있다.
22) 『朱子語類』 卷12
23) 『朱子語類』 卷6

다. 그렇다면 안정되게 붙잡는 것이 오직 경을 지키는 데 돈독히 할
것이다."

○問, 孔門諸子問仁, 聖人多告之以敬, 如何. 龜山楊
氏曰, 齊莊中正, 仁之守也. 要得爲仁, 須是敬, 學要
得從灑掃應對上做起. 曲禮一篇, 其文似乎淺末, 假使
學到聖人之於天道亦不出此.24) 問, 學以何爲極. 胡氏曰,
仁. 問, 從何入. 曰從敬入. 何謂敬. 曰, 心不在焉, 是謂不敬.25)

○물었다. "공자 문하의 여러 제자들이 仁을 묻자, 성인께
서는 대부분 경으로써 알려주었는데 어떻습니까?" 구산양
씨(양시)가 대답하였다. "가지런하고 장엄하며 치우치지 않
고 바른 것이 仁을 지키는 것이다. 仁을 행할 수 있으려면
반드시 경해야 하니, 배움은 물 뿌리고 빗질하며 응대하
는26) 위에서 시작해야 한다. 『예기』「곡례」한 편은 그 글
이 천박하고 하찮은 것 같으나, 가령 배워서 성인이 천도
天道에 이르는 것27) 또한 여기에서 벗어나지 않는다." 물었
다. "배움은 무엇으로 지극함을 삼습니까?" 호씨(호굉)가 대답하였

---

24) 『西山讀書記』卷19,「敬上」

25) 『西山讀書記』卷19,「敬上」

26) 灑掃應對는 『論語』「子張」에 나온다. "子游曰, 子夏之門人小子, 當洒掃
應對進退, 則可矣. 抑末也, 本之則無. 如之何. 子夏聞之曰, 噫. 言游過
矣. 君子之道, 孰先傳焉, 孰後倦焉. 譬諸草木, 區以別矣. 君子之道, 焉
可誣也. 有始有卒者, 其惟聖人乎."

27) 『孟子』「盡心(下)」, "孟子曰, 口之於味也, 目之於色也, 耳之於聲也, 鼻
之於臭也, 四肢之於安佚也, 性也, 有命焉, 君子不謂性也. 仁之於父子也,
義之於君臣也, 禮之於賓主也, 智之於賢者也, 聖人之於天道也, 命也, 有
性焉, 君子不謂命也."

다. "仁이다." 물었다. "무엇을 따라 들어옵니까?" 호씨가 대답하였
다. "경을 따라 들어온다." "무엇을 경이라 말합니까?" 호씨가 대답
하였다. "마음이 있지 않으면 이것을 불경不敬이라 말한다."

○朱子曰, 人有是心而或不仁, 則無以著此心之妙, 人
雖欲仁而或不敬, 則無以致求仁之功. 仁則心之道, 而
敬則心之貞也.[28]

○주자가 말하였다. "사람에게 이 마음이 있어도 혹 仁하지
못하면 이 마음의 신묘함을 잡을 수 없으며, 사람이 비록
仁하고자 하여도 혹 경하지 못하면 仁을 구하는 공부를 이
룰 수 없다. 仁은 마음의 도이고 경은 마음의 바른 것이다."

○又曰, 人之性惟五常爲大, 五常之中仁尤爲大, 而人
之所以爲是仁者, 又但當守敬之一字. 只是常求放心, 晝
夜相承, 只管提撕, 莫令廢惰, 則雖不能常常盡記衆理,
而義禮智信之用, 自然隨其事之當然而發見矣. 子細思
之, 學者最是此一事爲要, 所以孔門只是敎人求仁也.[29]

○주자가 또 말하였다. "사람의 본성은 오직 오상五常이 크
며, 오상 가운데서는 仁이 더욱 크지만, 사람이 이 仁을 행
하는 것은 또한 다만 '경' 한 글자를 지키기 때문이다. 다만
항상 놓아버린 마음을 구하기를 밤낮으로 이어가고 다만
분발하고 포기하거나 게으르지 않게 하면, 비록 항상 모든

---

28) 『朱熹集』 卷32, 「答張欽夫」
29) 『朱子語類』 卷121

이치를 다 기억할 수는 없지만 義·禮·智·信의 쓰임은 자연히 그 일의 당연함에 따라서 드러날 것이다. 자세히 생각해보면, 배우는 사람들에게는 이 하나의 일이 가장 중요하기 때문에 공자의 문하에서는 다만 사람들에게 仁을 구할 것을 가르쳤던 것이다."

○又曰, 學者當知孔門所指求仁之方, 日用之間, 以敬爲主. 不論感與未感, 常是如此涵養, 造次顚沛, 無時不習, 則此心之全體貫乎動靜語默之間, 而無一息之間斷, 斯其所謂仁歟.[30]

○주자가 또 말하였다. "배우는 사람들은 마땅히 공자의 문하에서 지적한 仁을 구하는 방법을 알고 일상생활에서 경을 주로 해야 한다. 감응하는 때와 감응하지 않는 때를 막론하고, 항상 이와 같이 함양하여 '엎어지고 자빠지는 다급한 순간에도(造次顚沛)' 익히지 않는 때가 없으면, 이 마음의 전체는 움직이고 고요하며 말하고 침묵하는 사이를 관통하여 한순간의 끊어짐도 없으니, 이것이 이른바 仁이라는 것이다."

### (4) 敬과 恕

● 朱子曰, 敬以持己, 恕以及物, 則私意無所容而心德

---

30) 『朱子語類』 卷12

全矣.31) 陳氏曰, 敬者吾心之所主而仁之存也, 恕者吾心之所以
達而仁之施也. 主敬持己, 行恕及物, 則內外無私意而仁在是矣.
○王氏曰, 主敬則內有以全其心之德, 行恕則外有以推其愛之理.
○胡氏曰, 敬以持己, 是收斂此心入來, 恕以待人, 是推擴此心
出去. ○此下論敬恕.

●주자가 말하였다. "경으로써 자기를 지키고 恕로써 남에
게 미치면 사사로운 뜻이 받아들여질 곳이 없어서 마음의
덕이 온전해진다." 진씨가 말하였다. "경은 내 마음이 주로 하여
仁을 보존하는 것이요, 恕는 내 마음이 이르러 仁을 실행하는 것이
다. 경을 주로 하여 자기를 지키고 恕를 행하여 남에게 미치면, 안
과 밖에 사사로운 뜻이 없어 仁이 여기에 있다." ○왕씨가 말하였
다. "경을 주로 하면 안으로 그 마음의 덕을 온전히 할 수 있고, 恕
를 행하면 밖으로 사랑의 이치를 미루어 갈 수 있다." ○호씨가 말하
였다. "경으로 자기를 지키는 것은 이 마음을 거두어들이는 것이고
恕로써 남을 대하는 것은 이 마음을 넓혀 나가는 것이다." ○이 아
래에서는 敬과 恕를 논하였다.

○又曰, 能敬能恕, 則仁在其中. 世有敬而不能恕底人,
便只理會自守, 却無溫厚愛人氣象. 若恕而無敬, 則無
以行之, 須先主於敬然後, 能行其恕.32)

○주자가 또 말하였다. "경할 수 있고 恕할 수 있으면 仁이
그 가운데 있다. 세상에 경하면서 恕할 수 없는 사람이 있
다면, 다만 자신을 지킬 줄만 알 뿐이고 도리어 따뜻하고

---

31) 『論語集註』「顏淵」
32) 『朱子語類』卷42

너그러운 기상이 없다. 만약 恕하되 경이 없다면 그것을 행할 수 없으니, 반드시 먼저 경을 주로 한 연후에 그 恕를 행할 수 있다."

○敬恕齋銘曰, 出門如賓, 承事如祭. 以是存之, 敢有失墜. 己所不欲, 勿施於人. 以是行之, 與物皆春. 胡世之人, 恣己窮物. 惟我所便, 謂彼奚卹. 孰能反之[33], 斂焉厥躬. 于墻于羹, 仲尼子弓. 內順于家, 外同于邦. 無小無大, 罔時怨恫. 爲仁之功, 曰此其極. 敬哉恕哉, 永永無斁.[34]

○「경서재명敬恕齋銘」[35]에서 말하였다. "문을 나가서는 손님을 뵙듯이 하고, 일을 받들 때는 제사를 지내듯이 하라. 이것을 간직하면 감히 잘못됨이 있겠는가? 자기가 원하지 않는 일을 남에게 베풀지 말라. 이것을 행하면 남들과 모두 화합하리라. 어찌하여 세상 사람들은 자기를 방자히 하고 남을 곤궁하게 하는가? 오직 나만 편하고자 하니, 저들이 어찌 가엾다고 말하겠는가? 누가 이를 되돌려서 그 몸을 단속할 수 있겠는가? 지극히 사모하는(墻羹)[36] 이들은

---

33) 『주희집』에는 之가 是로 되어 있다.
34) 『朱熹集』 卷85, 「敬恕齋銘」
35) 莆陽 陳師中이 독서하는 서재에 대해 주자가 '敬恕'라고 이름을 짓고 그 銘을 지었다.
36) 墻羹은 늘 지극히 사모하는 것을 말한다. 요임금이 죽은 뒤에 순임금이 담장을 대해도 요임금의 모습이 보이고, 국을 대해도 요임금이 보였다는 고사에서 유래한다.

공자와 자궁子弓37)이라네. 안으로 가정에 순종하고 밖으로
나라에 협력하라. 작은 일에서든 큰일에서든 원망하는 때
가 없네. 仁을 행하는 공효가 이처럼 지극하다는 말이네.
공경하고 용서하라! 영원히 싫어함이 없으리라."


## (5) 敬과 義

● 程子曰, 君子主敬以直其內, 守義以方其外. 敬立而
內直, 義形而外方. 義形於外, 非在外也. 敬義旣立, 其
德盛矣, 不期大而大矣.38) 又曰, 敬以直內, 義以方外, 合
內外之道也.39) ○ 此下論敬義.

● 정자가 말하였다. "군자는 경을 주로 하여 그 안을 곧게
하고, 義를 지켜서 그 밖을 방정하게 한다. 경이 서면 안이
곧게 되고 義가 나타나면 밖이 방정하게 된다. 義는 밖으
로 나타나지만 밖에 있는 것이 아니다. 경과 義가 이미 세
워지면 그 덕이 성대해져서 크게 되기를 기대하지 않아도
크게 된다." 정자가 또 말하였다. "경하여 안을 곧게 하고 義하여
밖을 방정하게 하는 것은 안과 밖의 도를 합한 것이다." ○ 이 아래

---

37) 子弓은 공자의 제자 仲弓을 말한다. 중궁이 仁에 대해 물으니 공자께
　　서 "문을 나가서는 큰 손님을 뵙듯이 하고 사람을 부릴 때에는 큰 제사
　　를 받들 듯이 하라. 자기가 하고 싶지 않은 것을 남에게 베풀지 않으면
　　나라에서나 집에서나 원망이 없을 것이다."(『論語』「顏淵」, "出門如見大
　　賓, 使民如承大祭, 己所不欲, 勿施於人, 在邦無怨, 在家無怨.")
38) 『近思錄集解』「爲學」
39) 『二程全書』1, 「河南程氏遺書 第11」

에서는 敬과 義를 논하였다.

○又曰, 敬義夾持[40], 直上達天德自此.[41] 朱子曰, 最下
得夾持兩字好. 敬主乎中, 義防[42]於外, 二者常夾持, 要放下霎
然不得. 只得直上去, 故便達天德.[43] ○又曰, 表裏夾持, 更無
東西走作去處, 上面只有箇天德.[44] ○又曰, 敬義, 內外交相養,
夾定在這裏, 莫敎一箇有些走失. 如此, 則下不染於物欲, 只得
上達天德也.[45]

○정자가 또 말하였다. "경과 義를 함께 지키면 곧장 올라
가 하늘의 덕에 도달하는 것이 이로부터 시작된다." 주자가
말하였다. "협지夾持라는 두 글자를 쓴 것이 가장 좋다. 경은 안을
주로 하고 義는 밖을 방정하게 하니, 두 가지가 항상 함께 지켜서
<눈을 깜박이는> 잠깐 사이도 놓아두어서는 안 된다. 다만 곧장 올
라가기 때문에 하늘의 덕에 도달하는 것이다." ○주자가 또 말하였
다. "안과 밖을 함께 지키고 다시 여기저기로 달아나는 곳이 없으
면, 위에는 다만 하늘의 덕이 있을 뿐이다." ○주자가 또 말하였다.
"경과 義는 안과 밖에서 서로 길러주니, 이 안에 잡아두고 하나라도
달아나지 못하게 하여야 한다. 이와 같이 하면 아래로 물욕에 물들
지 않고 다만 올라가 하늘의 덕에 도달할 수 있다."

---

40) 敬義夾持는 敬과 義 양쪽에서 지킨다는 뜻이다. 이 말은 『周易』「坤
    卦」〈文言傳〉의 '敬以直內, 義以方外'라는 말에서 나온 것으로서, 수양
    론의 주요한 방법 중의 하나이다.
41) 『二程全書』1, 「河南程氏遺書 第5」(또는 『心經附註』卷1, 「敬以直內」)
42) 『주자어류』에도 防으로 되어 있으나 防은 方의 오자인 듯하다.
43) 『朱子語類』卷95(또는 『心經附註』卷1, 「敬以直內」)
44) 『朱子語類』卷95(또는 『心經附註』卷1, 「敬以直內」)
45) 『西山讀書記』卷18, 「敬上」(또는 『心經附註』卷1, 「敬以直內」)

○問, 人有專務敬以直內, 不務方外, 何如. 曰, 有諸中者, 必形於外. 惟恐不直內, 內直則外必方.46)

○물었다. "사람들이 오로지 경으로써 안을 곧게 하는 데만 힘쓰고 밖을 방정하게 하는 데 힘쓰지 않으니 어떻습니까?" 정자가 대답하였다. "안에 있는 것은 반드시 밖으로 나타난다. 오직 안을 곧게 하지 못할까 두려우니, 안이 곧으면 밖은 반드시 방정하게 된다."

○問, 必有事焉, 當用敬否. 曰, 敬涵養一事, 必有事焉, 須用集義. 只知用敬不知集義, 却是都無事.47)

○물었다. "반드시 일삼음이 있어야 한다는 것은 마땅히 경을 써야 한다는 것입니까?" 정자가 대답하였다. "경과 함양은 하나의 일이니, 반드시 일삼음이 있으려면 모름지기 義를 쌓아야 한다. 다만 경을 쓸 줄만 알고 의를 쌓을 줄 모른다면, 이것은 도리어 전혀 일삼음이 없는 것이다."

○問, 敬義何別. 曰, 敬是持己之道, 義便知有是有非, 順理而行, 是爲義也. 若只守一箇敬, 不知集義, 却是都無事也. 且如欲爲孝, 不成只守著一箇孝字. 須是知所以爲孝之道, 所以侍奉當如何, 溫淸當如何, 然後能盡孝道也.48)

---

46) 『二程全書』1, 「河南程氏遺書 第18」(또는 『心經附註』卷1, 「敬以直內」)
47) 『朱熹集』卷70, 「記程門諸子論學同異」(또는 『近思錄集解』「爲學」)
48) 『近思錄集解』「爲學」

○물었다. "경과 義는 어떻게 구별합니까?" 정자가 대답하였다. "경은 자기를 지키는 도이고, 義는 옳고 그름이 있음을 알고 이치에 따라서 행하는 것이니 이것이 義이다. 만약 경만을 지킬 뿐이고 義를 쌓을 줄 모른다면, 이것은 도리어 전혀 일삼음이 없는 것이다. 예컨대 효도를 하고자 할 경우, 다만 '효'라는 글자만을 지켜서는 안 된다. 반드시 효도하는 도리를 알아야 하니, 모시고 봉양할 때는 어떻게 해야 하고, 따뜻하게 하고 시원하게 하는 것(溫淸)49)은 어떻게 해야 하는지를 안 뒤에 효도를 다할 수 있기 때문이다."

○問, 敬以直內, 義以方外. 朱子曰, 說只恁地說, 須自去下工夫, 方見得是如此. 敬以直內, 是無纖毫私意, 胸中洞然, 徹上徹下, 表裏如一. 義以方外, 是見得是處決定恁地, 不是處決定不恁地, 截然方方正正, 須是自將去做工夫. 聖門學者問一句, 聖人答他一句, 便領略將去, 實是要行. 如今說得儘多, 只是不曾將身己做. 若實把做工夫, 只是敬以直內義以方外八箇字, 一生用之不窮.50)

○'경으로써 안을 곧게 하고, 의로써 밖을 방정하게 한다'

---

49) 溫淸은 冬溫夏淸의 줄인 말이다. 옛날에 부모를 섬길 때에는 그 자리가 겨울에는 따뜻하고, 여름에는 시원한지를 살펴야 했다.
50) 『朱子語類』 卷69(또는 『心經附註』 卷1, 「敬以直內」)

는 것에 대해 물었다. 주자가 대답하였다. "말은 다만 이렇게 말할 뿐이고 반드시 스스로 가서 공부하여야 비로소 이와 같다는 것을 알 수 있다. 경으로 안을 곧게 하는 것은 털끝만한 사사로운 뜻이 없어서 가슴이 〈막힘이 없이〉 환하여 위에서 아래까지 통하여 안과 밖이 한결같은 것이다. 義로써 밖을 방정하게 하는 것은 옳은 곳에서는 이렇게 결정하고, 옳지 않은 곳에서는 이렇지 않게 결정할 줄 알 수 있어야 자른 듯이 아주 방정하니, 반드시 스스로 가서 공부하여야 한다. 성인의 문하에서 배우는 사람들이 한 구절을 물으면 성인께서 그 한 구절에 대답한 것은 바로 깨달아서 실제로 행하게 하려는 것이다. 지금 말은 지극히 많지만 다만 일찍이 자기 몸으로써 하지 않는 것과 같다. 만약 실제로 잡아서 공부를 한다면, 다만 '경으로써 안을 곧게 하고 의로써 밖을 방정하게 한다'는 여덟 글자는 일생동안 써도 다함이 없을 것이다."

○問, 丹書, 敬勝怠者吉, 怠勝敬者滅, 義勝欲者從, 欲勝義者凶. 曰, 敬便豎立, 怠便放倒, 以理從事是義, 不以理從事是欲. 這敬義是體用, 與坤卦說同.[51] ○又曰, 敬義只是一事. 如兩脚立定是敬, 才行是義, 合目是敬, 開眼見物便是義.[52] ○又曰, 敬要回頭看, 義要向前看.[53]

---

51) 『心經附註』 卷1, 「敬以直內」
52) 『朱子語類』 卷12
53) 『朱子語類』 卷12

○『단서丹書』의 "경이 나태함을 이기는 자는 길하고 나태함이 경을 이기는 자는 망하며, 義가 욕심을 이기는 자는 순조롭고 욕심이 義를 이기는 자는 흉하다"는 것에 대해 물었다. 주자가 대답하였다. "경하면 똑바로 서고 나태하면 방자하여 망하니, 理로써 일을 따르면 義이고, 理로써 일을 따르지 않으면 욕심이다. 이 경과 義는 體와 用이니 곤괘의 말과 같다54)." ○주자가 또 말하였다. "경과 義는 단지 하나의 일이다. 예를 들면 두 다리로 멈추어 서 있는 것은 경이고 걸어가는 것은 義이며, 눈을 감고 있는 것은 경이고 눈을 뜨고서 사물을 보는 것은 義이다." ○주자가 또 말하였다. "경은 뒤돌아보아야 하고, 義는 앞을 보아야 한다."

○朱子堂旁兩夾室, 名其左曰敬齋, 右曰義齋. 記之曰, 嘗讀易而得其兩言, 曰敬以直內, 義以方外. 以爲爲學之要, 無以易此, 而未知所以用力之方也. 及讀中庸, 見所論修道之敎, 而必以戒愼恐懼爲始然後, 得所以持敬之本. 又讀大學, 見所論明德之序, 而必以格物致知爲先然後, 得所以明義之端. 旣而見夫二者之功, 一動一靜, 交相爲用, 又有合乎周子太極之論然後, 知天下之理, 幽明鉅細遠近淺深, 無不貫乎一者. 樂而玩之, 足以終吾身而不厭, 又何暇夫外慕哉.55)

---

54) 『周易』「坤卦」〈文言傳〉의 '敬以直內, 義以方外'를 가리킨다.
55) 『朱熹集』卷78, 「名堂室記」(또는 『心經附註』卷1, 「敬以直內」)

○주자가 자양서당 옆의 두 작은 방56)에서 〈한가로운 날 책을 읽으셨는데〉 이름하여 그 왼쪽을 경재敬齋라 하고 그 오른쪽을 의재義齋라 하고는 다음과 같이 기록하였다. "일찍이 『주역』을 읽다가 두 구절의 말을 얻었으니 '경으로써 안을 곧게 하고, 의로써 밖을 방정하게 한다'는 것이다. 학문하는 요체는 이것을 바꿀 수 없다고 여겼으나, 공부하는 방법을 알지 못하였다. 『중용』을 읽는 데 이르러서는 '도를 닦는 것을 가르침이라 한다(修道之謂敎)'는 것을 논하면서 반드시 '조심하고 두려워함(戒愼恐懼)'을 시작으로 삼은 것을 본 뒤에야 경을 지키는 근본을 터득하였다. 또한 『대학』을 읽다가 명덕明德의 순서를 논하면서 반드시 '사물에 나아가 지식을 이루는 것(格物致知)'을 우선으로 삼은 것을 본 뒤에야 義를 밝히는 단서를 터득하였다. 이미 두 가지의 공부가 한번 동하고 한번 정하여 서로 작용이 되고, 또한 주염계의 태극론에 부합함이 있음을 본 뒤에야 천하의 이치가 어둡고 밝음(幽明), 크고 작음(鉅細), 멀고 가까움(遠近), 얕고 깊음(淺深)이 하나로 관통하지 않음이 없음을 알았다. 이것을 즐거워하면서 완미하면 내 몸을 마치도록 싫증나지 않을 수 있으니, 또한 어느 겨를에 다른 것을 사모(外慕)57)하겠는가?"

---

56) 주자가 14세 되던 해에 아버지 朱松(韋齋)이 별세하였는데, 아버지는 유명으로 처자를 劉子羽(少傅)에게 부탁하였다. 유자우는 屛山 아래에 집을 지어 주어 주자로 하여금 어머니를 모시고 살도록 하였다. 그 후에 집을 紫陽書堂이라 이름하였는데, 夾室은 바로 그 서당 좌우의 작은 방이다.

○又曰, 其未發也, 敬爲之主而義已具, 其已發也, 必主於義而敬行焉, 則何間斷之有哉.[58] 勉齋黃氏曰, 直內方外, 是兩項工夫. 敬是收斂精神, 使存於心者, 無邪曲之擾, 義是截度事宜, 使應於外者, 無偏陂之病. 然敬該夫動, 則方外者, 乃敬之流行, 義主於心, 則直內者, 乃義之根本, 二者未嘗不相爲用也.[59]

○주자가 또 말하였다. "아직 발하지 않았을 때에는 경이 주가 되지만 義가 이미 갖추어지고, 이미 발하였을 때에는 반드시 義를 주로 하지만 경이 행해지니, 무슨 끊어짐이 있겠는가?" 면재황씨(황간)가 말하였다. "안을 곧게 하는 것과 밖을 방정하게 하는 것은 두 가지 공부이다. 경은 정신을 수렴하여 마음에 보존하게 하는 것으로 하여금 바르지 못한 걱정이 없게 하는 것이며, 義는 일의 마땅함을 재단하여 밖으로 응하는 것으로 하여금 치우치는 병폐가 없게 하는 것이다. 그러나 경이 무릇 動을 구비하면 '밖을 방정하게 하는 것'이 바로 경의 유행인 것이고, 義가 마음을 주로 하면 '안을 곧게 하는 것'이 바로 義의 근본인 것이니, 둘은 일찍이 서로 쓰임이 되지 않은 적이 없다."

○又曰, 敬以養其心, 無一毫私念, 可以言直矣. 由此而發所施, 各得其當, 是之謂義. 又曰, 須將敬來做本領, 涵養得貫通時, 纔敬以直內, 便義以方外. 若無敬也, 不知義之所在.[60]

---

57) 外慕는 功名과 利祿을 가리킨다.
58) 『朱熹集』卷40, 「答何叔京」
59) 『勉齋集』卷18, 「復李汝明書(鑑)」

○주자가 또 말하였다. "경이 그 마음을 기르는 데 한 터럭의 사사로운 생각이 없으면 '곧다'고 말할 수 있다. 이로부터 드러나서 시행되는 것이 각각 그 마땅함을 얻으면 이것을 義라고 한다." 주자가 또 말하였다. "반드시 경으로 본령을 삼아 관통할 때까지 함양할 수 있으면, '경으로써 안을 곧게 하는 것'이 바로 '의로써 밖을 방정하게 하는 것'이다. 만약 경이 없으면 義가 있는 곳을 알지 못한다."

○答何叔京書曰, 或謂程子曰, 心術最難執持, 如何而可. 子曰敬. 又曰, 操約者, 敬而已矣. 惟其敬足以直內, 故其義有以方外. 義集而氣得所養, 則喜怒哀樂之發, 其不中節者寡矣. 孟子論養吾浩然之氣, 以爲集義所生, 而繼之曰必有事焉而勿正, 心勿忘, 勿助長也, 蓋又以居敬爲集義之本也. 夫必有事焉者, 敬之謂也, 若曰其心儼然, 常若有所事云爾. 夫其心儼然肅然, 常若有所事, 則雖事物紛至而沓來, 豈足以亂吾之知思. 而宜不宜可不可之幾, 已判然於胸中矣. 如此則此心晏然有以應萬物之變, 而何躁妄之有哉.[61]

○주자가 하숙경(하호)에게 답한 편지에서 말하였다. "어떤 사람이 정자에게 물었다. '마음은 잡아 지키기가 가장 어려우니 어떻게 해야 좋습니까?' 정자가 대답하였다. '경이다.'

---

60) 『朱子語類』 卷114
61) 『朱熹集』 卷40, 「答何叔京」

정자가 또 대답하였다. '잡음이 간략한 것은 경일 뿐이다.' 오직 경만이 안을 곧게 할 수 있기 때문에 義가 밖을 방정하게 할 수 있다. 義가 쌓여서 기가 길러질 수 있으면 희로애락이 발한 것이 절도에 맞지 않은 것이 적을 것이다. 맹자가 '나의 호연지기를 기른다'는 것을 논하면서 義가 쌓여서 생겨난 것으로 여겼으며, 이어서 '반드시 일삼음이 있되 미리 효과를 기대하지 말고, 마음에 잊지도 말고, 조장하지도 말라'[62]고 하였으니, 대개 또한 경에 머무는 것으로 義를 쌓는 근본을 삼은 것이다. 무릇 '반드시 일삼음이 있다'는 것은 경을 말한 것이니, 마치 '그 마음이 엄숙하여 항상 일삼는 바가 있는 것같이 하라'고 말하는 것과 같을 뿐이다. 대저 그 마음이 엄숙하여 항상 일삼는 바가 있는 것같으면, 비록 사물이 어지러이 이르고 뒤섞여 올지라도 어찌 나의 지식과 생각을 어지럽힐 수 있겠는가? 그래서 마땅하고 마땅하지 않음, 옳고 옳지 않음의 기미가 이미 나의 가슴속에서 분명해질 것이다. 이와 같으면 이 마음이 편안히 만물의 변화에 대응할 수 있을 것이니, 어찌 조급하고 망령됨이 있겠는가?"

○又曰, 敬有死敬, 敬有活敬. 若只守著主一之敬, 遇事不濟之以義辨其是非, 則不活. 若熟後, 敬便有義, 義便有敬. 靜則察其敬與不敬, 動則察其義與不義, 須敬義夾持, 循環無端, 則內外透徹.[63]

---

62) 『孟子』「公孫丑(上)」

○주자가 또 말하였다. "경에는 죽어있는 경이 있고 경에
는 살아있는 경이 있다. 만약 '하나를 주로 하는(主一)' 경
만을 지킬 뿐이고 일을 만났을 때에 멈추어 義로써 그 옳
고 그름을 판별하지 못한다면, 이것은 죽어있는 경이다.
만약 익숙해진 뒤에는 경에 바로 義가 있고 義에 바로 경
이 있다. 고요할 때는 경과 불경不敬을 살피고 움직일 때는
義와 불의不義를 살펴서 반드시 敬과 義를 함께 지키고서
끝없이 순환해야(循環無端)64) 안과 밖이 투철해진다."

○答余正叔書曰, 敬義工夫, 不可偏廢. 專務集義而不
知主敬者, 固有虛驕急迫之病, 而所謂義者, 或非其義.
然專言主敬, 而不知就日用間念慮起處, 分別其公私義
利之所在, 而決取舍之幾, 則亦不免於昏憒雜擾, 而所
謂敬者, 有非其敬矣. 且所謂集義, 正是要得看破那邊
物欲之私, 却來這下認得天理之正, 事事物物, 頭頭處
處, 無不如此體察, 觸手便成兩片, 則天理日見分明, 所
謂物欲之誘, 亦不待痛加遏絶而自然破矣. 若其本領, 則
固當以敬爲主. 但更得集義之功, 以祛利欲之蔽, 則於
敬益有助, 蓋有不待著意安排, 而無昏憒雜擾之病. 上蔡
所謂去却不合做底事, 則於用敬有功, 恐其意亦謂此也.

---

63) 『朱子語類』卷12
64) 循環無端 : 循環은 원을 이루는 고리이고, 無端은 둥근 고리가 끝나는
   곳이 없는 것으로, 끝없이 순환하는 것을 말한다.

鄙意不是舍敬談義, 去本逐末, 正欲兩處用功, 交相爲
助. 正如程子所謂敬義夾持, 直上達天德自此者耳.65)

○주자가 여정숙余正叔66)에게 답한 편지에서 말하였다. "경
과 義의 공부는 어느 하나라도 그만두어서는 안 된다. 오
로지 義를 쌓는 데만 힘쓰고 경을 주로 할 줄 모르는 자는
참으로 헛되이 교만하고(虛驕)67) 성급한 병통이 있으니, 이
른바 義라는 것이 혹 〈그들이 말하는〉 그 義가 아닐 것이
다. 그러나 오로지 경을 주로 할 것을 말하고 일상생활에
서 생각이 일어난 곳에 나아가 公과 私, 義와 利의 소재를
분별하여 취할 것인지 버릴 것인지의 기미를 결단할 줄을
모른다면, 또한 혼란하고 어지러움에서 벗어나지 못할 것
이니, 이른바 경이라는 것도 〈그들이 말하는〉 그 경이 아닐
것이다. 또 이른바 '의를 쌓는다'는 것은 바로 저쪽에 있는
물욕의 사사로움을 간파하려는 것인데, 도리어 이쪽으로
와서 천리의 올바름을 인식하여 사물마다 곳곳마다 이와
같이 살피지 않음이 없어서 손을 대면 바로 〈천리인지 물욕
인지〉 둘로 나누어지니, 그렇다면 천리가 날로 드러남이
분명해질 것이니 이른바 물욕의 유혹도 통렬히 막고 끊어
버리지 않더라도 저절로 없어질 것이다. 그 본령과 같은

---

65) 『朱熹集』卷59, 「答余正叔」
66) 余大雅(1138~1189)를 말한다. 주희의 제자로 부지런히 학문을 연구하
여 인정을 받았으며, 저서에는 『朱子語錄』 1권이 있으나 佚失되어 전하
지 않는다.
67) 虛驕는 상응하는 능력이나 재주가 없이 맹목적으로 교만한 것, 즉 실속
없는 교만을 가리킨다.

것은 진실로 경을 주로 해야 한다. 다만 한층 더 義를 쌓는 공부를 하여 이욕利欲의 폐단을 제거하면 경에 대해서도 더욱 도움이 되니, 대개 억지로 안배할 것을 기다리지 않아도 혼란하고 어지러운 병폐가 없을 것이다. 상채(사량좌)가 말한 '마땅히 해서는 안 되는 일을 제거하는 것은 경을 쓰는데 효과가 있을 것이다'[68)는 것은 아마도 그 뜻이 또한 이것을 말한 것이다. 나의 뜻은 경을 버리고 義를 말하거나 근본을 제거하고 말단을 쫓아가는 것이 아니라, 바로 두 곳에서 힘써 공부하고자 하면 서로 도움이 된다는 것이다. 이것이 바로 정자가 말한 '경과 의를 함께 지키면 곧바로 하늘의 덕에 도달함이 이로부터 시작된다'는 것이다."


### (6) 居敬과 致知

● 程子曰, 涵養須用敬, 進學則在致知.[69) 此下論居敬致知.

● 정자가 말하였다. "함양에는 반드시 경으로써 하고, 학문에 나아감은 지식을 이루는 데(致知) 있다." 이 아래에서는 거경居敬과 치지致知를 논하였다.

---

68) 『上蔡語錄』 卷2, "問敬愼有異否. 曰執輕如不克, 執虛如執盈, 愼之至也. 敬則愼在其中矣, 敬則外物不能易. 學者須去却不合做底事, 則於敬有功, 敬換不得, 方其敬也. 甚物事換得."
69) 『二程全書』 1, 「河南程氏遺書 第18」

○又曰, 入道莫如敬, 未有能致知而不在敬者.[70]

○정자가 또 말하였다. "도에 들어가는 것은 경을 하는 것만 못하니, '치지'를 하면서 경에 있지 않을 수 있는 자는 있지 않다."

○五峯胡氏曰, 居敬所以精義也.[71]

○오봉호씨(호굉)가 말하였다. "경에 머무는 것은 뜻을 정밀히 하는 것이다."

○朱子答陳師德書曰, 程子曰, 涵養須用敬, 進學則在致知, 此二言者, 實學者立身進步之要, 而二者之功, 蓋未嘗不交相發也. 然夫子敎人持敬, 不過以整衣冠齊容貌爲先, 而所謂致知者, 又不過讀書史應事物之間, 求其理之所在而已.[72]

○주자가 진사덕陳師德에게 답한 편지에서 말하였다. "정자께서 말한 '함양은 반드시 경으로써 하고, 학문에 나아감은 치지하는 데 있다'는 이 두 말은 실제로 배우는 사람들이 입신立身하고 진보進步하는 요체이니, 두 가지의 공부는 대체로 일찍이 서로 드러내지 않음이 없다. 그러나 부자께서 사람에게 경을 지킬 것을 가르친 것은 의관을 단정하게 하

---

70) 『心經附註』 卷3, 「牛山之木」
71) 『朱熹集』 卷38, 「答江元適」(또는 『心經附註』 卷1, 「敬以直內」)
72) 『朱熹集』 卷56, 「答陳師德(定)」

고 용모를 바르게 하는 것을 우선으로 삼은 것에 불과하였으니, 이른바 '치지'라는 것도 경서와 역사를 읽고 사물에 응하는 사이에 그 이치가 어디에 있는지를 찾는 것에 불과할 뿐이다."

○答孫敬甫書曰, 主一無適者, 亦必有所謂格物窮理者以先後之也. 故程子之言曰, 涵養必以敬而進學則在致知, 此兩言者, 如車兩輪, 如鳥兩翼, 未有廢其一而可行可飛者也. 敬之與否, 只在當人一念操舍之間, 而格物致知, 莫先於讀書講學之爲事. 至於讀書, 又必循序致一, 積累漸進而後可以有功也.[73]

○주자가 손경보孫敬甫에게 답한 편지에서 말하였다. "주일무적主一無適은 또한 반드시 이른바 '사물에 나아가 그 이치를 궁구하는 것(格物窮理)'으로 선후를 삼아야 한다. 그러므로 정자께서 말한 '함양은 반드시 경으로써 하고, 학문에 나아감은 치지하는 데 있다'라는 이 두 말은, 수레의 두 바퀴와 같고 새의 두 날개와 같아서 그 한 쪽을 없애고서는 굴러가거나 날아갈 수가 없다. 경을 하고 안하는 여부는 다만 그 사람(본인)이 한 생각을 붙잡느냐 놓느냐의 사이에 달려있을 뿐이니, '사물에 나아가서 지식을 이루는 것(格物致知)'은 독서와 강학으로 일을 삼는 것보다 우선하는 것이 없다. 독서에 이르러서는 또한 반드시 순서에 따라 하나를

---

73) 『朱熹集』 卷63, 「答孫敬甫(自修)」

이루고 누적되어 점차 나아간 뒤에 효과가 있을 수 있다."

○又曰, 學者工夫, 惟在居敬窮理二事. 此二事互相發, 能窮理, 則居敬工夫日益進, 能居敬, 則窮理工夫日益密.74) 又曰, 主敬者, 存心之要, 而致知者, 進學之功. 二者交相發焉, 則知日益明, 守日益固, 而舊習之非, 自將日改月化, 於冥冥之中矣.75)

○주자가 또 말하였다. "배우는 사람들의 공부는 오직 거경居敬과 궁리窮理의 두 가지 일에 있다. 이 두 가지 일은 서로 드러내니, 궁리할 수 있으면 거경 공부가 날로 더욱 나아지고, 거경할 수 있으면 궁리 공부가 날로 더욱 정밀해진다." 주자가 또 말하였다. " '경을 주로 하는 것(主敬)'은 마음을 보존하는 요체이고, '지식을 이루는 것(致知)'은 학문에 나아가는 공부이다. 둘이 서로 드러내면 지식이 날로 더욱 밝아지고 지킴이 날로 더욱 견고해져서, 옛 습관의 잘못이 저절로 남모르게(어둡고 어두운 가운데) 날로 바뀌고 달로 변할 것이다."

○問, 致知以明之, 持敬以養之, 此學之要也. 不致知, 則難於持敬, 不持敬, 亦無以致知. 曰, 二者交相爲用, 固如此. 然亦當各致其力, 不可恃此而責彼也.76)

○물었다. "지식을 이루어 〈학문을〉 밝히고 경을 지켜서

---

74) 『朱子語類』 卷9
75) 『朱熹集』 卷38, 「答徐元敏」
76) 『朱熹集』 卷41, 「答程允夫」

〈마음을〉 기르는 것이 학문의 요체이다. 지식을 이루지 않으면 경을 지키기가 어렵고, 경을 지키지 않으면 또한 지식을 이룰 수 없습니까?" 주자가 대답하였다. "둘이 서로 쓰임이 됨이 진실로 이와 같다. 그러나 또한 마땅히 각각 그 힘을 다하여 이것을 믿고 저것을 책망해서는 안 된다."

○問, 致知涵養. 曰, 須先致知而後涵養. 問, 伊川言未有致知而不在敬, 如何. 曰, 此是大綱說.[77]

○치지致知와 함양涵養에 대해 물었다. 주자가 대답하였다. "반드시 먼저 치지한 후에 함양해야 한다." 물었다. "이천께서 '치지하면서 경에 있지 않을 수 있는 자는 있지 않다'[78]라고 하였는데, 어떻습니까?" 주자가 대답하였다. "이것은 대강을 말한 것이다."

○問, 思與敬如何. 曰, 人於敬上未有用力處, 且自思入, 庶幾有巴攬處. 思之一字, 於學者最有力.[79]

○물었다. "생각(思)과 경은 어떻습니까?" 주자가 대답하였다. "사람이 경 위에서는 힘쓸 곳이 없으니, 또한 생각으로부터 들어간다면 거의 잡을 곳이 있다. '생각'이라는 한 글자는 배우는 자들이 가장 힘을 써야 할 곳이다."

---

77) 『朱子語類』 卷9
78) 『二程全書』 1, 「河南程氏遺書 第3」, "入道莫如敬, 未有能致知而不在敬者."
79) 『朱子語類』 卷97

○又曰, 聖賢教人, 雖以恭敬持守爲先, 而於其中, 又必使之卽事卽物, 考古驗今, 體會推尋, 內外參合. 蓋必如此, 然後見得此心之眞, 此理之正, 而於世間萬事一切言語, 無不洞然了其黑白. 大學所謂知至意誠, 孟子所謂知言養氣, 正謂此也.[80]

○주자가 또 말하였다. "성현이 사람을 가르치는 것이 비록 恭과 敬을 잡아 지키는 것을 우선으로 삼지만, 그 가운데에는 또한 반드시 사물에 나아가 옛것을 상고하고 오늘의 것을 징험하여 몸소 이해하고 미루어 찾아 안과 밖이 서로 합치되도록 해야 한다. 대개 반드시 이와 같이 한 뒤에야 이 마음이 참되고 이 이치가 바른 것을 볼 수 있어서 세간의 온갖 일들과 일체의 언어에서 그 흑백을 분명하게 이해하지 못함이 없을 것이다. 『대학』에서 말한 지지知至와 의성意誠이나, 『맹자』에서 말한 지언知言과 양기養氣가 바로 이것을 말한 것이다."

○答劉公度書曰, 講學不厭其詳, 凡天下事物之理, 方冊聖賢之言, 皆須子細反復究竟. 至於持守, 却無許多事. 若覺得未穩, 只有默默加功, 著力向前而已. 今聞廢書不講, 而反以持守之事爲講說之資, 是乃兩失其宜, 下梢弄得無收殺, 只成得杜撰捏合而已.[81]

---

80) 『朱熹集』 卷54, 「答項平父」
81) 『朱熹集』 卷53, 「答劉公度(孟容)」

○주자가 유공도劉公度에게 답한 편지에서 말하였다. "학문을 강론할 때는 그 자세히 살피는 것을 싫어하지 않아야 하니, 무릇 천하 사물의 이치와 서책에 나오는 성현의 말씀은 모두 자세히 반복하여 끝까지 궁구해야 한다. 지키는 데 이르러서는 도리어 허다하게 일삼을 것이 없다. 만약 온당하지 못하다고 생각하면 다만 묵묵히 공부를 더하여 힘을 다해 앞으로 나아갈 뿐이다. 지금 책을 버리고 강론하지 않으면서 도리어 지키는 일을 강설하는 바탕으로 삼는다고 들었는데, 이는 바로 둘 다 그 마땅함을 잃은 것으로 결국에는 희롱하다가 아무런 수확도 없이 다만 조작하거나 날조하게 될 뿐이다."

○答石子重書曰, 敬字之說, 深契鄙懷. 只如大學次序, 亦須如此看始得. 非格物致知全不用誠意正心, 及其誠意正心, 却都不用致知格物. 但下學處須是密察, 見得後便泰然行將去, 此有始終之異耳. 其實始終是箇敬字, 但敬中須有體察功夫, 方能行著習察. 不然, 兀然持敬, 又無進步處也. 觀夫子答門人爲仁之問不同, 然大要以敬爲入門處, 正要日用純熟處識得, 便無走作. 非如今之學者, 前後自爲兩段, 行解各不相資也.[82]

○주자가 석자중石子重에게 답한 편지에서 말하였다. "〈그대의〉 '경'자의 설은 나의 생각과 잘 맞다. 다만 『대학』의

82) 『朱熹集』 卷42, 「答石子重」

순서와 같은 것도 반드시 이와 같이 보아야 비로소 좋다. 격물치지格物致知가 성의정심誠意正心을 전혀 쓰지 않는 것은 아니지만, 성의정심에 이르러서는 도리어 '치지격물'을 전혀 쓰지 않는다. 다만 공부할 곳은 반드시 정밀하게 살펴서 안 뒤에 편안하게 행할 수 있으니, 여기에 처음과 끝의 차이가 있다. 실제로는 처음과 끝이 하나의 '경'자이지만, 다만 경 가운데에는 반드시 몸소 살피는 공부가 있어야 비로소 '행하여 밝게 알고 익혀서 정밀히 알 수 있다.(行著習察)'83) 그렇지 않고 홀로 오뚝이 앉아 경을 지키면 또한 진보하는 곳이 없다. 공자께서 문인들의 仁을 행하는 질문에 대답한 것이 다르지만 요지가 경을 입문처入門處로 삼은 것을 보면, 바로 일상생활의 아주 익숙한 곳에서 깨달아서 달아나지 못하도록 한 것이다. 이것은 오늘날 배우는 사람들이 앞과 뒤가 저절로 두 부분이 되어 '행하는 것과 아는 것(行解)'이 각각 서로 바탕이 되지 못하는 것과는 같지 않다."

○答彭子壽書曰, 蓋欲應事, 先須窮理, 而欲窮理, 又須養得心地本原虛靜明徹, 方能察見幾微, 剖析煩雜, 而無所差繆. 若只如此終日馳騖, 何緣見得事理分明. 程夫子所謂學莫先於致知, 又未有致知而不在敬者, 正爲此也.84) 答孫敬甫書曰, 持敬致知, 實交相發, 而敬常爲主, 所

---

83) 『孟子』「盡心(上)」, "孟子曰, 行之而不著焉, 習矣而不察焉, 終身由之而不知其道者, 衆也."

居旣廣, 則所向坦然, 無非大路. 聖賢事業, 雖未易一言盡, 然
其大槩似恐不出此也.85)

○주자가 팽자수彭子壽에게 답한 편지에서 말하였다. "대개
일에 응하고자 하면 먼저 이치를 궁구해야 하고, 이치를
궁구하고자 하면 또한 반드시 마음의 본원이 허정하고 명
철하도록 길러야 비로소 기미를 살필 수 있어서 번잡한 것
을 분석하여 잘못되는 것이 없는 것이다. 만약 이와 같이
종일 내달리기만 하면 어찌 사리事理를 분명히 볼 수 있겠
는가? 정부자께서 말한 '학문은 치지보다 우선하는 것이
없다'는 것이나 또한 '치지하면서 경에 있지 않은 자는 있
지 않다'는 것이 바로 이 때문이다." 주자가 손경보孫敬甫에게
답한 편지에서 말하였다. " '경을 지키는 것(持敬)'과 '지식을 이루는
것(致知)'은 실제로 서로 드러내주지만 경이 항상 주가 되니 <경에>
머무는 것이 이미 넓어지면 나아가는 것이 평탄하여 큰 길이 아님이
없다. 성현의 사업은 비록 한마디로 쉽게 말할 수는 없으나, 그 대체
는 아마도 여기에서 벗어나지 않은 것 같다."

○答胡廣仲書曰, 近來覺得敬之一字眞聖學始終之要. 向
來之論謂必先致知然後, 有以用力於此, 疑若未安. 蓋
古人由小學而進於大學, 其於灑掃應對進退之間, 持守
堅定, 涵養純熟, 固已久矣. 是以大學之序, 特因小學
已成之功, 而以格物致知爲始. 今人未嘗一日從事於小

84) 『朱熹別集』 卷3, 「彭子壽(龜年)」
85) 『朱熹集』 卷63, 「答孫敬甫」

學, 而必曰86)先致其知然後, 敬有所施, 則未知其以何
爲主而格物以致其知也. 故程子曰, 入道莫如敬, 未有
能致知而不在敬者. 又論敬云, 但存此久之, 則天理自
明. 凡古昔聖賢之言, 亦莫不如此者, 試考其言, 而以
身驗之, 則彼此之得失見矣.87)

○주자가 호광중胡廣仲88)에게 답한 편지에서 말하였다. "근
래에 경이라는 한 글자가 참으로 성학의 처음과 끝이 되는
요체임을 깨달았다. 접때에 논의한 '반드시 먼저 지식을 이
룬 뒤에 여기(경)에 힘을 쓸 수 있다'고 말한 것은 아마도
온당하지 못한 듯하다. 대개 옛사람들은 『소학』을 거쳐서
『대학』에 나아갔으니, 물 뿌리고 빗질하며 응대하며 나아
가고 물러나는 사이에 견고히 지키고 익숙히 함양한 것이
진실로 이미 오래되었다. 이 때문에 『대학』의 순서는 특히
『소학』에서 이미 이룬 공에 근거해서 격물치지格物致知를 시
작으로 삼은 것이다. 지금의 사람들은 하루도 『소학』에 종
사한 적이 없으면서 반드시 '먼저 그 지식을 이룬 뒤에 경
이 쓰이는 바가 있다'고 말하니, 무엇을 주로 하여 '사물에
나아가 그 지식을 이루는지'를 알지 못하는 것이다. 그러므
로 정자께서는 '도에 들어가는 것은 경을 하는 것만 못하
니, 치지하면서 경에 있지 않을 수 있는 자는 있지 않다'89)

---

86) 『주희집』에는 必曰이 曰必로 되어 있다.
87) 『朱熹集』卷42, 「答胡廣仲」
88) 胡實(1136~1173)을 말한다. 자가 廣仲으로 송나라의 학자이다. 胡瑗
　　의 아들이자, 胡宏의 사촌동생으로 朱熹·張栻과 논쟁하였다.

라고 하였으며, 또한 경을 논하여 '다만 이것을 오래도록 보존하면 천리가 저절로 밝아진다'[90]라고 하였다. 무릇 옛 성현들의 말도 이와 같지 않은 것이 없으니, 시험 삼아 그 말을 상고하여 몸에 검증해보면 저것과 이것의 득실得失을 볼 수 있다."

○又曰, 上蔡雖說明道先使學者有所知識, 却從敬入, 然 其記二先生語, 却謂未有致知而不在敬者. 又自云, 諸 君不須別求見處, 但敬與窮理則可以入德矣. 二先生亦 言根本須先培壅, 然後可立趨向. 又言莊整齊肅, 久之 則自然天理明. 五峯雖言知不先至則敬不得施, 然又云 格物之道, 必先居敬以持其志. 竊謂明道所謂先有知識 者, 只爲知邪正識趨向耳, 未便遽及知至之事也.[91]

○주자가 또 말하였다. "상채(사량좌)는 비록 '명도께서는 먼 저 학자들로 하여금 지식을 있게 하면서도 도리어 경으로 부터 들어가게 하였다'고 말하였으나, 두 선생(정호와 정이) 의 말을 기록한 것에는 도리어 '치지致知하면서 경에 있지 않는 자는 없다'고 하였다. 또 상채 스스로도 '그대들은 따 로 깨달음을 구할 필요가 없고 다만 경을 간직하고 이치를

---

89) 『二程全書』 1, 「河南程氏遺書 第3」, "入道莫如敬, 未有能致知而不在敬 者."
90) 『二程全書』 1, 「河南程氏遺書 第15」, "易所謂敬以直內, 義以方外, 須 是直內, 乃是主一之義. 至於不敢欺, 不敢慢, 尙不愧於屋漏, 皆是敬之事也. 但存此涵養久之, 自然天理明."
91) 『朱熹集』 卷42, 「答胡廣仲」

궁구하면 덕에 들어갈 수 있다'92)라고 하였다. 두 선생은 또한 '근본이 반드시 먼저 배양된 뒤에 나아갈 방향을 세울 수 있다'93)라고 하였으며, 또 '장정하고 엄숙함을 오래하면 자연히 천리가 밝아진다'94)라고 하였다. 오봉(호굉)이 비록 '知(지식)가 먼저 이르지 않으면 경을 쓸 수 없다'라고 하였지만, 또한 '격물의 도는 반드시 먼저 경에 머물면서 그 뜻을 지켜야 한다'라고 하였다. 내(주희)가 보기에, 명도가 말한 '먼저 지식이 있어야 한다'는 것은 다만 사특함과 올바름을 알고 나아갈 방향을 안다는 것일 뿐이니, 성급하게 '지식에 이르는(知至)' 일로 언급하는 것은 온당하지 못하다."

○答潘恭叔書曰, 學問根本, 在日用持敬集義工夫, 直是要得念念省察. 讀書求義乃其間之一事耳. 舊來雖知此意, 然於緩急先後之間, 終是不覺有倒置處, 誤人不少, 今方自悔耳.95)

○주자가 반공숙潘恭叔96)에게 답한 편지에서 말하였다. "학문의 근본은 일상생활에서 경을 지키고 의를 쌓는 공부에

---

92)『上蔡語錄』卷3, "諸公不須尋見處, 但且敬與窮理, 敬以直內, 義以方外, 然後成德."
93)『二程全書』1, 「河南程氏遺書 第6」, "根本須是先培壅, 然後可立趨向也. 趨向旣立, 所造有淺深, 則由勉與不勉也."
94)『二程全書』1, 「河南程氏遺書 第15」, "只是整齊嚴肅, 則心便一, 一則自是無非僻之奸. 此意, 但涵養久之, 則天理自然明."
95)『朱熹集』卷50, 「答潘恭叔」
96) 潘友恭을 말한다. 자가 恭叔으로 송나라의 학자이다. 潘友端의 아우이며, 朱熹의 문인이다.

있으니 다만 늘 생각하고 성찰해야 한다. 책을 읽고 義를 구하는 것은 바로 그중의 하나의 일일 뿐이다. 예전부터 비록 이 뜻을 알았지만 천천히 하고 급하게 하거나 먼저 하고 나중에 하는 사이에서(緩急先後)97) 끝내 거꾸로 된 곳이 있다는 것을 깨닫지 못하고 사람을 그르친 것이 적지 않았으니, 지금에야 비로소 스스로 후회할 뿐이다."

○答程允夫書曰, 能持敬則欲自寡, 此語甚當. 但以爲須先有所見, 方有下手用功處, 則又未然. 夫持敬用功處, 伊川言之詳矣, 只云但整齊嚴肅, 則心便一, 一則自無非僻之干. 又云但動容貌整思慮, 則自然生敬. 只此便是下手用功處, 不待先有所見而後能也. 須是如此, 方能窮理而有所見. 惟其有所見, 則可欲之幾, 瞭然在目, 自然樂於從事, 欲罷不能, 而其敬日躋矣. 伊川又言涵養須用敬, 進學則在致知. 又言入道莫如敬, 未有致知而不在敬者. 考之聖賢之言, 如此類者亦衆. 是知聖門之學, 別無要妙, 徹頭徹尾, 只是箇敬字而已.98)

○주자가 정윤부(정순)에게 답한 편지에서 말하였다. "'경을 지킬 수 있으면 욕심이 저절로 적어진다'는 이 말은 매우 타당하다. 다만 반드시 먼저 보이는 바가 있어야 비로

---

97) 緩急先後 : 경을 지키는 것과 의를 쌓는 것은 급하게 하고 먼저 해야 할 일이며, 책을 읽고 義를 구하는 것은 천천히 하고 나중에 해야 할 일이다.
98) 『朱熹集』卷41, 「答程允夫」

소 공부에 착수할 곳이 있다고 여긴다면 또한 그렇지 않다. 무릇 경을 지키는 공부에 대해서는 이천(정이)이 상세히 말하였으니, '다만 정제엄숙하면 마음이 하나 되고, 〈마음이〉 하나 되면 저절로 잘못되고 치우치는 일이 없게 된다'[99]라고 하였으며, 또한 '용모를 바르게 움직이고 생각을 가지런히 하면 저절로 경이 생겨난다'[100]라고 하였다. 이것이 바로 공부에 착수해야 할 곳이니, 먼저 보는 바가 있기를 기다린 뒤에 할 수 있는 것이 아니다. 반드시 이와 같이 해야 비로소 이치를 궁구하여 보는 바가 있을 수 있다. 오직 보는 바가 있으면, 하고자 하는 기미가 분명히 눈에 보이니, 자연히 일에 종사하는 것이 즐거워서 그만두려고 해도 그만둘 수 없어서 경이 날로 올라간다. 이천이 또 '함양은 반드시 경으로써 해야 하고, 학문에 나아감은 치지하는 데 있다'[101]라고 하였으며, 또 '도에 들어가는 것은 경하는 것만 못하니 치지하면서 경에 있지 않은 자는 있지 않다'[102]라고 하였다. 성현의 말로 상고해보면, 이와 같은 말들이 또한 많다. 이로부터 성인 문하의 학문에 별도의 오묘한 것이 없고 처음부터 끝까지 다만 '경'자일 뿐임을 알 것이다."

---

99) 『二程全書』 1, 「河南程氏遺書 第15」, "只是整齊嚴肅, 則心便一, 一則自是無非僻之奸. 此意, 但涵養久之, 則天理自然明."
100) 『二程全書』 1, 「河南程氏遺書 第15」
101) 『二程全書』 1, 「河南程氏遺書 第18」
102) 『二程全書』 1, 「河南程氏遺書 第3」

○又曰, 敬之一字, 聖學之所以成始而成終者也. 爲小學者, 不由乎此, 固無以涵養本原, 而謹夫灑掃應對進退之節與夫六藝之敎, 爲大學者, 不由乎此, 亦無以開發聰明, 進德修業, 而致夫明德新民之功也.[103] 是以程子發明格物之道, 而必以是爲說焉. 蓋此心旣立, 由是格物致知以盡事物之理, 則所謂尊德性而道問學. 由是誠意正心以修其身, 則所謂先立其大者, 而小者不能奪. 由是齊家治國以及乎天下, 則所謂修己以安百姓, 篤恭而天下平. 是皆未始一日而離乎敬也, 然則敬之一字, 豈非聖學始終之要也哉.[104] 又曰, 敬之一字, 萬善根本, 涵養省察, 格物致知, 種種工夫, 皆從此出.[105]

○주자가 또 말하였다. "경이라는 한 글자는 성인이 되는 학문의 처음을 이루고 끝을 이루는 것이다. 『소학』을 배우는 사람들이 여기에 근거하지 않고서는 진실로 본원을 함양하여 쇄소灑掃·응대應對·진퇴進退의 절도[106]와 육례六禮[107]의 가르침을 잘 실천하지 못할 것이며, 『대학』을 배우는 사람들이 여기에 근거하지 않고서는 또한 총명함을 계발하여 덕에 나아가거나 공업을 닦아서 명덕明德과 신민新民의

---

103) 『聖學十圖』 「小學圖」
104) 『聖學十圖』 「大學圖」
105) 『朱熹集』 卷50, 「答潘恭叔」
106) 灑掃·應對·進退는 『論語』 「子張」편에 나오는 말로, 일상생활에서 가장 기초가 되는 행동거지를 말한다.
107) 六禮는 공자가 제자들에게 가르쳤다는 禮(예절)·樂(음악)·射(활쏘기)·御(말타기)·書(글쓰기)·數(산수)의 여섯 과목을 말한다.

공을 이루지 못할 것이다. 이 때문에 정자께서 격물格物의 도를 밝혀서 반드시 이것으로써 설명하였다. 대개 이 마음이 이미 세워지고 이로부터 '사물에 나아가 지식을 이루어(格物致知)' 사물의 이치를 다하면 이것이 이른바 '덕성을 높이고 학문에 힘쓴다'108)는 것이며, 이로부터 '뜻을 성실히 하고 마음을 바르게 하여(誠意正心)' 그 몸을 닦으면 이것이 이른바 '먼저 그 큰 것을 세우면 작은 것이 빼앗지 못한다'109)는 것이며, 이로부터 '집안을 가지런히 하고 나라를 다스려서(齊家治國)' 천하에까지 미치면 이것이 이른바 '자신을 닦아 백성을 편안하게 한다'110)거나 '공손함을 돈독히 하여 천하가 화평해진다'111)는 것이다. 이 모두는 처음부터 하루라도 경을 떠난 적이 없으니, 그렇다면 경이라는 한 글자가 어찌 성인이 되는 학문의 처음과 끝을 이루는 요체가 아니겠는가?" 주자가 또 말하였다. "경이라는 한 글자는 모든 선의 근본이니 함양성찰涵養省察과 격물치지格物致知의 각종 공부가 모두 여기에서 나온다."

---

108) 『中庸』第27章, "故君子, 尊德性而道問學, 致廣大而盡精微, 極高明而道中庸, 溫故而知新, 敦厚以崇禮."
109) 『孟子』「告子(上)」, "公都子問曰, 鈞是人也, 或從其大體, 或從其小體, 何也. 曰, 耳目之官不思, 而蔽於物, 物交物, 則引之而已矣. 心之官則思, 思則得之, 不思則不得也. 此天之所與我者, 先立乎其大者, 則其小者弗能奪也. 此爲大人而已矣."
110) 『論語』「憲問」, "子路問君子. 子曰, 修己以敬. 曰, 如斯而已乎. 曰, 修己以安人. 曰, 如斯而已乎. 曰, 修己以安百姓. 修己以安百姓, 堯舜其猶病諸."
111) 『中庸』第33章, "詩曰, 不顯惟德, 百辟其刑之. 是故君子, 篤恭而天下平."

○答陳超宗書曰, 爲學雖有階漸, 然合下立志, 亦須略見義理大槩規模, 於自己方寸間, 若有箇惕然愧懼奮然勇決之志, 然後可以加之討論玩索之功存養省察之力而期於有得. 夫子所謂志學, 所謂發憤, 政爲此也. 若但悠悠泛泛, 無箇發端下手處, 而便謂可以如此平做將去, 則恐所謂莊敬持養必有事焉者, 亦且若存若亡, 徒勞把捉, 而無精明的確親切至到之效也.112)

○주자가 진초종陳超宗에게 답한 편지에서 말하였다. "학문을 하는 데에는 비록 점차적인 단계가 있으나, 처음 뜻을 세우는 데에도 반드시 의리의 대요와 규모를 볼 수 있으니, 자기의 마음속에서 만약 부끄러워하고 두려워하며 용감하게 결단하는 뜻이 있은 뒤에야 토론하고 완색하는 공부와 존양하고 성찰하는 힘을 더하여 터득함이 있기를 기대할 수 있다. 공자께서 말한 '학문에 뜻을 둔다'113)거나 '분발한다'114)는 것이 바로 이를 위한 것이다. 만약 유유悠悠하고 범범泛泛할 뿐이고 어떤 발단에 손댈 곳도 없는데 바로 이와 같이 대충 해나갈 수 있다고 말한다면, 아마도 이른바 '장엄하고 공경하며(莊敬)115), 지키고 기르며(持養), 반

112) 『朱熹集』 卷55, 「答陳超宗」
113) 『論語』 「爲政」, "子曰, 吾十有五而志于學, 三十而立, 四十而不惑, 五十而知天命, 六十而耳順, 七十而從心所欲不踰矩."
114) 『論語』 「述而」, "子曰, 女奚不曰, 其爲人也, 發憤忘食, 樂以忘憂, 不知老之將至云爾."
115) 莊敬 : 莊은 용모를 위주로 하고, 敬은 마음을 위주로 한다.

드시 일삼음이 있다'는 것도 또한 있는 듯하고 없는 듯하여 한갓 붙잡는 데 수고로울 뿐이고 영리하여 확실하고 절실하게 이르는 효과가 없을 것이다."

●明道先生終日如泥塑人, 接人則渾是一團和氣, 所謂望之儼然, 卽之也溫.116) 先生謂學者曰, 賢看顥如此. 顥煞用工夫.117)

●명도(정호)선생이 종일 〈앉아있기를〉 마치 진흙으로 빚은 인형과 같았으나, 사람을 접견할 때에는 완전히 한 덩어리의 온화한 기운이었으니, 이른바 '〈멀리서〉 바라보면 엄숙하고 〈그 앞에〉 나아가면 온화하였다'118)는 것이다. 명도선생이 배우는 사람들에게 말하였다. "그대들은 내가 이와 같이 하는 것을 보아라. 나는 대단히 공부에 힘을 쓰노라."

●伊川先生, 深衣紳帶靑緣. 篆文, 非禮勿視, 非禮勿聽, 非禮勿言, 非禮勿動.

●이천(정이)선생은 두루마기와 같은 심의深衣를 입고, 비단으로 된 신대紳帶119)를 매고, 치마에는 푸른 선을 둘렀다

---

116) 『心經附註』 卷2, 「禮樂不可斯須去身」
117) 『心經附註』 卷2, 「禮樂不可斯須去身」
118) 『論語』 「子張」, "君子有三變, 望之儼然, 卽之也溫, 聽其言也厲."
119) 紳은 예복에 갖추어 매던 허리띠의 일종인데, 옛날에는 신분의 구분이 엄격하여 이 띠로 구분하였다. 일반 백성들은 베로 만든 띠를 사용했는데 그것을 布帶라고 하였으며, 고위직 관리들은 비단으로 만든 것을 사용했는데 그것을 紳帶라고 하였으며, 하위직 관리들은 가죽으로 만든 것을 사용했는데 그것을 革帶라 하였다.

(青緣). 전서체로 예가 아니면 보지 말고, 예가 아니면 듣
지 말고, 예가 아니면 말하지 말고, 예가 아니면 행동하지
말라고 썼다.

○伊川直是謹嚴. 坐間無問, 尊卑長幼, 莫不肅然.[120]

○이천은 그야말로 근엄하였다. 앉아있을 때에는 묻는 자
가 없었으니 존귀하든 비천하든 어른이든 어린이든 모두
숙연하지 않음이 없었다.

○先生之學, 專以敬爲主, 充養旣至, 固宜粹然一出於
正也. 夫一悬罭之微, 若未過也, 則戒其動心忍性. 張
思叔訴罭僕夫, 先生曰, 何不動心忍性, 思叔慚謝. 一警
懼于暗室之頃, 未爲失也, 則斥其燭理不明. 問, 獨處一室, 或
行闇中, 多有警懼, 何也. 先生曰, 只是燭理不明, 若能燭理, 則
知所懼者妄, 何懼焉. 有人雖知此, 然不免有懼心者, 只是氣不
充. 須是涵養久, 則氣充, 自然物動不得. 然有懼心, 亦是敬不
足. 以至溺文章, 則惡其玩物. 見近思錄. 遇患難, 則悶其
不能舍生. 伊川涪陵之行, 過灩澦堆, 波濤洶湧, 舟中之人, 皆
驚愕失措, 獨伊川凝然不動. 岸上有樵者, 厲聲問曰, 舍去如斯,
達去如斯, 欲答之而舟已行. ○論捐軀隕命一段, 見近思錄. 夫
人而能盡去其累, 奚患不盡復其全乎.[121]

○이천선생의 학문은 오로지 경을 주로 하여 가득 채워서

120) 『宋元學案』 卷16, 「伊川學案(下)」
121) 『宋元學案』 卷16, 「伊川學案(下)」(또는 『心經附註』 卷2, 「正心」)

기르는 것이 이미 지극하니, 진실로 순수하여 한결같이 바른 데서 나온 것이 마땅하다. 무릇 한번 성내고 꾸짖는 하찮은 것은 허물이 되지 않을 듯하지만, '마음을 분발시키고 성질을 참으라고(動心忍性)'[122] 훈계하였다. 장사숙(장역)이 하인을 꾸짖자 선생께서 말하였다. "어찌 마음을 분발시키고 성질을 참지 않는가?" 이에 사숙이 부끄러워하고 사과하였다. 어두운 방에 있을 때에 한번 놀라고 두려워하는 것이 잘못이 되지 않지만, 이치를 밝힘이 분명하지 못하다고 책망하였다. 물었다. "홀로 한 방에 거처하거나 혹은 어둠 속을 다닐 때에 놀라거나 두려움이 많은 것은 어째서입니까?" 이천선생께서 대답하였다. "다만 이치를 밝힘이 분명하지 못해서이니, 만약 이치를 밝힐 수 있으면 두려운 것이 허망함을 알 것이니 어찌 두려워하겠는가? 사람들이 비록 이것을 알지만 두려운 마음이 있음을 면치 못하는 것은 다만 기가 충만하지 못해서이다. 반드시 함양을 오래하면 기가 충만해져서 자연히 사물에 동요되지 않을 것이다. 그러나 두려운 마음이 있는 것은 또한 경이 부족하기 때문이다." 문장에 빠지는 데 이르러서는 '물건을 가지고 놀다가 뜻을 잃는 것(玩物喪志)'[123]을 미워하였다. 『근사록』에 보인다. 환난을 만나서는 목숨을 버리지 못함을 답답하게 여겼다. 이천이 부릉涪陵으로 유배 갈 적에 염여瀲預堆를 지나가는데 파도가 사납게 일자, 배 안에 있던 사람들이 모두 놀라서 어찌 할 바를 몰랐으나, 홀로 이천은 태연히 동요하지 않았다. 강기슭에서 나무하던 자가 큰 소리로 묻기를, "목숨을 버릴 작정이어서 이와 같았는가? 도리에 통달하여 이와 같았

---

122) 『孟子』「告子(下)」, "故天將降大任於是人也, 必先苦其心志, 勞其筋骨, 餓其體膚, 空乏其身, 行拂亂其所爲, 所以動心忍性, 曾益其所不能."
123) 『書經』「旅獒」, "玩人喪德, 玩物喪志."

는가?" 하였는데, 이에 대답하고자 하였으나 배가 이미 떠나가서 대답하지 못하였다. ○몸을 버리고 목숨을 끊는 것을 논한 한 단락은 『근사록』에 보인다. 무릇 사람이 마음의 누를 모두 제거할 수 있다면 그 온전함을 다 회복하지 못함을 어찌 걱정하겠는가?

●朱子之爲學也, 窮理以致其知, 反躬以踐其實, 居敬者, 所以成始成終也, 謂致知不以敬, 則昏惑紛擾, 無以察義理之歸, 躬行不以敬, 則怠惰放肆, 無以致義理之實. 持敬之方, 莫先主一, 旣爲之箴以自警. 終日儼然, 端坐一室, 討論典訓, 未嘗少輟. 存此心於齊莊靜一之中, 窮此理於學問思辨之際, 不睹不聞之前, 所以戒懼者愈嚴愈敬, 隱微幽獨之際, 所以省察者愈精愈密. 思慮未萌而知覺不昧, 事物旣接而品節不差, 無所容乎人欲之私, 而有以全乎天理之正. 其存之也虛而靜, 其發之也果而確, 其用之也應事接物而不窮, 其守之也歷變履險而不易. 本末精粗不見其或遺, 表裏初終不見其或異. 至其養深積厚, 矜持者純熟, 嚴厲者和平, 心不待操而存, 義不待索而精. 威儀容止之則, 自少至老, 祁寒盛暑, 造次顚沛, 未嘗有須臾之離也.[124] 果齋李氏曰, 先生之道之至, 原其所以臻斯閾者無他焉, 亦曰主敬以立其本, 窮

---

124) 『朱熹外集』 卷2, 「朝奉大夫文華閣侍制贈寶謨閣直學士通議大夫謚文朱先生行狀」

理以致其知, 反躬以踐其實. 而敬者, 又貫通乎三者之間, 所以成始而成終者也. 故其主敬也, 一其內以齊[125])乎外, 齊其外以養其內. 內則無二無適, 寂然不動, 以爲酬酢萬變之主, 外則儼然肅然, 終日若對神明, 而有以保固其中心之所存. 及其久也, 靜虛動直, 中一外融, 而人不見其持守之力, 則篤敬之驗也.[126])

● 주자의 학문은 이치를 궁구하여 그 지식을 이루고, 몸을 반성하여 그 실제를 실천하였으며, 경에 머무는 것이 처음을 이루고 끝을 이루었으니, 이에 '지식을 이루는 것(致知)을 경으로써 하지 않으면 미혹되고 어지러워서 의리의 귀착처를 살필 수 없고, 몸소 행하는 것(躬行)을 경으로써 하지 않으면 태만하고 방자하여 의리의 실질을 이룰 수 없다'고 하였다. 경을 지키는 방법으로는 '하나를 주로(전념) 하는 것(主一)'보다 우선하는 것이 없으니 이미 箴을 만들어 스스로 경계하였다. 종일 엄숙히 방에서 단정히 앉아있었으며, 경전의 해석을 토론할 때에는 일찍이 잠시도 그친 적이 없었다. 이 마음을 '장엄하고 고요한(齊莊靜一)' 가운데에 간직하고 그 이치를 '배우고 묻고 생각하고 분별하는(學問思辨)' 사이에서 궁구하여, 보지 않고 듣지 않은 이전에도 경계하고 두려워하는 것을 더욱 엄하고 공경히 하였으며, 은미하여 홀로 있을 때도 성찰하는 것을 더욱 정밀히 하였다. 사려가 아직 싹트지 않았을 때도 지각이 어둡지 않았으며, 사물에 이미 접했을 때도 품행과 절도가 어긋나지

---

125) 『성리대전』에는 齊가 制로 되어 있다. 아마도 制의 오자인 듯하다.
126) 『性理大全』 卷41, 「諸儒(3)」

않았으니, 인욕의 사사로움을 받아들일 곳이 없어서 천리의 바름을 온전히 할 수 있었다. 그것을 간직할 때는 텅 비고 고요하였으며, 그것을 발할 때도 과감하고 확실하였으며, 그것을 쓸 때에도 사물에 응접하여 다하지 않았으며, 그것을 지킬 때도 변화를 겪고 험난한 길을 걷더라도 바뀌지 않았다. 근본과 말단, 정밀하고 거친 것이 혹 누락되는 것을 보이지 않았으며, 겉과 안이나 처음과 끝이 혹 달라지는 것을 보이지 않았다. 함양이 깊고 쌓임이 두터운 데 이르러서는 '억지로 지키던 것(矜持)'이 순수해지고 익숙해졌으며, 엄하고 사나운 것이 화평해져서 마음은 잡지 않아도 보존되고 義는 찾지 않아도 정밀해졌다. 위의威儀와 행동거지의 규범이 어려서부터 늙을 때까지, 한겨울과 한여름, 엎어지고 자빠지는 다급한 순간에도 일찍이 잠시도 떠난 적이 없었다. 과재이씨127)가 말하였다. "선생의 도는 지극한 데, 원래 이 경지에 이른 이유는 다른 것이 아니라, 또한 경을 주로 하여 그 근본을 세우고, 이치를 궁구하여 그 지식을 이루며, 몸을 반성하여 그 실제를 실천한 것이라는 말이다. 그러나 경은 또한 세 가지 사이를 관통하여 처음을 이루고 끝을 이루는 이유인 것이다. 그러므로 경을 주로 하는 것도 그 안을 하나로 하여 밖을 제어하고, 그 밖을 가지런히 하여 그 안을 함양하는 것이다. 안으로는 둘이 없고 달아나는 것도 없음(主一無適)을 말한다. 고요하고 움직이지 않아서 온갖 변화에 응대하는 주인이 되며, 밖으로는 엄숙하여 종일토록 신명神明과 마주하는 것과 같아 마음속에 간직한 것을 견고히 지

---

127) 李方子를 말한다. 송나라의 학자로 자는 公晦, 호는 果齋이며, 朱熹의 문인이다. 저서에는 『朱子年譜』·『禹貢解』·『傳道精語』등이 있다.

킬 수 있다. 그것이 오래되면 고요할 때는 텅 비고 움직일 때는 바르며, 안은 하나 되고 밖은 융화되어 남이 지키는 노력을 보지 못하니 바로 경을 독실히 한 효과이다."

●退陶先生, 主敬之工, 貫始終, 兼動靜, 而尤嚴於幽獨得肆之地. 窮理之功, 一體用, 該本末, 而深造於眞知實得之境. 用功於日用語默之常, 致察乎幾微毫忽之間, 循循有序, 無欲速急迫之病, 默默加工, 有闇然日章之實. 存養日益純固, 踐履日益敦篤, 向上之功, 進進不已. 其充積發越, 心廣體胖, 面睟背盎, 瞻之也儼然有可敬之儀刑, 卽之也溫然有可愛之容德.

●퇴계선생의 주경主敬의 공부는 처음과 끝을 관통하고 動과 靜을 아우르며, 특히 깊숙한 곳에 홀로 있을 때에 방자해지는 지경에 엄격하였다. 궁리의 공부는 體와 用을 한결같이 하고 本과 末을 갖추어서 '참으로 알아서 실제로 터득한(眞知實得)' 경지에 깊이 나아갔다. 일상생활의 말하고 침묵하는 常道에 힘을 쓰고, 아주 짧은 순간에도 기미를 자세히 살펴서 차근차근 순서가 있어 빨리하려고 하거나 성급해하는 병폐가 없었으며, 묵묵히 공부하여 날로 드러나는 실제가 있었다. 존양存養이 날로 더욱 순수하고 견고하며 실천이 날로 더욱 돈독하여 향상하는 공부가 나아가고 나아가서 그치지 않았다. 그것이 가득 쌓이고 발양하여 마음이 너그럽고 몸이 편안하며, 얼굴이 윤택하고 등에 가득 차서, 바라보아도 엄격하여 공경할 수 있는 풍채를 지녔으

며, 나아가서도 따뜻하여 사랑할 수 있는 용모와 덕행을
지녔다.

○先生敬義夾持, 知行幷進, 內外一致, 本末兼擧, 靜
而存養者日益密, 動而省察者日益審. 故存諸中者, 純
固而深厚, 發於外者, 溫柔而剛毅, 雖在紛華波蕩之中,
而所以自守者, 愈嚴愈約, 雖在暗室屋漏之隱, 而所以
自處者, 愈敬愈謹, 一酬酢之間, 心未嘗放也, 一飮食
之際, 體未嘗肆也. (按)持敬之工, 學問之本領, 功夫之總會.
然不先明理, 而欲遽從事於敬, 則晦昧僻違, 而無以審夫路逕之
眞, 或能敬矣, 而不致知以廣其聰明, 則又枯燥硬澀, 而無以致
其德業之富, 其不流而爲異學之歸也幾希矣. 故以先儒論致知居
敬之說, 丁寧於末篇而又以程朱退陶措諸行業者終焉, 蓋四先生
踐履, 盡一部是箴也. 學者誠能用力於操存持養之實, 輔之以思
辨硏索之功, 而會極於四先生之學的則, 庶幾不落於偏枯不迷於
門路, 而成凝道作聖之功可期矣. 於乎可不懋勉之哉.

○퇴계선생은 敬과 義를 함께 지키며, 知와 行에 함께 나
아가며, 안과 밖이 일치하고, 근본과 말단을 함께 거론하
여, 고요할 때에 존양하는 것이 날로 더욱 정밀해지고 움
직일 때에 성찰하는 것이 날로 더욱 상세하였다. 그러므로
마음속에 보존한 것이 순수하고 견고하며 깊고 두터우며,
밖으로 드러난 것이 온유하고 굳세니, 비록 복잡하고 방탕
한 속에 있지만 스스로 지키는 것이 더욱 엄격하고 더욱
간략하며, 비록 어두운 방이나 남이 보지 않는 은밀한 곳

이지만 스스로 처신하는 것이 더욱 공경하고 더욱 삼가서, 한번 술잔을 주고받는 사이에도 마음이 일찍이 놓아버린 적이 없었으며, 한번 음식을 마시고 먹는 사이에도 몸이 일찍이 방자한 적이 없었다. (안) 경을 지키는 공부는 학문의 본령이고 공부의 총모임이다. 그러나 먼저 이치를 밝히지 않고 갑자기 경에 종사하고자 하면 어둡고 어긋나서 참된 방법을 살필 수 없으며, 혹은 경할 수 있더라도 치지致知하여 그 총명함을 넓히지 않으면 또한 무미건조하고 경색되어 그 덕업德業의 넉넉함을 이룰 수 없으니, 흘러가서 이단의 학문으로 돌아가지 않음이 드물 것이다. 그러므로 선유들이 치지와 거경居敬의 설을 논할 때에 곡진히 한 편의 끝에 또한 정자·주자·퇴계의 여러 행업行業을 배치하는 것으로 마쳤으니, 대개 네 선생의 실천이 책 한 부에 다한 것이 箴이다. 배우는 사람들이 진실로 보존하고 함양하는 실질에 힘을 쓰고 생각하고 연구하는 공부를 보충하여 네 선생의 학문의 규범을 다할 수 있으면, 거의 치우치는 데 떨어지지 않고 학문의 길에 미혹되지 않아 도를 실천하고(凝道)128) 성인이 되는 공부를 기약할 수 있을 것이다. 오호라! 힘쓰지 않을 수 있겠는가?

---

128) 凝道는 도를 굳히는 것(凝)으로 仁義와 德行으로 도를 실천하는 것 이라는 의미이다.

# 부 록  1

## 『경재잠집설』에 보이는 경의 이론 구조

대산大山 이상정李象靖(1711~1781)은 주자의 「경재잠」을 읽고 거기에다 선유들의 학설을 덧붙여서 『경재잠집설』을 지었다. 이 책의 서문에는 『경재잠집설』을 편집하게 된 경위에 대해 자세히 밝히고 있다.

주자께서 일찍이 하숙경何叔京1)에게 정씨 문하에서 경을 말한 것을 뽑아 종류별로 분류하여 모을 것을 권하시고 그것이 가장 적절하다고 하셨다. 내(대산)가 삼가 자신의 역량을 헤아리지 않고 잠箴의 말을 나누어 게재하고 항목을 설정하여, 정자와 주자 및 퇴계에 이르기까지의 말을 취하여 항목별로 모으고 종류에 따라 견해를 붙이고서, 거기에다 취사선택한 이유를 간단히 주석하였다.2)

하숙경이 주자의 뜻에 따라 정씨 문하에서 말한 경의 내용을 분류하고 편집하였듯이, 대산도 정자와 주자 및 퇴계 등 여러 선현들의 말을 항목별로 모으고 자신의 견해를 덧붙여서 『경재잠집설』을 편집하였다. 대산은 주자 「경재잠」의 체계에 따라 전체를 10장으로 나누고, 각 장마다 그에 해당하는 선유들의 설을 뽑아 분류하고 자신의 안按을 달아 내용의 요지를 해설하고 있다. 그리고 부록에 해당하는 뒷부분에는 경과 성誠, 경과 공恭, 경과 인仁, 경과 서恕, 경과 의義, 거경居敬과 치지致知 등 경과 다른 개념의 상호 관계에 대해서도 자세히 기술하고 있다.

---

1) 何鎬(1128~1175)를 말한다. 남송 邵武 사람으로, 자는 叔京, 호는 臺溪이다. 주자와 교유하였으며, 그가 죽은 뒤 주자가 그의 묘갈명을 지었다. 저서에는 『易說』·『論語說』 등이 있다.
2) 『敬齋箴集說』 序, "朱夫子嘗勸何叔京類集程門言敬, 稱其最爲直截. 象靖竊不自揆, 分揭箴辭, 鋪敍地頭, 而取夫洛建以下以及退陶之言, 門分彙撼, 隨類附見, 仍略註其所以去取之意."

「경재잠」은 주자가 '경'에 대해 조목조목 설명한 것으로, 일상의 여러 상황 속에서 어떻게 경을 실천하는지 자세히 일러주고 있다. 예를 들면 용모를 바르게 하는 몸가짐에서부터 마음을 전일하게 하여 생각이 흩어지지 않게 하는 마음가짐에 이르기까지 일상 속의 구체적인 실천방법이다. 주자는 평소 서당 옆의 두 작은 방에서 고요히 앉아 독서를 하였는데, 왼쪽 방은 '경재敬齋'라 하고, 오른쪽 방은 '의재義齋'라 하였다. '경재잠'이라는 말은 여기에서 유래한다.

주자의 「경재잠」에 대해서는 조선의 유학자들도 많은 관심을 가지고 활발한 연구를 전개하였다. 대표적인 사람으로 퇴계(이황)를 들 수 있는데, 퇴계는 이것을 자신의 『성학십도』 중 「제9 경재잠도」에 수록하였다. 여기에서 퇴계는 "금화 출신 왕노재王魯齋3)가 여러 가지 상황들을 배열하여 이 그림으로 그렸는데, 분명히 잘 정리되어 모두 실천할 수 있음이 또한 이와 같다. 항상 마땅히 일상 속에서 생활할 때와 보고 느끼는 사이에서 체득하고 완미하며 경계하고 반성하여 마음에 얻음이 있게 되면, 경이 성인이 되는 학문의 시작과 끝이 된다는 말을 어찌 믿지 않을 수 있겠는가?"4)라고 높이 평가하였다.

퇴계뿐만 아니라 퇴계의 후학들도 「경재잠」에 대한 많은 해석을 전개하였는데5), 그중 대표적인 것이 바로 대산의 『경재잠집설』

---

3) 王柏(1197~1274)을 말한다. 남송 婺州 金華 사람으로, 자는 會之 또는 伯會, 호는 長嘯 또는 魯齋이다. 저서에는 『讀易記』·『讀書記』·『詩辨說』·『天文考』·『地理考』 등이 있다.

4) 『聖學十圖』「第9 敬齋箴圖」, "而金華王魯齋排列地頭, 作此圖, 明白整齊, 皆有下落又如此. 常宜體玩警省於日用之際心目之間, 而有得焉, 則敬爲聖學之始終, 豈不信哉."

5) 퇴계 이후 퇴계학파에서도 「경재잠」에 대한 체계적인 해석이 전개되었는데, 예를 들면 이만부의 「敬齋箴圖說」, 이상정의 『敬齋箴集說』, 김홍

이다. 본문에서는 『경재잠집설』의 내용을 분석하고 그 속에 담겨있는 '경'의 내용과 이론적 구조를 살펴본다.


## (1) 주자 「경재잠」의 체계와 내용

주자의 「경재잠」은 모두 10장章으로 구성되어 있다. 각 장은 4구句, 각 구는 4언言으로 되어 있는 총 160글자의 짧은 잠언箴言이다.6) 주자는 장경부(장식)의 「주일잠主一箴」7)을 읽고, 그 내용에 근거하여 「경재잠」을 지어 자신을 경계하는 자료로 삼았다고 한다.8) 이렇게 볼 때, 주자의 「경재잠」은 장경부의 「주일잠」에 근거하고 있음을 알 수 있다.

장경부는 경의 실천을 하나를 주로(전념) 하는(主一) 것으로 요약하고, 그리고 '주일'을 실천하는 구체적 방법으로 '안거할 때

---

락의 「敬齋箴說圖」 등이 있다.

6) 「경재잠」의 내용은 다음과 같다. "正其衣冠, 尊其瞻視. 潛心以居, 對越上帝. 足容必重, 手容必恭. 擇地而蹈, 折旋蟻封. 出門如賓, 承事如祭. 戰戰兢兢, 罔敢或易. 守口如瓶, 防意如城. 洞洞屬屬, 罔敢或輕. 不東以西, 不南以北. 當事而存, 靡他其適. 弗貳以二, 不參以三. 惟心惟一, 萬變是監. 從事於斯, 是曰持敬, 動靜不違, 表裏交正. 須臾有間, 私欲萬端, 不火而熱, 不氷而寒. 毫釐有差, 天壤易處, 三綱旣淪, 九法亦斁. 於乎小子, 念哉敬哉. 墨卿司戒, 敢告靈臺."(『朱熹集』 卷85)

7) 「主一箴」의 내용은 다음과 같다. "人稟天性, 其生也直. 克愼厥彛, 則靡有忒. 事物之感, 紛綸朝夕. 動而無節, 生道或息. 惟學有要, 持敬勿失. 驗厥操捨, 乃知出入. 曷爲其敬, 妙在主一. 曷爲其一, 惟以無適. 居無越思, 事靡他及. 涵泳于中, 匪忘匪亟. 斯須造次, 是保是積. 旣久而精, 乃會于極. 勉哉勿倦, 聖賢可則."(『南軒集』 卷36)

8) 『朱熹集』 卷85, 「敬齋箴」, "讀張敬夫主一箴, 掇其遺意, 作敬齋箴, 書齋壁以自警云."

분수에 넘치는 생각을 하지 않거나 생각이 다른 데에 미치지 않게 하라'고 설명한다. 여기서도 나름 경의 이치가 잘 설명되어 있지만, 주로 주일무적主一無適과 같은 마음가짐 공부에 치중되어 있음을 알 수 있다. 그래서 주자는 마음가짐 공부뿐만 아니라 몸가짐 공부의 중요성을 아울러 인식하고 「주일잠」에 근거하여 「경재잠」을 다시 썼다. 주자는 이 잠箴의 전체적 성격을 규정하여 "이것은 경의 조목을 여러 상황에서 말한 것이다"9)라고 밝혔다.

이러한 「경재잠」에 대해, 서산진씨10)는 "경의 뜻이 여기에 이르러 더 이상 남김이 없게 되었으니 성인이 되는 학문에 뜻을 둔 사람이라면 마땅히 이것을 익숙하게 반복하여야 한다"11)라고 하였다. 또한 북계진씨12)는 "「경재잠」은 일상생활에서 경을 지키는 공부를 상세히 서술하여 절목이 가장 절실하니 마땅히 이를 좌우명으로 삼아 항상 눈여겨보고 준칙으로 삼아 오래도록 공부해나가면 저절로 남다른 조예를 가지게 될 것이다"13)라고

---

9) 『朱子語類』卷105, "問敬齋箴. 曰, 此是敬之目, 說有許多地頭去處."

10) 眞德秀(1178~1235)를 말한다. 송나라 建寧府 浦城 사람으로, 자는 景元 또는 希元, 호는 西山이다. 일설에는 원래 성이 愼이었는데, 효종 趙昚(조신)의 이름을 피해 고쳤다고도 한다. 저서에는 『讀書記』·『西山文集』 등이 있다.

11) 『心經附註』卷4, 「敬齋箴」, "西山眞氏曰, 敬之爲義, 至是無復餘蘊, 有志於聖學者, 宜熟復之."

12) 陳淳(1159~1223)을 말한다. 남송 漳州 龍溪 사람으로, 자는 安卿, 호는 北溪이다. 주자의 사위인 黃幹과 함께 주자의 高弟로 일컬어진다. 진순이 날마다 미진한 부분에 대해 열의를 보이자, 주자는 "남쪽으로 내려온 이래 나의 도는 진순이 얻었다(南來, 吾道喜得陳淳)"고 하였다. 저서에는 『北溪字義』 등이 있다.

13) 『北溪字義』「敬」, "北溪陳氏曰, 敬齋箴, 正是鋪敍日用之間持敬功夫, 節目最親切, 宜列諸座右, 常目在之按爲準則, 做工夫久久自別."

하였다. 이러한 선유들의 말들은 「경재잠」에는 일상 속에서 경을 실천하는 방법이 가장 잘 설명되어 있으니, 여기에 근거하여 경을 실천해나갈 것을 강조하였다.

주자의 삼전제자인 왕백王柏은 주자가 쓴 「경재잠」이라는 글을 그림으로 만들었는데, 이것이 「경재잠도」이다. 다음의 그림에서 보듯이, 이 「경재잠도」는 배치가 질서정연하여 보고 이해하는 데 많은 도움을 준다.

이 그림의 가운데 둥근 원 안에 있는 글자는 '마음(心)'이다. 이 것은 「경재잠」을 관통하는 전체의 주제가 '마음'임을 강조한다. 왕백은 이 '마음'을 중심으로 상단·중단·하단으로 나누어 설명하고 있다. 상단에서는 교정交正과 불위弗違를 좌우에 배치하고, 오

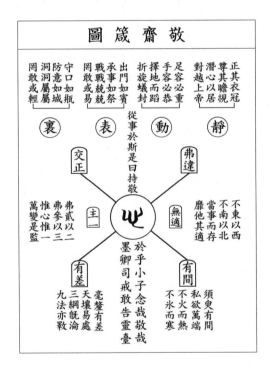

른쪽의 '불위'는 다시 동動과 정靜으로, 왼쪽의 '교정'은 다시 표表와 리裏로 각각 구분하여 배치하였다. 그리고 중단에서는 주일主一과 무적無適을 좌우로 배치하고, 하단에서는 유차有差와 유간有間을 좌우에 배치하였다. 이렇게 볼 때 상단은 경의 실천 항목을, 중단은 경의 원리를, 그리고 하단은 경을 실천하지 않았을 때에 나타나는 병폐에 대해서 말하고 있음을 알 수 있다. 한편 오징吳澄14)은 주자 「경재잠」의 구조를 더욱 정밀하게 분석하여 제시하고 있다.

| | |
|---|---|
| (1) 靜無違 | (2) 動無違 |
| (3) 表之正 | (4) 裏之正 |
| (5) 心之正而達於事 | (6) 事之主一而本於心 |
| (7) 總前六章 | |
| (8) 心不能無適之病 | (9) 事不能主一之病 |
| (10) 總結一篇 | |

여기에서 오징이 분석한 내용에 따라 이 잠箴을 10개 부분으로 나누어 살펴보면 다음과 같다.

(1) 고요할 때에도 어긋남이 없어야 한다.(靜無違)
아직 사물과 일에 접촉하기 이전에 마음이 고요할 때에도 이치에 어긋남이 없어야 하는데, 이때에는 "의관을 바르게 하고 시선을 높게 하며, 마음을 가라앉히고서 상제를 마주 대하듯이 한다."15)

---

14) 吳澄(1249~1333)은 원나라 撫州 崇仁 사람으로, 자는 幼淸 또는 伯淸이다. 사람들은 그를 草廬선생이라고 불렀다.
15) 『朱熹集』 卷85, 「敬齋箴」, "正其衣冠, 尊其瞻視. 潛心以居, 對越上帝."

(2) 움직일 때에도 어긋남이 없어야 한다.(動無違)

일을 처리하고 외부 사물과 접촉해야 할 때에도 이치에 어긋남이 없어야 하는데, 이때에는 "발걸음은 무겁게 하고 손가짐은 공손하게 하며, 땅을 가려서 밟아 개미집도 피하여 돌아가듯이 한다."16)

(3) 겉모습이 단정해야 한다.(表之正)

이것은 일상생활 속의 몸가짐에 대한 강령으로서 "문을 나가서는 손님을 뵙듯이 하고 일을 받들 때는 제사를 지내듯이 하여, 조심하고 조심하여 감히 혹시라도 소홀하게 하지 않는다."17)

(4) 속마음이 단정해야 한다.(裏之正)

이것은 일상생활 속의 마음가짐에 대한 강령으로서 "입을 다물기를 병마개와 같이 하고, 잡념을 막기를 성을 지키듯이 하여, 신중하고 성실하여 감히 혹시라도 경솔하게 하지 않는다."18)

(5) 마음을 바르게 하여 일을 처리해야 한다.(心之正而達於事)

마음을 하나에 집중하여 잡다한 생각이 일어나지 않도록 해야 하니 "동쪽으로 간다 하고 서쪽으로 가지 말고, 남쪽으로 간다 하고 북쪽으로 가지 말며, 일을 당하여서는 그 일에만 마음을 두어 다른 데로 달아나지 않는다."19)

(6) 일을 처리할 때에는 전일해야 하며 마음에 근본을 두어야 한다.(事之主一而本於心)

'주일무적'처럼 마음을 하나에 전념하여 "두 가지 일로 마음을 둘로 나누지 말고, 세 가지 일로 마음을 셋으로 나누지 말며, 오

---

16) 『朱熹集』卷85,「敬齋箴」, "足容必重, 手容必恭. 擇地而蹈, 折旋蟻封."
17) 『朱熹集』卷85,「敬齋箴」, "出門如賓, 承事如祭. 戰戰兢兢, 罔敢或易."
18) 『朱熹集』卷85,「敬齋箴」, "守口如瓶, 防意如城. 洞洞屬屬, 罔敢或輕."
19) 『朱熹集』卷85,「敬齋箴」, "不東以西, 不南以北. 當事而存, 靡他其適."

직 마음을 전일하게 하면 온갖 변화를 볼 수 있다."[20]

(7) 앞의 여섯 장을 하나로 총괄한 것이다.(總前六章)

지금까지 논의한 일상의 모든 지침이 '경' 한 글자에 집약되어 있으니 "여기에 종사하는 것을 '경을 지키는 것'이라 한다. 경을 지키면 움직이거나 고요할 때에 어긋남이 없고, 안과 밖이 서로 바르게 된다."[21]

(8) 마음이 집중하지 못하는 병폐를 말한 것이다.(心不能無適之病)

경으로 마음을 주재하지 못하면 수많은 잡념이 일어나서 혼란에 빠지게 되니 "잠시라도 틈이 있으면 사욕이 만 갈래로 일어나서, 불타지 않아도 뜨거우며 얼지 않아도 차가워질 것이다."[22]

(9) 일에 집중하지 못하는 병폐를 말한 것이다.(事不能主一之病)

경을 실천하지 않았을 때에 나타나는 해를 말한 것이니 "털끝만큼이라도 어긋남이 있으면 하늘과 땅이 뒤바뀌니 삼강三綱이 무너지고 구법九法 또한 무너진다."[23]

(10) 경재잠의 전체 내용을 총괄한 것이다.(總結一篇)

경계하는 글을 써서 항상 마음에 새겨두어야 하니 "오호라! 소자들이여! 유념하고 공경하라. 묵경墨卿[24])에게 경계를 맡겨 감히 영대靈臺(마음)에 고하노라."[25]

이상으로 오징은 주자「경재잠」의 내용을 마음이 고요할 때와 움직일 때, 겉모습과 속마음 등으로 도식화하여 각각의 강령을 제시하였다. 물론 이들 가운데서 어느 하나라도 소홀히 할 수

---

20)『朱熹集』卷85,「敬齋箴」, "弗貳以二, 弗參以三. 惟心惟一, 萬變是監."
21)『朱熹集』卷85,「敬齋箴」, "從事於斯, 是曰持敬, 動靜不違, 表裏交正."
22)『朱熹集』卷85,「敬齋箴」, "須臾有間, 私欲萬端, 不火而熱, 不氷而寒."
23)『朱熹集』卷85,「敬齋箴」, "毫釐有差, 天壤易處, 三綱旣淪, 九法亦斁."
24) 묵경은 먹을 의인화하여 부른 것이다.
25)『朱熹集』卷85,「敬齋箴」, "於乎小子, 念哉敬哉. 墨卿司戒, 敢告靈臺."

없음은 새삼 말할 필요가 없다. 이러한 중요성 때문인지 주자 역시 "원을 정확히 그리려면 규규規의 자가 있어야 하고, 선을 곧게 그리려면 구구矩의 자가 있어야 한다"[26]는 말로써 자신의 「경재잠」에 해설을 덧붙였다. 즉 원과 선도 규구規矩의 자가 있어야 정확히 그릴 수 있듯이, 사람도 세상에 바르게 처신하려면 올바른 기준이 있어야 한다. 이러한 의미에서 주자는 그 올바른 기준에 해당하는 열 가지를 「경재잠」에서 제시하였다.


## (2)『경재잠집설』에 보이는 '경'의 내용과 이론 구조

대산은『경재잠집설』서문의 첫머리에서 다음과 같이 말하고 있다.

> 사람의 마음은 허령하고 통철하여 동과 정을 관통하고 안과 밖을 포괄하니 그 덕이 위대하다. 그러나 그 본체는 본래 진실하지만 간혹 혼미해질 때가 있으며, 그 작용은 본래 선하지만 흘러서 악에 빠지기가 쉽다. 이때에 이것을 잡아서 지킬 방법이 없다면 어두운 데에 매몰되고 안일한 데로 흘러서 연못에 빠지거나 불길에 그을리지 않을 자가 거의 없을 것이다.[27]

공자는 "사람의 마음이란 잡으면 보존되고 놓으면 잃어버려 나가고 들어오는 데 정해진 때가 없어 그 방향을 알 수 없다"[28]라

---

26)『朱子語類』卷105, "周旋中規, 折旋中矩."
27)『敬齋箴集說』序, "夫人之一心, 虛靈洞徹, 貫動靜而包外內, 其爲德盛矣. 然其體本眞而有時而或昏, 其用本善而易流而入於惡. 於是而無術以持之, 則冥昧放逸, 其不淵溺而焦火也者, 蓋無幾矣."
28)『孟子』「告子(上)」, "操則存, 舍則亡, 出入無時, 莫知其鄉."

고 하였다. 이것은 마음이란 잃어버리기 쉬운 물건이라는 말이다. 그래서 '마음의 본체는 진실하지만 간혹 혼미해질 때가 있으며, 그 작용은 본래 선하지만 흘러서 악으로 빠지기가 쉽다.' 그러므로 혼미해지거나 악으로 빠지기 쉬운 마음을 단단히 붙잡아두어야 한다. 여기에서 대산은 '경'을 제시한다. 비유하면, 배를 저으려면 반드시 상앗대를 사용해야 하고, 밥을 먹으려면 반드시 숟가락을 사용해야 하는 것처럼, 마음을 붙잡아두려면 반드시 경을 사용해야 한다고 하였다.29) 때문에 "사람이 방자하거나 태만할 때에 경하면 이러한 마음이 일어나는 것을 붙잡을 수 있다. 언제나 이렇게 할 수 있으면, 방탕하고 사특한 생각이 있더라도 저절로 물리칠 수 있다."30)

물론 사람의 마음이 복잡하고 혼란스러울 때는 붙잡아두기가 어렵다. "생각이 혼란스럽고 욕심에 빠지면 분요하고 어지러워서 잠시도 편안할 수 없으며, 바른 이치가 더욱 막히고 온갖 일들이 그 계통을 잃게 된다."31) 그래서 어두운 데에 매몰되고 안일한 데로 흘러서 연못에 빠지거나 불길에 그을리지 않을 자가 없다. 그러나 "마음은 잡으면 보존되니 경이란 마음을 붙잡아주는 방도이다."32) 따라서 경하면 안으로 욕심이 싹트지 않고 밖으로 유혹이 들어오지 않는다.33) 이처럼 경이란 마음을 붙잡아두어 놓아버리거나 흩어지지 않게 하는 것이니, 이렇게 하면 마음이 저

---

29) 『敬齋箴集說』第4章, "撑船須用篙, 喫飯須使匙 … 攝心只是敬."
30) 『敬齋箴集說』第4章, "敬是箇扶策人底道理. 人當放肆怠惰時, 才敬, 便扶策得此心起. 常常恁地, 雖有些放僻邪侈意思, 也自退聽."
31) 『敬齋箴集說』第6章, "意亂而欲汨之紛擾詭脆, 不得須臾以寧, 而正理益以蔽塞, 萬事失其統矣."
32) 『敬齋箴集說』第4章, "此心操之則存, 而敬者所以操之之道也."
33) 『敬齋箴集說』第4章, "敬則內欲不萌, 外誘不入."

절로 밝아진다.34) 경으로써 마음을 붙잡아주면 마음의 허령한 본체를 보존할 수 있다. 때문에 경이란 좋은 물건처럼 항상 가슴속에 잘 붙잡아두어야 한다.

## 1) 경이란 무엇인가 - 몸가짐과 마음가짐

경이라는 한 글자는 진실로 형용하기가 어렵다.35) 『경재잠집설』에는 경을 여러 가지로 정의하고 있다.

> 방자하지 않고, 놀거나 게으름 피우지 않으며, 정제엄숙한 것이 바로 경이다.36)
> 경이란 의관을 바르게 하고, 생각을 전일하게 하며, 정제엄숙하여 속이지도 않고 게으르지도 않는 것에 불과하다.37)
> 경이란 일에 따라 전일하게 하고 삼가고 경외하며 멋대로 행동하지 않는 것이다.38)
> 경이란 이 마음을 가다듬어 놓아버리거나 흩어지지 않게 하는 것이니, 이렇게 하면 마음이 저절로 밝아진다.39)

경은 크게 두 가지 측면에서 정의되는데, 몸가짐과 마음가짐을 바르게 하는 것이다. 용모를 바르게 하는 정제엄숙은 몸가짐을 바르게 하는 것에 해당되며, 생각을 전일하게 하여 멋대로 행동하거나 마음을 놓아버려 방자하고 게으른 데 이르지 않도록 하

---

34) 『敬齋箴集說』 第6章, "敬只是提起這心, 莫敎放散, 則心便自明."
35) 『敬齋箴集說』 第4章, "敬之一字固難形容."
36) 『敬齋箴集說』 第6章, "不要放肆, 不要戱慢, 整齊嚴肅, 便是敬."
37) 『敬齋箴集說』 第4章, "敬者, 亦不過曰正衣冠一思慮莊整齊肅不欺不慢而已."
38) 『敬齋箴集說』 第3章, "敬只要隨事專一, 謹畏不放逸耳.
39) 『敬齋箴集說』 第6章, "敬只是提起這心, 莫敎放散, 則心便自明."

는 것은 마음가짐을 바르게 하는 것에 해당된다.

먼저 몸가짐을 바르게 하는 것에 대해 살펴보자.

「경재잠」 첫머리에서 "반드시 정제엄숙하여 의관을 바르게 하고 시선을 높게 하는 것을 먼저 하여야 한다."40)라고 하였듯이, '경' 공부는 몸가짐을 단정하게 하는 데서 시작된다. 윤자尹子가 이천(정이)에게 '경'에 대해 말씀해주기를 청하였을 때 이천은 "의관을 바르게 하고 용모를 가지런히 할 뿐"이라고 대답하였다.41) '어디에서 경을 볼 수 있는가'라는 주자의 질문에, 제자인 두종주竇從周는 "단정하고 엄숙하면 경을 보게 된다"42)거나 "용모는 단정하고 엄숙하여 무엇을 생각하고 있는 것과 같이 할 때에 경의 모습을 볼 수 있다"43)라고 대답하였다. 이것은 구체적인 몸가짐을 바르게 하는 데서 경의 모습을 볼 수 있다는 말이다. 이러한 사실은 "앉아있을 때는 시동처럼 하고, 서있을 때는 재계하는 것처럼 하며, 머리는 곧고, 눈은 단정하며, 발걸음은 무겁고, 손가짐은 공손하며, 입은 다물고, 기운은 엄숙하게 하는 것이 모두 경의 절목이다"44)라고 말한 것에서도 알 수 있다. 『예기』에 나오는 구용(九容, 아홉 가지 용모)45)과 같은 것이 모두 경

---

40) 『敬齋箴集說』 第2章, "必以整齊嚴肅正衣冠尊瞻視爲先."

41) 『敬齋箴集說』 第1章, "有從伊川學, 令看敬字. 請益, 伊川整衣冠, 齊容貌而已."

42) 『敬齋箴集說』 第4章, "問池(竇)從周, 如何見得這敬字? 曰, 端莊嚴肅, 則敬便見."『경재잠집설』 원문에는 池從周로 되어 있으나 『朱子語類』에는 竇從周로 되어 있다.

43) 『敬齋箴集說』 第1章, "於儼若思時, 可以見敬之貌."

44) 『敬齋箴集說』 第2章, "坐如尸, 立如齊, 頭容直, 目容端, 足容重, 手容恭, 口容止, 氣容肅, 皆敬之目也."

45) 『禮記』「玉藻」, "足容重, 手容恭, 目容端, 口容止, 聲容靜, 頭容直, 氣容肅, 立容德, 色容莊."

의 구체적 절목이다.

그렇다고 몸만 바르게 하고 마음은 내버려두어서는 안 된다. 여기에서 마음가짐의 중요성이 제기된다. 대산은 『경재잠집설』에서 몸을 단정히 하는 것도 결국 마음을 잘 수렴하기 위한 것에 있다고 설명한다.

> 오직 정제엄숙하면 마음속에 주재함이 있어서 마음이 저절로 보존된다.[46]
> 겉으로 정제엄숙하면서 안으로 깨어있지 않은 사람은 있지 않다.[47]
> 몸을 단정하게 하고 엄숙하게 하면 마음이 곧 하나 되고, 하나 되면 저절로 잘못되고 치우치는 일이 없게 된다.[48]

밖으로 의관과 자세가 똑바로 갖추어지면 마음도 따라서 전일하게 되어 잡다한 생각이 일어나지 않는다. 밖으로 정제엄숙하지 못하면 안으로도 마음을 보존할 수 없다. 때문에 "의관을 바르게 하고 용모를 엄숙히 하는 것을 우선으로 삼지 않음이 없는 뒤에야 마음이 보존하는 바를 얻어서 사특한 곳으로 흐르지 않을 수 있다."[49] 두 다리를 쭉 뻗고 앉아 있으면서 마음이 태만하지 않은 사람은 없을 것이기 때문이다.

여기에서 대산은 마음을 바르게 하는 방법으로 주일무적主一無適의 개념을 제시한다. 마음을 바르게 하는 방법에는 여러 가지가 있는데, 그중의 하나가 마음이 다른 데로 흩어지지 않게 하는 것

---

46) 『敬齋箴集說』第6章, "惟整齊嚴肅則中有主而心自存."
47) 『敬齋箴集說』第6章, "未有外面整齊嚴肅, 而內不惺惺者."
48) 『敬齋箴集說』第6章, "一者無他, 只是整齊嚴肅則心便一, 一則自是無非僻之干."
49) 『敬齋箴集說』第2章, "莫不以正衣冠肅容貌爲先, 蓋必如此然後, 心得所存而不流於邪僻."

이다. 이것이 바로 정자가 말한 '주일무적'이다. '주일무적'이란 생각을 전일하게 하여 마음이 다른 데로 달아나지 않게 하는 것이다. 예를 들어 「경재잠」에서 말한 "동쪽으로 간다 하고 서쪽으로 가지 말며, 남쪽으로 간다 하고 북쪽으로 가지 말며, 두 가지 일로써 마음을 둘로 나누지 말고, 세 가지 일로써 마음을 셋으로 나누지 말라"는 것이 바로 이것을 의미한다. 동쪽으로 가면서 또 서쪽으로 가려 하거나, 남쪽으로 가면서 또 북쪽으로 가려 하는 것은 주일主—의 뜻이 아니다.50) 이것은 생각을 전일하게 하여 최대한 한 가지 일에 집중할 것을 강조한 표현이다.

이 한 가지 일을 하고 또 한 가지 일을 하는 것이다. 이 한 가지 일을 해서 끝나면 저 한 가지 일을 하는 것이다. 오늘날 사람들은 이 한 가지 일을 하면서 아직 끝나지도 않았는데 다시 저 한 가지 일을 하려고 하니 마음속이 갖가지로 복잡하다.51)

한 가지 일을 할 때는 그 한 가지 일에 집중하라는 말이다. 예를 들면 책을 읽을 때는 마음이 책에 있어야 하고, 일을 할 때는 마음이 일에 있어야 한다.52) 책을 읽으면서 마음이 일을 하는 데 있다거나, 일을 하면서 마음이 책을 읽는 데 있어서는 안 된다. 또한 "여기에 앉아 있으면서 문 밖에 나갈 것을 생각한다거나, 문 앞에 서있으면서 다른 곳에 갈 것을 생각하는 것도 같은 경우이다."53) 한 가지 일을 할 때는 최대한 이 한 가지 일에 집중하고,

---

50) 『敬齋箴集說』第5章, "如做東去又要做西去, 做南去又要做北去, 便是不主一."
51) 『敬齋箴集說』第6章, "做這一事, 且做一事. 做了這一事, 卻做那一事. 今人做這一事未了, 又要做那一事, 心下千頭萬緖."
52) 『敬齋箴集說』第6章, "讀書心在書; 爲事心在事."
53) 『敬齋箴集說』第5章, "且如在這裏坐, 莫思量出門去, 在門前立, 莫思量

이 한 가지를 끝내면 또 다른 한 가지를 해나가야 한다. "이 한 가지 일을 생각하면서 또 다른 한 가지 일을 생각해서는 안 된다."54) 이것이 하나에 집중하여 마음을 다른 데로 달아나지 않게 하는 '주일무적'의 뜻이다. 우리의 일상은 수많은 일이 쌓여 있지만, 한꺼번에 많은 일에 다 대응할 수 없으므로 하나씩 처리해 나가야 한다. 이렇게 되면 마음이 전일해져서 혼란하지 않게 된다.

이러한 '주일무적'과 비슷한 방법으로 상성성법常惺惺法과 기심수렴불용일물其心收斂不容一物 등이 있다. '상성성법'은 항상 마음이 어둡지 않고 밝게 깨어있게 하는 것을 말한다.55) 마음이 항상 깨어있어야 사물이 오면 옳고 그름을 분명하게 판단할 수 있기 때문이다. "경은 다른 일이 아니라 항상 불러 깨워서 이 마음이 여기에 있게 하는 것이다."56) '기심수렴불용일물'은 글자 그대로 마음을 수렴하여 한 물건(생각)도 용납하지 않는 것이니, 예를 들어 신을 모신 사당에 들어가서 공경을 지극히 할 때 그 마음이 수렴되어 다른 잡념이 일어나지 않는 것과 같은 경우이다. 그렇지만 마음을 바르게 하는 공부는 이상의 세 가지 어느 방법을 사용하더라도 다 통하기 때문에 "여러 선생의 말은 각각 다르지만, 그 실상은 한 가지이다"57)라고 하였다.

이처럼 '경'이란 관념적이고 추상적인 고도의 정신훈련이 아니라 가까운 일상 속에서 몸가짐과 마음가짐을 바르게 하는 훈련이다. 여기에서 몸과 마음, 즉 밖과 안이 하나 되는 경의 특징을

---

別處去."

54) 『敬齋箴集說』 第6章, "如思此一事, 又別思一事, 便不可."

55) 『敬齋箴集說』 第4章, "惺惺乃心不昏昧之謂."

56) 『敬齋箴集說』 第4章, "敬非別是一事, 常喚醒此心在此."

57) 『敬齋箴集說』 第6章, "諸先生之說各不同, 其實只一般."

확인할 수 있다. "밖을 엄숙하게 하는 것이 안을 보존하는 것이며, 안을 견고하게 할 수 있으면 밖이 곧 따른다."58) 이것은 밖과 안을 포괄하는 경의 특징으로 나타난다.

## 2) 경은 안과 밖을 포괄한다

경은 안과 밖을 포괄한다. 이것은 경을 안과 밖의 관계로 설명한 것이다. "선유들이 경을 논한 것은 밖과 안을 겸한 것이다"59), "경의 공부는 안과 밖이 합하고 드러남(顯)과 은미함(微)이 하나되어야 한다."60)

> 예로부터 성현 및 정자의 설에서 하학下學을 논한 곳을 상고해보면, 의관을 바르게 하고 용모를 엄숙히 하는 것을 우선으로 삼지 않음이 없었으니, 반드시 이와 같이 한 뒤에야 마음이 보존하는 바를 얻어서 사특하고 괴팍한 곳으로 흐르지 않을 수 있다.61)

> 경에 머물려면 반드시 용모를 바르게 하고 생각을 가지런히 하는 것을 우선으로 삼아야 한다. 용모를 바르게 하고 생각을 가지런히 하면 마음이 한결같아 경이 되는 것이다. 지금 마음을 보존하고자 하면서 이것을 외적인 것으로 여기고 이와 같이 공부하지 않는다면 마음을 또한 어찌 보존할 수 있겠는가?62)

밖으로 몸을 바르게 하는 것이 안으로 마음을 보존하는 까닭이

---

58) 『敬齋箴集說』 第4章, "外之云肅, 攸保于中; 中之克固, 外斯率從."
59) 『敬齋箴集說』 第4章, "先儒論敬兼表裏者.
60) 『敬齋箴集說』 第4章, "故敬字工夫亦當合內外一顯微."
61) 『敬齋箴集說』 第2章, "詳考從上聖賢以及程子之說論下學處, 莫不以正衣冠肅容貌爲先, 蓋必如此然後, 心得所存而不流於邪僻."
62) 『敬齋箴集說』 第3章, "居敬, 必以動容貌整思慮爲先. 蓋動容貌整思慮, 則其心一所以敬也. 今但欲存心而以此爲外, 旣不如此用功, 則心亦烏得而存?"

다. 마음을 보존하여 사특하거나 괴팍한 곳으로 흐르지 않으려면 먼저 의관을 바르게 하거나 용모를 엄숙히 해야 한다. 두 다리를 뻗고 앉아 있으면서 마음이 태만하지 않을 수 있는 자는 있지 않다.63) 그래서 '마음을 보존하고자 하면서 용모를 바르게 하는 것을 외적인 것으로 여기고 공부하지 않는다면 마음을 보존할 수 없다'고 말한 것이다. 이것은 또한 "밖으로 엄숙하지 못하면서 안으로 경할 수 있다고 말한다면 옳겠는가?"64)라는 의미이기도 하다. 마찬가지로, 안으로 마음이 방자하면서 밖으로 용모를 바르게 할 수도 없다. "안으로 마음이 방자하고 사치하면서 밖으로 용모를 바르게 하여 예절을 삼갈 수 있겠는가?"65) 따라서 "〈몸을〉 단정하고 엄숙할 것을 배워서 〈마음이〉 방자하거나 태만한 데에 이르지 않으면, 거의 마음이 바르고 이치가 밝아질 것이다."66)

이렇게 볼 때, "경이란 안으로 망령된 생각을 없게 하고 밖으로 망령된 행동을 없게 하는 것이다."67) 또한 "마음이 장엄하면 몸이 펴지고, 마음이 엄숙하면 용모가 공경해진다."68) 이것이 바로 주자의 「경재잠」에 제시된 경의 기본 구조이며, 「경재잠도」에서 말한 '밖과 안을 서로 바르게 하라(表裏交正)'는 뜻이기도 하다. 몸가짐과 마음가짐이 분리된 별개의 것이 아니라 하나에 근본하기 때문에 몸가짐을 바르게 하는 것이 곧 마음가짐을 바르

---

63) 『敬齋箴集說』 第2章, "又言未有箕踞而心不慢者."
64) 『敬齋箴集說』 第2章, "外之不肅而謂能敬於內, 可乎?"
65) 『敬齋箴集說』 第3章, "放僻邪侈於內, 而姑正容謹節於外乎?"
66) 『敬齋箴集說』 第6章, "欲其先且習爲端莊整肅, 不至放肆怠惰, 庶幾心正而理明耳."
67) 『敬齋箴集說』 第4章, "只是內無妄思外無妄動."
68) 『敬齋箴集說』 第4章, "心莊則體舒, 心肅則容敬."

게 하는 일이 된다. "안과 밖이 애초에 분리된 적이 없으니 정제
엄숙하여 용모를 바르게 하는 것이 곧 그 마음을 보존하는 까닭
인 것이다."69) 그래서 "그 안을 한결같이 하지 못하면 밖을 제재
할 수 없고, 그 밖을 가지런히 하지 못하면 그 안을 함양할 수
없다."70) 이것은 안과 밖의 근본이 하나인 까닭을 알지 못한 것
이다.71) 안으로 마음을 바르게 하고 밖으로 용모를 반듯하게 하
여, 안과 밖을 서로 길러주는 것이 바로 경의 실천방법이다. "마
음과 일에 비록 안과 밖의 구분이 있으나, 그 이치는 원래 드러남
(顯)과 은미함(微)의 틈이 없으므로 경 공부도 마땅히 안과 밖이
합하고 드러남과 은미함이 하나 되어야 한다."72) 안과 밖이 하나
의 이치이니 마음을 보존하기 위해서는 용모를 반듯하게 하는 훈
련이 필요하고, 용모를 반듯하게 하면 마음도 저절로 보존된다.
이것이 안과 밖을 함께 기르는 방법이고 안과 밖을 포괄한다는
뜻이다.

이처럼 경은 안과 밖이 하나로 연결되어 있지만, 실제로 안을
근본으로 삼을 것을 강조한다. "안과 밖, 은미함과 드러남에 비
록 두 이치가 없으나, 안으로 보존하는 것이 실제로 근본이 된
다."73) 이것은 동動과 정靜에 두 가지 이치가 없으나 '정'으로 근
본을 삼을 것을 강조하는 것과 다르지 않다. 그렇지만 안을 근
본으로 삼더라도 안에 치우쳐서 밖을 폐기해서는 안 된다. 안과

---

69) 『敬齋箴集說』 第3章, "知內外未始相離, 而所謂莊整齊肅者, 正所以存其
心也."
70) 『敬齋箴集說』 第4章, "不一其內, 則無以制其外, 不齊其外, 則無以養其內."
71) 『敬齋箴集說』 第3章, "此其未知內外之本一故也."
72) 『敬齋箴集說』 第4章, "心與事雖有表裏之分, 而此理元無顯微之間, 故敬
字工夫亦當合內外一顯微."
73) 『敬齋箴集說』 第4章, "內外隱顯, 雖無二致, 然存乎內者, 實爲之本."

밖은 하나의 이치이기 때문이다. 이 때문에 안은 옳고 밖은 그르다고 여기는 것을 경계하였다.

## 3) 경은 동과 정을 관통한다

경은 안과 밖의 관계뿐만 아니라 동과 정의 관계로도 설명한다. "경이라는 글자는 동과 정을 관통한다"[74), "선유들이 경을 논한 것은 동과 정을 겸한 것이다"[75), "경이라는 글자는 반드시 동과 정을 관통해서 보아야 비로소 옳다."[76) '동과 정을 관통한다'는 말은 동과 정의 두 측면에서 경을 동시에 해석해야 한다는 것이다. 그래서 "동정을 관통하고 체용을 겸비하니 진실로 동動을 싫어하고 정靜만을 구해서도 안 되고, 체體에는 어둡고 용用으로만 향해서도 안 된다."[77) 이것은 "마음의 본체가 유有와 무無를 관통하고 동과 정을 갖추고 있으므로 경 공부 또한 유와 무를 관통하고 동과 정을 갖추어야 비로소 새는 것이 없다"[78)는 뜻이기도 하다. 안으로 마음을 고요히 보존하여 본체를 세우는 일뿐만 아니라, 밖으로 모든 일에 대응하는 활동도 필수적인 과제이다. 『경재잠집설』에서는 먼저 동적인 측면에 해당하는 일 위에서 경의 태도를 유지할 것을 강조한다. 우리는 일에 휘말려 마음의 본래상태를 잃어버려서는 안 된다. 물론 마음의 본래상태를 유지하기 위해 일에 응하지 않으려 해서는 더더욱 안 된다. 따라서

---

74) 『敬齋箴集說』 第2章, "敬字通貫動靜."
75) 『敬齋箴集說』 第2章, "先儒論敬兼動靜者."
76) 『敬齋箴集說』 第4章, "敬字須該貫動靜看方得."
77) 『敬齋箴集說』 第2章, "通動靜而該體用, 固不可厭動而求靜, 亦不可昧體而趨用也."
78) 『敬齋箴集說』 第2章, "心體通有無該動靜, 故工夫亦通有無該動靜, 方無透漏."

고요한 마음의 본래상태를 유지하기 위해 마음의 동적인 상황을 거부하거나, 나아가 세상사를 거부하는 것은 곤란하다. 때문에 일에 응할 때도 역시 경의 태도를 지키는 것이 중요하다.

> <마음이> 어찌 모두 고요할 수 있겠는가? 일이 있으면 마음이 모름 지기 응해야 한다. 사람이 세상을 살면서 일이 없을 때가 없으므로 아침부터 저녁까지 많은 일이 있으니, 일이 많아 나를 요란하게 하 므로 우선 가서 정좌한다는 것은 말이 되지 않는다. 경은 이와 같이 하는 것이 아니다. 만일 일이 앞에 닥쳤는데도 자신이 도리어 고요 함을 주로 하여 움직이지 않는다면 이는 마음이 모두 죽은 것이다. 일이 없을 때에는 경이 속에 있고, 일이 있을 때에는 경이 일 위에 있어서, 일이 있든 일이 없든 나의 경이 일찍이 끊어진 적이 없어야 한다.79)

마음을 고요히 하는 것만이 능사가 아니라 일에 닥쳐서는 일 위에서 경을 유지해야 한다. 하루의 일상 속에서 어찌 일이 없을 수가 있겠는가? 일이 있으면 일에 응해야 한다. 일이 많아 마음이 복잡하다고 해서 일을 버려두고 마음을 고요히 하려고 가서 정좌하는 것은 옳지 않다. 이것은 경이 아니다. 일이 있을 때도 경해야 하고, 일이 없을 때도 경해야 한다. "한가하고 고요하여 일이 없을 때도 경을 쓰고, 사물에 응접할 때도 경을 쓰며, 마음이 안에 있을 때도 이와 같이 하고, 움직여 나와서 일을 할 때도 이와 같이 한다."80) 일이 있을 때는 일처리 속에서 경해야 하

---

79) 『敬齋箴集說』第4章, "如何都靜得? 有事須著應. 人在世間, 未有無事時 節, 自早至暮, 有許多事, 不成說事多撓亂我, 且去靜坐. 敬不是如此. 若事 至前而自家却要主靜, 頑然不動, 便是心都死了. 無事時敬在裏面, 有事時敬 在事上, 有事無事, 吾之敬未嘗間斷也."
80) 『敬齋箴集說』第4章, "閒靜無事時也用敬, 應事接物時也用敬. 心在裏面 也如此, 動出來做事也如此."

고, 일이 없을 때는 고요함 속에서 경해야 한다. 그래서 '일이 없을 때에는 경이 고요함 속에 있고, 일이 있을 때는 경이 일 위에 있어서, 일이 있든 일이 없든 경이 일찍이 끊어진 적이 없다'고 말한 것이다. 그래야 일처리에 응하고 외물에 접할 때도 잘못되지 않을 수 있다. 때문에 "경은 다만 일과 하나 될 뿐이다."[81] 한걸음 더 나아가, 깨어있을 때뿐만 아니라 잠잘 때도 경해야 한다고 설명한다. "날이 저물어서 들어가 편안히 쉬는 것이 바로 경이니, 날이 저물어 편안히 쉬는 것이 태만함이 아닌 것을 알아야 비로소 경의 이치를 논할 수 있다."[82] 날이 저물어 편안히 쉬는 것이 바로 잠잘 때의 경의 모습이라는 말이다. 이렇게 볼 때, 닭이 울면 일어나서 세수하고 하루의 일을 시작하면서부터 잠자리에 들어 하루의 일을 마치는 모든 것들이 경의 모습이된다. 때문에 "군자가 일을 만났을 때는 크거나 작은 구분 없이한결같이 경할 뿐이다."[83]
이어서 일에 응해서는 고요하게 체인하는 공부가 어울리지 않는다고 설명한다.

> 항상 고요한 곳에서 체인하는 공부는 시끄러운 곳에서는 이루어지지 않으니 이와 같이 공부해서는 안 된다. 날마다 쓰는 곳에서 공부해야 점차 합쳐져서 자기 것이 될 수 있다. 그렇지 않으면 다만 말뿐이다.[84]

---

81) 『敬齋箴集說』 第3章, "敬只是與事爲一."
82) 『敬齋箴集說』 第1章, "某以爲嚮晦入宴息, 乃敬也, 知嚮晦宴息之爲非怠惰, 乃可論敬之理矣."
83) 『敬齋箴集說』 第3章, "君子之遇事, 無巨細, 一於敬而已."
84) 『敬齋箴集說』 第3章, "尋常於靜處體認下工夫, 卽於鬧處使不著, 蓋不曾如此用工也. 惟於日用處便下工夫, 庶幾漸可合爲己物. 不然只是說也."

일에 응해서는 일 위에서 경할 줄 알아야 한다. 시끄러운 일상
속에서 고요함을 지키는 공부는 이치에 맞지 않을 뿐만 아니라
전혀 현실성이 없는 빈말에 불과하다. 그래서 '날마다 쓰는 일상
속에서 공부해야 자기 것이 될 수 있다'라고 말하였다.

이처럼 일에 응하는 것을 아무 일이 없는 미발未發 때와 상대하
여 이발已發이라고 부른다. 이발의 때에는 미발 때의 마음상태가
잘 발현되는지를 살펴서 조금도 어긋남이 있지 않게 해야 하는데,
이것을 성찰省察공부라 한다. 일에 응하는 이발 때의 경 공부가
'성찰'이다.

대산은 "근본이란 무엇인가? 고요함을 주로 하여 법칙을 삼아야
한다."85)라고 하였다. 경을 지킬 때는 고요함을 근본으로 삼아
야 한다는 말이다. 이러한 고요한 상태를 이발과 상대하여 미발
未發이라고 부른다. 미발은 사물과 일에 아직 접촉하지 않아 이
마음에 아무런 감정도 생각도 싹트지 않은 때를 말한다. 이때는
순수한 본성으로 마음의 본체에 해당한다. 그렇지만 이때도 반
드시 마음속에 기르는 일이 있어야 한다. "이때도 경으로 지켜
서 이 기상을 항상 보존하고 잃지 않게 하면, 이로부터 발한 것
은 반드시 절도에 맞을 것이다."86) 미발 때의 기상을 잘 보존하
면 이발 때의 일들이 모두 잘못되지 않는다.

그렇다면 고요하여 아무런 일도 없을 때에 어떻게 마음을 기를
수 있는가? 고요할 때는 마음을 잘 수렴하여 마음의 순선한 본
래 상태를 보존해야 한다. "이때는 마음이 지극히 텅 비어 거울
의 맑음과 같고 물의 고요함과 같으니, 다만 경으로써 그것을

---

85) 『敬齋箴集說』 第1章, "其本伊何? 主靜爲則."
86) 『敬齋箴集說』 第1章, "但當此之時, 敬以持之, 使此氣象常存而不失, 則
自此而發者其必中節矣."

보존하여 조금도 치우침이 있게 해서는 안 된다."[87] 그렇게 되면 마음을 고요하게 안정시켜 스스로 주재할 수 있는데, 이것을 함양涵養공부라 한다.

'함양'이란 생각이나 감정의 싹이 생겨나기 전에 그 뿌리를 먼저 든든히 길러내는 것에 해당된다. 뿌리가 잘 길러지면 나쁜 생각이나 감정은 아예 싹트지 않거나 싹터도 금세 제어가 가능하기 때문이다. "아직 사물과 접하지 않았을 때(미발)에 경으로 마음을 주재하면, 사물이 이르렀을 때에 선한 단서가 밝게 드러나서 살피는 것이 더욱 정밀해지고 분명해진다."[88] 이것이 바로 근본을 세우는 본원상의 공부에 해당한다.

이러한 본원상의 공부가 제대로 이루어지지 못하면 이발의 때에도 생각의 단서를 바르게 할 수 없다. "이미 발하면 일에 따라 성찰하여 경의 쓰임이 실행되지만, 그 본체가 세워지지 않으면 성찰의 공부 또한 저절로 시행되지 못한다."[89] 이것은 물론 이발 때의 일을 경시하는 것이 아니라, 이발의 때에 절도를 지키게 해주는 것은 미발의 때에 본원을 구하는 데 있다는 것을 말하고자 한 것이다. 때문에 "경을 지키는 공부가 비록 동과 정을 관통하지만, '정'이 주인이 되고 '동'이 손님이 되며, 체體가 세워진 이후에 용用이 행해진다. 그러므로 공부할 때는 반드시 고요함을 근본으로 삼아야 한다."[90] 그렇지만 비록 고요함을 근본으

---

87) 『敬齋箴集說』第4章, "當其未發, 此心至虛, 如鏡之明, 如水之止, 則但當敬以存之, 而不使其小有偏倚."

88) 『敬齋箴集說』第1章, "但未接物時, 便有敬以主乎中, 則事至物來, 善端昭著, 所以察之者益精明爾."

89) 『敬齋箴集說』第2章, "旣發則隨事省察而敬之用行焉, 然非其體素立, 則省察之功亦無自而施也."

90) 『敬齋箴集說』第1章, "持敬之功, 雖通貫動靜, 然靜爲主而動爲客, 體立而後用有以行. 故其下工之際, 必以靜爲本."

로 삼을지라도 눈을 감고 사물과의 관계를 완전히 끊어버리라는 것을 의미하는 것은 아니다. 때문에 "이때에는 고요히 하여 이 것을 기를 뿐이니, 진실로 사물을 멀리 끊고 눈을 감고 오뚝이 앉아서 고요함에 치우친 것을 말하는 것이 아니다."[91)]

이처럼 마음을 고요히 하는 것이 경 공부의 근본이 된다고 하더라도, 또한 고요함을 주로 하는 주정主靜의 공부에만 집착해서는 안 된다. 왜냐하면 '주정'의 공부에만 집착하는 것은 동과 정을 관통하는 경의 실천원리에 어긋나기 때문이다. 여기에서 대산은 고요함을 근본으로 하면서도 '주정'에 빠지지 않을 것을 강조한다. 그래서 고요할 때의 공부가 조금이라도 어긋나면 쉽게 석씨의 설로 들어간다고 경계한다.[92)] "일이 없을 때에는 진실로 정좌할 뿐이지만, 만일 정좌만으로 공부하면 석씨의 좌선坐禪이 된다."[93)] 따라서 고요함만을 말하면 바로 석씨의 설로 들어가니 정靜자를 쓰지 말고 경敬자를 쓸 것을 강조한다.[94)] 정자의 경우도 "단지 '경'을 쓸 뿐이지 '정'을 쓰지 않을 것"[95)]을 말하였고, 주자도 "이동 선생이 항상 정좌할 것을 가르쳤는데, 나중에 보니 옳지 않고 다만 '경' 한 글자가 좋았다"[96)]라고 회고하였다. 여기서 고요함에 치우치는 '정'자보다 동과 정을 관통하는 '경'자를 즐겨 쓰려고 하였음을 알 수 있다. 고요함을 중시할 경우, 동

---

91) 『敬齋箴集說』 第1章, "蓋當此之時, 則安靜以養乎此爾, 固非遠事絶物, 閉目兀坐而偏於靜之謂."
92) 『敬齋箴集說』 第1章, "靜時工夫一差, 則易入於釋氏."
93) 『敬齋箴集說』 第1章, "無事, 固是只得靜坐, 若特地將靜坐做一件功夫, 則却是釋子坐禪矣."
94) 『敬齋箴集說』 第1章, "纔說靜便入於釋氏之說也, 不用靜字, 只用敬字."
95) 『敬齋箴集說』 第1章, "伊川謂只用敬, 不用靜."
96) 『敬齋箴集說』 第1章, "舊見李先生, 常敎令靜坐. 後來看得不然, 只是一箇敬字好."

과 정을 관통하는 경의 실천원리와 달리 한쪽으로 떨어지는 폐단에 빠지기 때문이다.

때문에 "하나의 '경'자를 가지고 동과 정을 관통하면 둘 사이에 저절로 끊어진 곳이 없게 된다."[97] 이것이 바로 동과 정에 끊어짐이 없는 이치요 체와 용이 하나에 근원하는 신묘함이라고 설명한다.[98] 그래서 노불老佛의 정좌와 구분하여 "노불이 고요함에 빠지고 움직임을 경시하여 한쪽으로 떨어져서 일상의 윤리와 법도를 무너뜨린 것과는 다르다."[99] 이것은 정적인 측면만을 중시하고 동적인 측면을 경시한 노불의 정좌를 비판한 것이다.

여기에서 동과 정을 관통하여 경을 실현해 나갈 것이 요구된다.

> 움직일 때 고요함이 없을 수 없는 것은 고요할 때 움직임이 없을 수 없는 것과 같으며, 고요함을 기르지 않을 수 없는 것은 움직임을 살피지 않을 수 없는 것과 같다.[100]
> 고요함 속의 움직임은 경이 아니면 그 무엇으로 그것을 드러나게 할 수 있으며, 움직임 속의 고요함 또한 경이 아니면 그 무엇으로 그것을 살필 수 있겠는가?[101]

결국 경이란 동과 정을 관통하여 실현된다는 말이다. 경으로써 고요함을 기르고 경으로써 움직임을 살펴야 하니 둘은 별개의 일이 아니다. 때문에 "고요할 때 존양하면 천리의 본연을 온전

---

97) 『敬齋箴集說』第1章, "但只著一敬字, 通貫動靜, 則於二者之間自無間斷處."
98) 『敬齋箴集說』第2章, "此動靜無間之理, 體用一原之妙."
99) 『敬齋箴集說』第1章, "非若老佛, 靜耽動鄙, 墮落一偏, 滅常淪法."
100) 『敬齋箴集說』第1章, "動之不能無靜, 猶靜之不能無動也, 靜之不可無養, 猶動之不可不察也."
101) 『敬齋箴集說』第2章, "然則靜中之動, 非敬其孰能形之, 動中之靜, 非敬其孰能察之?"

히 할 수 있고, 움직일 때 성찰하면 인욕이 장차 그렇게 되는 것을 막을 수 있다."102) 그래서 "일이 없을 때는 자신을 지키는 데 경하고, 일에 응할 때에는 일에 응하는 데 경하며, 독서할 때는 독서에서 경하면, 자연히 모두 동과 정을 관통하여 어느 때든 있지 않음이 없게 된다."103)

이처럼 경은 고요할 때나 움직일 때를 일관하는 것으로서, 고요할 때 마음을 간직하고 본성을 기르는 '존양'과 움직일 때 행동의 기미를 살피는 '성찰'의 양면이 동시에 요구된다. 이것이 바로 미발과 이발의 공부인 것이다. "미발의 이전에는 경이 존양의 실질을 주재하고, 이발의 때에는 경이 또한 성찰의 사이에서 행해진다."104) 따라서 고요할 때에 존양하고 움직일 때에 성찰하는 공부를 번갈아 해나갈 수 있으면, 어떤 상황에서도 털끝만한 잘못이 없게 될 것이고 어떤 시점에서도 끊어짐이 없게 될 것이니, 두 가지 공부를 함께 해나갈 수 있으면 성인이 되는 요체가 여기에 있게 된다.105)

---

102) 『敬齋箴集說』第4章, "靜而存養, 則有以全天理之本然, 動而省察, 則有以防人欲於將然."

103) 『敬齋箴集說』第1章, "無事時, 敬於自持; 及應事時, 敬於應事; 讀書時, 敬於讀書, 便自然該貫動靜, 無時不存."

104) 『敬齋箴集說』第2章, "未發之前是敬也, 固已主乎存養之實; 已發之際是敬也, 又常行於省察之間."

105) 『敬齋箴集說』第4章, "此一靜一動, 隨處隨時, 存養省察, 交致其功之法也. 果能如是, 則不遺地頭而無毫釐之差, 不失時分而無須臾之間. 二者幷進, 作聖之要, 其在斯乎."

## (3) '경'의 실현

이상에서 살펴본 것처럼, 경이란 안과 밖, 동과 정의 두 측면에서 동시에 지켜 나갈 것이 강조된다. 안과 밖, 동과 정의 두 측면에서 동시에 경을 실천해 나갈 수 있으면, 『중용』에서 말하는 중中의 상태를 유지할 수 있다.

> 경하기 때문에 '중'이 되고 경하지 않으면 '중'이 될 수 없다. 경 이후에 진실할 수 있고 경하지 못하면 진실할 수 없다. 기가 질주하는 것은 네 마리의 말이 내달리는 것보다 빠르니 경은 바로 고삐를 물리는 것이고, 정이 방자한 것은 하천이 무너지는 것보다 심하니 경은 바로 그것을 막는 제방이다.106)

경이 곧 '중'이라고 말할 수는 없지만, 경하면 일이 잘못되지 않기 때문에 이것이 '중'이 되는 까닭이다. 때문에 경하면 '중'의 상태를 유지할 수 있다. 따라서 경이란 제멋대로 내달리는 말에게 고삐를 씌우는 격이거나, 무너지는 하천을 막아주는 제방의 역할을 한다고 말한 것이다.

게다가 경하면 몸과 마음이 수렴되어 기가 사납지 않고 정이 방자한 데 이르지 않기 때문에 악이 생겨나지 않는다.

> 경하면 몸과 마음이 수렴되어 기가 거칠고 사납지 않아서 맑은 것은 더욱 맑아져서 탁한 것이 자라나지 못하고, 아름다운 것은 더욱 아름다워져서 악한 것이 행해지지 못한다. … 천하고금의 선이 모두 '경'자

---

106) 『敬齋箴集說』 第7章, "然敬所以中, 不敬則無中也. 敬而後能誠, 非敬則無以爲誠也. 氣之決驟, 軼於奔駟, 敬則其銜轡也, 情之橫放, 甚於潰川, 敬則其隄防也."

에서 나오고 천하고금의 악이 모두 경하지 못한 데서 생겨난다.107)

경은 모든 선의 근본이다. 때문에 '천하고금의 선이 모두 경에서 나오고, 천하고금의 악이 모두 경하지 못한 데서 생겨난다. 경의 실천 여부가 선과 악을 구분하는 기준이 된다. 경하면 맑은 것은 더욱 맑아지고, 아름다운 것은 더욱 아름다워지므로 덕이 성대해진다.108) 덕이 성대해지면 남도 교화되니, 결국 자기를 바르게 하면 남도 바르게 된다. "나의 마음이 바르면 천지의 마음도 바르게 되고, 나의 기운이 순하면 천지의 기운도 순하게 된다."109) 때문에 성인은 '경으로써 자신을 수양하여 백성을 편안하게 하며'110), '공손함을 독실하게 하여 천하를 화평하게 한다'111)라고 하였으니, 오직 윗사람과 아랫사람이 한결같이 공경하면 천지는 저절로 자리를 잡고 만물은 저절로 길러질 것이며112), 기는 조화롭지 않음이 없을 것이다.113) 따라서 "자신을 수양하고, 집안을 가지런히 하며, 나라를 다스리고, 세상을 화평하게 하는 일은 모두 조금도 경하지 않으면 얻을 수 없다."114)

---

107) 『敬齋箴集說』 第4章, "敬則身心收斂, 氣不粗暴, 淸者愈淸而濁者不得長, 美者愈美而惡者不得行. … 天下古今之善, 皆從敬字上起, 天下古今之惡, 皆從不敬上生."

108) 『敬齋箴集說』 第7章, "敬則德聚, 不敬則都散了." 즉 경하면 덕이 모이고 경하지 않으면 모두 흩어져버린다. 덕이 모이므로 덕이 외롭지 않고 반드시 이웃이 있어 성대해지는 것이다.

109) 『敬齋箴集說』 第9章, "吾之心正, 則天地之心亦正矣; 吾之氣順, 則天地之氣亦順矣."

110) 『論語』 「憲問」, "脩己以敬 … 脩己以安百姓."

111) 『中庸』 第33章, "君子篤恭而天下平."

112) 『中庸』 第1章, "天地位焉, 萬物育焉."

113) 『敬齋箴集說』 第9章, "聖人修己以敬, 以安百姓, 篤恭而天下平. 惟上下一於恭敬, 則天地自位, 萬物自育, 氣無不和."

114) 『敬齋箴集說』 第6章, "修身齊家治國平天下, 都少箇敬不得."

때문에 주자는 「경재잠」에서 경하지 못하면 '삼강三綱이 무너지고 구법九法이 무너진다'라고 하였다. 여기에서 불경不敬의 해가 하늘과 땅이 뒤바뀌고 윤리법도가 무너지는 데 이른다는 것을 알 수 있다. 이러한 이유에서 '천하고금의 악이 모두 경하지 못한 데서 생겨난다'고 하였다.

대산의 『경재잠집설』에서는 경을 천리와 인욕의 개념과 연결시켜 설명하기도 한다. "경은 인욕에 대적하는 것이니, 사람이 항상 경하면 천리가 저절로 밝아져서 인욕이 올라올 수가 없게 된다."115) 경하면 천리가 항상 밝아져서 저절로 인욕이 사라진다. 그러므로 "인욕을 막고 천리를 보존하면 경이 그 가운데 있게 된다."116) 이것은 경을 해치는 것으로 인욕보다 심한 것이 없으니, 인욕을 막으면 천리가 저절로 세워진다는 말이다.

이렇게 볼 때, 경이란 한 마음을 주재하는 것이고 모든 선의 근본이 된다.117) 성현의 수많은 말과 크고 작은 일을 살펴보면 경에 근본하지 않은 것이 없으니,118) 성현의 궁극의 지위에 이르는 것도 여기에서 벗어나지 않는다.119) 따라서 배우는 사람들이 경에서 착실히 공부하면, 성현의 경지에 이르지 못함을 걱정하지 않아도 된다.120) 이것이 바로 배우는 자들이 학문하는 이유이고 성인이 성인 되는 이유이다.121) "『소학』에 있어서도 경

---

115) 『敬齋箴集說』 第8章, "敬所以抵敵人欲, 人常敬則天理自明, 人欲上來不得."
116) 『敬齋箴集說』 第8章, "遏止其欲而順保其理, 則敬在其中."
117) 『敬齋箴集說』 第7章, "敬者, 一心之主宰, 萬善之本源."
118) 『敬齋箴集說』 第7章, "今看聖賢千言萬語, 大事小事, 莫不本於敬."
119) 『敬齋箴集說』 第7章, "眞到聖賢究竟地位, 亦不出此."
120) 『敬齋箴集說』 第7章, "學者只於此著實用工, 則不患不至聖賢之域矣."
121) 『敬齋箴集說』 第7章, "學者之所以學, 聖人之所以聖."

을 찾아야 하고, 『대학』에 있어서도 경을 찾아야 하며, 자식이
되고 신하가 되고 임금이 되고 부모가 되어도 모두 경을 찾아야
하고, 작은 일을 당하거나 큰일을 당해서도 모두 경을 찾아야
하니, 이 한 가지 일에 먼저 힘을 쓴 뒤에야 학문을 논할 수 있
다."122) 이것은 학문하는 방법에는 수없이 많은 갈래가 있으나,
그중에서 본령에 해당하는 것이 바로 경이라는 말이다. "경이라
는 글자는 참으로 학문의 처음과 끝이며 일상생활의 절실한 오
묘함이다."123) 따라서 성현의 말씀은 처음부터 하나로 종합되지
않은 적이 없으니 모두 경의 조목을 말한 것에 불과하다.124) 때
문에 경을 성학聖學의 연원이라고 말하였다.125)

『경재잠집설』에서는 이러한 경의 실천 여부는 전적으로 자신에
게 달려있으니 하면 된다고 설명한다.

> 경을 간직하는 공부의 기틀이 나에게 있으니 하면 된다. 그러나 끊
> 어지기가 쉽고 이어지기가 어렵다. 그러므로 배우는 사람들은 진실
> 로 어렵게 여겨서 실망해서도 안 되고, 또한 쉽게 여겨서 소홀히 해
> 서도 안 된다.126)

이것은 '인을 행하는 것은 자기에게 말미암는 것이지 남에게 말
미암는 것이겠는가?'127)라는 말과 같은 맥락이다. 인을 행하는

---

122) 『敬齋箴集說』 第4章, "在小學便索要敬, 在大學也索要敬, 爲子爲臣爲
　　 君爲父, 皆索要敬, 以至當小事當大事, 都索要敬, 這一件, 先能著力, 然後
　　 可以論學."
123) 『敬齋箴集說』 第7章, "敬字, 眞是學問始終, 日用親切之妙."
124) 『敬齋箴集說』 第7章, "聖人言語, 當初不曾關聚, 皆說敬之目."
125) 『敬齋箴集說』 第7章, "敬者聖學之淵源也."
126) 『敬齋箴集說』 第6章, "持敬之功, 其機在我, 爲之則是. 然其間斷之易
　　 而接續之難. 故學者固不可以爲難而沮, 亦不可以爲易而忽也."
127) 『論語』「顏淵」, "爲仁由己, 而由人乎哉?"

여부가 전적으로 자신에게 달려있는 것처럼, 경을 실천하는 여부도 전적으로 자기 자신에게 달려있다. 나에게 달려있기 때문에 내가 하고자 하면 언제든지 할 수 있는 것이지 못하는 것이 아니다. 다만 지속하기가 어렵고 끊어지기가 쉬운데, 이때는 스스로 반성할 수 있으면 된다. 복잡다단한 일상의 삶 속에서 한 순간의 방심도 허락하지 않는 경의 상태를 유지하는 것은 쉬운 일이 아니다. 그러나 '붙잡으면 보존되고 놓으면 잃어버리니' 놓았다고 느끼는 순간 스스로 반성하여 다시 붙잡으면 된다. 때문에 주자는 "경이란 붙잡는 것과 놓아버리는 두 글자 사이에 달려있다"[128]라고 하였다.


### (4) 맺는말

이상으로 『경재잠집설』의 내용을 분석하고 그 속에 담겨있는 경의 내용과 이론적 구조를 살펴보았다. 사실 「경재잠」의 내용은 그리 복잡하거나 심오하지 않다. 일상생활 속에서 조심스럽게 처신하는, 즉 어쩌면 아주 단순해 보이는 생활태도의 훈계들을 설명하고 있다. 그러나 이 싱거워 보이는 경의 실천방법이 성인이 되는 학문, 즉 성학聖學의 가치를 실현하는 데에 중요한 의미를 갖는다. 이러한 성학이 고원한 이상으로만 머물지 않고, 경이 관념적인 수양에 그치지 않기 위해서는 오늘 하루의 몸가짐과 마음가짐을 바르게 하는 공부를 철저히 해나가야 한다고 보았다. 때문에 대산을 포함한 많은 유학자들이 「경재잠」에 주목

---

128) 『敬齋箴集說』 第6章, "操則存, 舍則亡, 只在操舍兩字之間."

하였고, 이러한 이유에서 대산은 주자 「경재잠」의 내용에 근거하여 여러 선현들의 설을 모아 『경재잠집설』을 지어서 구체적인 경의 실천방안을 자세히 정리하였다.

대산의 『경재잠집설』에서는 경을 크게 두 가지 측면에서 정의하고 있다. 하나는 몸가짐을 바르게 하는 것이고, 다른 하나는 마음가짐을 바르게 하는 것이다. 먼저 몸가짐을 바르게 하는 것으로는 의관을 바르게 하고 용모를 단정히 하는 정제엄숙整齊嚴肅이 여기에 포함된다. 또한 마음가짐을 바르게 할 것을 강조하는데, 대표적인 것으로 주일무적主一無適을 제시한다. '주일무적'이란 하나를 주로(전념) 하여 마음이 다른 데로 달아나지 않게 하는 것이다. 「경재잠」에서 말한 것처럼, 동쪽으로 가면서 서쪽으로 가려 하거나, 남쪽으로 가면서 북쪽으로 가려 해서는 안 되는 것과 같다. 이것과 비슷한 방법으로 마음을 항상 깨어있게 하는 '상성성법常惺惺法'과 마음을 수렴하여 다른 어떠한 잡념도 용납하지 않는 '기심수렴불용일물其心收斂不容一物' 등이 있다. 이러한 것들도 모두 마음가짐을 바르게 하는 것이다.

여기에서 몸과 마음, 즉 밖과 안이 하나 되는 경의 특징을 확인할 수 있다. 밖(외모)을 엄숙히 하는 것은 안(마음)을 보존하기 위한 것이요, 또한 안을 보존할 수 있으면 밖이 저절로 바르게 된다. 이것이 바로 안과 밖을 서로 길러주는 경의 방법이며, 동시에 안과 밖을 포괄한다는 경의 특징이기도 하다.

이러한 경의 특징은 또한 안과 밖의 관계뿐만 아니라 동과 정의 관계로도 설명된다. 이것은 동과 정을 관통한다는 말로 표현된다. 일이 있을 때도 경해야 하고 일이 없을 때도 경해야 한다. 일이 있을 때는 일처리 속에서 경해야 하고 일이 없을 때는 고요함 속에서 경해야 한다. 그리고 일에 응하는 이발 때의 경 공부를 '성찰省察'이라고 부르며, 사물에 접하지 않아 사려가 아직 일어나지 않은 미발 때의 경 공부를 '함양涵養'이라고 부른다.

대산은 경 공부가 동과 정을 관통하지만, 고요함靜을 근본으로 삼을 것도 강조한다. 그렇다고 고요함만을 주장하여 눈을 감고 오뚝이 앉아 사물과의 관계를 완전히 끊어버리라는 것은 아니다. 고요함을 중시하여 정좌만을 구하는 노불老佛과 구분할 것을 강조하는데, 고요함만을 중시하는 정좌공부는 동과 정을 관통하는 경의 실천원리에 어긋나기 때문이다. 결국 경이란 동과 정을 관통하여 실현된다. 경으로써 고요함을 기르고 경으로써 움직임을 살피니 동과 정은 별개의 일이 아니다. 고요할 때 함양하고 움직일 때에 성찰하는 공부를 동시에 해나갈 수 있으면, 어떤 상황에서도 털끝만한 잘못이 없게 된다.

이처럼 안과 밖, 동과 정을 관철하여 경을 실천하여 자신을 바르게 하면 남도 교화되어 바르게 되는데, 이것이 바로 '경으로써 자신을 수양하여 백성을 편안하게 한다'는 것이며, '공손함을 독실히 하여 천하를 화평하게 한다'는 것이다. 또한 윗사람과 아랫사람이 한결같이 공경하면, 천지는 저절로 자리를 잡고 만물은 저절로 길러질 것이므로, 성현의 경지에 이르지 못함을 걱정할 필요가 없다. 이것이 바로 학문하는 이유이고 성인이 되는 이유이다.

대산의 『경재잠집설』은 주자 「경재잠」의 내용에 근거하여 경의 이론 구조와 그 의미를 최대한 실천적 행위 안에서 정리하였다. 오늘 하루 몸가짐과 마음가짐을 바르게 함으로써 성인이 되는 학문의 요체를 현실 속에서 실천함으로 귀결시켰다. 조금도 추상화되거나 신비화되지 않은 현실 속의 구체적 생활공부가 바로 '경'이다. 일상 속에서 언제나 어디서나 경을 실천하기란 쉬운 일이 아니다. 때문에 이러한 경의 실천에는 지속적인 노력을 통해 익숙한 상태로 성숙시켜 나아가는 과정이 요구되는 것 또한 사실이다.

부 록 2

대산 이상정의 '경' 사상

본 논문은 대산 이상정(1711~1781)의 경 사상을 고찰한 것이다. 금장태는 "경의 문제는 주염계가 「태극도설」에서 주정主靜을 제시하고, 이에 대해 정이천이 주경主敬을 제시하면서 제기되었으며, 주자가 이를 계승하면서 송대 도학의 학문방법론 내지 수양론의 중심 개념으로 자리 잡았다"[1]라고 하였다. 이것은 '경'이 주염계→정자→주자를 거치면서 성리학 수양이론의 중심 개념이 되었다는 말이다.

그 내용을 자세히 설명하면 다음과 같다. 주염계는 「태극도설」에서 "고요함을 주로 하여 인극人極을 세운다"[2]라고 하였다. 인극은 인도人道의 극치, 즉 성인을 말하는 것으로 성인이 되는 공부방법이 주정主靜에 있음을 밝히고 있다. 그러나 정자는 '주정'을 강조할 경우 불교의 허무적멸로 빠질 수 있음을 경계하여 '정' 대신 '경'자를 쓸 것을 말하였다. "고요함만을 말하면 바로 석씨의 설에 들어가니 정靜자를 쓰지 않고 경敬자를 쓸 뿐이다"[3]라고 하여, 성인이 되는 공부의 요체가 '주정'이 아니라 동과 정을 관통하는 '경'에 있다고 강조한다. 이로써 경이 성리학 수양이론의 중심 개념으로 등장하게 된다.

이러한 경에 대한 해석은 주자에게 계승되어 이론적으로 체계화 되는데, 고요할 때(寂然不動, 未發)의 존양공부와 움직일 때(感而遂

---

1) 금장태, 『『聖學十圖』와 퇴계철학의 구조』, 서울대학교출판부, 2001, p.213
2) 『周子全書』「太極圖說」, "主靜立人極焉."
3) 『二程全書』1, 「河南程氏遺書 第18」, "又問敬莫是靜否. 曰纔說靜, 便入於釋氏之說也, 不用靜字, 只用敬字."

通, 已發)의 성찰공부가 그것이다. 이에 주자는 "경 공부는 성인 문하의 가장 중요한 곳이니 처음부터 끝까지 잠시라도 끊어져서는 안 된다"4)라고 하여 일상생활 속에서 동과 정, 밖과 안으로 철저하게 경을 지켜나갈 것을 강조한다. 그리고 이러한 경의 구체적인 실천방법을 그의 「경재잠」에서 자세히 설명하고 있다. 퇴계도 '경'을 중시하니, 그는 『성학십도』에서 "경이라는 한 글자는 성인이 되는 학문의 처음과 끝을 이루는 것이다"5)라고 하여, 성인이 되는 공부가 '경' 한 글자에 달려있음을 강조한다. 이어서 "『소학』을 공부하는 사람이 경에 말미암지 않고서는 쇄소 灑掃·응대應對·진퇴進退의 절도나 육례의 가르침을 잘 실천하지 못할 것이고, 『대학』을 공부하는 사람이 경에 말미암지 않고서는 명덕明德과 신민新民의 공을 이루지 못할 것이다"6)라고 하여, 청소하고 손님을 맞는 것과 같은 일상의 사소한 일에서부터 천하국가를 다스리는 일에 이르기까지 모든 것이 경에 기초하고 있다고 설명한다. 이것은 『성학십도』의 "『소학』도 경에 의지하지 않고서는 시작될 수 없고, 『대학』도 경에 의지하지 않고서는 끝맺을 수 없다"7)는 말의 다른 표현이다. 이렇게 볼 때, 성리학의 수양이론을 관통하는 것이 '경' 한 글자에 있음을 재삼 확인할 수 있다.

따라서 본문에서는 이러한 경 사상의 역사적 배경에 근거하여

---

4) 『朱子語類』 卷12, "敬字工夫, 乃聖門第一義, 徹頭徹尾, 不可頃刻間斷."
5) 『聖學十圖』 「第三小學圖」, "敬之一字, 聖學之所以成始而成終者也."
6) 『聖學十圖』 「第三小學圖」, "爲小學者不由乎此, 固無以涵養本源, 而謹夫 灑掃應對進退之節與夫六藝之教; 爲大學者不由乎此, 亦無以開發聰明, 進德修業, 而致夫明德新民之功也."
7) 『聖學十圖』 「第四大學圖」, "小學之不能無賴於此以爲始 …夫大學之不能無賴於此以爲終者."

대산의 경 사상을 고찰하고자 한다. 한편 금장태는 퇴계학파의 수양론과 관련하여 그 특징을 시대별로 구분하여 설명한다. 즉 16세기는 계구戒懼·근독謹獨과 존양存養·성찰省察의 수양방법이, 17세기는 성경誠敬·경의敬義·정일精一의 수양방법이, 18세기는 정제엄숙整齊嚴肅의 수양방법이, 19세기는 반기反己·주일主一·존심存心 등의 독자적 수양방법이 전개되었다는 것이다.8) 그렇다면 18세기에 활동한 대산의 경 사상은 정제엄숙을 그 특징으로 하고 있음을 알 수 있다. 따라서 본문에서는 퇴계학파의 수양방법과 관련하여 대산 경 사상의 특징이 무엇인지도 아울러 확인하고자 한다.


### (1) 심心과 경敬

『심경부주』에서 "사람의 한 몸을 주재하는 것이 마음이요, 마음을 주재하는 것이 경이다"9)라고 하였는데, 그렇다면 경은 마음을 주재하고, 마음은 몸을 주재하는 관계가 성립된다. 따라서 대산의 경 사상을 언급하기 전에 먼저 마음과 경의 관계에 대한 설명이 필요하다.

대산은 마음을 다음과 같이 정의한다.

사람은 천지의 이치를 얻어서 성으로 삼고 천지의 기운을 받아서 형체로 삼으니 리와 기가 합쳐지면 허령한 체가 되어 일신一身을 주재

---

8) 금장태, 『퇴계학파의 理철학의 전개』, 서울대학교출판부, 2000, pp. 28-35 참조.
9) 『心經附註』「心學圖」, "蓋心者一身之主宰, 而敬又一心之主宰也."

한다. 대개 천지를 통틀어 단지 하나의 이기뿐인데, 마음이 총뇌總腦
가 되어 주재하고 운용하는 권한을 관장한다.10)

여기서는 마음이 몸을 주재하게 되는 배경을 밝히고 있다. 『중
용』의 천명지위성天命之謂性에 대한 주자의 해석처럼, "하늘이
음양오행으로 만물을 생성하는데 기로써 형체를 이루고 리 또한
부여하니"11), 사람은 천지의 리를 얻어서 성으로 삼고 천지의
기를 얻어서 형체(몸)로 삼는다. 따라서 마음도 리와 기로 구성
되니, 마음에는 오장 중의 하나인 심장(기)으로서의 의미뿐만
아니라 텅 비어 있으면서 온갖 이치가 갖추어져 있는, 즉 허령
한 마음의 본체에 해당하는 성(리)도 있다. 마음에는 이치로서
의 성이 갖추어져 있기 때문에 일신一身의 모든 활동을 주재할
수 있는데, 이것은 마음이 어떤 작용을 할 때에 마음속에 갖추
어진 성이 내재적 도덕근거로써 작용하는 것을 말한다. 이러한
내용을 이론적으로 체계화한 것이 바로 주자의 심통성정心統性情
이다. 이로써 마음은 성과 정의 모든 작용을 주재하고 운용하는
총체적 권한을 갖는다. 이러한 의미에서 대산은 '마음이 총뇌가
되어 주재하고 운용하는 권한을 관장한다'라고 말하였다.
또한 맹자의 "마음의 기관은 생각하는 것이니 생각하면 얻고, 생
각하지 않으면 얻지 못한다"12)는 말처럼, 마음에는 '생각'이라는
기능이 있기 때문에 마음이 가지고 있는 온갖 이치를 자유자재
로 몸 밖으로 실어 나를 수 있다. 이러한 의미에서 주자는 "마음

---

10) 『大山集』 卷11, 「答金退甫(別紙)」, "蓋人得天地之理以爲性, 受天地之
氣以爲形, 理與氣合則爲虛靈之體, 以主於一身. 蓋通天地, 只是一箇理氣,
而心爲總腦以司其主宰運用之權."
11) 『中庸』 第1章, 天以陰陽五行, 化生萬物, 氣以成形而理亦賦焉.
12) 『孟子』 「告子(上)」, "心之官則思, 思則得之, 不思則不得也."

의 허령함이 한량이 없으므로 천지사방 밖의 일도 생각하면 곧 이른다"13)라고 하였다. 따라서 마음은 일신一身의 방촌方寸 속에 있으면서도 몸 밖의 온갖 일에 대응할 수 있는 것이니, 이것은 주자가 『대학장구』에서 말한 "명덕明德이란 사람이 하늘에서 얻은 것으로써 허령불매하여 온갖 이치를 갖추고 있으면서 만사에 응하는 것이다"14)라는 의미이다. 여기에서 '명덕'은 마음의 다른 표현이다.

또한 이러한 마음은 체용, 즉 본체와 작용의 관계로 설명한다. 적연부동寂然不動하여 온갖 이치를 갖추고 있는 것은 마음의 본체에 해당하고, 감이수통感而遂通하여 온갖 일에 대응하는 것은 마음의 작용에 해당한다. '적연부동'은 말 그대로 고요하여 아무런 움직임도 없는, 즉 사물과 감응하기 이전의 아직 사려가 일어나지 않은 때를 말하니 미발未發이라 부르고, '감이수통'은 사물과의 감응에 의해서 사려가 일어난 때를 말하니 이발已發이라 부른다. 이러한 마음은 동정의 관계로도 설명하니, 미발의 때는 사려가 일어나지 않아 고요하기 때문에 정靜이라고 하고, 이발의 때는 사려가 활동하기 시작하므로 동動이라고 한다. 또한 아직 발하지 않은 미발의 상태를 중中이라 하고, 이미 발한 이발의 상태를 화和라고 하기도 한다. 이러한 의미에서 퇴계는 "사람의 마음은 체용을 갖추고 있으므로 적감寂感을 포함하고 동정動靜을 관통한다. 그러므로 사물에 감응하기 전에는 '적연부동'하여 온갖 이치가 다 갖추어져 있어 마음의 전체가 보존되지 않음이 없

---

13) 『心經附註』卷3, 「牛山之木章」, "心之虛靈, 無有限量, 如六合之外, 思之卽至."
14) 『大學』第1章, "明德者, 人之所得於天而虛靈不昧, 以具衆理而應萬事者也."

고, 사물이 오면 '감이수통'하여 모든 일이 어긋나지 않아서 마음의 대용大用이 행해지지 않음이 없다. '정'이라 함은 고요하여 아직 발하지 않은 것을 말하며, '동'이라 함은 감응하여 이미 발한 것을 말한다"15)라고 하였다.

이처럼 마음의 도량은 지극히 크므로 모든 이치를 포괄하고 모든 일을 총괄하며, 또한 천지의 이치가 성으로 갖추어져 있으므로 온갖 일에 대응하더라도 어긋나지 않으니 그 본래 모습은 정정당당하다.

> 사람은 천지의 중中을 받아서 태어나 마음을 주재하는 것이 성性이니 그 본체는 정정당당하여 본래 치우치거나 기울어지는 것이 없다. 다만 기에 구속되면 <본체를> 보존하지 못하고 욕심에 빠져서 손상되니, 이렇게 되면 그 본연의 모습을 보존하지 못하게 된다. 그러나 만일 이 마음에 욕심이 없고 고요할 때라면, 어찌 잠깐이나마 중정中正한 상태가 없겠는가. 다만 물욕에 흔들리면 곧바로 다시 요동쳐서 <본연의 모습을> 보존하지 못할 뿐이다.16)

사람이 천지의 중정한 이치를 받아서 태어나기 때문에 마음의 본래 모습은 치우치거나 기울어지는 것이 없이 정정당당하다. 즉 마음의 본체는 참되고 선하다는 말이다. 이 때문에 마음은 허령하여 온갖 이치를 갖추고 있으면서 만사에 대응할 수 있으므로 '온갖 변화의 근본'이 되며, 또한 마음은 본래 치우치거나

---

15) 『退溪全書』卷19, 「答黃仲擧」, "人心備體用, 該寂感, 貫動靜. 故其未感於物也, 寂然不動, 萬理咸具, 而心之全體無不存, 事物之來, 感而遂通, 品節不差, 而心之大用無不行. 靜則寂而未發之謂也, 動則感而已發之謂也."

16) 『大山集』卷25, 「答金道彦兄弟」, "蓋人受天地之中以生, 主於心而爲性, 其體段亭亭當當, 本無偏倚. 惟其拘於氣則不能全泪於欲而有所鑿, 於是有不能保其本然者耳. 然苟於此心無欲而靜時, 豈無一霎時間恰好境界. 但被物欲之擾, 則旋復搖蕩而不能保耳."

기울어지는 것이 없이 정정당당하므로 '온갖 선의 원두源頭'가 된다. 그래서 "마음은 온갖 변화의 근본이고 온갖 선의 원두이다"[17]라고 말한 것이다.

그렇지만 이 마음은 또한 리와 기로 구성되어 있기 때문에 기로부터 전적으로 자유로울 수 없다. 따라서 기의 영향에 의해 기품에 구애되고 물욕에 가려지기 쉬운데, 기품에 구애되어 물욕에 가려지면 마음의 본래 모습이 손상하게 된다. 마음의 본래 모습이 손상하게 되면, "고요할 때에도 어둡고 혼란스러워 마음의 본체가 설 수 없고, 움직일 때에도 분잡하고 혼란스러워 마음의 작용이 행해질 수 없으니"[18], 비록 온갖 이치를 갖추고 있을지라도 일에 대응하여 어긋나지 않음이 없게 된다.

이러한 마음을 두고 공자는 "잡으면 보존되고 놓으면 잃어버려 나가고 들어옴에 정해진 때가 없어 그 방향을 알 수 없는 것은 오직 마음을 두고 말한 것이다"[19]라고 하였다. 이것은 마음이란 보존하기는 어렵고 잃어버리기가 쉬운 물건이라는 말이다. 여기에서 '잃어버린다'는 것은 기품에 구애되고 물욕에 가려져서 마음의 본래 참되고 선한 모습을 상실하는 것을 말한다. 이러한 마음을 두고 대산은 『경재잠집설』에서 "마음의 본체는 본래 참되지만 간혹 혼미해질 때도 있으며, 그 작용은 본래 선하지만 흘러서 악으로 빠지기 쉽다"[20]라고 하였다.

---

17) 『大山集』卷19,「答權景晦(別紙)」, "若夫心乃萬化根本, 萬善源頭."
18) 『大山集』卷20,「答李希道(己未)」, "是以靜而昏昧雜擾, 體不能立, 動而紛糾錯亂, 用不能行."
19) 『孟子』「告子(上)」, "孔子曰, 操則存, 舍則亡, 出入無時, 莫之其鄉, 惟心之謂與."
20) 『敬齋箴集說』序, "夫人之一心, 虛靈洞徹, 貫動靜而包外內, 其爲德盛矣. 然其體本眞而有時而或昏, 其用本善而易流而入於惡. 於是而無術以持之, 則冥昧放逸, 其不淵溺而焦火也者, 蓋無幾矣."

또한 대산은 "사람의 마음은 형체가 없고 출입이 일정하지 않으니 진실로 이 마음을 잡아 지킬 방법이 없다면, 혼매하고 미혹되며 내달리고 날뛰어서 연못에 빠지거나 불길에 그을리지 않을 자가 거의 없을 것이다"[21]라고 하였다. 비록 마음의 본래 모습이 참되고 선할지라도 마음을 단단히 잡아 지키지 않으면 기품에 구애되고 물욕에 빠져서 악으로 흐르기가 쉽다. 그러므로 이 마음이 악으로 빠지지 않도록 단단히 잡아 지켜야 하는데, 여기에서 대산은 마음을 잡아 지키는 방법으로 '경'을 제시한다. 같은 의미에서 정자도 "마음을 잡는 방법은 경으로써 마음을 바르게 하는 것일 뿐이다"[22]라고 하였다. 이때에 '경'으로써 마음을 지킬 수 있으면 마음의 중정中正한 상태를 유지하여 마음의 참되고 선한 본래 모습을 회복하게 된다. 그렇지만 경으로써 마음을 지킬 수 없으면 혼매하고 미혹되어 연못에 빠지거나 불길에 그을리지 않을 자가 없게 된다.

그래서 '물욕에 흔들리면 마음이 곧바로 다시 요동쳐서 본연의 모습을 보존하지 못한다'고 말한 것이다. 이렇게 볼 때, "경이란 흩어지기 쉬운 가능성을 지닌 마음이 스스로 자신을 통제하는 힘이므로 둘은 서로 분리될 수 없다. 이러한 경은 인간의 마음을 수렴하고 통제하는 마음 자체의 조건으로 마음을 최고의 상태로 각성시키고 통일시키는 원리로 이해할 수 있다."[23] 여기에서 '각성'은 상성성常惺惺의 의미에 해당하며 '통일'은 주일무적主一無適의 의미에 해당한다고 볼 수 있다.

---

21) 『大山集』卷4,「三辭刑曹參議 仍陳勉君德疏」, "夫人心無形, 出入不定, 苟無術以持之, 則昏昧迷惑, 馳騖飛揚, 其不淵溺而焦火者無幾矣."
22) 『孟子集註』「告子(上)」, "程子曰 … 操之之道, 敬以直內而已."
23) 금장태, 『퇴계의 삶과 철학』, 서울대학교출판부, 1998, p.201

이어서 대산은 물욕에 흔들려서 마음이 본연의 모습을 보존하지 못할 때, 즉 경으로써 마음을 잡아 지키지 못할 때에 어떤 폐단이 생기는지를 설명한다.

이 마음이란 만 가지 이치의 근원이며 만 가지 일의 벼리이다. 그러므로 천지를 재단하고 윤리와 법도를 유지하는 것은 모두 이 마음이 주재하고 운용하는 것이다. 참으로 미미한 사념思念과 작은 사위事爲에 조금이라도 경하지 못하면, 바로 터럭만한 차이에서 이른바 '천지를 재단하고 윤리와 법도를 유지하는 기강'이 자신도 모르게 차질이 생긴다. 차질이 있으면 곧바로 이치에 어긋나고 도를 해치게 되니, 이것이 바로 하늘과 땅이 뒤바뀌고 삼강三綱과 구법九法이 무너진다는 것이다.24)

여기에서 대산은 경으로써 마음을 잡아 지키지 못할 경우에 나타나는 폐단을 주자 「경재잠」의 내용을 들어서 설명한다. 마음이란 만 가지 이치의 근원이며 만 가지 일의 벼리이니, 천지를 재단하고 윤리와 법도를 유지하는 것은 모두 마음이 주재하고 운용한다. 그렇지만 "경이란 한 마음의 주재이고 온갖 일의 강령이다"25)라는 말처럼, 이러한 마음을 주재하는 것이 또한 경이다. 따라서 마음의 미세한 생각이나 작은 일이라도 경하지 못하면, 주자가 「경재잠」에서 말한 것처럼 "털끝만큼이라도 어긋남이 있으면 하늘과 땅이 뒤바뀌게 되니 삼강三綱이 무너지고 구법九法 또한 무너진다."26)

---

24) 『大山集』 卷19, 「答權景晦(別紙)」, "蓋此心, 爲萬理之原, 萬事之綱. 故凡天地之所以裁輔, 倫法之所以維持, 皆此心之所主宰運用. 苟於念慮之微, 事爲之細, 一有不敬, 則卽此毫釐之際, 所謂維持裁輔之綱, 不覺差失了. 纔有差失, 便是悖理害道, 卽此便是易處淪斁."

25) 『大山集』 卷4, 「三辭刑曹參議 仍陳勉君德疏」, "敬者 … 一心之主宰而萬事之綱領也."

대산은 "마음이란 바로 온갖 변화의 근본이고 온갖 선의 원두이니, 만약 터럭만한 결함이라도 그 사이에 끼어들면, 천지가 어떻게 자리를 정할 수 있겠으며, 삼강이 어떻게 밝아질 수 있겠으며, 구주九疇가 어떻게 펴질 수 있겠는가. 이에 옛사람이 마음을 바르게 하고 뜻을 진실하게 하여 그 근본을 세우는 일에 급급했던 까닭이다"[27]라고 설명한다. 경으로써 마음을 지키지 못하면 인간세상의 윤리와 법도가 무너지고, 윤리와 법도가 무너지면 나라가 다스려지지 못하고, 나라가 다스려지지 못하면 천지가 제자리를 잡지 못하여 세상이 혼란에 빠지게 된다. 이러한 이유에서 옛사람들은 모두 마음을 바르게 다스리는 일을 급선무로 삼았으니, 이때 마음을 바르게 다스리는 일은 바로 경으로부터 출발해야 한다고 하였다. 이처럼 경은 한 마음의 주재이므로 온갖 이치의 근원이 되고, 온갖 일의 강령이 된다.

## (2) 대산 이상정의 '경' 사상의 내용과 이론 구조

### 1) 경은 안과 밖이 부합한다

마음이란 형체도 없고 드나듦이 일정하지 않으므로 마음을 잡아 지키는 일은 어렵다. 대산은 형체도 없고 그림자도 없는 마음을 지키고자 하면, 반드시 형체가 있고 그림자가 있어 의거하여 지킬 수 있는 곳으로부터 시작할 것을 강조한다.

---

26) 『朱熹集』 卷85, 「敬齋箴」, "毫釐有差, 天壤易處, 三綱旣淪, 九法亦斁."
27) 『大山集』 卷19, 「答權景晦(別紙)」, "若夫心乃萬化根本, 萬善源頭, 若容一毫欠吝, 介廁其間, 則天地何從而定位, 三綱何由而建明, 九疇何自而攸敍. 此古人所以汲汲於正心誠意以立其本也."

대개 몸과 마음, 안과 밖은 단지 하나의 이치일 뿐이니 원래 간격이 없다. 무릇 밖으로 응하는 것은 모두 안에서 나오는 것인데, 안은 숨어있고 밖은 드러나며, 안은 형체가 없고 밖에는 근거할 만한 것이 있다. 그러므로 공부는 반드시 볼 수 있고 근거가 있는 곳에서 해야 한다. … 이것이 바로 공부의 지극한 요점이니 안과 밖이 부합되고 현顯과 미微가 하나 되는 도이다.28)

대산은 먼저 몸과 마음이 하나의 이치임을 밝히고 있다. 이것은 "마음의 본체는 겉과 속, 안과 밖을 관통하기 때문에 몸의 일이 곧 마음의 일이고, 밖의 병통이 곧 안의 병통이니, 몸과 마음을 둘로 갈라서 말할 수 없다"29)는 말이다. 몸과 마음이 하나의 이치이니 경 공부에 있어서도 마음을 보존하는 일과 몸을 바르게 하는 일이 별개의 일이 아니다.

그럼에도 불구하고 대산은 "안을 바르게 하는 것이 본령의 공부이니, 밖을 바르게 하는 공부는 모두 여기(마음)에서 나온 것이다"30)라고 하여, 몸과 마음이 비록 하나의 이치이지만 마음으로 근본을 삼을 것을 강조한다. "마음은 안과 밖이 없으니 보고 듣고 말하고 행동하여 밖으로 드러나는 것은 모두 마음에서 나온 것이다. 그러므로 밖을 제재하는 것은 곧 안이 그것을 주재하는 것이다."31) 일상생활 속에서 보고 듣고 말하고 행동하는 몸의

---

28) 『大山集』卷19,「答權景晦(庚午)」, "蓋身心內外, 只是一理, 元無間隔. 凡應乎外者, 皆由乎中, 而內隱而外顯, 內無影而外有據. 故工夫必施於可見有據之處 … 此是工夫至要處, 合內外一顯微之道也."

29) 『大山集』卷19,「答權景晦(別紙)」, "心體, 徹表裏貫內外, 故身上事便是心上事, 外面病痛, 便是裏面病痛, 不可分身心爲二致也."

30) 『大山集』卷27,「答權支國(辛巳)」, "直內是本領工夫, 方外工夫, 皆由此而出."

31) 『大山集』卷26,「答金道彦(辛卯·別紙)」, "心無內外, 視聽言動之見於外者, 皆由乎中. 故制於外, 卽其內者爲之主也."

활동은 모두 마음에서 나온 것이다. 이러한 의미에서 '밖으로 응하는 것은 모두 안에서 나온 것이다'라고 하였다.

그렇지만 마음은 안에 숨어있고 몸은 밖으로 드러나며, 또한 마음은 형체가 없어 근거할 바가 없으나 몸은 형체가 있어 근거할 바가 있다. 다시 말하면, 마음은 형체가 없어 근거할 바가 없기 때문에 안으로 마음을 지키는 공부는 반드시 보고 듣고 말하고 행동하는 것과 같은 밖으로 드러나는 몸 공부에 근거하지 않을 수 없다. 그래서 '공부는 반드시 볼 수 있고 근거가 있는 곳에서부터 해야 한다'고 말한 것이다. 또한 같은 의미에서 대산은 "사람의 마음은 형체가 없고 드나듦이 일정하지 않으니 반드시 규구規矩와 승묵繩墨에 나아가서 지켜야 곧 안과 밖이 안정된다"[32]라고 하였다. '규구'와 '승묵'은 준칙의 의미로서, 형체가 없어 근거할 바가 없는 마음공부는 반드시 밖으로 드러나는 몸공부를 준칙으로 삼아야 한다. 이 때문에 퇴계도 "형체도 없고 그림자도 없는 마음을 보존하고자 하면, 반드시 형체가 있고 그림자가 있어 의거하여 지킬 수 있는 곳에서부터 공부를 해야 한다"[33]라고 하였고, 주자도 "마음을 잡아 지키는 것은 반드시 볼 수 있는 것으로부터 법을 삼으면 절실하고 명백하여 쉽게 지킬 수 있다"[34]라고 하였다. 이것은 형체가 없어 볼 수 없는 마음을 보존하려면 반드시 볼 수 있고 근거할 곳이 있는 밖으로 몸가짐을 바르게 하는 것에 근거해야 한다는 말이다.

---

32) 『大山集』卷19,「答權景晦(庚午)」, "蓋人心無形, 出入不定, 須就規矩繩墨上守定, 便自內外帖然."
33) 『退溪全書』卷29,「答金而精」, "聞之古人, 欲存無形影之心, 必自其有形影可據守處加工, 顔曾之四勿三貴, 是也."
34) 『朱熹集』卷47,「答呂子約」, "然操存之漸, 必自其可見者而爲之法, 則切近明白, 而易以持守."

여기에서 대산은 정제엄숙整齊嚴肅35)과 같은 밖으로 몸가짐의 중요성을 강조한다. '정제엄숙'은 말 그대로 보고 듣고 말하고 행동하는 일체의 몸가짐을 바르게 하는 것을 말한다. 그리고 밖으로 몸가짐을 바르게 하는 것이 바로 안으로 마음을 기르는 소이所以가 된다고 설명한다.

제가 생각하기에 정자가 정제엄숙 한 단락으로 경을 논한 것이 가장 중요하다. 마음의 본체가 비록 안에 있지만 그 작용은 보고 듣고 말하고 행동하는 사이와 일상에서 응대하는 즈음에 드러나니, 밖을 제재하는 것이 안을 기르는 소이所以이다. 공부에는 의거할 것이 있고 붙잡아 지키는 데에는 표준이 있으니, 안씨의 사물四勿과 증자의 삼귀三貴가 모두 여기에 해당한다. 이와 같이 지키고 기르기를 오래하여 점차 익숙해지면 마음이 편안해지고 생각이 관대해져서 나도 모르게 저절로 법도에 맞게 될 것이다.36)

---

35) '정제엄숙'에 대해 "마음이 발동하기 이전에 고요할 때 嚴肅한 것이 경의 體가 되고, 마음이 발동한 이후 활동할 때 整齊하는 것이 경의 用이라고 본 것이다"라고 하여, '엄숙'과 '정제'를 체용의 관계, 즉 마음공부와 몸 공부로 구분하여 해석하기도 한다.(금장태, 『퇴계의 삶과 철학』, 서울대학교출판부, 1998, p.202) 그러나 논자는 '정제엄숙'을 모두 밖으로 몸 공부를 대표하는 사례로 해석하고자 한다. 왜냐하면 대산은 정제와 엄숙을 구분할 경우, 비록 사색을 정밀하게 했음을 알 수 있으나 지나치게 잘게 분석한 듯하니 안과 밖을 쪼개서 두 갈래로 만드는 것을 면치 못한다고 비판하기 때문이다.("整齊嚴肅, 表裏用功, 亦見思索之密, 然恐或涉於破碎也. … 今日整齊重在外, 嚴肅重在內, 外面固當扶豎起來, 而內面精神思慮, 亦當依此受用, 若果如是, 則是不免於判內外爲二致."(『大山集』 卷19, 「答權景晦(庚午)」)

36) 『大山集』 卷34, 「答黃稚見(辛丑·別紙)」, "愚意程先生以整齊嚴肅一段, 論敬最爲要切. 蓋心體雖存乎內, 而其用著於視聽言動之間, 日用應接之際, 制於外所以養其中也. 工夫有據依, 持守有準的, 顔氏之四勿, 曾子之三貴, 皆是也. 如是持養之久, 漸次純熟, 則心志平泰, 意思寬展, 而不覺其自入於榘(矩)度矣.

여기서는 밖을 제재하는 것이 안을 기르는 소이가 됨을 밝히고 있다. 안으로 마음을 바르게 하려면 반드시 밖으로 몸가짐을 바르게 해야 하니, 보고 듣고 말하고 행동하는 일체의 몸가짐을 바르게 하는 것이 바로 안으로 마음을 기르는 소이가 된다. 그리고 밖으로 몸가짐을 바르게 하는 대표적인 것으로써 정자의 '정제엄숙'을 거론한다.

대산은 '정제엄숙'의 구체적인 내용을 안자의 '사물'과 증자의 '삼귀'의 사례로써 설명한다. 여기에서 사물四勿은 공자가 안연에게 가르친 예에 의해 경계해야 될 네 가지 조목으로, "예가 아니면 보지 말며, 예가 아니면 듣지 말며, 예가 아니면 말하지 말며, 예가 아니면 행동하지 말라"[37]는 것이다. 또한 삼귀三貴는 군자가 귀하게 여기는 세 가지의 도로써, "용모를 움직일 때에는 사납고 거만한 행동을 멀리하며, 얼굴빛을 바르게 할 때에는 진실함에 가깝게 하며(속이지 말며), 말을 할 때에는 비루하고(상스럽고) 도리에 어긋나는 것을 멀리하여야 한다"[38]는 것이다. 이러한 것들은 모두 일상 속에서 보고 듣고 말하고 행동할 때의 바른 몸가짐을 말한 것으로서, 『예기』「옥조玉藻」에 나오는 아홉 가지 용모(九容)도 같은 의미이다. 이러한 의미에서 주자는 "앉아있을 때는 시동처럼 하고, 서있을 때는 재계하는 것처럼 하며, 머리는 곧고, 눈은 단정하며, 발걸음은 무겁고, 손가짐은 공손하며, 입은 다물고, 기운은 엄숙하게 하는 것이 모두 경의 절목이다"[39]라고 하였다. 이것은 밖으로 몸가짐을 바르게 하는 것이 바로 경

---

37) 『論語』「顔淵」, "非禮勿視, 非禮勿聽, 非禮勿言, 非禮勿動."
38) 『論語』「泰伯」, "君子所貴乎道者三, 動容貌, 斯遠暴慢矣, 正顔色, 斯近信矣, 出辭氣, 斯遠鄙倍矣."
39) 『朱子語類』卷12, "朱子曰, 坐如尸, 立如齊, 頭容直, 目容端, 足容重, 手容恭, 口容止, 氣容肅, 皆敬之目."

을 실천하는 구체적인 방법이라는 말이다.

이어서 대산은 밖으로 몸가짐을 바르게 하는 것이 바로 안으로 마음을 바르게 하는 소이所以가 된다고 설명한다. 마음을 보존하는 공부가 몸공부와 별개의 것이 아니라 일상 속에서 보고 듣고 말하고 행동하는 사이에서 몸가짐을 바르게 하는 것이 곧 마음을 보존하는 방법이다. 이 때문에 대산은 "안과 밖이 애초에 서로 분리되어 있는 것이 아니니, 이른바 장정제숙莊整齊肅이라는 것이 바로 마음을 보존하는 방법이라는 것을 알 것이다"40)라고 하였다. '장정제숙'은 또한 '정제엄숙'의 의미이니, 정제엄숙하면 마음이 저절로 보존된다. 이러한 사실은 정자의 "정제엄숙하면 마음이 전일하게 되어 그릇되고 사특한 생각이 일어나지 않는다"거나, 주자의 "오직 정제엄숙하면 마음속에 주재함이 있어서 마음이 저절로 보존된다"41)는 말에서도 확인할 수 있다. 반대로, 밖으로 몸가짐이 바르지 못하면 안으로 마음도 바르게 보존될 수 없으니, 두 다리를 쭉 뻗고 있으면서 마음이 태만하지 않은 사람은 없을 것이다. 이러한 의미에서 '밖을 제재하는 것이 안을 기르는 소이所以이다'라고 말하였다.

그래서 밖으로 몸가짐을 바르게 하기를 오래하면 '마음이 편안해지고 생각이 관대해져서 나도 모르게 저절로 법도에 맞게 된다.' 여기에서 '법도에 맞게 된다'는 것은 마음이 바르게 보존되어 그릇되고 사특한 생각이 일어나지 않는 것을 말한다. 이렇게 볼 때, 경 공부는 보고 듣고 말하고 행동하는 밖으로의 몸가짐을 바르게 하는 것으로부터 시작된다는 것을 알 수 있다. 이러

---

40) 『大山集』 卷19, 「答權景晦(庚午)」, "於此驗之, 則知內外未始相離, 而所謂莊整齊肅者, 正所以存其心也."
41) 『朱熹集』 卷46, 「答潘叔度」, "惟整齊嚴肅, 則中有主而心自存."

한 의미에서 주자도 "경을 지키는 것은 많은 말이 필요가 없다. 다만 정제엄숙이나 엄위엄각嚴威儼恪, 용모를 바르게 하고 사려를 정돈함, 의관을 바르게 하고 시선을 높게 하는 등 몇몇 구절을 가지고 실제로 공부하면 이른바 '마음을 바르게 하는 것(直內)'이나 〈마음을〉 전일하게 하는 것(主一)'이 자연히 안배를 기다리지 않고도 몸과 마음이 숙연하여 밖과 안이 한결같아진다"42)라고 하였다. 밖으로의 몸공부를 오래하면 주일무적主一無適이나 상성성常惺惺과 같은 마음을 보존하는 공부가 모두 그 가운데에 갖추어지게 된다.43) 이것이 바로 '밖과 안은 간격이 없다'거나 '밖과 안이 한결같다'는 의미이다.

## 2) 경은 동과 정을 관통한다

경은 동과 정의 관계로도 설명되는데, 대산은 먼저 동적인 측면에서 경 공부를 해나갈 것을 강조한다.

> 정靜은 지키기 쉽지만 동動은 제어하기 어렵고, 정에 관한 공부는 적으나 동에 관한 항목은 많다. 그러므로 성인의 문하에서 사람을 가르칠 때는 대부분 동적인 곳에서 공부하게 하였으니, 사물四勿·삼성三省·삼귀三貴와 같은 것이 그것이다.44)

---

42) 『朱子語類』 卷12, "持敬不必多言. 但熟味整齊嚴肅, 嚴威儼恪, 動容貌整思慮, 正衣冠尊瞻視, 此等數語, 而實加工焉, 則所謂直內, 所謂主一, 自然不待安排, 而身心肅然, 表裏如一矣."

43) 주자는 마음을 보존하는 공부로써 정자의 主一無適과 정자의 문인인 사량좌의 常惺惺法, 윤돈의 其心收斂不容一物을 제시한다. '주일무적'은 마음을 하나에 집중하는 것이며, '상성성'은 항상 마음을 또렷이 깨어있게 하는 것이며, '기심수렴불용일물'은 마음을 수렴하여 한 생각도 일어나는 것을 용납하지 않는 것을 말한다. 항상 또렷이 깨어있어야 사념이 일어나는 사실을 알 수 있으며, 한 생각도 용납하지 않아야 하나의 일에 전일할 수 있다.

경을 밖과 안의 관계로 설명한 것처럼, 여기서는 경을 동과 정의 관계로 설명한다. 밖과 안의 관계에서 안(마음)은 형체가 없으므로 밖(몸)에 근거하여 공부해 나가듯이, 동과 정의 관계에서도 일상의 삶은 대부분 동적인 활동의 연속이기 때문에 동적인 곳으로부터 공부해 나갈 것을 강조한다. 그 이유로써 일이 없어 고요할 때에는 마음을 보존하기가 쉬우나, 일에 응하는 시끄러운 일상 속에서는 마음을 다스리기가 어렵다. 이 때문에 '고요할 때에는 마음을 지키기 쉬우나 동적인 일에서는 마음을 제어하기가 어렵다'고 말한 것이다. 이러한 이유에서 공자의 문하에서 사람을 가르칠 때에는 먼저 동적인 곳에서 공부하게 하였으니 사물四勿·삼성三省·삼귀三貴와 같은 것이 바로 여기에 해당된다.

대산은 밖으로 몸가짐을 바르게 하는 경 공부로써 '사물'과 '삼귀'를 말한 것처럼, 사물·삼귀·삼성을 통해 동적인 상황에서 경을 유지할 것을 설명한다. 삼성三省은 날마다 세 번씩 내 몸을 살핀다는 뜻으로써, "일을 도모함에 최선을 다했는지, 친구와의 사귐은 진실했는지, 배운 것은 제대로 익혔는지의 내용이다."[45] 일이 없이 고요할 때에도 경으로써 마음을 보존해야 하겠지만, 동적인 일에서는 사물·삼성·삼귀와 같은 방법으로 경을 지켜 나가야 한다.

주자는 "어떻게 완전히 고요할 수 있겠는가? 일이 있으면 반드시 일에 응해야 하니 사람이 세상에 살면서 일이 없을 때가 없

---

44) 『大山集』 卷20, 「答李希道(己未)」, "靜易守而動難攝, 靜工夫省而動頭項多. 故聖門敎人, 多於動處用工, 如四勿三省三貴之類是也."

45) 『論語』 「學而」, "曾子曰, 吾日三省吾身, 爲人謀而不忠乎, 與朋友交而不信乎, 傳不習乎."

다. 아침부터 저녁까지 많은 일이 있는데, 일이 많아서 혼란스러우니 '나는 가서 정좌하겠다'는 것은 말이 되지 않는다. … 일이 없을 때에는 경이 안에 있고 일이 있을 때에는 경이 일 위에 있어서 일이 있든 일이 없든 나의 경은 끊어짐이 없어야 한다"46) 라고 하였다. 이것은 마음을 고요히 하는 것만이 능사가 아니라 일에 닥쳐서는 일 위에서 경을 유지해야 한다는 말이다. 하루의 일상 속에서 일이 있으면 일에 응해야 한다. 일이 없을 때에는 '주일무적'이나 '상성성'처럼 안으로 마음을 보존하는 공부를 해야 하겠지만, 일이 있을 때는 사물·삼성·삼귀와 같이 밖을 제재함으로써 일 위에서 경을 유지해야 한다.

이처럼 대산은 동적인 일 위에서 경을 지켜 나갈 것을 말하지만, 그렇지만 또한 고요할 때의 경 공부로 근본을 삼을 것을 강조한다. 이것은 경이 비록 동과 정을 관통하지만 반드시 정(고요함)으로 근본을 삼아야 한다는 말이다. 이것은 또한 안과 밖의 관계에서 밖의 공부에 근거할지라도 반드시 안으로 근본을 삼을 것을 강조한 것과 같다.

> 대체로 사람의 한 마음은 동과 정에 두루 유행한다. 그러나 체體가 서고 나서 용用이 행해지는 것이니 동은 정에 의지한다. 그러므로 반드시 정을 주로 하여 응용의 근본을 세우고 동할 때에 각각 그 법도에 합당하게 하면 자연히 절도에 맞아서 뒤섞여 어지럽고 분잡할 근심이 없으니, 이렇게 되면 동이 또한 정인 것이다. 대체로 동과 정은 이치가 같으나 '정'자의 형세가 더 무겁다.47)

---

46) 『朱子語類』 卷12, "如何都靜得? 有事須著應, 人在世間, 未有無事時節. 自早至暮, 有許多事, 不成說事多撓亂我且去靜坐 … 無事時敬在裏面, 有事時敬在事上, 有事無事, 吾之敬未嘗間斷也."
47) 『大山集』 卷26, 「答金道彦(辛卯·別紙)」, "蓋人之一心, 動靜周流. 然體立而用行, 動有資於靜. 故必主於靜而以立應用之本, 及其動而各當其則,

마음이 비록 움직이지 않을 수는 없으나 그 본체는 본래 고요하니, 성인이 비록 동정의 덕을 온전히 하고자 하나 그 주안점은 고요한 데 있다. 대개 체體가 선 뒤에 용用이 행해지니 이것이 바로 '동'이 '정'에 의지하는 이유이다.48)

경이란 동과 정을 관통하므로 그 이치가 같으나, 정靜자에 좀 더 무게를 두어야 하는 이유를 설명한다. 그 이유로써 마음이 체와 용을 모두 갖추고 있으나 체가 선 뒤에 용이 행해지듯이, 경 공부 또한 동과 정의 덕을 모두 갖추고 있으나 정으로 근본을 삼아야 한다. 그래서 '동은 정에 의지한다'라고 말한 것이다. 이렇듯 정을 주로 하여 근본이 세워지면 일에 응해서도 모두 합당하여 일마다 절도에 맞지 않음이 없게 된다. "고요할 때에 보존하고 길러서 이치의 근원을 함양하고 일의 기강을 잡고 있으면, 사물이 이르렀을 때에 이 이치가 저절로 밝아져서 어지럽지 않게 된다."49) 일에 응하기 이전의 고요할 때에 근본이 세워지고 기강이 바로 서면, 일에 응해서도 이치가 저절로 밝아지므로 잘못되는 일이 없게 된다. 이러한 의미에서 대산은 '동이 또한 정이다'라고 하였으니, 이것은 동과 정이 하나의 이치임을 강조한다. '동과 정이 하나의 이치'이므로 고요할 때에 근본이 세워지면 움직일 때에도 조금도 잘못되지 않으니, 이로써 동과 정이 별개의 두 가지 일이 아니다.

한편 동과 정이 비록 하나의 이치이지만 나누어 말할 수 있으니,

---

自然中節, 無雜亂紛擾之患, 則是動亦靜. 蓋動靜理均而靜字勢重耳."

48) 『大山集』 卷21, 「答李學甫(論敬靜合一)」, "蓋心雖不能無動, 而其體則本靜, 聖人雖全動靜之德, 而其主則在乎靜. 蓋體立而後用行, 而動乃有資於靜也."

49) 『大山集』 卷25, 「答金道彦(甲申·別紙)」, "蓋此心卽萬理之原, 萬事之綱, 靜而存養, 涵理原而提事綱, 則事至物來, 此理自昭著而不可亂."

즉 고요할 때(未發)의 존양공부와 움직일 때(已發)의 성찰공부가 그것이다. '존양'이란 고요할 때에 마음의 본체(성)를 보존하고 기르는 것이고, '성찰'은 생각이 싹틀 때에 기미를 잘 살펴서 잘 못되지 않도록 하는 것이다. 그래서 존양하여 마음의 본체(성) 가 길러져야 일에 응할 때에 힘을 갖게 된다. 이것이 바로 근본 을 세우는 본원상의 공부에 해당한다. 이러한 본원상의 공부가 제대로 이루어지지 못하면 이발已發의 때에도 생각의 단서를 바 르게 할 수 없다. 이러한 의미에서 대산은 "동과 정은 이치가 같 으나 '정'자의 형세가 더 무겁다"거나 "체體가 선 뒤에 용用이 행 해지니 이것이 바로 동이 정에 의지하는 이유이다"라고 하였다. 또 하나 중요한 것은, 대산은 동과 정의 관계에서 '정'을 근본으 로 삼을 것을 강조하면서도 '정'을 위주로 하는 주정主靜 공부가 자칫 불교의 좌선坐禪에 빠질 수 있음을 경계한다. 즉 "〈주정은〉 눈을 감고 오뚝이 앉아 있거나 무릎을 꿇고 주먹을 쥔다는 말이 아니다."50) 이것은 불교의 좌선하는 모습을 표현한 것으로서, 마음을 고요히 하는 것이 경 공부의 근본이 된다고 하더라도, '정' 에만 집착하면 사물과의 관계를 모두 끊어버리는 불교의 허무적 멸에 빠질 수 있다. 이 때문에 "조소처럼 꼼짝하지 않고 앉아서 삼가 지키는 것을 경이라고 해서는 안 된다"51)거나 "사물을 끊 어버리고 형체를 떠나서 오로지 마음공부만 하는 것을 말하는 것이 아니다"52)라고 하였다. 이러한 이유에서 대산은 정자의 글 을 인용하여 정靜 대신 경敬자를 쓸 것을 강조한다.

---

50) 『大山集』 卷26, 「答金道彦直甫」, "夫主靜持敬, 爲日用本領工夫. 然亦非 閉目兀坐擊跪曲拳之謂, 只是提撕收拾, 勿令放逸, 而讀書應事, 亦順理將去."
51) 『大山集』 卷22, 「答李學甫」, "不可認塊然謹守者爲敬也."
52) 『大山集』 卷19, 「答權景晦(別紙)」, "非謂去事絶物破形離體, 而專做心 地上工夫也."

정자는 한결같이 고요함만을 추구하여 쉽게 한쪽으로 치우치는 폐단에 흐르는 것을 염려하여 마침내 '경'자로 바꾸었으니, 그 공부는 친절하고 의미는 평실平實하여 공부에 착수할 여지가 더욱 많아졌다. 그러나 정제엄숙整齊嚴肅하여 잘못되고 치우치는 일이 없고 주일무적主一無適하여 두세 가지가 섞이지 않게 되면 곧 이 마음이 담연하여 고요할 것이니, 경을 지키는 공부가 주정主靜의 밖에 따로 있는 것이 아니다.53)

고요함이 경 공부의 근본이 된다고 하더라도, 고요함만을 구할 경우 동과 정을 관통하는 경의 실천원리에 어긋날 뿐만 아니라, 또한 불교의 허무적멸에 빠질 수가 있다. 이에 정자는 "정이라고 하면 바로 석씨의 설에 들어가니 '정'자를 쓰지 않고 '경'자를 쓸 뿐이다"54)라고 하였고, 주자도 "고요함만을 말하면 허무에 빠지니 이것은 참으로 염려해야 한다"55)라고 하였다. 대산 역시 '정'자 대신에 '경'자를 쓸 것을 강조한다.

그렇지만 '정'자 대신에 '경'자를 쓴다고 해서 고요함을 주로 하는 것이 옳지 않다는 의미가 아니며, 다만 고요함만을 구하다가 자칫 불교의 폐단에 빠지는 것을 염려한 것이다. '경을 지키는 공부가 주정主靜 밖에 따로 있는 것이 아니다.' 이것은 바로 '주정'의 폐단을 염려하면서도 결국 '정'을 근본으로 삼을 것을 강조하는 이유이다.

---

53) 『大山集』 卷11, 「答金退甫(別紙)」, "程子慮夫一向求靜, 易流於一偏之弊, 遂易以敬, 則其工夫親切, 意味平實, 益有下手用力之地. 然整齊嚴肅而無非僻之干, 主一無適而無二三之雜, 則卽是此心湛然而靜, 非別有持敬之工在於主靜之外也.
54) 『二程全書』 1, 「河南程氏遺書 第18」, "又問敬莫是靜否. 曰纔說靜, 便入於釋氏之說也, 不用靜字, 只用敬字."
55) 『朱熹集』 卷32, 「答張欽夫」, "言靜則溺於虛無, 此固當慮."

이어서 대산은 '주정'이 아니라 '경'이라야 실제로 공부에 착수할 여지가 많다고 설명한다. 여기에서 '공부에 착수할 여지'라는 것은 공부 방법을 말하니, 예를 들어 '정제엄숙'이나 '주일무적'과 같은 여러 가지 경 공부를 의미한다. "경으로써 정제엄숙하면 잘못되고 치우치는 일이 없고, 경으로써 주일무적하면 이 마음이 담연하여 고요해질 것이다." 이것은 '주정'의 방법으로 따로 고요함을 구한다는 말이 아니라, 경하면 마음이 저절로 고요해진다는 말이다. 이러한 의미에서 대산은 "경하면 바로 고요해지는 것은 같은 때의 일이니, 만약 경한 뒤에 고요해질 수 있다고 한다면 오히려 〈경과 정을〉 둘로 나누는 것이다"[56]라고 하였다. 정자의 '경하면 저절로 텅 비고 고요해진다'[57]라는 말 또한 이러한 의미이다.

이상에서 말한 것처럼, 경 공부가 비록 '정'을 근본으로 삼을지라도 동과 정이 하나의 이치라는 것은 변함이 없다. 따라서 대산도 동과 정이 하나의 이치임을 강조하는데, 이는 고요할 때(未發)의 존양공부와 움직일 때(已發)의 성찰공부를 지나치게 구분함으로써 혹 발생할 수 있는 공부의 단절을 방지하기 위해서이다. 여기에서 동중지정動中之靜과 정중지동靜中之動이라는 표현이 등장하는데, 이에 대해 대산은 다음과 같이 설명한다.

대개 천지 사이에는 단지 하나의 이치가 동하고 정하는 것이 순환하여 교대로 이르니, 동이 그치면 곧 정이 되고 정이 유행하면 곧 동이 되는 것이지, 별도로 두 개의 물건이 대치하면서 상호 유행하는 것

---

56) 『大山集』卷11,「答金退甫(別紙)」, "蓋敬則便靜, 只是一時事, 若謂敬而後能靜, 則猶成兩截矣."

57) 『大山集』卷6,「答金霽山(乙丑)」, "程子又恐只管求靜, 遂與事物不交涉, 却說箇敬云, 敬則自虛靜."

이 아니다. '정하되 동하는 단서가 있다'는 것은 바야흐로 정한 것이 곧 동할 수 있는 이치가 있다는 말이지, 지극히 정한 가운데 별도로 이른바 '동하는 이치가 있다'는 말은 아니다. '동하되 정하는 이치가 있다'는 것도 바야흐로 동한 것이 곧 정할 수 있는 기틀을 가지고 있다는 말일 뿐이지, 바야흐로 동하는 가운데 별도로 이른바 '정하는 이치가 있다'는 말은 아니다.58)

대산은 동과 정이 하나의 이치임을 강조한다. 비록 고요할 때의 존양공부와 움직일 때의 성찰공부의 구분이 있지만, 동과 정은 별개의 두 물건이 아니다. 동과 정이 별개의 두 물건이 아니므로 둘은 서로 대치하면서 유행하는 것이 아니라, 동이 그치면 바로 정이 되고 정이 유행하면 바로 동이 된다. 다시 말하면, 고요할 때에도 움직이는 이치가 갖추어져 있고 움직일 때에도 고요한 이치가 갖추어져 있다는 말이지, 고요한 이치가 따로 있고 움직이는 이치가 따로 있어 둘이 대치관계를 이룬다는 말이 아니다. 그래서 '별도로 움직이는 이치가 있다는 말이 아니며 … 별도로 고요한 이치가 있다는 말이 아니다'라고 말한 것이다.

따라서 고요함 속에도 움직임의 이치가 있으므로 고요하다가도 일이 생기면 바로 일에 대응할 수 있으며, 움직임 속에도 고요함의 이치가 있으므로 일이 끝나면 다시 고요함으로 돌아갈 수 있다. 이러한 의미에서 대산은 "고요할 때에도 항상 〈깨어있어〉 지각할 수 있고 움직일 때에도 항상 〈사려가〉 그칠 수 있으니, 이것은 마음이 동과 정을 관통하여 주재하는 것이다"59)라고 하

---

58)『大山集』卷20,「答李希道」, "蓋天地之間, 只是一理動靜, 循環代至, 動之止息便是靜, 靜之流行便是動, 非別有兩箇物事對峙而互行也. 其曰靜而有動之端者, 蓋謂卽此方靜者便有能動之理, 非謂至靜之中別有所謂動之理也. 其曰動而有靜之理, 亦曰卽此方動者便有能靜之機耳, 非謂方動之中別有所謂靜之理也."

였다. 고요할 때에도 지각할 수 있는 것은 정 속에 동의 이치가
있기 때문이요, 움직일 때에도 또한 사려가 그칠 수 있는 것은
동 속에 정의 이치가 있기 때문이다. 이로써 고요할 때에도 온
갖 이치가 갖추어져 있고 움직일 때에도 절도에 맞지 않음이 없
는 것이다.

이처럼 동과 정은 하나의 이치이니 평소에 일이 있을 때는 일에
응하다가도, 일이 없을 때는 다시 고요함으로 돌아와서 마음을
보존해야 한다. 따라서 언제나 고요함만을 지키고 일에 응하지
않는 것은 고요함에 치우쳐 움직임이 없는 것이요, 언제나 생각
을 그칠 줄 모르고 일에 휘둘려 있는 것은 움직임에 치우쳐 고
요함으로 돌아올 줄 모르는 것이니 둘 다 옳지 않다. 일상의 일
을 저버리고 고요함만을 구해서도 안 되고, 또한 일에 빠져서
고요함을 잊어서도(돌아갈 줄 몰라서도) 안 된다. 이것은 정 속에
동의 이치가 있고, 동 속에 정의 이치가 있음을 알지 못한 것이
다. 이러한 잘못에 대해 퇴계도 주자의 말을 인용하여 "항상 잠
만 자고 깨어남이 없거나, 항상 다니기만 하고 쉬지 않는 병이
니 모두 옳지 않다"[60]라고 비판한다. 이것이 바로 유가에서 '고
요함만을 구하다가 허무적멸로 빠진다'고 불교를 비판하는 이유
이며, 또한 불교와 구분되는 유가 '경' 사상의 특징으로 볼 수 있
다. 이렇게 볼 때, 하루하루의 일상 속에는 동과 정이 끊임없이
유행하고 있음을 알 수 있다.

---

59) 『大山集』 卷22, 「答李學甫問目」, "靜而常覺, 動而常止, 則此心之通貫
動靜而主宰之者也."
60) 『退溪全書』 卷28, 「答金惇敍」, "此卽朱子所論常寐無覺, 常行不輟之病,
皆不可也."

## (3) '경' 공부의 효과

이상에서 살펴본 것처럼, 대산은 안과 밖, 동과 정의 두 측면에서 동시에 경을 지켜 나갈 것을 강조한다. 이렇게 경을 실천해 나갈 수 있으면 어떤 효과를 얻을 수 있는가? 대산은 경 공부의 효과를 다음과 같이 설명한다.

> 주자는 '경' 한 글자를 수양의 공부로 삼았으니 진실로 경에 힘을 써서 얻을 수 있다면, 욕심이 적어지고 이치가 밝아져서 고요할 때는 텅 비고 움직일 때는 곧아서, 태극의 본체가 일상의 생활 속에서 유행하여 하늘과 사람이 하나로 합치하는 오묘함을 비로소 내 몸에서 직접 경험할 수 있을 것이니 <그저 말뿐인> 빈말이 아니다.61)

경에 힘을 쓰면 내 마음이 맑아져서 욕심이 적어지고 천리가 밝아져서 조금의 사사로운 뜻도 없게 된다. 사사로운 뜻이 없으니 태극의 본체인 천리가 일상생활 속에 그대로 드러나 수작응대하는 온갖 일들이 합당하여 절도에 맞지 않음이 없다. 그래서 '하늘과 사람이 하나로 합치하는(天人合一) 오묘함을 몸소 체험할 수 있다. 이 때문에 주자도 '경'이라는 한 글자를 수양공부의 요체로 삼았다. 이러한 의미에서 대산은 "내 마음이 맑아지고 천리가 밝아지는 것은 바로 경을 보존한 효과이다"62)라고 하였다. 대산은 경을 지키는 일을 돈독히 하면 천지가 제자리를 잡고 만

---

61) 『大山集』卷28,「答黃景初(啓熙)」, "朱子以敬之一字爲修之之工, 誠能用力於敬而有得焉, 欲寡理明, 靜虛動直, 而太極之體, 流行於日用之際, 天人合一之妙, 始可親驗於吾身而非空言也."
62) 『大山集』卷25,「答金道彦(甲申·別紙)」, "吾心湛然, 天理燦然, 乃是存敬之效應."

물이 길러지는 위육位育의 공을 이룰 수 있다고 설명한다.

공자는 "군자는 경으로 자신을 닦아서 백성을 편안하게 한다"라고
하였고, 자사는 "공경을 돈독히 하면 천하가 화평해진다"라고 하였
다. … 진실로 한결같이 공경하여 한순간이나 털끝만큼의 간격도 없
게 되면 마음이 평온하고 기운이 화평하며, 고요할 때는 텅 비고 움
직일 때는 바르며, 속에 가득 쌓여 밖으로 드러나며, 향기가 피어오
르고 무르녹아서 그 시행하고 운행하는 데에 드러난 것이 분명하여
이치에 들어맞지 않음이 없을 것이다. … 이것이 바로 중화의 위육位
育하는 지극한 공효이다.63)

한결같이 경을 지킬 수 있으면 마음이 평온하고 기운이 화평하
여 고요할 때는 마음이 텅 비어 온갖 이치를 갖추게 되고, 움직
일 때는 마음이 바르게 되어 모두 일들이 절도에 맞지 않음이 없
게 된다. 그래서 안에 갖추어진 이치가 밖으로 드러나서 마치
향기가 피어오르듯이 마음이 평온해지고 기운이 화평해지니 이
에 덕이 성대해진다.64) 이 때문에 『주역』에는 "경으로써 안을
곧게 하고 의로써 밖을 방정하게 하여 경과 의가 세워지면 덕이
외롭지 않다"65)라고 하였고, 『좌전』에서는 "경은 덕을 쌓는 것이
니, 경할 수 있으면 반드시 덕이 있다"66)라고 하였다. 덕이 성대

---

63) 『大山集』卷4, 「三辭刑曹參議 仍陳勉君德疏」, "孔子曰, 君子修己以敬,
   以安百姓, 子思曰, 篤恭而天下平. … 苟能一於恭敬而無須臾毫忽之間, 則
   心平而氣和, 靜虛而動直, 充積發越, 薰蒸融液, 其見於施爲運用者, 無不
   犁然而當於理. … 此乃中和位育之極功."

64) 주자는 "경하면 덕이 모이고 경하지 않으면 모두 흩어져버린다.(『朱
   子語類』卷12, 敬則德聚, 不敬則都散了.)"라고 하였다. 덕이 모이므로
   외롭지 않고 반드시 이웃이 있어 성대해지는 것이다.

65) 『周易』 「坤卦」, "君子敬以直內, 義以方外, 敬義立而德不孤."

66) 『左傳』 「僖公三十」, "敬, 德之聚也, 能敬, 必有德."

해지면 남도 교화되니, 결국 경으로써 자기를 바르게 하면 남도 바르게 된다.

이러한 의미에서 대산은 "남과 내가 하나 되고 안과 밖이 간극이 없으므로 성인은 그 경을 돈독히 하고 진심으로 자신을 공손히 하니, 덕이 성대하면 남도 저절로 교화되고 자신을 바르게 하면 남도 저절로 바르게 된다. 이것은 반드시 이르게 되는 이치이며 저절로 그렇게 응하는 것이다"67)라고 하였다. 이렇듯 경하면 덕이 성대해져서 남도 저절로 교화되어 개인·가정·나라·천하로 이어지니, 이에 주자는 "자신을 닦고, 집안을 가지런히 하며, 나라를 다스리고, 세상을 화평하게 하는 일은 모두 조금도 경하지 않으면 얻을 수 없는 것이다"68)라고 하였다. 이것이 바로 『대학』에서 말한 지선至善의 경지이다.

더 나아가 주자는 "천지와 만물은 본래 나와 일체이니, 나의 마음이 바르면 천지의 마음도 바르게 되고, 나의 기운이 순하면 천지의 기운도 순하게 된다"69)라고 하였다. 경으로써 나의 마음을 바르게 하면 남도 바르게 되고, 더 나아가 천지의 마음도 바르게 되니, 결국 유학에서 말하는 '천인합일'의 경지를 이루게 된다. 이 때문에 공자는 "경으로써 자신을 닦아서 백성을 편안하게 한다"70)라고 하였고, 자사도 "공경을 돈독히 하면 천하가 화평해진다"71)라고 하였다. 또한 이 구절에 대해 정자는 "오직

---

67) 『大山集』卷38,「答埰姪中庸問目」, "蓋人己一致, 內外無間, 聖人篤厚其敬, 誠心恭己, 德盛而人自化, 正己而物自正, 此必至之理而自然之應也."
68) 『朱子語類』卷12, "修身齊家治國平天下, 都少箇敬不得."
69) 『中庸章句』第1章, "蓋天地萬物, 本吾一體. 吾之心正, 則天地之心亦正矣. 吾之氣順, 則天地之氣亦順矣."
70) 『論語』「憲問」, "脩己以敬 … 脩己以安百姓."
71) 『中庸』第33章, "君子篤恭而天下平."

사람들이 한결같이 공경하면 천지가 저절로 자리를 잡고 만물이
저절로 길러져서 기운이 화평하지 않음이 없다"[72]라고 해석하
였다. 이렇게 볼 때, 천지가 자리를 잡고 만물이 길러져서 위육
位育의 공을 이룰 수 있는 것은 바로 '경' 한 글자에 달려있다.
이러한 의미에서 "중화中和의 위육하는 지극한 공효이다"[73]라고
하였다. 이것이 바로 퇴계의 말처럼 '경'이라는 한 글자는 성인
이 되는 학문의 처음과 끝을 이루는 요체이다.

> 일이 있으면 혼란스럽고 일이 없으면 해이한 것은 참으로 배우는 사
> 람들의 공통된 병이다. 그러나 이와 같은 것이 병이라는 것을 이미
> 자각하였으면 이와 같이 하지 않는 것이 바로 약이 된다. 어지러워
> 질 때에 경으로 주재할 수 있으면 몸과 마음이 정돈되어 잡다해지는
> 근심이 없고, 해이해질 때에 뜻을 세울 수 있으면 본령이 서서 무너
> 지는 잘못이 없을 것이다. 이것은 당사자 스스로의 노력에 달려있을
> 뿐이지 다른 사람이 간여할 수 있는 것이 아니다.[74]

대산은 경이란 바로 마음의 병을 치유하는 약이라고 한다. 사람
은 누구나 일이 있을 때는 마음이 분잡하거나 혼란스러우며, 또
한 일이 없을 때는 마음이 태만하거나 해이해지는 병이 있다. 이
때에 병을 자각하고 그렇게 하지 않도록 해야 하는 것이 바로 병

---

72) 『論語集註』「憲問」, "唯上下一於恭敬, 則天地自位, 萬物自育, 氣無不
　　和."
73) 여기에서 '中和位育'은 『중용』 제1장의 '致中和, 天地位焉, 萬物育焉'
　　의 준말로, 中和 즉 천하의 大本인 中과 천하의 達道인 和를 이루면 천
　　지가 제자리를 잡고 만물이 길러진다는 의미이다.
74) 『大山集』 卷33, 「答金子野(丙戌)」, "夫有事紛擾, 無事昏惰, 此固學者之
　　通病. 然旣自覺其如此爲病, 則不如此便是藥. 方其紛擾而有以主乎敬, 則
　　身心整肅而無雜亂之患, 方其昏惰而有以立乎志, 則本領豎起而無穎倒之失,
　　只在當人自著力耳, 非別人所能與也."

에 대한 처방인데, 마음의 병을 치유하는 처방이 바로 '경'이다. 경으로 마음을 주재하거나 또는 경으로 본령을 세워 존양하고 성찰하면, 몸과 마음이 바르게 되어 혼란스러운 근심이나 해이해지는 잘못이 없고, 일에 응해서도 저절로 마땅함을 얻게 된다. 대산은 "오직 경하여야 풀어진 마음을 수습할 수 있고, 총명과 예지도 이로부터 나온다"[75]라고 하였다.

이어서 대산은 경을 지키는 여부는 전적으로 자신에게 달려있는 것이지, 다른 사람이 간여할 수 있는 것이 아니라는 것을 강조한다. 나에게 달려있기 때문에 내가 하고자 하면 할 수 있는 것이지 할 수 없는 것이 아니다. 때문에 '당사자 스스로의 노력에 달려있을 뿐이지 다른 사람이 간여할 수 있는 것이 아니다'라고 말한 것이다. 다만 복잡다단한 일상의 삶 속에서 한결같이 경을 지키는 것은 쉬운 일이 아니다. 그렇지만 경이란 '잡으면 보존되고 놓으면 잃어버리니' 놓았다고 느끼는 순간 스스로 반성하여 다시 붙잡으면 된다. 이러한 의미에서 주자는 "잡으면 보존되고 놓으면 잃어버리니 경이란 붙잡는 것과 놓아버리는 두 글자 사이에 달려있을 뿐이다"[76]라고 하였다.


## (4) 맺는말

이상으로 대산의 '경' 사상을 살펴보았다. 사람의 마음은 본래

---

75) 『大山集』卷11, 「答金退甫」, "惟敬可以收其放心, 而聰明睿知, 亦由是而出焉."
76) 『朱子語類』卷12, "問, 持敬易間斷, 如何? 朱子曰 … 操則存, 舍則亡, 只在操舍兩字之間."

천지의 중정한 이치를 받아서 성으로 갖추어져 있으니 그 본체는 바르고 선하다. 그렇지만 기의 영향으로 기품에 구애되고 물욕에 가려져서 악으로 빠지기 쉬운데, 이때에 악으로 빠지지 않도록 마음을 잡아 지켜주는 것이 바로 '경'이다. 여기에서 대산은 경 공부를 안과 밖 또는 동과 정의 관계로 설명한다.

먼저 안과 밖의 관계에서는 안으로 근본 삼을 것을 강조한다. 그러나 마음은 안에 숨어있고 몸은 밖으로 드러나며, 마음은 형체가 없어 근거할 바가 없고 몸은 형체가 있어 근거할 바가 있기 때문에, 안으로 마음공부는 반드시 보고 듣고 말하고 행동하는 밖으로의 몸공부에 근거하지 않을 수 없다. 그래서 밖으로 몸공부의 하나로써 정제엄숙整齊嚴肅을 강조한다. 밖으로 용모를 바르게 하고, 기운을 엄숙하게 하는 등 일상 속에서의 몸가짐을 바르게 하는 것이 바로 경을 실천하는 구체적인 방법이라는 말이다. 이렇게 밖으로 드러나는 몸가짐을 바르게 하면 안으로 보이지 않는 마음공부도 저절로 바르게 된다. 마음을 보존하는 공부가 몸공부와 별개의 것이 아니라, 일상 속에서 보고 듣고 말하고 행동하는 사이에서 몸가짐을 바르게 하는 것이 곧 마음을 보존하는 방법이다. 이렇게 '정제엄숙'하면 마음도 전일하게 된다(主一無適). 이렇게 볼 때, 경이란 고원한 추상적 이론이 아니라 일상생활 속에서 오늘 하루 몸과 마음을 바르게 하는 생활공부임을 알 수 있다.

동과 정의 관계에서는 몸공부에 근거해서 마음공부를 해나가듯이, 동적인 것에서 착수할 것을 강조한다. 그렇지만 또한 안과 밖의 관계에서 안을 근본으로 삼는 것처럼, 정을 근본으로 삼을 것을 강조한다. 그 이유로서 마음이 체體와 용用을 모두 갖추고 있으나 체가 선 뒤에 용이 행해지듯이, 경 공부 또한 동과 정의 이치를 모두 갖추고 있으나 '정'으로 근본을 삼아야 한다는 것이다. 그렇다고 고요함만을 강조할 경우 또한 불교의 허무적 멸에 빠질 수 있다고 경계한다. 그래서 '정'이라는 말보다는 '경'이라는 표현을 쓸 것을 강조하니, 왜냐하면 '경'이라야 동과 정의 이치가 모두 갖추어지기 때문이다.

또한 이러한 동과 정은 미발未發 때의 존양공부와 이발已發 때의 성찰공부로 설명된다. 여기에서 대산은 미발 때의 존양공부와 이발 때의 성찰공부를 지나치게 구분함으로써 혹 발생할 수 있는 공부의 단절을 방지하기 위해 '동 속에 정이 있고, 정 속에 동이 있음'을 강조한다. 이것은 동과 정이 하나의 이치임을 강조한 표현으로, 고요할 때에도 움직이는 이치가 갖추어져 있고, 움직일 때에도 고요한 이치가 갖추어져 있다. 고요함 속에도 움직이는 이치가 있으므로 고요하다가도 일이 생기면 바로 일에 대응할 수 있으며, 움직임 속에서도 고요한 이치가 있으므로 일이 끝나면 다시 고요함으로 돌아갈 수 있다.

이로써 고요할 때에 온갖 이치가 갖추어지게 되고 움직일 때에도 절도에 맞지 않음이 없다. 이처럼 동과 정은 하나의 이치이니 평소에 일이 있을 때는 일에 응하다가 일이 없을 때는 다시 고요함으로 돌아와서 마음을 보존해야 한다. 이것이 바로 불교의 좌선坐禪과 구분되는 유가 '경' 사상의 특징이며, 동시에 대산 '경' 사상의 특징 또한 여기에 소재한다고 볼 수 있다.

이렇게 볼 때, 18세기 퇴계학파 수양공부에서 대산은 외적인 '정제엄숙'을 강조한다. 그렇지만 동시에 안으로 마음을 보존하는 것을 근본으로 삼았으며, 이것은 동과 정의 관계에서도 마찬가지이다. 일상의 동적인 측면에서 경 공부를 해나갈 것을 강조하면서도, 동시에 고요함을 근본으로 삼을 것을 강조한 것이다.

대산의 경 사상은 경의 실천 원리로써 안과 밖 또는 동과 정의 두 측면을 동시에 강조하여, '동 속에 정이 있고, 정 속에 동이 있다'는 말로 표현하였다.

# 부록 3

## 대산 이상정의 미발론未發論

본 논문은 대산 이상정의 미발론未發論을 고찰한 것이다. 미발이라는 개념은 『중용』에 나온다. "희로애락이 아직 발하지 않은(미발) 것을 중中이라 하고, 발하여 모두 절도에 맞는 것을 화和라고 한다. '중'이라는 것은 천하의 대본大本이고 '화'라는 것은 천하의 달도達道이다. 중화를 이루면 천지가 제자리를 잡고 만물이 길러진다."1) 미발이란 희로애락의 감정이 드러난 마음 상태와 대비되어 아직 감정으로 나타나지 않은 마음 상태를 지칭한다. 이러한 미발의 때에는 하나의 성이 혼연하여 온갖 이치가 갖추어져 있어 조금의 치우침이 없기 때문에 '중'이라 하고, 이미 발할 때에는 드러난 희로애락이 마땅함을 얻어 조금의 어긋남이 없기 때문에 '화'라고 한다. 따라서 미발 때의 '대본'에 근거해서 이발 때의 '달도'를 이루는 것이 『중용』에서 말하는 치중화致中和의 내용이다.

정자(정이)는 희로애락의 감정이 아직 드러나지 않은 마음 상태를 의식 일반으로 확대하여 미발을 사려(생각)가 발생하기 이전의 의미로 재해석한다. "소계명(소병)이 '희로애락이 발하기 전에 중中을 구하는 것이 옳습니까?'라고 묻자, 이천이 말하기를 '옳지 않다. 이미 희로애락이 발하기 전에 구할 것을 생각한다면 이것도 생각함이니, 이미 생각하면 바로 이발已發이다. 생각은 희로애락과 같다'라고 하였다."2) 정자는 희로애락의 감정이 드

---

1) 『中庸』 第1章, "喜怒哀樂之未發謂之中, 發而皆中節謂之和. 中也者天下之大本也, 和也者天下之達道也. 致中和, 天地位焉, 萬物育焉."
2) 『二程全書』 1, 「河南程氏遺書 第18」, "蘇季明 … 或曰, 喜怒哀樂未發之前求中, 可否. 曰不可. 旣思於喜怒哀樂未發之前求之, 又却是思也, 旣思卽是已發. 思與喜怒哀樂一般."

러나지 않은 것을 가리키던 미발에 대한 해석을, '생각과 희로애락은 같다'고 하여 생각이 싹트기 이전을 가리키는 것으로 전환한다. 이로써 미발과 이발에 대한 해석이 희로애락의 발생 여부에 따라 규정하는 것으로부터 생각의 발생 여부에 따라 규정하는 새로운 논의가 전개된다.3) 이러한 해석에 근거하여 주자도 "사려가 아직 싹트지 않고 사물이 아직 이르지 않은 때를 희로애락의 미발이라 한다"4)라고 하여, 미발을 사려미맹思慮未萌으로 정의한다.

그러나 미발을 '사려미맹'으로 해석할 경우, 사려가 아직 싹트지 않은 상태가 자칫 일체의 지각작용이 일어나지 않은 상태를 의미하게 된다. 왜냐하면 정자의 말처럼, 이미 생각하는 순간 바로 이발已發이 되기 때문이다. 이에 주자는 미발이란 지각작용이 끊어진 적막한 상태를 가리키는 것이 아니라는 의미에서 지각불매知覺不昧의 개념을 제시한다. '지각이 어둡지 않다'는 것은 미발의 때에도 지각작용은 여전히 활동한다는 것을 의미한다. 그렇지만 사려가 아직 싹트지 않은 상태에서 어떻게 지각작용이 있을 수 있는가? 지각이 일어나는 순간 이미 이발이 아닌가? 지각이라는 단어를 미발의 때에 사용할 수 있는가? 등에 대한 문제를 두고 학자들 간의 다양한 해석이 전개되는데, 이것이 바로 미발론이 제기된 배경이다. 이러한 논의는 정자와 주자 당시뿐만 아니라 조선의 학자들 간에서도 예외가 아니다. 대산의 미발론도 이러한 문제의 연장선상에서 전개된다.5)

---

3) 이봉규, 「성리학에서 미발의 철학적 문제와 17세기 기호학파의 견해」, 『한국사상사학』 13, 한국사상사학회, 1999, pp.239~240 참조.
4) 『朱熹集』 卷67, 「已發未發說」, "思慮未萌事物未至之時, 爲喜怒哀樂之未發."
5) 이러한 관점에서 오늘날 일부 학자들은 주자의 '사려미맹'과 '지각불매'를 상반된 뜻으로 해석하기도 한다. 대표적인 논문으로는 김용휘의 「마

본문에서는 이러한 문제의식에서 대산의 미발설을 고찰하고자
한다. 대산은 제자들로부터 미발론에 관한 다양한 질문을 받았
을 때, 주자가 제자들에게 답변한 내용의 글을 인용하여 미발론
에 대한 해석을 대신하였다. 이 과정에서 대산은 주자와 정자의
미발론의 해석상의 차이를 밝히고, 주자 미발론의 내용을 체계
적으로 설명하였다. 여기서 대산이 주자의 미발론 해석을 따르
고 있음을 알 수 있다.


## (1) 심心과 성性

먼저 미발에 관한 논의에 앞서 심心과 성性의 관계에 대한 이해
가 선행되어야 한다. 왜냐하면 미발이란 심에 대한 미발이며,
이때의 미발이 곧장 성을 가리키는 것은 아니지만 성의 상태를
의미하기 때문이다. 또한 심과 성의 관계에 대한 새로운 해석이
주자의 중화구설中和舊說에서 중화신설中和新說로 전환하여 주자
심성론이 이론적으로 체계화되는 계기가 되기 때문이다. 대산은
심과 성의 관계를 다음과 같이 설명한다.

> 성性은 심의 이치이고 정情은 성이 발동한 것이지만 심은 성과 정을
> 주재한다. 성이 고요하여 담겨 갖추어져 있음은 심에 보존되어 있는
> 것이고, 정이 움직여서 펼쳐져 운용됨은 심에 있는 것이다. 그렇다
> 면 발하는 것은 성정의 이치이고, 발할 수 있는 것은 마음의 신령함
> 이다. 성은 심이 아니면 스스로 발할 수 없기 때문에 성이 발하거나

---

음이 드러나기 전과 후」, 『조선유학의 개념들』(한국사상연구회 편, 예
문서원, 2002); 문석윤, 「퇴계의 미발론」(『퇴계학보』 114, 퇴계학연
구원, 2003) 등이 있다.

발하지 않음을 말할 때는 심이 참으로 그 안에 있으며, 심은 성이 아니면 기인하여 움직일 수 없기 때문에 심이 발하거나 발하지 않음을 말할 때는 성도 그 안에 포함된다.6)

대산은 심과 성·정의 관계를 심통성정心統性情의 명제로 설명한다. '성은 심의 이치이고 정은 성이 발동한 것이지만 심이 성과 정을 주재한다.' 이것은 마음을 체용의 관계로 해석한 것이니 심의 본체가 성이요 심의 작용이 정이다. 실제로 외물에 감촉하는 것은 심이지만 그 속에서 움직이는 것은 성이 발하여 정이 된다. 마음이 대상의 접촉에 따라 작용하면 마음속에 갖추어져 있던 성이 정으로 드러나게 된다. 왜냐하면 성은 이치이므로 작용할 수 없고 실제로 대상과의 접촉에 따라 작용하는 주체는 마음이 된다. 그래서 대산은 '발하는 것은 성정의 이치이고, 발할 수 있는 것은 심의 신령함이다'라고 말한다.

또한 이러한 마음에는 외물과 아직 접촉하지 않은 고요한 때가 있고 외물에 접촉하여 감응하는 때가 있는데, 정자는 이것을 적연부동寂然不動과 감이수통感而遂通으로 설명한다. '적연부동'은 말 그대로 고요하여 아무런 움직임도 없는, 즉 외물에 접촉하지 않아 아직 사려가 일어나지 않은 때를 말하니 미발未發이라 하고, '감이수통'은 외물과의 접촉에 의해서 사려가 일어난 때를 말하니 이발已發이라고 한다. 따라서 마음은 미발과 이발의 관계로도 설명하니, 심의 미발은 성이요 심의 이발은 정이다. 『중용』

---

6) 『大山集』卷41, 「論李學甫李景顔論心性未發已發」, "性者心之理, 情者性之動, 而心者性情之主也. 性之靜也而盛貯該載則存乎心, 情之動焉而敷施運用則在於心. 然則其所發者, 性情之理, 而能發者, 心之靈也. 性非心則不能以自發, 故言性之發未發而心固在其中; 心非性則無因而爲動, 故言心之發未發而性亦包攝在這裏."

에서는 이러한 성과 정으로 중中과 화和를 논하기도 하지만 그 기틀은 역시 마음이다.

주자도 처음에는 미발을 성, 즉 초월적인 범주에 속하는 개념으로 인식한다. 이것이 성을 본체로 보고 심을 작용으로 보며 또는 성을 미발로 보고 심을 이발로 보던 중화구설中和舊說의 내용이다. 그러나 후에 '기축년의 깨달음(己丑之悟, 1169년, 주자 40세)'을 계기로 심의 본체를 성으로 보고 심의 작용을 정으로 보는, 또는 심의 미발을 성으로 보고 심의 이발을 정으로 보는 중화신설中和新說을 확립한다. 그리하여 형이상의 범주이던 성은 자연히 형이하의 범주인 심의 차원으로 끌어내려져서 심의 미발 상태가 되고 심 속에 갖추어진 리로 간주된다. 심 속에 갖추어진 리, 즉 성은 심의 본체가 되고 심의 모든 작용은 이 성에 근거하게 된다. 이 때문에 대산은 '심은 성이 아니면 기인하여 움직일 수 없다'라고 말한다. 이로써 심은 이발에만 국한되는 것이 아니라 이발과 미발을 모두 포괄하고 주재하는 주체로 부각된다. 여기에서 주자의 '심통성정'의 명제가 확립된다.

대산은 성과 미발의 차이를 다시 설명한다.

> 이발과 미발이라는 것은 이 마음이 동정하는 기틀이며 성은 미발의 때에 갖추어진 이치이니, 미발의 때에 성의 본체가 세워진다고 말하면 옳지만 <성을> 곧장 미발이라고 말하면 옳지 않다. 그러므로 주자는 「임택지에게 답한 편지」에서 "미발은 단지 생각과 사물이 아직 접촉하지 않은 때이다. 여기에서 성의 체단體段을 볼 수 있기 때문에 중中이라고 말할 수는 있지만 성性이라고 말할 수는 없다"라고 하였다.[7]

---

7) 『大山集』卷40, 「讀趙月川論朱子中和書疑義」, "已發未發者, 此心動靜之機, 而性卽未發時所具之理, 謂未發而性之體立焉則可也, 而直以爲未發則

대산은 미발의 개념을 곧장 성으로 보지 않고, 심 속에 내재된 심의 한 상태로 파악한다. 그래서 '성은 미발의 때에 갖추어진 이치이니, 미발의 때에 성의 본체가 세워진다고 말하면 옳지만 〈성을〉 곧장 미발이라고 말하면 옳지 않다'라고 말한다. 왜냐하면 미발이란 어디까지나 심의 미발상태일 뿐이니, 이때에는 성의 체단(모양)을 볼 수 있지만 곧장 성이라고 말할 수는 없기 때문이다. 심은 동정의 이치를 갖추고 있으므로 미발과 이발을 모두 포함하니, 심의 고요한 미발의 때가 성이요 심이 움직인 이발의 때가 정이다.

따라서 사려나 감정이 싹트기 이전의 미발의 때에도 마음의 작용은 한순간도 정지한 적이 없으니, 여기에서 존양공부의 필요성이 새롭게 인식된다. 미발의 때에도 '경'을 중심으로 하는 존양공부가 필요하니, 왜냐하면 미발이란 어디까지나 심의 미발상태를 말하는 것이지 곧장 '성' 그 자체를 의미하는 것이 아니기 때문이다. 만약 미발이 성 그 자체라면 별도의 수양공부가 필요하지 않으니, 왜냐하면 성 그 자체는 순수하고 지선한 이치이기 때문이다. 여기에서 이발의 때뿐만 아니라 미발의 때에도 공부가 필요하게 되니, 미발 때의 '존양'과 이발 때의 '성찰'이라는 공부방법이 동시에 강조된다.

이처럼 마음은 미발과 이발을 관통하는 전체이니 미발의 때에 존양하면 거울처럼 맑고 물처럼 고요하여 이발의 때에도 자연히 절도에 맞지 않음이 없다. 이것은 대산의 "고요하지만 갖추어지지 않은 것이 없다면 미발의 때에도 본체가 온전하여 치우치거나 기울어지지 않을 것이며, 움직이지만 절도에 맞지 않는 경우

---

不可. 故朱子答林擇之書曰, 未發只是思慮事物之未接時. 於此便可見性之
體段, 故可謂之中, 而不可謂之性也."

가 없다면 이미 발하였을 때에도 대용大用이 유행하여 착오가 없을 것이다"8)라는 말의 다른 표현이다. 즉 사려나 감정이 싹트지 않은 미발의 때에 대본大本이 확립되면 희로애락이 발동한 이발의 때에도 달도達道의 조화를 이룬다는 것이다. 이것이 바로 『중용』〈중화장〉의 내용이다.

## (2) 대산 이상정의 미발론 내용과 이론 구조

### 1) 미발의 때에는 지각작용이 있는가 없는가

미발 때의 지각작용과 관련된 해석은 주자가 미발을 지각불매知覺不昧로 해석한 데 기인한다. 주자는 미발을 사려미맹思慮未萌과 '지각불매'로 정의한다. 여기에서 '사려미맹'은 생각이 아직 싹트지 않는다는 의미이니 미발의 개념에서 볼 때 별 문제가 되지 않는다. 다만 미발을 '지각불매'로 해석할 경우, '지각이 어둡지 않다'는 의미가 '지각이 작용한다 또는 지각이 깨어있다'는 등으로 해석됨으로써 자칫 이발 때의 지각작용과 혼동될 소지가 있다. 미발이란 사려가 아직 싹트지 않은 상태를 의미하니, '지각'이라는 표현을 하는 순간 이발이 되어 미발이라 말할 수 없다. 여기에서 '미발의 때에도 지각작용이 있는지 없는지'의 문제를 두고 학자들의 다양한 해석이 전개된다.

이러한 해석은 주자 당시뿐만 아니라 조선의 유학자들에게도 그대로 이어지는데, 대산 역시 예외가 아니다. 이에 대산은 미발

---

8) 『大山集』 卷22, 「答李學甫問目」, "靜而無不該, 則未發之時, 本體渾全而不偏倚也; 動而無不中, 則已發之際, 大用流行而無過差也."

때에도 지각작용이 있는지의 여부에 대한 제자의 질문에 정자와
주자의 글을 인용하여 설명한다.

대개 소씨(소계명)는 고요한 때에도 자연히 지각하는 곳이 있다고 보았
다. 그러므로 정자는 "이미 지각이 있으면 이 본체는 밝게 살아있으니
(活) 죽은 물건이 아니다. 이것이 바로 동動한 것이니 정靜이라고 말
해서는 안 된다"라고 대답하였다. 또 "이것은 동 위에서 정을 구하는
것이 아닙니까?"라고 묻자, "그렇다"라고 대답한 것에서도 그 맥락
을 알 수 있다. 주자의 뜻은 이른바 '자연히 지각이 있다는 것'은 미
발의 때에 밝고 어둡지 않은 것을 이를 뿐이고, 실제로 지각하는 것
이 있는 게 아니라고 여겼으니, 그렇다면 참으로 정이 되는 데 문제
되지 않으니 바로 동이라고 말해서는 안 된다는 것이다. 이미 동에
이른 것이 아니라면 이른바 지각불매知覺不昧는 순음純陰인 곤괘가
양陽을 머금고 있는 형상이니 일양一陽을 지닌 복괘에 비유할 수 없
다. 이러한 의미로 『중용혹문』을 읽는다면 그 취지의 귀결점이 분명
하여 어둡지 않을 것이다.9)

대산은 정자와 주자의 말을 인용하여 미발 때에도 지각작용이
있다고 설명한다. 미발 때의 지각에 관한 논의는 정자와 소계명
의 대화에서 시작된다. 대화 내용은 다음과 같다. "〈정자가 물었
다.〉'그대는 고요한 상태가 어떤지 말해보겠는가?'소계명(소
병)이 대답하였다. 〈지각하는〉물건이 있다고 말하면 옳지 않지
만 자연히 지각하는 곳은 있습니다.'정자가 말하였다. '이미 지

---

9) 『大山集』 卷22, 「答李學甫(別紙)」, "蓋蘇氏以爲靜時自有箇知覺處. 故程
子答謂旣是有知覺, 則卽此本體炯然活非死物. 卽此是動, 不可便喚做靜也.
故又問莫是於動上求靜否, 答曰固是, 則其意脈亦可見矣. 朱子之意, 以爲
所謂自有知覺者, 亦但謂未發時炯然不昧而已, 非實有所知覺. 則固不害其
爲靜, 未可便謂之動也. 旣不涉於動, 則所謂知覺不昧, 卽純坤含陽之象而
不可以一陽之復爲諭也. 以此意看或問, 則其旨意歸宿, 了無所晦."

각이 있다면 도리어 움직인 것이니 어찌 고요하다고 말하겠는가?'[10] 고요한 미발 때에는 실제로 눈으로 형체를 보거나 귀로 소리를 듣는 이발 때의 지각작용(물건)은 없지만 지각하는 곳(지각하는 이치)이 있다는 소계명의 질문에, 정자는 미발 때의 지각작용을 동動으로 해석한다.

정자는 '마음의 본체는 밝게 살아있고 죽은 물건이 아니기 때문에 미발 때의 지각은 정靜이 아니라 동이라고 해야 한다'고 하였다. 그렇지만 여기에는 자칫 오해의 여지가 있다. 미발 때의 지각작용을 동으로 해석할 경우, 동이라는 표현이 희로애락이 발동한 이발 때의 동과 혼동될 여지가 있다. 정자가 말한 동이라는 말은 희로애락이 발동한 이발 때의 동의 의미가 아니라, 고요한 미발의 때에도 지각이 죽어있지 않고 살아있음을 강조한 표현에 다름 아니다. 미발 때에도 지각작용이 여전히 살아있기 때문에 그것을 동이라는 글자로써 표현한 것이다. 때문에 정자는 '이것이 바로 동 위에서 정을 구하는 것'이라고 하여, 비록 동이지만 정의 의미임을 강조한다. 그리고 정자는 이러한 해석에 근거하여 미발 때의 지각작용을 복괘의 괘상과 연결시켜 해석한다. 미발 때의 지각이 이미 동한 것이라면 당연히 복괘의 일양一陽이 움직인 것에 해당되기 때문이다.

그러나 주자는 "정자가 미발 때의 지각이 살아있음을 동으로 해석하고 또한 복괘로써 논증한 것은 고요한 가운데 적막하여 살필 수 없는 것이 아님을 밝히려는 것일 뿐이기 때문에"[11] 동이

---

10) 『二程全書』 1, 「河南程氏遺書 第18」, "賢且說靜時如何? 曰謂之無(有)物則不可, 然自有知覺處. 曰旣有知覺, 却是動也, 怎生言靜?"(여기에서 주자는 無物을 有物로 해석한다. 『朱子語類』 卷96, "無物字, 恐當作有物字.")
11) 『朱子語類』 卷96, 「程子之書(2)」, "伊川所謂動字, 只似活字, 其曰怎生言靜, 而以復說證之, 只是明靜中不是寂然不省故爾."

아니라 정이라고 해야 한다고 설명한다. 그래서 주자는 '여기에
서 지각이 있다는 것은 미발 때에 밝고 어둡지 않은 것을 이를
뿐이지, 실제로 지각하는 것이 있는 게 아니므로 동이 아니라
정이라고 해야 한다'고 하였다. 정자가 비록 동이라는 표현을 썼
을지라도 이발 때에 실제로 발동하는 동이 아니라 미발 때의 밝
고 어둡지 않음을 형용한 것이므로 정이 되어야 한다. 그러므로
동이라는 표현은 옳지 않다.

이러한 의미에서 주자는 또한 미발 때의 지각을 정이라고 하고
또한 순음純陰이지만 양을 머금고 있는 형상인 곤괘에 비유한
다. 결국 이들은 모두 미발 때에 지각작용이 있음을 인정하지
만, 정자는 그것을 동動/복괘로 해석하고 주자는 정靜/곤괘로
서로 다르게 해석한 것이다. 물론 정자가 미발 때의 지각을 동/
복괘로 표현했다고 하더라도 희로애락이 발동한 이발 때의 지각
작용을 의미하는 것은 아니다. 대산은 주자의 해석에 근거하여
미발 때의 지각작용을 정/곤괘로 해석해야 한다는 입장이다. 때
문에 대산은 미발 때의 지각작용이 생각이나 희로애락이 발동한
이발 때의 지각작용과 구분지어 보아야 한다고 설명한다.

주자는 초년에 지각을 동動한 것으로 여겼지만, 또한 일찍이 "지각
이 비록 동한 것이지만 아직 동하지 않는다는 데에 문제되지 않으니
희로애락의 경우와는 또한 구별된다"라고 하였다. 생각과 희로애락
은 모두 이발에 속하니, 어찌 미발의 경계를 침범할 수 있겠는가. 그
러므로 『중용혹문』에서는 "고요한 가운데에 물건이 있다고 하면 옳
지만, 생각하는 순간 바로 이발이라는 것에 견주면 옳지 않다"라고
하였고, 「여자약呂子約12)에게 답한 편지」에서 "마음에 생각이 있는

<hr />

12) 呂祖儉(?~1196)을 말한다. 呂祖謙의 동생으로, 자는 子約, 호는 大愚
   이다. 문집으로 『大愚集』이 전한다. 주자 만년에 주요한 토론상대였다.

것(有思)은 귀가 들음이 있고(有聽) 눈이 봄이 있는 것(有視)과 같은 일이지만 하나라도 이것이 있으면 미발이 될 수 없다"라고 하였으니, 어찌 지각불매知覺不昧를 가리켜 생각에 해당된다고 여길 수 있겠는가. 미발의 때에 경으로써 안을 주재하면 본령이 빼어나 맑은 거울이나 고요한 물과 같으니, 이것이 모든 이치가 갖추어지고 대본大本이 세워지는 이유이다.13)

대산은 주자가 정자의 동을 정으로 해석해야 하는 이유를 다시 설명한다. 주자도 처음에는 정자의 "이미 지각이 있으면 도리어 동한 것이다"14)는 말에 근거하여 지각을 동으로 해석하였으니, 이것이 바로 '주자는 초년에 지각을 동한 것으로 여겼다'는 의미이다. 그렇지만 후에는 "지각이 비록 동한 것이지만 아직 동하지 않는다는 데에 문제되지 않으니 희로애락의 경우와는 또한 구별된다"15)라고 하여, 정자처럼 미발 때의 지각을 동으로 해석하지 않는다. 왜냐하면 동으로 해석할 경우 생각이나 희로애락이 발동한 이발 때의 동으로 해석될 수 있기 때문이다. 그러므로 미발 때의 지각작용에 동이라는 표현을 쓰더라도 실제로 희로애락이 발동한 이발 때의 동의 의미가 아니기 때문에 '아직 동하지 않는다는 데에 문제되지 않는다'라고 말한 것이다. 이것은

---

13) 『大山集』卷40, 「讀張敬堂上寒岡問目」, "朱子初年以知覺爲動, 然亦嘗曰知覺雖是動, 不害其爲未動, 若喜怒哀樂則又別也. 夫思與喜怒哀樂, 皆屬於已發, 則安可侵及未發之界邪. 故中庸或問曰, 以爲靜中有物則可, 而便以才思卽是已發爲比則未可. 答呂子約書, 以心之有思與耳之有聽, 目之有視爲一等時節, 一有此則不得爲未發云云, 豈可指知覺不昧者而認以爲涉於思乎. 未發之時, 有敬以主乎中, 則本領卓然如鏡明水止, 此所以具萬理而立大本."

14) 『二程全書』1, 「河南程氏遺書 第18」, "旣有知覺, 却是動也."

15) 『朱子語類』卷96, 「程子之書(2)」, "然知覺雖是動, 不害其爲未動. 若喜怒哀樂, 則又別也."

미발 때의 지각작용은 희로애락이 발동한 이발 때의 지각작용과 구분된다는 말이다. 이러한 의미에서 주자는 "'이곳의 지각이 비록 동하지만 희로애락은 아직 발하지 않는 것입니까'라는 질문에 '그렇다'고 대답하였다."16) 미발 때의 지각작용에 비록 '동'이라는 표현을 쓰지만, 실제로 희로애락이 발동한 이발 때의 '동'의 의미가 아니라는 것이다.

이어서 대산은 다시 주자와 여자약(여조검)의 편지 내용을 인용하여 미발 때의 지각작용과 희로애락이 발동한 이발 때의 지각작용을 분명히 구분한다. 즉 "마음에 지각이 있고(有知) 귀가 들음이 있고(有聞) 눈이 봄이 있는(有見) 것과 같은 일이지만 비록 미발의 때라도 일찍이 없었던 적이 없다. 마음에 생각이 있는 것(有思)은 바로 귀가 들음이 있고(有聽) 눈이 봄이 있는 것(有視)과도 같은 일이지만, 하나라도 이것이 있으면 미발이 될 수 없다."17) 주자는 유지有知·유문有聞·유견有見과 유사有思·유청有聽·유시有視의 의미상의 차이를 구분한다. 전자는 미발 때에 보고 듣고 지각하는 작용을 의미하고, 후자는 희로애락이 발동한 이발 때에 보고 듣고 생각하는 지각작용을 의미하니, 실제로 둘은 구분되어야 한다.18) 그래서 대산은 '어찌 지각불매知覺不昧를 가리켜 생각에 해

---

16) 『朱子語類』 卷96, 「程子之書(2)」, "曰恐此處知覺雖是動, 而喜怒哀樂卻未發否? 先生首肯曰, 是."

17) 『朱熹集』 卷48, 「答呂子約」, "蓋心之有知與耳之有聞目之有見爲一等時節, 雖未發而未嘗無; 心之有思乃與耳之有聽目之有視爲一等時節, 一有此則不得爲未發."

18) 이러한 해석과 관련하여 한자경은 미발 때의 지각작용을 '심층적 지각'이라는 표현을 써서 '의도적이고 명시적인 의식'보다 더 깊은 차원에서 발생하는 '비의도적이고 비명시적인 심리활동', 즉 '무의식적 또는 전의식적 심리활동'으로 해석한다.(한자경, 「주자철학에서 미발시 지각의 의미」, 『철학사상』 21, 서울대학교 철학사상연구소, 2005, p.41) 또한 이승환

당된다고 여길 수 있겠는가'라고 하여, '지각불매'를 생각이나 희로애락과 같은 이발의 범주와 연결시켜서는 안 된다고 말한다. 그래서 주자는 "고요한 가운데 물건이 있다고 한다면 옳지만, 생각하는 순간 바로 이발이라는 것에 견주면 옳지 않다"[19]라고 하였다. '고요한 가운데 물건이 있다'는 말은 고요한 미발의 때에도 보고 듣는 이치가 있다는 말이다.[20] 이것은 정자의 "비록 귀가 〈대상을〉 듣는 것이 없고 눈이 〈대상을〉 보는 것이 없으나 보고 듣는 이치가 있어야 된다"[21]라는 말에 다름 아니다. 미발의 때에도 보고 듣고 지각하는 이치는 언제나 작용하고 있으며, 이것은 사려가 이미 싹튼 이발 때의 지각작용과는 구분된다. 때문에 미발 때의 지각작용을 '생각하는 순간 바로 이발이라는 것에 견주면 옳지 않다'고 말하였다.

주자는 정자의 '이미 지각이 있으면 동한 것이다'는 구절에서의 동動자를 활活자로 해석하여 미발 때의 지각이 늘 살아있음(活)을 강조한다.[22] '살아있다'는 것은 미발의 때에도 의식이 잠들어 있거나 적막한 상태가 아니라 여전히 깨어있어 보고 듣는 지각작용이 있다는 의미이다. 만약 이렇게 지각이 깨어있지 않고 어둡고 적막하기만 한 상태라면 온갖 이치가 어디에 근거해서

---

은 미발 때의 지각작용을 '미지향적 지각의식'이라는 표현을 써서 이발 때의 '대상지향적 지각의식'과 구분한다.(이승환, 「퇴계 미발설 釐淸」, 『퇴계학보』116, 퇴계학연구원, 2004, p.93)

19) 『中庸或問』, "故以爲靜中有物則可, 而便以纔思卽是已發爲比則未可."

20) 『朱子語類』 卷96, 「程子之書(2)」, "靜中有物如何. 曰有聞見之理在, 卽是靜中有物."

21) 『二程全書』 1, 「河南程氏遺書 第18」, "雖耳無聞目無見, 然見聞之理在, 始得."

22) 『朱子語類』 卷96, 「程子之書(2)」, "大抵心本是箇活物, 無間於已發未發, 常任地活. 伊川所謂動字, 只似活字."

갖추어지며 대본大本이 어떻게 세워지겠는가? 대산은 '미발의 때에 경으로써 안을 주재하면 본령이 빼어나 맑은 거울이나 고요한 물과 같으니, 이것이 모든 이치가 갖추어지고 대본이 세워지는 이유이다'라고 말한다. 미발의 때에도 지각은 언제나 어둡지 않고 깨어있어야 하니, 마음이란 미발과 이발을 관통하여 유행하기 때문이다. 이것이 바로 '마음이 동과 정을 관통하고 주재한다'는 의미이다.

## 2) 미발은 복괘인가 곤괘인가

주자는 미발의 '사려미맹'과 '지각불매'에 대한 해석을 명확히 드러내기 위하여 『역』의 괘상과 결부시켜 해석한다. 처음에 주자는 '사려미맹'을 사려가 아직 싹트지 않았으므로 순음純陰인 곤괘에 해당시키고, '지각불매'를 고요한 가운데 지각이 있으므로 일양一陽이 움직인 복괘에 해당시켜 해석한다.23) 그러나 후에는 '지각불매'마저도 곤괘로 해석한다. 여기에서 미발 때의 지각을 복괘로 볼 것인지 곤괘로 볼 것이지에 대한 논의가 전개된다. 대산은 주자의 『중용혹문』의 내용에 근거하여 미발 때의 지각작용을 곤괘로 해석한다.

> '이미 지각이 있으면 도리어 동動한 것이다'라는 말은 본래 정자가 소계명의 질문에 대답한 것이며, 주자도 처음에는 그 설을 따랐으니 「중화제6서」·「기논성답고후記論性答稿後」·「이발미발설已發未發說」이 그러한 경우이다. 그러나 후에 『중용혹문』에서는 "고요할 때에 이미 지각이 있다고 하지만, 어떻게 고요함을 말하면서 복괘에서 천

---

23) 『朱熹集』卷75, 「記論性答稿後」, "擇之疑思慮未萌者, 是坤卦事, 不應以復當之. … 夫思慮未萌者, 固坤也. 而曰知覺不昧, 則復矣."

지의 마음을 본다는 말을 인용하여 논거로 삼는지 또한 이해할 수가 없다. 지극히 고요할 때에는 다만 지각할 수는 있으나(能知覺) 아직 지각된 것(所知覺)은 있지 않다. 그러므로 곤괘의 순음純陰이지만 양陽이 없지 않다고 말하면 옳지만, 복괘의 일양一陽이 이미 동한 것에 견주는 것은 옳지 않다"라고 하였다. 지금 마땅히 『중용혹문』을 바른 것으로 여겨야 하니, 그렇다면 곧바로 지각을 마음이 동한 것으로 여겨서는 안 된다. 환하여 어둡지 않아 모든 이치가 두루 갖추어져 있기 때문에 정중지동靜中之動이라고 말할 뿐이다.24)

주자도 처음에는 정자의 '이미 지각이 있으면 동한 것이다'는 말에 근거하여 미발 때의 지각을 복괘로 해석하니, 「중화제6서」·「기논성답고후記論性答藁後」·「이발미발설已發未發說」 등의 내용이 그러한 경우이다. 「중화제6서」에서는 "사려가 아직 싹트지 않고 지각이 어둡지 않은 것은 고요함 속의 움직임이니 복괘에서 천지의 마음을 본다는 것이다"25)라고 하였고, 「기논성답고후」에서는 "사려가 아직 싹트지 않은 것은 당연히 곤괘이지만, 지각이 어둡지 않다고 하면 바로 복괘인 것이다"26)라고 하였다. 이것들은 모두 미발 때의 지각을 복괘로 해석해야 한다는 입장이다. 그러나 후에 주자는 『중용혹문』에서 "어떻게 고요함을 말하

---

24) 『大山集』卷40, 「讀張敬堂上寒岡問目」, "旣有知覺却是動, 本程子答蘇季明之問, 而朱子初亦嘗祖其說, 如中和第六書記論性答藁後已發未發說是也. 及後爲中庸或問則曰, 其言靜時旣有知覺, 豈可言靜而引復見天地之心爲說, 亦未可曉. 蓋當至靜之時, 但有能知覺者而未有所知覺也, 故以爲坤卦純陰而不爲無陽則可, 便以復之一陽已動爲比則未可也. 今當以或問爲正, 則固不可直以知覺爲心之動, 而以其炯然不昧, 萬理森備, 故謂之靜中之動耳."
25) 『朱熹集』卷32, 「答張欽夫」, "思慮未萌而知覺不昧, 是則靜中之動, 復之所以見天地之心也."(이 편지에 중화신설의 내용이 들어있다.)
26) 『朱熹集』卷75, 「記論性答稿後」, "夫思慮未萌者固坤也, 而曰知覺不昧則復矣."

면서 복괘의 천지의 마음을 본다는 말을 인용하여 논거로 삼을
수 있는지 또한 이해할 수 없다. … 그러므로 곤괘의 순음純陰이
지만 양이 없지 않다고 말하면 옳지만, 복괘의 일양一陽이 이미
동한 것에 견주는 것은 옳지 않다"27)라고 하여, '지각불매'를 복
괘가 아닌 곤괘로 해석한다. 순음이지만 양이 잠복해 있을 뿐이
고 아직 활동을 시작하지 않은 상태를 상징하는 곤괘(䷁)에 해당
시키고, 일양이 이미 활동을 시작한 복괘(䷗)에 해당시켜서는 안
된다는 것이다.

이어서 주자는 그 이유를 능지각能知覺과 소지각所知覺의 차이로
설명한다. '지극히 고요할 때에는 다만 지각할 수는 있으나 아직
지각된 것은 있지 않다.' 미발 때에도 지각작용이 있지만 이것은
실제로 희로애락이 발동한 이발 때의 지각작용과 다르다는 것이
다. 이것은 또한 "희로애락이 아직 발하지 않았을 때에는 비록 귀
가 듣는 것이 없고 눈이 보는 것이 없을지라도 모름지기 항상 주
재하고 잡아 지키는 것이 이 속에 있어야 되니 줄곧 텅 비고 고
요하기만 한 것은 아니다"28)라는 말의 다른 표현이다. 미발의 때
에는 실제로 보고 듣는 이발 때의 지각작용은 없지만 항상 주재
하고 잡아 지키는 무엇, 즉 지각하는 이치가 있기 때문에 어둡
고 적막하기만 한 것이 아니라는 것이다. 이러한 의미에서 대산
은 '지각은 환하여 어둡지 않아 모든 이치가 두루 갖추어져 있기
때문에 정중지동靜中之動으로 해석해야 한다'고 말한다. 미발의 때

---

27) 『中庸或問』, "其言靜時旣有知覺, 豈可言靜而引復以見天地之心爲說, 亦
不可曉. … 故以爲坤卦純陰而不爲無陽則可, 而便以復之一陽已動爲比則未
可也."

28) 『近思錄集解』「存養」, "朱子曰, 喜怒哀樂未發之時, 雖是耳無聞目無見,
然須是常有箇主宰操持底, 在這裏始得, 不是一向空寂了."(『朱子語類』卷96
에도 보인다.)

에 지각할 수 있는 모든 이치가 갖추어져 있으므로 이발의 때에 실제로 지각작용이 가능하게 된다. 이것이 바로 고요함 속에 이미 움직이는 이치가 갖추어져 있다는 '정중지동'의 의미이다. 이 때문에 주자는 미발 때의 지각작용을 복괘가 아닌 곤괘에 견주어 해석하는데, 대산도 주자의 이러한 해석에 근거하여 곤괘로 해석한다.

때문에 대산은 이러한 내용을 『주자어류』에 나오는 주자와 그의 제자인 진안경(진순)의 대화 글을 인용하여 좀 더 자세히 설명한다. 아래의 인용문은 이학보李學甫의 "정자가 이미 지각이 있으면 동한 것이라고 하고 또한 그것을 복괘에 견주어 해석하였는데, 또한 주자는 '어떻게 고요함을 말하면서 복괘에서 천지의 마음을 볼 수 있다는 말을 인용하여 설명할 수 있는지 또한 이해할 수 없다', 즉 복괘로 해석해서는 안 된다"29)는 상반된 해석을 하는 데 대한 대산의 대답이다.

(1) 우연히 『주자어류』를 읽다 보니, 진안경陳安卿이 "이천의 '이미 지각이 있다면 도리어 동動한 것이다'라는 말은 무슨 뜻입니까?"라고 묻자, 주자는 "미발의 때에는 늘 이처럼 깨어있어야 한다. 만일 어두워서 살필 수 없다면 도리가 어디에 있어서 무슨 대본大本을 이룰 수 있겠는가"라고 대답하였다. "항상 깨어있다는 것은 지각하는 것입니까?"라고 묻자, "진실로 지각하는 것이다"라고 대답하였다. "지각하는 것은 바로 동한 것입니까?"라고 묻자, "진실로 동한 것이다"라고 대답하였다. "어째서 미발이라고 합니까?"라고 묻자, "미발의 때에도 어두워서 살피지 못하는 것이 아니니, 어떻게 정靜이라고 말할 수 있겠는가. 그러나 지각이 비록 동한 것이라고 하더라도 동

---

29) 『大山集』卷22, 「答李學甫(別紙)」, "中庸或問, 程子曰旣有知覺却是動也, 復之一畫, 便是動也. 朱子曰其言靜時旣有知覺, 豈可言靜而引復以見天地之心爲說, 亦不可曉."

하지 않는다는 데에 문제되지 않는다. 희로애락의 경우와는 또한 구별된다"라고 대답하였다.

(2) 또 주자는 "아래에서 말한 '복괘에서 천지의 마음을 본다'라는 말이 좋다. 복괘는 하나의 양陽이 생기는 것이니 어찌 동한 것이 아니겠는가"라고 말하였다. 진안경이 "하나의 양이 비록 동한 것이지만 아직 만물이 발생되지 않은 것이 바로 희로애락이 미발한 것입니까?"라고 묻자, 주자가 "그렇다"라고 대답하였다. 또 진안경이 "마음은 본래 살아있는 물건이라서 이발과 미발 사이에 끊어짐이 없이 늘 이처럼 활동하는 것입니다. 이천이 말한 동動자는 활活자와 같을 뿐입니다. 이천이 '어떻게 정靜이라고 말할 수 있겠는가'라고 하고 복괘의 말로써 증명하였으니, 이는 다만 고요한 가운데 어두워서 살필 수 없는 것이 아니라는 것을 밝히려는 것입니까?"라고 묻자, 주자가 "그 말이 옳다"라고 대답하였다.

(3) 진안경이 "이천의 '막 지각이 있으면 바로 동한 것이다'라고 말한 것은 어떻습니까?"라고 묻자, 주자가 "이것은 이천의 말이 너무 지나친 듯하다. 만약 어떤 것을 알고 어떤 것을 느낀다고 말한다면, 예를 들어 추위를 알고 더위를 느끼는 것과 같은 것은 바로 어떤 대상(物事)을 지각하는 것이다. 지금 어떤 일을 지각하지 못하고 다만 지각만이 있을 뿐이라면 정靜이 되는 것에 무슨 문제가 되겠는가"라고 대답하였다. 이에 근거하면, 앞의 두 단락의 말은 '동'자를 활活자의 의미로 간주한 것이니 「중화제6서」와 「기논성답고記論性答藁」의 여러 설에 근본한 것이고, 뒤의 한 단락의 말은 '동'자를 정에 상대되는 동의 의미로 여겼으니 바로 『중용혹문』에서 말한 '또한 이해할 수 없다'는 것이다. 지금은 마땅히 후설과 『중용혹문』을 정론으로 삼아야 한다.[30]

---

30) 『大山集』卷22, 「答李學甫(別紙)」, "偶閱語類, 陳安卿問伊川, 謂旣有知覺却是動何也. 曰未發之前, 須常惺地醒. 若瞑然不省, 道理何在, 成甚大本. 曰常醒便是知覺否. 曰固是知覺. 曰知覺便是動否. 曰固是動. 曰何以謂之未發. 曰未發之前, 不是瞑然不省, 怎生說做靜得. 然知覺雖是動, 不害其爲未動. 若喜怒哀樂則又別也. 又曰下面說復見天地之心, 說得好. 復

(1)에서 주자는 정자가 미발 때의 지각을 동으로 해석한 이유를 설명한다. 주자는 '미발의 때에도 늘 이처럼 깨어있어야 한다. 만일 깨어있지 않고 어두워서 살필 수 없다면 무슨 대본大本을 세울 수 있겠는가?'라고 하여 미발 때에도 지각이 어둡지 않고 깨어있음을 강조한다. 미발의 때에도 지각이 어둡지 않고 늘 깨어있어야 '대본'이 확립되어 이발 때에 달도達道의 조화를 이룰 수 있다. 이렇듯 미발 때에도 지각이 늘 깨어있어야 하는데, 이것이 바로 정자가 미발 때의 지각을 동으로 해석한 이유라는 것이다. 미발 때에도 지각이 어둡지 않고 깨어있으므로(어두워서 살피지 못하는 것이 아니므로) '어떻게 정이라고 말할 수 있겠는가?', 즉 동이라고 해야 한다. 이러한 의미에서 주자는 '지각이 비록 동한 것이라고 하더라도 동하지 않는다는 데에 문제되지 않는다'라고 말한 것이다. 이것은 정자가 미발 때의 지각에 동이라는 표현을 썼을지라도, 이때의 동은 희로애락이 발동한 이발 때의 동의 개념과 구분된다는 말이다. 그러므로 '동하지 않는다는 데에 문제되지 않는다.' 즉 정자가 말한 동은 정의 의미라는 뜻이다.

(2)에서 주자는 정자가 미발 때의 지각을 복괘에 견주어 해석한 이유를 설명한다. 정자가 미발 때의 지각을 동으로 해석하는 이유에 대해, 주자는 '마음이란 본래 살아있는 물건이라서 이발과 미발 사이에 끊어짐이 없이 늘 활동하는 것'이기 때문에 미발 때

---

一陽生, 豈不是動. 曰一陽雖動, 然未發生萬物, 便是喜怒哀樂未發否. 曰
是. 又問心本是箇活物, 無間於已發未發, 常恁地活. 伊川所謂動字, 只似
活字, 其曰怎生言靜而以復說證之, 只是明靜中不是昏然不省否. 曰說得是
了. 陳才卿問, 伊川云纔有知覺便是動, 如何. 曰此恐伊川說得太過. 若云
知箇甚底, 覺箇甚底, 如知得寒覺得煖, 便是知覺一段物事. 今未曾知覺甚
事, 但有知覺在, 何妨其爲靜. 據此, 前二段說, 以動字作活意看, 卽中和
第六書及記論性答藁諸說所本; 後一段說, 以動字爲對靜之動, 卽或問所謂
亦不可曉者, 今當以後說及或問爲定."

의 지각이 어둡거나 적막한 상태가 아니라는 사실을 강조하기 위해서 동이라는 표현을 썼다고 설명한다. 그래서 주자는 정자의 동을 活활의 의미로 해석한다. 이것은 정자의 동을 희로애락이 발동한 이발의 동으로 해석해서는 안 된다는 말이다. 이렇듯 정자는 미발 때의 지각이 늘 살아있음을 강조하여 동으로 해석하고, 또한 그것을 그대로 복괘의 일양一陽에 견주어 해석하였다는 것이다.

(3)에서 주자는 다시 정자가 미발 때의 지각을 동으로 해석한 것은 말이 지나치다고 비판한다. 그리고 그 이유로써 미발 때의 지각작용과 희로애락이 발동한 이발 때의 지각작용을 구분하여 설명한다. 예를 들어 추위를 알거나 더위를 느끼는 것과 같은 것은 이발 때의 지각작용으로 어떤 대상을 지각하는 것이다. 반면 미발 때의 지각은 어떤 일(대상)을 지각하지 않고 다만 지각작용만이 있을 뿐이므로 정靜이라고 하더라도 문제될 것이 없다. 때문에 정자처럼 미발 때의 지각을 동이라고 해서는 안 되고 정이라고 해야 한다는 것이다.

여기에서 하나 중요한 것은 주자가 '이천의 말이 너무 지나친 듯하다'고 하여 동으로 표현해서는 안 된다고 말한 것은 〈앞의 인용문에서 해석한 것과 달리〉 정자의 동을 活활의 의미로 본 것이 아니라, 정에 상대되는 개념인 이발 때의 동으로 보고서 비판한 것이다. 이러한 의미에서 주자는 미발 때의 지각을 동動/복괘로 해석한 정자를 비판하고 정靜/곤괘로 해석할 것을 강조하는데, 이것이 바로 『중용혹문』의 내용이다. 물론 주자가 정자의 동/복괘를 정/곤괘로 해석해야 한다고 비판하지만, 이들은 모두 미발 때의 지각이 어둡지 않음을 강조하는 것은 동일하다. 다만 정자는 미발 때의 지각이 어둡지 않음을 강조하여 동/복괘로 해석하는 반면, 주자는 동이라는 표현이 자칫 희로애락이 발동한 이발 때의 동과 혼동될 수 있으므로 정/곤괘로 해석할 뿐이다. 때문에 주자는 처음에는 '지각이 비록 동한 것이라고 하더라도 동하지 않는다는 데에 문제되지 않는다'라고 하여 동/복괘로 해석하는 것을 인정하지만, 나중에는 '참으로 정이 되는 데 문제 되지 않으니 바로 동이라고 말해서는 안 된다'라고 하여 미발 때의 지각을 정/곤괘로 해석한다.

이상의 내용에 근거하여 대산은 주자 『중용혹문』의 내용을 정론으로 삼아 미발 때의 지각을 곤괘로 해석한다. 그래서 '지금은 마땅히 『중용혹문』을 정론으로 삼아야 한다'고 말한 것이다.

### 3) 미발의 때에는 보고 들음이 있는가 없는가

이 주제는 앞에서 말한 '미발의 때에는 지각작용이 있는가 없는가'라는 문제의 연장선상에서 좀 더 세부적으로 전개된 내용이다. 주자의 말처럼 미발을 사려미맹思慮未萌과 지각불매知覺不昧로 정의할 경우, 미발의 때에는 사려가 아직 싹트지 않아 조짐도 없고 형적도 없으므로 보거나 들을 수 없는 상태가 된다. 그렇다면 미발의 때에는 눈은 볼 수 없고 귀는 들을 수 없는가? 이 문제의 발단은 『중용』의 "보지 않는 곳에서도 조심하고, 듣지 않는 곳에서도 두려워한다"[31]는 해석에 근거한다. 여기에 나오는 계신공구戒愼恐懼는 이발 때의 신독愼獨과 상대하여 미발 때의 수양공부를 대표한다. 이에 주자는 '계신공구'에 대해 사려가 아직 싹트지 않은 미발의 때에도 "공경하고 두려워하여 조금도

---

31) 『中庸』第1章, "道也者, 不可須臾離也, 可離非道也. 是故君子, 戒愼乎 其所不睹, 恐懼乎其所不聞."

소홀히 하지 않는다"32)라고 하여, 『중용』의 '보지 않고 듣지 않는다'는 말을 미발 때의 심체心體를 가리키는 것으로 해석한다. 그러나 이러한 해석에 대해 여자약(여조검)의 반론이 제기된다. 여자약은 『중용』의 '보지 않고(不睹) 듣지 않는다(不聞)'는 말을 '눈은 보는 것이 없고(目無見) 귀는 듣는 것이 없는 것(耳無聞)'으로 해석한다. 미발의 때는 사려가 아직 싹트지 않았으므로 눈은 보지 못하고 귀는 듣지 못한다. 즉 눈이 보고 귀가 듣는 순간 바로 이발이 되기 때문이다. 여자약의 이러한 해석에 대해 주자는 다음과 같이 설명한다.

> 마음에 지각이 있는 것(有知)은 귀가 들음이 있고(有聞) 눈이 봄이 있는(有見) 것과 같은 일이지만 비록 미발의 때라도 일찍이 없는 적이 없다. 마음에 생각이 있는 것(有思)은 바로 귀가 들음이 있고(有聽) 눈이 봄이 있는(有視) 것과 같은 일이지만, 하나라도 이것이 있으면 미발이 될 수 없다. 그러므로 정자가 '생각이 있으면 이발이다'라고 한 것은 옳지만, 기록하는 자들이 듣는 것이 없고(無聞) 보는 것이 없는(無見) 것을 미발로 여긴 것은 옳지 않다. … 만약 굳이 미발의 때에는 보고 들음이 없다고 여긴다면, 어찌 허발이 선정禪定에 든 것이 아니냐고 꾸짖을 수 있겠는가? 이것이 미발과 이발의 구분이다.33)

주자는 먼저 유지有知·유문有聞·유견有見과 유사有思·유청有聽·유시有視를 구분한다. 그리고 전자는 미발의 때라도 없는 적이 없으며, 후자는 이발 때의 일이므로 미발이 될 수 없다고 설명한

---

32) 『中庸章句』第1章, "是以君子之心, 常存敬畏, 雖不見聞, 亦不敢忽."
33) 『朱熹集』卷48, 「答呂子約」, "蓋心之有知與耳之有聞目之有見爲一等時節, 雖未發而未嘗無; 心之有思乃與耳之有聽目之有視爲一等時節, 一有此則不得爲未發. 故程子以有思爲已發則可, 而記者以無見無聞爲未發則不可. … 若必以未發之時無所見聞, 則又安可譏許渤而非入定哉? 此未發已發之辨也."

다. 사思·청聽·시視는 실제로 마음이 생각하고 눈이 보고 귀가 듣는 이발 때의 지각작용을 의미한다면, 지知·문聞·견見은 보고 듣는 미발 때의 지각작용을 의미한다. 따라서 미발의 때에도 보고 듣는 지각작용이 있기 때문에 '보는 것이 없고 듣는 것이 없는 것으로 미발을 해석하는 것은 옳지 않다.' 여자약은 미발 때의 지각작용과 이발 때의 지각작용을 구분하지 않고 마음의 작용을 곧장 이발로 간주한 것이다. 이러한 의미에서 주자는 "사람이 태어난 이래로 깊이 잠들었을 때를 제외하고는 귀가 듣지 못하거나 눈이 보지 못하는 때는 없다"[34]라고 하여, 미발의 때에도 보고 듣는 의식은 여전히 작용하고 있음을 강조한다. 그래서 주자는 "만약 미발의 때에 보고 듣는 것이 없다고 한다면 이것은 불교의 좌선입정坐禪入定이 아니겠는가?", "만약 반드시 아직 보고 듣는 것이 없는 것을 미발의 자리로 삼으려고 한다면, 이것은 단지 일종의 정신과 식견이 어두운 사람일 뿐이다"[35]라고 비판한다.

이러한 내용은 대산과 조성소趙聖紹의 대화에서도 보인다. 먼저 대산은 『중용』의 '보지 않고(不睹) 듣지 않는다(不聞)'는 것이 미발 때의 마음을 두고 한 말이지, 외부의 소리와 형체가 귀와 눈에 접촉되는 것을 말하는 것이 아니라고 설명한다.

> 『중용』의 뜻은, 도에는 동動과 정靜이 있고 마음에는 발發과 미발未發이 있어서 동하여 발하면 보고 들을 수 있는 소리와 형체가 있게 되며, 정하여 미발의 때에는 사려가 싹트지 않고 희로애락의 감정이

---

34) 『大山集』卷28, 「答趙聖紹(別紙)」, "朱子力破其說, 以爲人自有生以後, 除爛熟睡著外, 無耳無聞目無見時節."
35) 『朱熹集』卷48, 「答呂子約」, "若必以未有見聞爲未發處, 則只是一種神識昏昧底人."

발동하지 않아 볼 수 있는 형체가 없고 들을 수 있는 소리가 없다.
여기에서 보다(睹)와 듣다(聞)는 두 글자는 미발 때의 체단體段에서
말한 것이지, 외부의 소리와 형체가 귀와 눈에 접촉된 것을 말한 것
이 아니다.36)

위 내용은 이발 때의 눈이 외물(대상)을 보고 귀가 외물을 듣는
것이 아니라는 말이다. 미발 때에도 보고 듣는 지각작용이 있으
므로 보는 것이 없고 듣는 것이 없다고 해석해서는 안 된다. 때
문에 대산은 "주자가 사용한 '보고 듣는다'는 말은 오로지 미발
때의 내면을 가리켜서 말한 것이니 사물을 보고 듣는 측면으로
전환한 여자약(여조검)의 말과는 크게 다르다"37)라고 지적한다.
따라서 미발의 때에는 사려가 아직 싹트지 않았다고 해서 보지
못하고 듣지 못한다고 보아서는 안 된다는 것이다.
이에 대산은 조성소의 『중용』에 대한 해석이 여자약의 해석과
비슷하다고 설명한다.

> 『중용』의 '보지 않고(不睹) 듣지 않는다(不聞)'는 뜻에 대해, 주자는 「여
> 자약(여조검)에게 답한 편지」에서 <자약의> 눈은 보는 것이 없고(目
> 無睹), 귀는 듣는 것이 없다(耳無聞)'는 설을 극력 비판하였는데, 지
> 금 자네의 『중용』 해석이 왕왕 여자약이 했던 옛 주장을 취하고 있
> 으니 그것은 본래의 뜻이 아니라고 생각한다. … 보내온 편지에서 분
> 석한 것이 여자약의 문제점과는 조금 다른 듯하지만, 여전히 보고
> 듣는 것을 외부의 소리와 형체로 파악하고 있으니, 아마도 선생이

---

36) 『大山集』 卷28, 「答趙聖紹」, "中庸之旨, 乃謂道有動靜, 心有發未發, 動
而發則有聲色之可睹聞, 而方其靜而未發也, 思慮未萌, 喜怒不動, 泯然而
無形色之可睹, 寂然而無聲音之可聞. 此睹聞二字, 就未發時體段而言, 非
謂外面聲色之接於耳目者也."
37) 『大山集』 卷28, 「答趙聖紹(別紙)」, "朱子之用睹聞字, 專指未發時裏面境
界而言, 與子約之轉向事物見聞上去者, 大不同矣."

경전을 해석한 뜻이 아니다.38)

대산은 조성소의 『중용』 해석이 여자약과 같은 오류를 범하고 있다고 지적한다. 조성소는 『중용』의 '보지 않고 듣지 않는다'는 것을 여자약과 마찬가지로 '눈은 보는 것이 없고 귀는 듣는 것이 없는 것'으로 해석한다. 그 이유로써 미발의 때는 사려가 아직 싹트지 않은 상태이기 때문에 눈은 보지 못하고 귀는 듣지 못한다. 만약 '눈이 보고 귀가 듣는다'고 하면 바로 그 순간 이발이 되어 미발이라 할 수 없다. 그러나 대산은 조성소의 이러한 해석에 반대한다. 조성소의 해석은 외부의 소리와 형체를 보고 듣는 것을 의미하니, 이것은 미발 때의 보고 듣는 것과는 구분되어야 한다고 하였다. 이에 대해 대산은 다음과 같이 설명한다.

> '보는 것이 없고 듣는 것이 없다'는 것은 주자가 여자약을 깊이 비판한 것이며 『중용』에는 '보지 않고 듣지 않는다'라고 분명히 말하고 있으니, 반드시 『중용』의 '보지 않고 듣지 않는다'는 말과 여자약이 말한 '보는 것이 없고 듣는 것이 없다'는 것이 글자는 같지만 가리키는 뜻은 다르므로 서로 섞일 수 없음을 살펴야 한다. 주선생이 이미 설파한 것이 <하늘에 떠있는> 별과 해보다도 분명한데, 다만 후대의 독자들이 제대로 살피지 못하였을 뿐이다. 여자약은 외물外物을 보거나 듣지 못하는 것을 미발로 여겼으니, 그렇다면 천하에 어찌 이러한 때가 있겠는가. 때문에 주자의 문하에서 비판을 받은 것이다.39)

---

38) 『大山集』卷28, 「答趙聖紹(甲午)」, "中庸不睹不聞之義, 蓋朱子答呂子約書, 極力攻破耳無聞目無睹之說, 而今之解中庸者, 往往拾取子約之舊套, 心竊疑其非本意. … 來諭分解, 雖若少異於子約之病, 而依舊以睹聞爲外面之聲色, 恐非先生解經之義也."

39) 『大山集』卷28, 「答趙聖紹」, "蓋無見無聞, 朱夫子所深斥呂子約者, 而中庸分明說不睹不聞, 須是看得中庸不睹不聞, 與子約所謂無見無聞者, 字同而指異, 不可相雜. 朱先生已明白說破, 不啻星日, 而特後之讀者未能察耳. 蓋子約以外物之無所見聞爲未發, 則天下豈有此時節哉. 所以見斥於朱門也."

대산은 『중용』의 '보고 듣는다'는 말을 미발 때의 의식의 한 형태로 해석한다. 사려가 아직 싹트지 않은 미발의 때에도 의식활동이 완전히 중지된 것이 아니므로 눈은 보고 귀가 듣는 것과 같은 의식은 여전히 작용한다. 따라서 미발의 때라도 의식활동이 중지된 것이 아니므로 여자약의 말처럼 '눈은 보는 것이 없고 귀는 듣는 것이 없다는 것'으로 해석해서는 안 된다. 미발의 때에도 보고 듣는 의식은 여전히 깨어있다.

그러나 조성소는 『중용』의 '보고 듣는다'는 것을 외물(대상)을 보고 듣는 것으로 파악함으로써 미발의 때에는 사려가 아직 싹트지 않으므로 눈은 보지 못하고 귀는 듣지 못하는 것으로 해석한다. 미발의 때에는 보고 듣는 의식이 없다는 것이다. 이에 대산은 '여자약처럼 외물을 보거나 듣지 못하는 것을 미발로 여긴다면 천하에 어찌 이러한 때가 있겠는가'라고 하여 조성소의 해석을 비판하는데, 이것은 "사람에게서 눈이 보고 귀가 듣는 것은 항상 그대로여서 한순간도 끊어진 적이 없다"40)는 말의 다른 표현이다. 이발의 때뿐만 아니라 미발의 때에도 보고 듣는 작용은 끊어짐이 없이 계속 이어지니, 미발의 때에는 보고 듣는 것이 없다가 이발의 때에 비로소 보고 듣는 작용이 있다는 말이 아니다. 미발 때든 이발 때든 보고 듣는 주체는 여전히 귀와 눈이 된다는 점에서는 똑같다. 미발의 때에도 보고 듣는 의식이 끊어짐이 없어야 이발의 때에 실제로 보고 듣는 작용이 가능하다. 미발 때에도 보고 듣는 의식이 깨어있지 않으면 천하의 대본大本을 어떻게 세울 수 있으며 또한 이발 때에 달도達道의 조화를 어떻게 이룰 수 있겠는가? 이것이 바로 앞에서 말한 정중지동靜中

---

40) 『大山集』卷30, 「答金直甫箚疑(中庸首章)」, "人之耳目見聞常自若, 未嘗一時或間."

之動의 의미이며, 또한 동과 정을 관통하는 경의 실천원리가 성립될 수 있다.

그러므로 대산은 조성소의 『중용』에 대한 해석이 주자가 여자약을 비판한 내용의 연장선상에 있는 것으로서 옳지 않다고 지적한다. 그래서 대산은 '『중용』의 '부도不睹·불문不聞'과 여자약의 '무견無見·무문無聞'은 비록 글자는 같지만 가리키는 뜻이 다르므로 잘 살펴야 한다'고 강조한다. 이 때문에 대산은 주자의 "자약은 평소 귀가 듣지 못하고 눈이 보지 못하던 때가 있었는가"라는 가르침과, 정자의 "귀는 반드시 들어야 하고 눈은 반드시 보아야 한다"라는 가르침을 인용하여 조성소에게 거듭 일러주었던 것이다.41)


## (3) 미발의 실현

이상에서 살펴본 것처럼, 미발이란 '사려미맹'이고 '지각불매'이다. 사려가 아직 싹트지 않은 고요한 때에도 지각은 어둡지 않고 여전히 깨어있다. 여기에서 대산은 미발 때에도 지각이 어둡지 않고 깨어있어야 하는 이유를 이발과의 관계 속에서 설명한다. 미발 때에도 지각이 여전히 작용하고 있어야 희로애락이 발동한 이발의 때에는 미발의 때에 갖추어진 이치를 드러낼 수 있으니, 결국 미발이란 어디까지나 이발과의 관계 속에서 그 의미를 갖게 되고 실현된다. 이것은 미발이 초월적인 본체개념이 아니라 현상적 마음의 한 국면임을 의미하는데, 이로써 미발 때에

---

41) 『大山集』卷30, 「答金直甫箚疑(中庸首章)」, "朱子所以有子約平生還曾有耳無聞目無見之論, 而引程子耳須聞目須見之訓, 反復敎告之也."

도 공부가 필요하게 된다.42)

대산은 미발공부의 의미를 다음과 같이 설명한다.

> 대체로 희로애락이 아직 발하지 않고 만사萬事가 아직 싹트지 않았을 때에는 접할 만한 형체나 소리가 없다. 이것이 바로 보고 듣는 것이 아직 미치지 않은 곳인데, 이때부터 자신이 먼저 경계하고 두려워하여 감히 조금도 소홀히 하지 않는다면 걱정을 예방하는 뜻과 사전에 도모하는 것이 지극하지 않음이 없을 것이다.43)

> 다만 희로애락이 아직 발하지 않은 미발의 때에는 모든 일이 아직 싹트지 않았으나 자신이 먼저 그렇게 조심하고 두려워하여 항상 이 마음을 불러일으켜서 항상 간직하는 것이니, 이것은 미연에 방지하고 나타나지 않았을 때에 도모한다는 의미이다.44)

대산은 미발공부가 미연에 방지하고 사전에 예방하는 의미를 갖는다고 설명한다. 미발이란 아직 만사가 싹트지 않아 볼 수 있는 형체나 소리가 없지만, 이때에도 경계하고 두려워하여 조금도 소홀히 하지 않아야 한다. 그 이유로써 미발 때에 마음을 보존하고 본성을 기르는 존양공부를 튼튼히 하면 이발 때의 나쁜 일이라도 금세 제어하거나 사전에 방지할 수 있다. 그래서 대산

---

42) 홍성민은 "주자의 미발 개념은 현실과 경험세계 안에서만 세워질 수 있는 것이다. … 이것이 주자 수양론의 중요한 특징이다"라고 설명한다.(홍성민, 「주자 미발론의 특징-일상의 수양을 위한 마음 이론-」, 『동양철학』 29, 한국동양철학회, 2008, p.181)

43) 『大山集』 卷25, 「答金道彦(甲申)」, "蓋喜怒哀樂未發, 萬事都未萌芽, 無形聲之可接. 只此便是見聞所未及處, 而自家已先戒懼不敢少忽, 則其防慮之意, 先事之圖, 蓋無所不至矣."

44) 『大山集』 卷40, 「中庸戒愼不睹恐懼不聞疑義」, "只是喜怒哀樂未發時, 凡萬事皆未萌芽, 自家便先恁地戒謹恐懼, 常要提起此心, 常在這裏, 便是防於未然不見是圖底意思."

은 '보고 듣는 것이 아직 미치지 않은 미발의 때부터 자신이 먼저 경계하고 두려워하여 감히 조금도 소홀히 하지 않는다면, 보고 듣고 생각하는 이발 때의 모든 일들이 지극하지 않음이 없을 것이다'라고 말한다. 이것은 미발의 때에 존양하여 대본大本(中)을 확립하면 이발의 때에 달도達道(和)를 이룰 수 있다. 반대로 미발 때에 존양할 줄을 모르면 천리가 흐려져서 대본이 서지 못하기 때문에 이발의 때에도 인욕이 펼쳐져서 달도를 이루지 못한다는 것이다.

대산은 "평소에 함양공부를 지극히 하여 인욕의 사사로움이 어지럽히지 않으면, 아직 발하지 않았을 때에는 맑은 거울이나 고요한 물과 같으며 발하였을 때에는 절도에 맞지 않음이 없다"[45]거나 "고요할 때에 보존하고 길러서 이치의 근원을 함양하고 일의 기강을 잡고 있으면, 사물이 이르렀을 때에 이 이치가 저절로 밝아져서 어지럽지 않다"[46]라고 하였다. 이것은 미발과 이발이 서로 별개의 것이 아니라 상호적 관계에 있다. 미발 때에 마음의 본체가 잘 길러지면 이발 때에도 온갖 일들이 절도에 맞지 않음이 없다. 왜냐하면 마음이란 고요한 미발의 때와 움직이는 이발의 때를 관통하여 한순간도 끊어진 적이 없기 때문이다. 대산은 이러한 미발과 이발의 상호적 관계를 정중지동靜中之動과 동중지정動中之靜의 논리로써 설명한다.

고요한 가운데 움직임을 주재하기 때문에 고요하면서도 감응하지 않은 적이 없고, 움직이는 가운데 고요함을 살피기 때문에 감응하면서

---

45) 『大山集』 卷39, 「心動靜圖」, "但平日莊敬涵養之功至, 而無人欲之私以亂之, 則其未發也鏡明水止, 而其發也無不中節矣."
46) 『大山集』 卷25, 「答金道彦(甲申·別紙)」, "靜而存養, 涵理原而提事綱, 則事至物來, 此理自昭著而不可亂."

도 고요하지 않은 적이 없다. 고요하지만 항상 감응하고 감응하지만 항상 고요하니, 이것은 마음이 동과 정을 관통하면서 한순간도 끊어진 적이 없는 이유이다.47)

미발과 이발의 기미는 일상생활의 동과 정 사이에서 끊임없이 유행하고 있다. 비록 고요할 때의 미발과 움직일 때의 이발이라는 구분이 있지만, 이들은 별개의 두 물건이 아니므로 서로 대립하는 것이 아니다. 그래서 움직임이 그치면 바로 고요해지고 고요함이 유행하면 바로 움직인다. 왜냐하면 고요할 때에도 움직이는 이치가 갖추어져 있고 움직일 때에도 고요한 이치가 갖추어져 있기 때문이다. 그래서 '고요한 가운데 움직임을 주재한다'는 것은 고요할 때에도 움직이는 이치가 갖추어져 있다는 말이며, '움직이는 가운데 고요함을 살핀다'는 것은 움직일 때에도 고요한 이치가 갖추어져 있다는 말이다. 고요할 때에도 움직이는 이치가 갖추어져 있기 때문에 '고요하지만 감응하지 않은 적이 없고', 움직일 때에도 고요한 이치가 갖추어져 있기 때문에 '감응하지만 고요하지 않은 적이 없다.' 이것이 바로 '정중지동'과 '동중지정'의 의미이다.

대산은 '고요하지만 항상 감응하고, 감응하지만 항상 고요하다'고 하였다. 고요한 미발의 때에도 움직이는 이치가 있으므로 고요하다가 일이 생기면 바로 일에 대응할 수 있으며, 움직이는 이발의 때에도 고요함의 이치가 있으므로 일이 끝나면 다시 고요함으로 돌아갈 수 있다. 이로써 고요할 때에도 온갖 이치가 갖추어지게 되고 움직일 때에도 절도에 맞지 않음이 없게 된다. 따라

---

47) 『大山集』 卷39, 「心動靜圖」, "有以主乎靜中之動, 是以寂而未嘗不感 ; 有以察乎動中之靜, 是以感而未嘗不寂. 寂而常感, 感而常寂, 此心之所以 周流貫徹而無一息之斷(不仁)也."

서 평소에 일이 있을 때에는 일에 응하다가도, 일이 없을 때에는 다시 고요함으로 돌아와서 마음을 보존하게 된다. 왜냐하면 마음이란 미발(정)과 이발(동)을 관통하여 한순간도 끊어진 적이 없기 때문이다.

따라서 언제나 고요함만을 지키고 일에 응하지 않는 것은 고요함에 치우쳐 움직임이 없는 것이요, 언제나 생각을 그칠 줄 모르고 일에 휘둘려 있는 것은 움직임에 치우쳐 고요함으로 돌아올 줄 모르는 것이니 둘 다 옳지 않다. 일상의 일을 저버리고 고요함만을 구해서도 안 되고 또한 일에 빠져서 고요함을 잊어서도 안 된다. 이것이 바로 불교의 좌선坐禪과 구분되는 유가 수양론의 특징이다. 이 때문에 대산은 "존양은 미발의 본체를 보존하여 지키는 것이고, 성찰은 〈선악이〉 드러나려는 기미를 살피는 것이니, 이 두 가지 공부가 있은 뒤라야 중화中和를 말할 수 있다"48)라고 말한다. 미발 때에 존양하여 대본을 확립하고 이발 때에 성찰하여 달도를 이루는 것이 『중용』에서 말하는 중화의 의미라는 것이다. 이처럼 마음이란 하루하루의 일상 속에서 고요한 미발과 움직이는 이발 사이를 끊임없이 유행하고 있으며, 미발의 의미 또한 여기에서 볼 수 있다.


### (4) 맺는말

이상으로 대산의 미발론을 살펴보았다. (1)心과 性에서는 심과 성, 그리고 성과 미발의 내용상의 차이를 설명하였고, (2)대산

---

48) 『大山集』 卷27, 「答徐尙甫(甲午·別紙)」, "存養所以保固未發之體, 省察所以審擇將發之幾, 有此兩工然後中和可得而言."

이상정의 미발론의 내용과 이론 구조에서는 정자와 주자의 미발
론이 가지는 다양한 이론과 연결시켜 대산의 미발론에 대한 해
석을 기술하였으며, (3)미발의 실현에서는 미발이 가지는 의미를
이발과의 관계 속에서 설명하였다. 미발이란 어디까지나 심의 한
국면으로서 심은 미발과 이발을 관통하여 유행하기 때문이다.

대산의 미발론은 주자의 해석을 계승하는 입장이다. 특히『중용
혹문』의 내용을 정설로 삼을 것을 강조한다. 미발론에 대한 주
자의 해석에 일부 변화가 있지만, 대산은 주자『중용혹문』의 내
용에 근거하여 자신의 미발론을 해석한다. 미발의 때에도 지각
작용이 있으며, 미발은 곤괘에 해당하며, 미발의 때에도 보고 들
음이 있다. 처음에 주자는 정자의 '이미 지각이 있으면 동한 것
이다'는 해석에 근거하여 미발 때의 지각을 동動/복괘로 해석한
다. 여기에서 중요한 것은 정자가 미발 때의 지각을 동/복괘로
해석하였다고 하더라도 실제로 희로애락이 발동한 이발 때의 지
각작용을 의미하는 것이 아니라는 것이다.

정자는 미발 때에도 지각이 어둡지 않음을 강조하여 동/복괘로
해석한 것에 불과하다. 때문에 주자도 처음에는 정자의 이러한
해석을 따라 미발 때의 지각을 동/복괘로 해석한다. 그렇지만
나중에는 정자처럼 미발 때의 지각을 동/복괘로 해석할 경우 자
칫 희로애락이 발동한 이발 때의 '동'과 혼동될 수 있음을 염려
하여 미발 때의 지각을 다시 정靜/곤괘로 해석한다. 이처럼 주
자와 정자가 미발 때의 지각을 동/복괘 또는 정/곤괘로 다르게
해석하기도 하지만, 미발 때의 지각이 어둡지 않다고 보는 것은
동일하다. 물론 대산은 주자의 해석에 근거하여 미발 때의 지각
을 정/곤괘로 해석한다.

그렇다면 왜 미발의 때에는 지각이 어둡지 않고 깨어있어야 하

는가? 마음은 미발(靜)과 이발(動)을 관통하여 유행하기 때문이다. 여기에서 대산은 정중지동靜中之動과 동중지정動中之靜의 이론을 제기한다. 고요한 미발의 때에도 이미 움직이는 이치가 갖추어져 있고, 움직이는 이발의 때에도 이미 고요한 이치가 갖추어져 있다. 고요한 미발의 때에도 움직이는 이치가 있으므로 고요하다가 일이 생기면 바로 일에 대응할 수 있으며, 움직이는 이발의 때에도 고요함의 이치가 있으므로 일이 끝나면 다시 고요함으로 돌아갈 수 있다. 미발의 때에 지각이 항상 깨어있어야 이발의 일에 언제든지 대응할 수 있다.

때문에 미발의 때에도 지각은 언제나 깨어있어야 하며, 또한 미발 때의 지각이 항상 깨어있도록 하는 상성성常惺惺의 '경' 공부가 강조되기도 한다. 이것이 바로 고요함만을 구하여 사물과의 관계를 끊는 불교의 좌선坐禪과 구분되는 유가 수양론의 특징이며, 미발론의 의미 또한 여기에서 찾을 수 있다.

# 찾아보기

# ㅣㅅㅣ

## '경敬'이란 무엇인가

초판 인쇄 — 2021년 2월 5일
초판 발행 — 2021년 2월 10일

역 자 — 안 유 경
발행인 — 金 東 求
발행처 — 명 문 당(창립 1923년 10월 1일)
　　　　서울특별시 종로구 윤보선길 61(안국동)
　　　　우체국 010579-01-000682
　　　　전 화 (02) 733-3039, 734-4798
　　　　FAX (02) 734-9209
　　　　Homepage /
　　　　www.myungmundang.net
　　　　E-mail / mmdbook1@hanmail.net
　　　　등록 1977.11.19. 제1-148호

■

* 낙장 및 파본은 교환해 드립니다.
* 불허 복제
* 정가 20,000원
ISBN 979-11-90155-75-5  93140